"十三五"国家重点出版物出版规划项目

资本管理新论

王竹泉◎著

中国财经出版传媒集团
中国财政经济出版社

U0895337

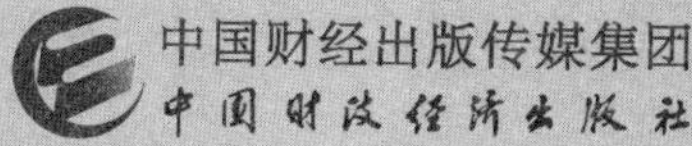

图书在版编目（CIP）数据

资本管理新论 / 王竹泉著. --北京：中国财政经济出版社，2020.11

"十三五"国家重点出版物出版规划项目

ISBN 978-7-5223-0097-9

Ⅰ.①资… Ⅱ.①王… Ⅲ.①资本管理-研究 Ⅳ.①F275

中国版本图书馆 CIP 数据核字（2020）第 185399 号

责任编辑：潘　飞　　　责任校对：张　凡
封面设计：智点创意　　责任印制：党　辉

资本管理新论
ZIBEN GUANLI XINLUN

中国财政经济出版社 出版
URL：http：//www.cfeph.cn
E-mail：cfeph@cfeph.cn
（版权所有　翻印必究）
社址：北京市海淀区阜成路甲 28 号　邮政编码：100142
营销中心电话：010-88191522
天猫网店：中国财政经济出版社旗舰店
网址：https：//zgczjjcbs.tmall.com
北京富生印刷厂印刷　各地新华书店经销
成品尺寸：185mm×260mm　16 开　18.75 印张　460 000 字
2020 年 11 月第 1 版　2020 年 11 月北京第 1 次印刷
定价：88.00 元
ISBN 978-7-5223-0097-9
（图书出现印装问题，本社负责调换，电话：010-88190548）
本社质量投诉电话：010-88190744
打击盗版举报热线：010-88191661　QQ：2242791300

目　录

导　论

一、《资本管理新论》的缘起

（一）基于渠道的营运资金管理研究的基础

2005 年 12 月，财政部启动了“全国会计领军人才培养工程”，我很幸运成为首期 32 名学术类全国会计领军（后备）人才之一。2012 年 12 月，顺利完成了六年期的培养，获得了财政部颁发的“全国会计领军人才”证书。在这一期间，我深刻地认识到，学术研究的质量，不一定是以在顶尖期刊上发表论文的多少或所作的研究有多么深奥为标志，关键要看所作的研究是否真正解决了理论或实践中存在的重大问题。鉴于我国营运资金管理理论研究的严重落后，2007 年，我尝试将供应链管理、渠道关系管理等的理论和方法引入营运资金管理研究领域，提出“以营运资金分类为切入点，建立基于渠道管理的营运资金管理新框架”，该项研究得到了国家自然科学基金的支持，“基于渠道关系管理的营运资金管理研究与中国上市公司营运资金管理数据平台建设”2007 年获得立项资助（项目编号：70772024）。在此基础上，我提议中国会计学会与中国海洋大学在 2009 年合作设立了中国企业营运资金管理研究中心，作为财政部“全国会计领军人才培养工程”的开放式合作研究基地。研究中心以独创的“基于渠道管理的营运资金管理绩效评价体系”为支撑，持续开展中国上市公司资金管理调查并每年在《会计研究》发表调查报告，持续编撰发布“营运资金管理发展报告系列丛书”，持续举办“营运资金管理高峰论坛”，持续开发和扩充建设营运资金管理数据平台，有力地推动了我国营运资金管理理论和实践的创新与发展。

（二）利益相关者视角的营运资金管理研究的推动

2013 年，财政部为进一步优化全国会计领军人才培养机制，持续推动“全国会计领军人才培养工程”毕业学员能力素质的提升，发现、培养、推举一批优秀领军人才切实担当行业领军重任，采取持续跟踪培养和优秀人才重点培养的培养模式，切实有效地推进“全国会计领军人才培养工程”学员毕业后的后续跟踪培养，助推优秀会计领军人才进一步提升能力素质，促进各类领军人才思想的交流和碰撞，提升各行业会计领军人才理论与实践相结合的能力，设立了“全国会计领军人才培养工程特殊支持计划”。计划每年选拔 10 人左右，采取个性化培养方式。首期“全国会计领军人才培养工程特殊支持计划”的选拔 2013 年 7 月开始申报。经过资料审核、专家面试等环节，我幸运地成为首批“全国会计领军人才培养工程特殊支持计划”的 8 名入选者之一（其中高校入选者共 4 位）。在前期从事基于渠道管理的营运资金管理研究的基础上，我更加深刻地认识到业财融合和利益相关者关系对营运资金管理的重要性。因此，提出了“利益相关者视角的营运资金管理研究”的设想，从利益相关者视角对根本性决定企业营运资金管理绩效的业务模式、管理体制等战略性因素的影响机理、影响机制及其效应进行分析研究，以创建利益相关者视角的营运资金管理理论新框架。同时，在前期创立的“基于渠道管理的营运资金管理理论”和“基于渠道管理的营运资金管理绩效评价体系”的基础上，以利益相关者视角的营运资金管理理论和方法为指导，继续开展对中国上市公司营运资金管理的调查，增加供应商关系、客户关系、银企关系、股东关系、资金共享、信息共享等专项调查内容，以扩充“中国上市公司营运资金管理数据平台”的建设内容。上述研究计划得到了“全国会计领军人才培养工程特殊支持计划”的批准，同时，“利益相关者视角的营运资金管理研究与中国上市公司营运资金管理数据平台扩充建设”得到了国家自然科学基金的立项资助（课题编号：71372111）。

该项研究突破了已有的营运资金管理理论的局限，创立和发展了利益相关者视角的营运资金管理理论和方法体系，进一步推动了我国营运资金管理理论和方法的创新和发展。2014—2016 年，中国企业营运资金管理研究中心持续开展的“中国上市公司营运资金管理调查”、持续编撰的“营运资金管理发展报告系列丛书”以及持续举办的“营运资金管理高峰论坛”和持续更新的“中国上市公司营运资金管理数据库”在社会上产生了广泛的影响，中国企业营运资金管理研究中心 2016 年 12 月入选中国智库索引（CTTI）首批来源智库，成为全国高校会计和财务类研究机构唯一入选者。据中国知网统计，在我国营运资金管理被引率最高的 5 篇论文中，该研究中心的论文占了 3 篇。该研究的创新理念和成果为中国石油天然气集团公司等的营运资金管理绩效提升和资金配置策略调整提供了重要的支持。2017 年 10 月，财政部发布《财政部关于准予王竹泉等 7 名同志全国会计领军人才培养工程特殊支持计划毕业的通知》，我很荣幸成为首批“全国会计领军人才培养工程”毕业证书获得者（证书编号为 TZ2017001）。

（三）“脱实向虚”“实体企业融资难、融资贵”“实体企业金融化”等重大现实问题的反思

为贯彻《国家中长期人才发展规划纲要（2010—2020 年）》和《会计行业中长期人才发展规划（2010—2020 年）》（财会〔2010〕19 号）有关精神，着力打造一批造诣精深、成就突出、在国内外享有较高声誉的会计名家，推动我国会计人才队伍整体发展，财政部 2013 年 7 月制定了《会计名家培养工程实施方案》。“会计名家培养工程”着眼于对成就突出、造诣精深、有较大影响的会计理论和教育工作者予以激励和资助，为其潜心钻研提供条件、营造氛围，促使其尽快形成或提炼原创成果，实现中国会计理论和实践创新。按实施方案，每年入选的培养对象为 10 人左右。到 2022 年，资助人数达到 100 人左右。

2015 年 10 月，我十分荣幸成为“会计名家培养工程”的第三批入选者，也是“全国会计领军人才培养工程”和“全国会计领军人才培养工程特殊支持计划”入选者中首批入选“会计名家培养工程”的两人之一。在多年开展营运资金管理研究的过程中，我已深刻地认识到，营运资金管理是企业资金管理的一部分，而从微观企业的角度开展研究更具有一定的局限性。资本效率与财务风险既是企业资金管理的核心信息，也是资本市场和政府宏观调控关注的重要信息。企业资本效率和财务风险分析评价不仅关乎企业的生存和发展，更关系着资本市场和宏观经济的健康发展。但是，受制于传统的经济活动分类框架的束缚以及资本、资金与资产概念的混淆，传统的资本效率和财务风险分析体系存在严重缺陷。因此，我在“会计名家培养工程”项目中提出了一项宏观、微观贯通的研究计划——资本效率与财务风险分析及数据共享平台建设，拟在前期研究的基础上，首先对以资本效率和财务风险为核心的传统财务分析体系进行改革，构建满足投资者价值发现需求、体现新型业务与财务关系和财务风险理念的资本效率和财务风险分析体系；在此基础上，设计构建中国上市公司资本效率和财务风险调查体系，持续开展中国上市公司资本效率和财务风险调查，在持续更新中国企业营运资金管理研究中心开发的“中国上市公司营运资金管理数据库”的同时，开发建设“中国上市公司资本效率和财务风险特色数据库”，既满足资本市场和投资者进行资本配置和投资决策的要求，又满足企业资本管理实践和理论研究的信息要求。显然，将上述十几年围绕营运资金管理和资本效率与财务风险分析评价的研究系统地加以总结，形成《资本管理新论》自然也是顺理成章。但是，真正激发我决定撰写《资本管理新论》的动因是经济新常态下我国出现的“脱实向虚”“实体企业融资难、融资贵”“实体企业金融化”等重大现实问题带给我的反思。

众所周知，资本是一切社会经济活动的基础，贯穿于一切经济活动的始终，是推动经济社会发展的动力。对整个社会而言，资本运动的流向、流量和流速决定了社会经济活动的结构、规模和质量。对每一个微观组织而言，资本如同人体的血液，不仅直接关乎着组织的生存和发展，而且对组织的业务规模、业务结构和运营效率具有决定性的影响。进入经济新常态以来，“脱实向虚”“实体企业融资难、融资贵”“实体企业金融化”等问题在我国愈演愈烈，严重阻碍了我国宏观经济和微观企业的高质量发展。这些重大问题均可以归结为资本运动的方向出现了重大的失误。那么，导致这些问题出现的根本原因究竟是经济新常态下具有逐利避险本性的资本理性选择的结果，还是传统的资本管理理论理念的落后和基础信息扭曲的误导？

从会计学和财务学的角度来反思这一问题，虽然会计学和财务学都将资本运动视为自己的研究对象，但是，颇具讽刺意味的是，会计学和财务学却均没有资本、资金的统一界定，财务学关于资本的信息来自会计，而会计学却只有资产的概念，并没有资本的概念界定，导致长期以来资本、资金与资产概念混淆，流动资产、营运资金与营运资本混为一团的现象随处可见，以资产回报率、资产周转率、资产负债率等代替资本回报率、资本周转率和财务风险等现象司空见惯。更为可悲的是，传统的资本运动认识框架将企业的全部经济活动划分为经营活动与理财活动（包括投资活动和筹资活动）两大类，并将经营活动视为企业最重要的经济活动，这种分类及其所遵循的经营活动至上的资本运动逻辑根本不符合资本的本性和资本运动的内在逻辑。传统资本管理理论从基本概念、基本框架到基础信息和基本理念都存在的严重缺陷才可能是真正导致“脱实向虚”“实体企业融资难、融资贵”“实体企业金融化”等重大问题的根源所在，资本管理的理论亟待变革和创新。为此，我提出了《资本管理新论》的出版选题规划，并于 2016 年 5 月入选了“十三五”国家重点图书出版规划。

二、《资本管理新论》的体系构建

资本概念的多层次性和资本运动的复杂性和多样性，决定了《资本管理新论》的体系构建是一个复杂的系统工程。

首先，《资本管理新论》的体系构建必须置身于现代企业和经济社会发展的背景下，体现时代特征与技术进步。传统的资本管理理论植根于资源稀缺的短缺经济时代，大多数产品处于供不应求的状态；与此同时，资本市场很不发达，资本经营的意识几近空白，产品经营成为企业资本配置的优先选择，资本管理只是聚焦于为企业的产品经营筹集资本，投资活动与筹资活动均沦为企业产品经营活动的附属品，从而形成了传统的经营活动和理财活动（包括投资活动和筹资活动）的经济活动分类框架。这种传统的经济活动分类框架对资本管理理论的影响根深蒂固，从根本上制约了资本管理功能作用的发挥。当今企业所处的经济环境已发生了根本的变化。大多数产品处于供过于求的状态，经济全球化更进一步加剧了企业之间的竞争和经营风险；与此同时，资本市场高度发达，投资活动日益丰富，资本在经营活动和投资活动之间的配置成为企业资本管理面临的首要决策问题，传统的经济活动分类框架和经营活动至上的资本配置理念需要彻底变革。

其次，《资本管理新论》的体系构建需要在统一的资本概念和分类标准基础之上。资本、资金与资产等的概念混淆主要是主体定位的不一致。资产是会计的要素，其对应的主体是企业，资产是企业拥有或控制的能够产生未来经济利益的资源。而资本、资金是与投资者相联系的概念，资本是投资者投入企业的资源，资金是企业运用的投资者投入的资源。一切资本运动的起点都始于投资者的投资。不论是会计学对资本运动的描述，还是财务学对资本运动的规划与控制，都需要首先在资本的投资者和资本的运用者（企业）之间建立起统一的资本、资金概念，而不能因为企业会计学和企业财务学的主体是企业就将企业所拥有或控制的所有资源都称之为资本或资金。在统一了资本、资金等基础概念的基础上，还要进一步对其分类的标准进行统一，以免造成资本存量、资本配置结构、资本效率、财务风险等资本管理基础信息的混乱。

再次，《资本管理新论》的体系构建需要有一个科学的资本效率与财务风险的指标体系。资本的本性是逐利避险。资本效率与财务风险信息不仅是外部资本市场投资者和内部资本市场经营者进行资本配置决策的基本依据，而且也是各级政府研判经济运行态势和制定宏观调控政策的重要依据。构建科学的资本效率和财务风险分析的指标体系，准确测度资本效率和财务风险，是科学有效地实施资本管理的重要前提。传统资本管理理论由于其资本概念界定及经济活动分类方面存在的严重缺陷，导致其资本效率与财务风险分析的指标体系也存在严重缺陷，导致传统资本管理所依赖的资本效率与财务风险信息被严重扭曲，进而严重误导了各方利益相关者的资本管理决策。重构资本效率与财务风险分析的指标体系为资本管理创新提供了重要的突破口。

最后，《资本管理新论》的体系构建需要有创新理念的总结和应用案例的借鉴。资本运动贯穿于企业经济活动的始终。从企业内部来看，资本管理虽然是财务管理的中心，但是资本管理问题绝非财务人员就能解决好。从企业外部来看，企业所处的经济环境越来越变幻莫测，资本管理面临着更多的机遇和挑战。成功企业的经验告诉我们，资本管理的绩效是由商业模式、管理体制和金融服务等因素根本决定的。只有突破传统资本管理理念和模式的束缚，才能实现资本管理绩效的战略性提升。因此，《资本管理新论》必须审时度势，开拓资本管理的视野，提炼资本管理的创新理念，并总结推广具有参考价值的应用案例。

总之，《资本管理新论》拟从资本市场投资者投入资本和公司资本运营者运营资本相衔接的微观视角切入，在资本概念进行重新界定和科学分类的基础上，首先构建能够满足投资者价值发现需求，体现新型业务与财务关系和财务风险理念的资本存量、资本结构、资本效率和财务风险的基础信息和评价指标体系，然后利用该评价指标体系从资本配置结构、资本效率和财务风险三个方面对我国资本管理的发展作出分析评价，并对资本管理的前沿专题进行深入探讨，最后在资本管理创新理念和典型案例分析的基础上提出宏观、中观、微观三个层面促进资本管理创新发展的政策建议，实现提升投资者价值发现能力和企业价值创造能力、促进资本市场健康发展和提升国家治理水平的目标。

三、《资本管理新论》的阶段进展

2016 年 5 月，《资本管理新论》入选“十三五”国家重点图书出版规划以来，我从资本概念的重新界定和分类开始，带领研究团队围绕上述体系框架持续不断地积累和深化，取得了一系列重要的阶段性成果。

2016 年 7 月，我在《中国会计报》撰文指出：从资本①运动的过程来看，企业的投资活动和筹资活动是完全不同的两个方面，并不具有共同性。将不具有共同性的投资活动和筹资活动划分为理财活动的本质是企业重视产品经营而忽视资本运作。科学的经济活动分类应该是将经营活动和投资活动划分为一类，可称之为营业活动；而将筹资活动作为从属于营业活动的另外一类。在对经济活动进行科学分类的基础上，该文对资本的概念进行了界定：准确的资本概念应是企业在营业活动中所垫支的从投资者获取的投资。从数量上看，总资本应为总资产减去营业活动产生的非金融性负债之后的余额，即：总资本 = 总资产 - 营业活动产生的非金融性负债 = 所有者权益 + 金融性负债（王竹泉，2016）。由此可见，总资本是一个不同于总资产的经济概念。该文在重新界定资本概念的基础上，还建议进一步按资本投向的营业活动领域将总资本分为经营活动总资本和投资活动总资本，在此基础上，可以分别按经营活动和投资活动考察各自的资本效率，更加科学地评价各类资本运用的成效。2016 年 12 月，我设计了资本效率与财务风险的创新分析指标，并将创新指标纳入了中国企业营运资金管理研究中心开展的中国上市公司营运资金管理调查（王竹泉等，2016）。

自 2017 年开始，我带领研究团队持续开展中国上市公司资本效率与财务风险调查，持续出版《资本效率发展报告》和《财务风险发展报告》，扩充建设“中国上市公司资本效率数据库”和“中国上市公司财务风险数据库”，并成功开发了“中国资本管理智库数据平台”（http：//cmttc. ouc. edu. cn），为推动资本管理理论和实践的创新发展提供了坚实的信息平台支持。目前，《资本效率发展报告》和《财务风险发展报告》均已出版 3 部，累计 900 多万字。每部共分为“理论发展与总体分析篇”“行业调查篇”“地区调查与专题调查篇”和“附录”，全面展现了调查年度资本效率、财务风险理论研究和实践应用的发展状况，堪称资本效率与财务风险领域的思想库和信息库。

在推动理论创新发展的同时，我将资本管理创新贯穿于智库建设和人才培养之中，实现了科学研究、特色人才培养和服务社会的良性互动。2017 年，由中国企业营运资金管理研究中心牵头组建的中国资金管理智库协同创新中心获得山东省高等学校协同创新中心立项建设。2018 年，中国企业营运资金管理研究中心入选中国智库索引（CTTI）高校智库百强（A 级）。我牵头完成的研究成果得到了政府、企业等的采纳应用。“中国上市公司资本效率与财务风险调查：2016”获光明日报社颁发的 2017 中国智库治理暨思想理论传播高峰论坛二等奖（全国各类智库共 15 项成果获奖）；完成的“中国石油天然气集团公司资金配置策

① 原文为资金，此处均统一为资本。

略研究”2017年得到中国石油天然气集团公司采纳，并获中国石油天然气集团公司软科学优秀成果奖，在中国石油股份有限公司应用后成效显著，2018年又获中国石油天然气集团公司管理创新成果奖。2019年为中国石油天然气集团公司提供“集团公司存货压控策略研究”和为辽河油田提供“辽河油田资金配置策略研究”等咨询，咨询服务成果均被鉴定为优秀成果，并得到企业采纳应用。2020年，中国石油天然气集团公司委托中国企业营运资金管理研究中心承担“集团公司大票据池建设研究”课题。上述应用成果体现了理论与实践的紧密结合，也为《资本管理新论》的典型案例和经验借鉴提供了重要的支撑。此外，我带领研究团队为青岛市政府提供的“资本效率与财务风险分析体系创新研究”成果获“2017年度青岛市金融创新研究奖二等奖”，并获得30万元的奖励。提出的“以矫正财务信息扭曲为切入点，提高金融服务实体经济质量”和“我国实体经济杠杆率测度、比较与建议”等调研建议2019年得到了国务院发展研究中心采纳［国务院发展研究中心《调查研究报告》2019年第38号（总5538号）、2019年第166号（总5666号）］。这些阶段性成果为《资本管理新论》的前沿专题提供了既具独特性又具引领性的主题。

除积极推进资本管理研究协同创新外，我还将《资本管理新论》的创作与人才培养相结合，积极推进科教融合，构筑了内容丰富、开放共享的资本管理特色研究生教育资源共享平台，涵盖“营运资金管理发展报告系列丛书”（11部，2000多万字）、《营运资金管理系列高峰论坛论文集》（12部，700多万字）、“资金管理系列高峰论坛”（连续9次举办，累计2000多人参加）、“资本效率与财务风险系列数据库、案例库”（累计访问17万多人次，下载近9万次）、国家精品在线开放课程“营运资金管理慕课”（近4万人学习）以及入选中国专业学位教学案例中心案例库的8项资本管理教学案例。2018年1月，作为负责人完成的“科教融合、产学协同，联合打造资金管理特色研究生教育资源共享平台”获得山东省省级教学成果一等奖。2018年12月，作为负责人完成的“科教融合，产学协同，理实一体，构筑财会专业研究生教育特色资源共享平台”获得国家级教学成果二等奖，实现了特色人才培养与创新研究、社会服务的良性互动。

2019年以来，我带领研究团队①对长期以来开展的资本管理创新研究进行了系统总结，完成了“会计名家培养工程”专项课题“资本效率与财务风险分析及数据共享平台建设”的研究报告和国家自然科学基金“利益相关者视角的营运资金管理研究与中国上市公司营运资金管理数据平台扩充建设”的绩效评估报告，并针对我国实体经济资本效率和财务风险信息扭曲问题在《管理世界》发表了“中国实体经济资金效率与财务风险真实水平透析——金融服务实体经济效率和水平不高的症结何在？”和“降杠杆、稳杠杆和加杠杆的区域定位——传统杠杆率指标修正和基于双重杠杆率测度体系确立结构性杠杆率阈值”两篇论文，以翔实的数据证明了传统的资本管理理论理念的落后和基础信息扭曲的误导所产生的严重后果，为提高金融服务实体经济质量提供了一种崭新的思路。在此期间，在厦门国家会计学院完成了会计名家课程“资本效率与财务风险信息的扭曲与矫正”的录制，并在新浪财经和中国CFO发展中心“中国企业财务管理大师布道会”第二季上直播了“资本效率与财务风险分析创新”，吸引了30多万人在线学习。2020年3月，国家自然科学基金“利益

① 感谢王苑琢、宋晓缤、史晓洁、谭云霞、焦丽苹、崔晓文等博士、硕士研究生对成果总结的特别支持。

相关者视角的营运资金管理研究与中国上市公司营运资金管理数据平台扩充建设”获得结题项目绩效评估“优秀”。2020 年 4 月，由于在资本管理研究领域的创新贡献，我荣幸地入选了中宣部“文化名家暨四个一批人才”。2020 年 6 月，《资本管理新论》初稿完成，2020 年 8 月，《资本管理新论》定稿。

四、《资本管理新论》的特色

《资本管理新论》是一部集理论创新、实践应用和智库启迪于一体的著作。它不仅是资本管理创新的理念、框架、方法体系等的系统总结，而且也是科教融合、理实一体的人才培养模式的示范总结。

从理论创新来看，《资本管理新论》澄清了传统财务与会计理论中的基础概念的混淆，为统一资本存量测度、资本效率与财务风险评价奠定科学的概念基础，建立了经济活动分类、资本运动逻辑和财务报告列报三者之间清晰的对照关系，重构了衔接内部、外部资本市场投资者和政府宏观经济决策信息需求的资本效率与财务风险分析体系，为政府和市场的资本配置以及企业的资本管理提供了科学的框架和分析工具，有助于推动会计和财务基础理论的创新和发展。

在实践应用和智库启迪方面，《资本管理新论》瞄准国家、地方经济社会发展和企业管理的重大需求，积极发挥智库功能。将被国务院发展研究中心采纳的“以矫正财务信息扭曲为切入点，提高金融服务实体经济质量”和“我国实体经济杠杆率的测度、比较与建议”等调研报告以及基于微观实体财务风险的金融风险预警以及短期财务风险预警的研究成果纳入前沿专题，为从基础和根源上提高微观、中观、宏观的资本配置效率，防范系统性金融风险，推动经济高质量发展，提供重要的借鉴和启迪。将中国石油天然气集团公司、海尔集团等设计应用的资本管理创新模式加以总结和推广，对于提升我国企业的资本配置效率、促进经济高质量发展具有重要的应用参考价值。

此外，《资本管理新论》是科教融合、产学协同和理实一体的人才培养理念的典型示范，对于推动经济管理类专业人才培养模式的改革具有重要的借鉴价值。《资本管理新论》的内容体现了以“思想库”“文献库”“数据库”“案例库”建设为核心，强化教育资源的系统整合，解决教育资源高度分散问题和理论创新能力与实践创新能力培养的脱节问题。以面向学术前沿的学术高地和面向重大现实需求的权威智库建设为牵引，创新概念体系，总结前沿理念，推动理论发展，协力打造学术高地。在协力构筑权威智库的同时，面向政府、行业、企业重大需求合作开展课题咨询，将创新的理论和评价体系应用于管理实践，为政府、行业、企业提供智力支撑，应邀为中国石油天然气集团有限公司、辽河油田、中国企业财务管理协会、中国总会计师协会、上海国家会计学院、厦门国家会计学院等中央企业、上市公司和社会机构提供专题咨询、培训等服务，对提升资本市场资本配置效率、促进经济结构转型升级产生了积极作用。

五、《资本管理新论》的主要贡献

（一）澄清传统财务与会计理论中资产、资本与资金的概念混淆

虽然资本运动贯穿于企业的经济活动始终，资本存量和资本效率、财务风险信息是资本市场治理、投资人投资决策和企业资本管理的共同信息基础，资本运动也被视为会计和财务

共同的研究对象，但是，颇具讽刺意味的是，不论是会计学还是财务学，都没有关于资金、资本概念的统一界定，导致将总资产等同于总资金、流动资产等同于流动资金等概念混淆的现象司空见惯。

会计是商业语言，如果在投资者和经营者之间对资本、资金总额这样的基础概念都不能统一，何谈他们对资本效率和财务风险等核心信息的理解和沟通呢？《资本管理新论》首先对资本、资金与资产的概念混淆进行了澄清，并在此基础上重新对资本、资金进行了分类。

（二）纠正了传统会计和财务理论中对营运资金与营运资本的概念混淆

按照资金回收期的长短可对资金进行分类，通常将一年之内能够收回的资金称之为流动资金或营运资金，而将一年以上才能收回的资金称之为非流动资金或长期资金。流动资金与企业日常的营业活动如影随形，因此，也常被称之为营运资金。但是，如同资金、资本与资产的概念混淆一样，长期以来，流动资金或营运资金的概念也存在着模糊或混淆。

当人们谈起流动资金或营运资金时，存在两种认识：一种认识是将其与流动资产相等同，即企业营业活动中使用的流动资金就是企业的流动资产；另外一种认识是将其与营运资本（Working Capital，流动资产与流动负债的差额）相混淆，甚至有人将流动资产解释为总流动资金，而将营运资本解释为净流动资金。其实，这两种认识都是资金、资本与资产概念混淆在流动资金或营运资金上的体现。

事实上，营运资金（流动资金）既不应是全部流动资产，也不应该是全部经济活动中流动资产与流动负债的差额，而应该是营业活动中流动资产与流动负债的差额。在澄清营运资金和营运资本概念混淆的基础上，《资本管理新论》创建了“金融性流动负债占营运资金之比”“营运资本占营运资金之比”和“金融性流动负债流动比例”等衡量短期财务风险的优化分析指标，改变了传统财务分析体系对偿债能力和财务风险混为一团的误区。

（三）重建了阐释资本运动内在逻辑的经济活动分类，澄清了营业活动与经营活动的混淆

企业经济活动的背后是资本（或资金）的运动。企业的经济活动通常被分为经营活动、投资活动和筹资活动三种类型。在传统的营业观念中，营业活动被视为经营活动的同义语，产品经营是企业首要的经济活动，是企业运用投资者投入的资本为投资者创造价值的首要选择。只有当经营活动运用的资金有剩余或暂时闲置时，才会将剩余或暂时闲置的部分资金投入投资活动中，而当经营活动需要资本时，则要立即将投资活动的资本收回用以满足产品经营活动的资本需求。这意味着在经营活动（产品经营）和投资活动（资本经营）之间产品经营天然处于主导地位，投资活动则和筹资活动一起被置于从属于经营活动的附属地位，因此，就有了将全部经济活动分为经营活动和理财活动（包括投资活动和筹资活动）的传统的经济活动分类方法。显然，这种以产品经营取代营业活动的营业观念与其所产生的时代背景（缺乏竞争的产品市场和极不发达的资本市场）基本吻合，但显然无法满足当今时代（高度竞争的产品市场和十分发达的资本市场）投资者和企业经营管理者的需求。其存在的突出问题就是对资本经营不够重视，将投资活动置于从属于经营活动的被动地位。

企业的使命是创造价值，创造价值就要开展营业活动。而营业活动不应局限于产品经营，还应该包括资本经营。在将营业活动划分为经营活动和投资活动的基础上，企业的全部经济活动应划分为营业活动和筹资活动两大类，前者是企业运用资本创造价值的活动，而后者则是企业为营业活动提供资本保障的活动。创新的经济活动分类框架有助于我们更加清晰地理解企业的资本运动，并厘清业务、财务的关系，这一创新的经济活动分类框架，更有助于解读资本运动及其内在逻辑关系、构建科学的资本管理理论和方法体系。

（四）优化了资本效率和财务风险分析体系，矫正了资本效率与财务风险的信息扭曲

资本（资金）的本性是逐利避险。资本效率与财务风险信息不仅是资本市场引导资本配置和资本流动的基本依据，而且也是各级政府判断经济运行态势和制定宏观调控政策的重要依据。由于传统财务分析体系存在的资本（资金）与资产概念相混淆、营业性负债与金融性负债不加区分以及经济活动分类不当等理论缺陷，导致传统财务分析体系提供的资本效率与财务风险信息被严重扭曲，资本效率被严重低估，财务风险则被严重高估。

从反思和检视资本市场决定性作用是否正确发挥的视角，《资本管理新论》深入分析了传统财务分析体系存在的理论缺陷，将资本效率与财务风险的研究提升到资本管理整体并拓展到中观（行业、地区）和宏观（实体经济整体）层面，系统构建了能够准确测度资本市场资本效率和财务风险的基本概念和财务分析体系，并按资本口径的不同分别设计总资本效率、经营活动资本效率和投资活动资本效率等指标，对资本效率进行分析，从而将外部资本市场和内部资本市场的信息需求有机地融为一体。

《资本管理新论》运用创新分析体系对中国实体经济上市公司 2009—2018 年的资本效率与财务风险真实水平进行了测度，揭示传统财务分析体系使资本效率被低估 30% 以上，而财务风险则被高估 40% 以上的严重扭曲的事实。这为我国以矫正财务基础信息扭曲为切入点，提高金融服务实体经济效率和水平的新思路奠定了科学的基础。

（五）应用创立的基于渠道管理的营运资金管理绩效评价体系，对上市公司营运资金配置及其管理绩效进行了系统的分析评价

在前期研究中，我带领研究团队将营运资金管理研究与供应链管理、渠道管理及客户关系管理等领域的研究结合起来，以营运资金的重新分类为切入点，创新性地构建了“基于渠道的营运资金管理绩效评价体系”。该绩效评价体系明晰了营运资金管理与渠道管理的关系，不仅能够考核整体营运资金管理绩效，而且可以进一步考核各个渠道的营运资金管理绩效，引导企业应从供应链管理和渠道控制、客户关系管理的角度来寻求提升营运资金管理绩效的途径，为营运资金管理打开了新的视角。《资本管理新论》运用该体系对中国实体经济上市公司 2009—2018 年营运资金配置和营运资金管理绩效进行了分析评价，为业财融合的资本管理创新理念和应用模式提供了坚实的数据支持。

（六）阐释了财务风险和金融风险的本质是资本供求失衡，并建立了杠杆率阈值的确定标准

已有的系统性金融风险研究存在较为严重的缺陷：①对金融风险本质的认识有失偏颇；不管是 IMF、BIS 和 FSB（2009）所定义的金融系统全部或部分的失灵引起金融服务中断，还是 ECB（2004）等定义的违约引起的连锁反应、威胁市场的稳定性和信心等，其实都是对金融风险的“现象”描述，而没有触及金融风险的本质——资本供求失衡。②大部分研究都是在金融系统和金融机构之间探讨金融风险，而没有将系统性金融风险与实体经济中微观企业的财务风险有机联系起来；事实上，实体经济与虚拟经济密切相连，抛开实体经济而片面地从纯粹的虚拟经济中测度系统性金融风险本身就是不科学的。③大多数研究都是利用宏观数据进行预警，不仅及时性和前瞻性不足，而且基于宏观数据的压力测试难以考虑各行业、各地区不同的压力情形，容易造成预警结果与微观经济之间的严重脱节。

《资本管理新论》将企业财务风险的核心内涵界定为企业筹资活动保障营业活动资本需求的不确定性，财务（金融）风险的本质是微观（宏观）层面的资本（资金）供求失衡。

资本（资金）供求失衡既可能是存量及其结构的失衡，也可能是流量及其结构的失衡。

在阐释资本供求失衡的财务风险和金融风险本质的基础上，《资本管理新论》指出：不存在绝对的杠杆率或负债率的合理水平。风险与回报相匹配是确定杠杆率和负债率阈值的基本原则。宏观杠杆须与微观杠杆有机衔接，从而强化去杠杆的内在逻辑。在宏观国民经济核算和微观的财务分析中均应同时设置债务收益比和债务资本比两种口径的杠杆率，从而存量与流量兼顾、宏观与微观相联系地确定合理的杠杆率或负债率阈值标准。

（七）系统论证了资本管理创新的理念与路径

资本的本性是逐利避险。由于传统财务分析体系存在的资本、资金与资产概念相混淆，营业性负债与金融性负债不加区分以及经济活动分类不当等理论缺陷，导致传统财务分析体系提供的资本效率与财务风险信息被严重扭曲，资本效率被严重低估，财务风险则被严重高估。因此，资本管理创新首先需要矫正传统财务分析体系对资本效率与财务风险信息的扭曲，从而使市场和政府在资源配置中的作用得以正确发挥。

此外，资本管理的创新还需要有创新的理念。《资本管理新论》从业务财务一体化、资源共享与信息共享、流量存量兼顾等三个方面入手，理论分析与实践案例相结合，系统论证了资本管理创新的理念，并从业务创新、制度创新和金融创新三个方面论述了资本管理创新的路径。

（八）开拓了资本管理的前沿专题

《资本管理新论》开辟了财务基础信息扭曲与资本错配、资本杠杆与金融风险、流量与存量兼顾的短期财务风险预警、资本与物流的分离等前沿专题，为资本管理理论的创新发展增添了新的动力。特别是资本效率与财务风险信息扭曲乃是多层次资本错配的罪魁祸首，然而鲜有研究基于财务基础信息扭曲的视角深入研究资本错配的形成机理，并在此基础上系统地研究资本管理的创新和发展。《资本管理新论》从资本效率与财务风险扭曲的视角深入研究了多层次资本错配的形成机理，构建了逻辑贯通、内在一致的多层次资本错配标准，为矫正财务基础信息扭曲以引导资本科学配置进而提高资本配置效率指明了方向。

（九）提供了中国上市公司资本管理系列排行榜、科教融合国家教学成果奖成果报告等重要成果附录

充分发挥理论创新、实践应用与智库启迪集于一体的优势，《资本管理新论》以“附录”形式提供丰富的资本管理系列排行榜、重点智库报告摘要以及科教融合国家教学成果奖成果报告等，为《资本管理新论》的广泛应用提供了坚实的支撑。

第一章　资本管理理论创新的基础

第一节　资本管理理论的薄弱和滞后

资本运动贯穿于一切经济活动的始终，经济活动的本质是资本运动。会计学和财务学也都把资本运动视为自己的研究对象。但是，遗憾的是，不论是会计学还是财务学，都没有关于资金、资本的基本概念，也没有专门关于资本或资金存量的核算方法，从而导致资本、资金与资产的概念混淆，错误地将资本、资金与资产画等号，这实质意味着对金融性负债和非金融性负债（或营业性负债）不加区分，势必导致资本效率与财务风险等基础财务信息的扭曲。除此之外，传统的资本管理受制于狭隘的营业观念和落后的经济活动分类框架，不能清晰地揭示资本运动的内在逻辑和基本规律，严重误导了企业内部资本市场的资本配置。

一、资产与资金、资本相混淆

企业是一个运用投资者投入的资本开展营业活动以实现创造价值目的的主体。资金运动贯穿于经济活动始终，也被视为会计和财务共同的研究对象。然而，颇具讽刺意味的是，不论是会计学还是财务学，都没有关于资金、资本概念的统一界定，导致将总资产等同于总资金、流动资产等同于流动资金等概念混淆的现象司空见惯。从传统财务分析体系均是以总资产报酬率（息税前利润/平均总资产）、总资产周转率（营业收入/平均总资产）、流动资产周转率（营业收入/平均流动资产）等衡量总资金或流动资金的运用效率就可见一斑。

从金融与实体经济的关系来看，金融所引导的资金配置应该是资本市场上投资者的资本投入，因此，资金和资本的概念应与投资者的界定相吻合。对任何一个实体企业来说，其所运用的资金来自资本市场上投资者投入的资本，投资者投入企业的资本总额才是企业可以运用的资金总额。如果将资产与资金、资本相混淆，则可能导致企业资金（资本）存量被严重高估，资金效率被严重低估[①]。

---

① 以苏宁云商为例，该公司2015年年末合并资产负债表上资产总额为881亿元，如果将资产总额等同于资金总额，则该公司2015年年末的资金总额为881亿元，但如果从投资者的投入来看，股权投资者只投入了319亿元，而债券持有人、银行等金融债权人只投入了116亿元资金，两类投资者共投入了435亿元，即企业实际运用的资金总额只有435亿元。因此，将总资产881亿元作为资金总额势必导致该企业的资金存量被高估了一倍还多。以同等的息税前利润分别除以435亿元和880亿元的总资金，二者计算得出的总资金回报率将会产生成倍的差异，严重扭曲的资金效率信息必然会对金融引导资金配置产生严重误导。

二、金融性负债与营业性负债不加区分

与资产与资金、资本概念混淆相类似，传统财务分析体系还存在着金融性负债与营业性负债不加区分的缺陷。在传统的财务分析体系中，不论是资产负债率（负债/总资产）、产权比率（负债/所有者权益）、权益乘数（1+产权比率），还是流动比率（流动资产/流动负债）、速动比率（速动资产/流动负债）等反映财务风险的指标，不仅清一色地都将企业的偿债能力等同于财务风险，而且这些偿债能力指标都对金融性负债和营业性负债不加区分，因此，其分析计算的结果充其量是对各类债权人而言的平均偿债能力或财务风险，而难以与资本市场上的债权投资者的信息需求相吻合。

从金融服务实体经济的角度来看，实体企业的资金需求需要通过资本市场投资者的资金供给来满足。资本市场上投资者所关注的风险首先应该是企业运用其投入的资本产生回报的不确定性，即投资风险，且格外关注在企业投资不当导致投资回报比预期减少甚至全盘损失的情况下各类投资者所承担的损失份额。相对于风险偏好的股权投资者来说，债权投资者更倾向于回避风险，希望自己承担的损失越小越好。显然，投资者所关注的这种意义的风险可以通过企业的资金来源结构进行考察，即以金融性负债（或借入资金）占总资金的比重、自有资金占总资金的比重或资金杠杆（总资金/所有权权益）来衡量。例如，假定企业的全部资金有60%来自股权投资者，而有40%来自于金融债权人，则意味着当1元钱的资金在投资后发生全盘损失，股权投资者将承担0.6元的损失，而金融债权人只承担0.4元的损失，金融债权人承担的损失份额较股权投资者要少。遗憾的是，传统财务分析体系所计算的财务风险却与资本市场上投资者对财务风险的信息需求相差甚远[①]。

三、营业观念和经济活动分类的落后

在传统的营业观念中，经营活动（产品经营）被天然地视为企业首要经济活动，是企业资金配置的首要选择。只有当经营活动运用的资金有剩余或暂时闲置时，才会将剩余或暂时闲置的部分资金投入投资活动（资本经营）中。而当经营活动需要资金时，则要立即将投资活动的资金收回用以满足产品经营的资金需求。这意味着在产品经营和资本经营之间前者天然处于主导地位，后者即投资活动和筹资活动则处于从属地位，因此，就有了将全部经济活动分为经营活动和理财活动（包括投资活动和筹资活动）的传统的经济活动分类方法。这种分类不仅营业观念狭隘（将营业活动与产品经营等同，忽视资本经营），而且将投资活动（资金运用活动）和筹资活动（资金筹措活动）划分为同一类与按资金运动性质的分类相去甚远。

但是，这种落后的营业观念和经济活动分类方法对财务分析体系的影响却根深蒂固。在传统财务分析体系中，人们往往以经营活动的成果代替整家企业全部资金运用的成果[②]，因

---

① 仍以苏宁云商为例，按传统财务分析体系，该公司2015年年末的资产负债率为63.8%，似乎是债权投资者承担了更大的风险。但是，从总资金的结构来看，在全部总资金435亿元中，股权投资者的投入为319亿元，金融债权人仅投入了116亿元，因此，其借入资金的比例仅为26.7%，也就是说，在企业资金运用不当所造成的损失中，金融债权人只承担了26.7%，而并非63.8%。

② 比如，以营业收入代替总资金的回收额计算总资金周转率，但营业收入其实只是经营活动资金的回收，根本不能反映投资活动投入资金的回收。

此导致对经营活动资金效率、投资活动资金效率的分类评价几近空白。这样的营业观念和经济活动分类方法与其所产生的时代背景（缺乏竞争的产品市场和极不发达的资本市场）基本吻合，但显然无法满足当今时代（高度竞争的产品市场和十分发达的资本市场）资本市场投资者和企业经营管理者对企业内部资本市场资金效率信息的需求。在企业内部资本市场上，企业首先面临的是在运用资金直接创造价值的经营活动和运用资金间接创造价值的投资活动之间作出资金配置方向的选择，如果缺乏两类活动资金效率对比信息的支持，这种选择就会陷入盲目和经验主义的误区。

第二节　资本管理理论创新的切入点和思路

一、资本管理理论创新的切入点

与其他资源配置一样，资本配置和资本运动也是市场“无形的手”和政府“有形的手”共同作用的结果。但是，不论是市场的决定性作用的发挥，还是政府作用的更好发挥，都需要依赖资本存量、资本效率和财务风险等基础性财务信息。

尽管资本存量、资本效率和财务风险等基础性信息对政府、企业以及资本市场的所有参与主体都十分重要，但是，我国目前尚没有关于非金融企业及其投资者相吻合的资本存量和资本效率的统一概念和衡量标准，这显然不利于资本市场资源配置功能的有效发挥。资本管理的理论创新首先应从资本市场投资者投入资本和非金融企业资本运营者资本管理微观视角的资本概念界定和重新分类为切入点，构建能够满足投资者价值发现需求、体现新型业务与财务关系和财务风险理念的资本存量、资本效率和财务风险的基础信息和评价指标体系；在此基础上，以非金融企业的微观资产负债表为基础，设计构建非金融企业部门资本存量、资本效率和财务风险调查体系，对中国非金融企业部门的资本管理状况进行调查，开发建设“中国非金融企业部门资本存量、资本效率与财务风险数据库”，既满足资本市场投资者和非金融企业资本运营者进行资本配置和投资决策的要求，又满足国家治理、资本市场监管和理论研究的信息要求。最后，利用“中国非金融企业资本存量、资本效率与财务风险数据库”的调查资料和信息数据，对微观、中观、宏观的资本管理进行分析评价，进而总结提炼资本管理创新的理念和框架，从而更好地为政府、企业以及资本市场投资者的资本管理提供理论和方法支持。

二、资本管理理论创新的思路

本书对资本管理理论的创新将沿着资本管理的基础理论创新、资本管理的技术方法创新、资本管理的理念与应用案例创新的思路展开。

资本管理的基础理论创新首先要厘清目前研究中资本、资金和资产概念的混淆，并从资本市场投资者投入资本和非金融企业资本运营者资本管理的微观视角对资本概念进行重新界定并对其加以科学分类，为资本管理创新奠定概念基础。在此基础上，系统梳理和分析国内外资本存量核算或估算以及资本效率、财务风险分析评价的理论和方法，综合运用统计学、会计学、经济学、管理学、社会学等的理论和方法，以非金融企业部门资本存量核算为基础，系统研究资本存量核算的基本原理以及资本效率、财务风险的科学内涵。

资本管理的技术方法创新将根据资本和财富分布的“二八定律”，即“20%的主体占据社会资本或财富的80%，而80%的主体则占据社会资本或财富的20%”，在对当前已有的资本存量核算或估算方法进行比较、分析的基础上，分别对不同类型主体研究其资本存量的核算方法。对于上市非金融企业、未上市的国有企业等占据资本存量核心部分的少数重要的非金融企业的资本存量核算采用基于微观主体资产负债表的核算方法，而对于主体数量众多但占据资本存量整体比例较低的未上市民营非金融企业、未上市外资非金融企业等资本存量的核算则采用统计核算或统计推算的方法。基于创新的资本存量核算方法和基础理论研究部分对资本效率、财务风险的内涵界定，创新资本效率与财务风险分析评价体系，为资本管理创新的理念和应用案例研究提供客观、可靠的基础信息支撑。

资本管理的理念与应用案例创新将以非金融企业部门的资本存量、资本效率及财务风险等基础信息为对象，利用创新的分析体系对我国宏观经济以及非金融企业部门的资本存量及其配置结构、资本效率和财务风险进行分析，分别从非金融企业微观、中观（行业、地区）和宏观（非金融企业总体）层面对资本管理进行分析评价，进而总结提炼资本管理创新的理念和框架，为政府、企业以及资本市场投资者的资本管理提供理论和方法支持。

第三节　经济活动与资本运动的分类

一、传统的经济活动与资本运动分类

企业经济活动的背后是资本的运动。企业的经济活动通常被分为经营活动、投资活动和筹资活动三种类型。在传统的营业观念中，营业活动被视为经营活动的同义词，产品经营是企业首要的经济活动，是企业运用投资者投入的资本为投资者创造价值的首要选择。只有当经营活动运用的资本有剩余或暂时闲置时，才会将剩余或暂时闲置的部分资本投入投资活动中，而当经营活动需要资本时，则要立即将投资活动的资本收回用以满足产品经营活动的资本需求。这意味着在经营活动（产品经营）和投资活动（资本经营）之间产品经营天然处于主导地位，投资活动则和筹资活动一起被置于从属于经营活动的附属地位，因此，就有了将全部经济活动分为经营活动和理财活动（包括投资活动和筹资活动）的传统的经济活动分类方法。与之相对应，从事营销、生产、采购等经营活动的人员被称为业务人员，他们被视为直接创造价值的主体，而从事理财活动（投资活动和筹资活动）的人员则被称为财务人员，他们被视为企业价值创造的辅助性人员。

将全部经济活动分为经营活动和理财活动的传统经济活动分类方法对会计和财务的影响根深蒂固。从2007年以前的利润表中营业利润将投资收益排除在外①以及现金流量预算中

---

①　按2007年以前的企业会计准则，营业利润=主营业务利润+其他业务利润-销售费用-管理费用-财务费用，利润总额=营业利润+投资收益+营业外收支净额，营业利润并未将投资收益涵盖在内，仅是主营业务利润和其他业务利润扣除期间费用的结果。但不管是主营业务利润还是其他业务利润，其反映的仅是经营活动的成果，而不包括投资活动的成果。此外，将全部期间费用均由经营活动的成果补偿也说明其认为投资活动运用资金所占的比例很小，可以忽略不计。

以经营活动现金余绌的预算为主体都可以看出这种分类的痕迹。同样，传统的经济活动分类也深深影响了财务分析体系的设计。从传统财务分析体系中人们往往以经营活动的成果代替整个企业全部资本运用的成果[①]以及营运资金周转期被简化为“存货周转期+应收账款周转期-应付账款周转期”也都可以看出这一点。这种分类的实质反映了其营业活动的营业观念的狭隘和落后。显然，这种以产品经营取代营业活动的营业观念与其所产生的时代背景（缺乏竞争的产品市场和极不发达的资本市场）基本吻合，但显然无法满足当今时代（高度竞争的产品市场和十分发达的资本市场）投资者和企业经营管理者的需求。其存在的突出问题就是对资本经营不够重视，将投资活动置于从属于经营活动的被动地位。企业的使命是创造价值，创造价值就要开展营业活动。而营业活动不应局限于产品经营，还应该包括资本经营。很多成功企业的经验告诉我们，其价值创造的主要来源不是通过产品经营，而是通过资本经营来实现的。这说明从企业实现价值创造的目标来说，投资活动不可忽视。

从资本运动本身的性质来看，我们难以解释何以将属于运用资本的投资活动和属于筹措资本的筹资活动归为同一类活动，因为它们代表了两个完全不同方向的资本运动。因此，有必要对企业的经济活动和资本运动进行重新划分。

二、经济活动和资本运动的重新分类

从资本运动本身的性质来看，投资活动与筹资活动的性质完全不同。投资活动属于资本运用，而筹资活动属于资本来源，方向完全相反。从资本运动的性质来看，经营活动与投资活动均属于资本运用，将这两部分活动归为同一类才更为合理。与之同时，企业的营业观念也需要拓宽。如前所述，营业活动不仅应包括产品经营活动，而且也应该将作为资本经营的投资活动纳入其中。由此可见，将经营活动和投资活动归为同一类既符合按资本运动性质对经济活动进行分类的要求，而且也是顺应现在企业营业观念转变的要求。事实上，财务报表列报的改革已向我们昭示了这一理念。

在2006年之前的企业会计准则当中，利润表中的营业利润是主营业务利润和其他业务利润扣除期间费用后的结果。但不管是主营业务利润，还是其他业务利润，都是企业直接运用资本从事产品经营活动的结果，只是按照重要性程度将企业的产品经营业务分成了主营业务或其他业务而已，此时的营业利润尚未将投资活动产生的投资收益包括在内。显然，这样的营业观念体现的是狭义的营业观念。2007年开始实施的修订后的企业会计准则，对营业活动的理解已经发生了明显的变化。我们现在看到的利润表中的“营业利润”，名称完全一样，但跟2006年之前的营业利润在内容上已经大不相同，最明显的变化就是把投资收益和公允价值变动收益这些对外投资活动产生的财务成果纳入营业利润的范围之内。也就是说，现在的营业利润不仅包括企业通过产品经营所取得的财务成果，而且也包括了企业投资活动或资本经营产生的成果，是企业在产品经营（经营活动）和资本经营（投资活动）这样一个大的营业观念下所得到的财务成果的体现。因此，按资本运动性质对企业的经济活动分类，将同属于资本运用性质的经营活动和投资活动归为一类并称之为“营业活动”是再恰

① 在计算总资金周转率时，以营业收入除以平均总资产，即将营业收入视为总资金的回收额，但营业收入实质上只是经营活动投入资金的回收，根本没有包括投资活动中投入资金的回收。只有在投资活动可以忽略不计时，这种计算才可能与实际基本吻合。

当不过了，全部经济活动由此可以分为营业活动（涵盖经营活动和投资活动）和筹资活动两大类。

事实上，经营活动和投资活动不仅都是运用资本的活动，而且其目的也是相同的，都是为了创造价值或实现资本增值。所不同的只是直接创造价值的主体不同。经营活动是企业运用资本直接创造价值，而投资活动则是企业将资本的使用权转移给被投资企业，被投资企业利用所投入的资本直接创造价值，而投资企业通过参与被投资企业直接创造价值的分享间接实现创造价值的目标。因此，我们可以将营业活动界定为企业运用资本创造价值的活动，包括运用资本直接创造价值的经营活动和运用资本间接创造价值的投资活动两大类（王竹泉，2013）。

“经营活动”是指企业运用资本直接创造价值的营业活动，即产品（或实体）经营活动，这部分资本运用将通过影响企业营业收入、营业成本或费用来影响企业的价值创造；与之相对应，不仅“存货”“应收账款”“应收票据”“应付账款”“应付票据”等经营性流动资产、流动负债被视为经营活动的资产或负债，而且企业购置的固定资产、无形资产及其他长期资产、长期应付职工薪酬等也应被视为经营活动的资产或负债，这与传统经济活动分类中将购置、处置固定资产、无形资产以及其他长期资产视为投资活动有显著的区别。事实上，用于购置固定资产、无形资产以及其他长期资产所运用的资本也是通过影响营业收入、营业成本或费用（在正常使用期间）或影响资产处置损益（在处置期间）影响企业的价值创造，而不是通过影响投资收益来影响价值创造，即这部分资本运用创造价值的方式与划分为投资活动的资本运用具有根本的不同。

“投资活动”则是指企业运用资本间接创造价值的营业活动，即仅指对外投资或资本经营活动，具体包括企业对“交易性金融资产”“可供出售金融资产”“持有至到期投资”以及“长期股权投资”等的资本运用。与“经营活动”的资本运用显著不同，该部分资本运用不是通过影响企业营业收入、营业成本或费用来影响企业的价值创造，而是通过影响企业“投资收益”来影响企业的价值创造。由于母公司对子公司的“长期股权投资”和“投资收益”在合并财务报表中已被抵销，而代之以子公司的经营性资产、负债或营业收入、费用的一定比例，因此，对企业集团这一主体来说，母公司对子公司的投资仍然属于经营活动，原因是从企业集团这一经济主体来看，子公司的经营活动也是由母公司控制，且这种活动的结果在合并财务报表上表现为营业收入、营业成本或费用的改变。但对于母公司这一法人主体来说，母公司对子公司的投资毫无疑问是其资本经营，因为子公司仍属于具有独立法人资格和自主经营权利的经营主体，而且母公司对子公司投资所影响的也不是母公司报表上的营业收入、营业成本或费用的改变，而是影响母公司财务报表上的“投资收益”。在这样的分类理念下，我们应将“货币资金”也划归为投资活动的资本运用。在资本市场高度发达（可投资的产品众多）和网络化交易日益普及（交易成本低廉）的今天，即使传统上划分为经营活动资本的货币资金部分（为满足公司日常营运最低需求而持有的部分），在其可预见的足够短的闲置期间都可以被用于投资活动以实现间接价值创造的目的，更不用说超出最低营运需求部分的超额现金。“货币资金”的投资收益即为企业从金融机构获得的利息收入。

在将营业活动划分为经营活动和投资活动的基础上，企业的全部经济活动应划分为营业活动和筹资活动两大类，前者是企业运用资本创造价值的活动，而后者则是企业为营业活动提供资本保障的活动。经济活动传统分类与创新分类的对比如图 1－1 所示。

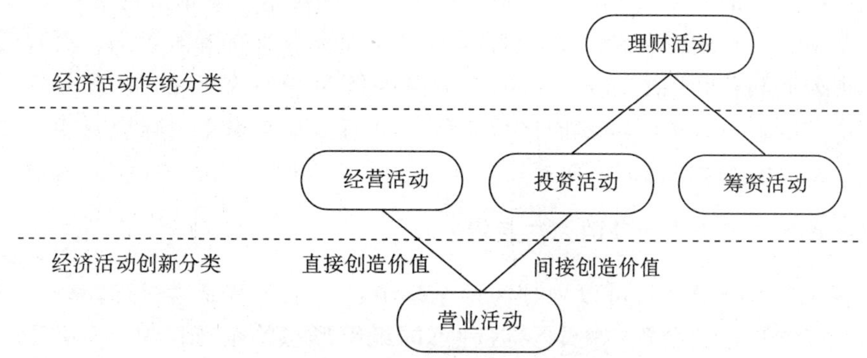

图 1－1　经济活动传统分类与创新分类的对比

创新的经济活动分类框架有助于我们更加清晰地理解企业的资本运动，并厘清业务、财务的关系。本书将在这一创新的经济活动分类框架下解读资本运动及其内在的逻辑关系，构建科学的资本管理理论和方法体系。

第四节　资本运动的内在逻辑

一、外部资本市场资本运动的内在逻辑

从资本运动的源头来看，企业的资金来自外部资本市场投资者的资本配置，而市场“无形的手”和政府“有形的手”同时影响着资本配置，从而从根本上决定了资本运动的方向。

资本市场存在着两类投资者：股权投资者和债权投资者。前者对企业的资本投入形成了企业的自有资金，其没有使用期限的限制和固定的回报要求；而后者投入的资本则形成了企业的借入资金，并有使用期限的限制，到期就需要偿还给债权投资者，而且要附加固定的回报。但不论是股权投资者，还是债权投资者，其投资的目的都是获得满意的投资回报并将风险控制在其可接受的水平。资本的本性是逐利避险，根据资源配置效率理论，效率与金融资源分配相对应才能实现金融资源配置的帕累托最优，即在同等的风险水平下，资本逐利避险的本性将驱使资本流向资本效率更高的企业、行业或部门；而在同等的资本效率水平下，资金逐利避险的本性又会驱使资本远离风险高的企业、行业或部门。因此，市场“无形的手”作用的发挥决定了资本运动的基本方向——逐利避险。资本是否从低效率、高风险的行业（企业）转移到高效率、低风险的行业（企业）成为判断资本市场是否有效、资本运动是否合理的基本标准。

除市场“无形的手”这一力量影响资本运动的方向之外，政府“有形的手”的作用对资本运动的方向也会产生重要的影响。政府可以通过调整货币政策影响整个社会的资本运动规模、结构和水平，从而对资本市场投资者的资本配置和资本运动方向产生影响。政府可以通过调整财税政策和产业政策影响不同产业、企业的投资回报和风险水平，从而调节资本市

场上资本运动的方向。

总之，市场“无形的手”和政府“有形的手”共同决定了资本市场上资本运动的方向。相对来看，市场“无形的手”更为体现资本的本性和资本所有者的意志，而政府“有形的手”更为体现公共利益和国家意志。只有在充分发挥市场的决定性作用的同时更好地发挥政府作用，资本市场的资本运动才能保持正确的方向，并从根本上保障资本运动的效率和质量。

二、内部资本市场资本运动的内在逻辑

一个完整的资本配置过程可以划分为两个环节：一个环节是通过外部资本市场（含信贷市场和证券市场）把社会资本配置给各种不同组织形态的企业，为企业营业活动提供资金；另一个环节则是不同组织形态的企业把资金再配置到各个分部或子公司，并通过他们把资金配置给不同的投资项目，这也就形成了企业的内部资本市场。

受传统的经营活动至高无上的营业观念的束缚，内部资本市场的资金配置只是在企业内部不同的产品或服务之间进行，而不会突破企业内部资本市场的界限在内部、外部资本市场的统一框架下规划资本运动的方向。既然现代企业的营业观念已拓展为经营活动和投资活动这两类运用资金的活动，因此，在企业内部资本市场上，企业经营者面临的第一层次的选择是确定资金在两类不同的营业活动之间的配置方向，即：将资金配置到从事产品经营的经营活动，还是将其配置到从事资本经营的投资活动？第二层次的选择才是在经营活动内部的不同产品或服务之间或投资活动的不同投资项目之间的资金配置方向的选择。由此可见，将企业全部经济活动分类为营业活动和筹资活动并将营业活动进一步分为经营活动和投资活动更是适应资本运动管理需求的正确选择。企业运用资金开展营业活动的内在动因是对价值创造的目标追求。由于企业实现其价值创造的目标可以有直接价值创造（产品经营）和间接价值创造（资本经营）两种基本途径，因此，资金管理首先要对两种不同的经营方式作出规划进而准确测度企业的资金需求，并根据资金需求选择适当的筹资方式以满足企业的资金需求。显然，将营业活动划分为经营活动、投资活动更有助于企业建立起价值创造目标、营业活动和资金需求三者之间清晰的对应关系，从而为科学的资金管理奠定良好的基础。

与外部资本市场的资本运动受市场“无形的手”和政府“有形的手”两种力量影响一样，内部资本市场同样也存在市场“无形的手”和企业“有形的手”两种力量的影响。显然，在不考虑经营活动、投资活动的资金配置风险差异的情况下，若经营活动资金回报率高于投资活动回报率，则市场“无形的手”将引导企业将资金配置到经营活动之中；反之，则将引导企业将资金配置到投资活动之中。也就是说，逐利避险也是企业内部资本市场决定资本运动方向的基本逻辑。

在企业内部资本市场中，“有形的手”不仅包括政府货币政策、财税政策、产业政策等作用的影响，而且还包括企业战略和经营管理政策的影响。企业战略和经营管理政策将驱使企业把资金配置到战略规划的重点领域、业务或项目中，尽管这些领域、业务或项目可能并非是资金逐利避险的自然选择。

第二章　资本的概念、分类与存量测度

第一节　资本的概念

一、资本属性

在对资本属性的认识上，人们先后用“冻结的劳动力”“生产能力”“耐用品存量”“要素服务流”等来定义资本，但并没有形成定论和统一规范，可以说资本的概念界定因人而异。

马克思在其巨著《资本论》中对资本进行了深入的研究。他认为，资本是指依靠剥削雇用工人而带来剩余价值的价值，它体现了资本家和雇用工人之间剥削和被剥削的生产关系。他指出“资本作为自行增殖的价值，不仅包含着阶级关系，还包含着建立在劳动作为雇用劳动而存在基础上的一定社会性质”。

斯密论述了资本在生产中作为辅助劳动的功能：固定资本（机器、建筑物、土地改良以及“既有的和有益的技能”）通过提高劳动的效率可以“促进”劳动；流动资本（货币、原材料、在制品和制成品）通过提供预付资金可以“缩短”劳动时间。

英国新古典经济学家马歇尔把资本定义为“财富中以营业的方法用于获得货币形态收入的那部分”，它在物质构成上包括生产工具和原材料，也包括工人生活资料。简言之，作为一种独立的生产要素，资本将包括为营业目的或获利所持有的一切东西，它的职能在于获取一种纯收入。

美国新古典经济学家克拉克认为，资本概念通常包括两种意义：一是抽象的、一般的资本，或叫“纯资本”，即内在于各种具体资本品中的一笔基金；二是具体的、实在的资本品，或叫生产资料。

美国经济学家、新古典综合派代表萨缪尔森认为，资本一词通常被用来表示一般资本品。现代先进的工业技术是以大量资本为基础的：精致的机器设备，大规模的工厂，成品与半成品，仓库与存货。资本和土地、劳动一样，都是生产要素。不过，土地和劳动是初级的生产要素。资本与初级生产要素的不同之处在于：前者是一种投入，同时又是经济社会的一种产出；后者不被看作经济过程的产出，因为它们的存在主要是由于物理和生物上的因素。这就是说，资本品表示制造出来的物品，这些物品可以被用来作为投入要素，以便进一步生产，而劳动与土地仅仅是初级的投入要素，这种投入要素通常不认为能被经济社会生产出来。

英国经济学家、新剑桥学派重要代表罗宾逊认为，资本在现实中是指存在于一定时点上的所有资本品总和。这些资本品的物质形式、技术性质和使用年限各不相同。

二、资本、资金与资产的混淆

资金是企业营业活动和价值创造的基础。但目前会计学和财务学尚没有关于资金、资本概念的统一界定，将总资产等同于总资金、流动资产等同于流动资金的资产、资金相混淆的现象司空见惯。但是，企业运用的资金来自投资者投入的资本，投资者投入企业的资本总额才是企业可以运用的资金总额。而如果以投资者对企业的资本投入数额衡量企业的资金总额，则可能与企业的资产总额会有很大的差异。

以苏宁云商为例，如果以资产总额作为资金总额，则该公司 2015 年年末的资金总额为 880. 76 亿元，但如果从投资者的投入来看，股权投资者只投入了 319. 25 亿元，而债券持有人、银行等金融债权人只投入了 117. 48 亿元资金，两类投资者共投入了 436. 73 亿元，也就是说，从投资者角度计算的投入资本总额只有 436. 73 亿元，即企业实际运用的资金总额为 436. 73 亿元。而如果将企业拥有或控制的能够带来未来经济利益的所有经济资源（即总资产）均视为总资金，则该企业的资金总额将高达 880. 76 亿元。这意味着除投资者投入的 436. 73 亿元之外，还有供应商、客户、员工、经营者、政府等其他利益相关者投入的 444. 03 亿元，其中来自供应商的投入就有 329. 49 亿元（应付账款、应付票据）。但是，把供应商、客户、员工、经营者、政府等其他利益相关者都视为投资者，这样泛化的投资者概念能够得到广泛认可吗?

资产是会计学的基本概念，资金、资本则是财务学的基本概念。将资金、资本与资产混淆实质上反映了财务学基础范畴在计量上的缺陷。实质上，不论是在微观企业层面，还是在中观、宏观层面，财务学都没有建立起一个关于资金、资本的测度体系，导致资金存量、资本存量信息在微观、中观和宏观层面都不够精致，甚至会产生像苏宁云商那样成倍的差异。

三、资本、资金概念的重新界定

马克思政治经济学认为，资本是能够带来剩余价值的价值。在西方经济学理论中，资本是投入（生产资料）的一部分，包括劳动、土地、货币。在企业中，资本是指来自投资者的投入，由于投资者有股权投资者和债权投资者之分，因此，资本又有股权投资者投入的资本和债权投资者投入的资本之分。相应地，企业在营业活动过程中所使用的投资者投入的资本一般被称为资金，其中使用的股权投资者投入的资本称为自有资金，使用的债权投资者投入的资本称为借入资金，因此，资本和资金是同一个事物的两个不同的方面，资本是与来源方相联系的概念，而资金则是与运用方相联系的概念。为此，我们将资金界定为企业在营业活动中所运用或垫支的投资者所投入的资源，而资本则是投资者向企业投入的资源。从这个意义上讲，资金就是资本的运用，而资本则是资金的来源。总资金恒等于总资本。

如果将资本和资金界定为投资者投入的资源，那么，它与资产就是不同的。资产是企业拥有或控制的所有能够产生未来经济利益的资源，而这些经济资源既有投资者投入的，也有与其他利益相关者（或非投资者，包括供应商、顾客、员工、经营者、政府等）交易所形成的。因此，资产要大于资本或资金，其差额是那些非投资者投入所形成的资产，即：基于交易关系而非投资关系所形成的资源不应该包括在资本或资金的范畴中。如企业赊购的存货虽构成企业的资产，但其是利用供应商的商业信用形成的，并非投资者（股权投资者和债权投资者）投入的资源，因此不应该计算在资本或资金之内。与之相同的是预收账款、应付职工薪酬、应交税费、其他应付款等非金融性负债所对应的资产。因此，从数量上看，总资金应为总资产减去非金融性负债之后的余额，即：

总资金 = 总资产 - 非金融性负债

总资本 = 所有者权益 + 金融性负债 = 自有资本 + 借入资本

总资金 = 总资本

按照这一界定，苏宁云商 2015 年年末虽然有总资产 880.76 亿元，但其资金总额和资本总额却只有 436.73 亿元，其中，319.25 亿元为自有资本（自有资金），而 117.48 亿元为借入资本（借入资金）。

会计是商业语言，如果在投资者和经营者之间对资本、资金总额这样的基础概念都不能统一，何谈他们对资本效率和财务风险等核心信息的理解和沟通呢？显然，如果以同样的 EBIT 作为资本回报，以 436.73 亿元作为资本总额计算出的资本回报率将比以 880.76 亿元作为资本总额所计算出的资本回报率高出 1 倍还多。同样，对于自有资金 319.25 亿元来说，总资金若按 880.76 亿元计算，则资本杠杆为 2.76 倍，而若总资金为 436.73 亿元，则资本杠杆只有 1.36 倍，同样出现了成倍的差异。因此，澄清资产、资本与资金的概念混淆具有十分重要的意义。

第二节　资本的分类

一、资本按资本投向或配置用途的分类

在企业的全部经济活动中，筹资活动负责筹措资金，而经营活动、投资活动则是运用资金。企业的资金配置首先需要考虑的是资金的投向，即是将资金投入经营活动，还是将其投入对外投资活动。因此，按照资金投向或配置用途可以将企业的资金分为经营活动资金和投资活动资金。经营活动资金是在经营活动中使用的投资者投入的资本，投资活动资金是在投资活动中所使用的投资者投入的资本，即：

资金 = 资产 - 非金融性负债 = 经营活动资产 + 投资活动资产 -（经营活动产生的非金融性负债 + 投资活动产生的非金融性负债）=（经营活动资产 - 经营活动产生的非金融性负债）+（投资活动资产 - 投资活动产生的非金融性负债）= 经营活动资金 + 投资活动资金

需要注意的是，经营活动资金与经营活动资产不同，经营活动资金是经营活动中所使用的投入者投入的资本，而经营活动资产则除了使用投资者投入的资本所形成的以外，还包括了经营过程中由其他利益相关者投入所形成的部分，即经营活动产生的非金融性负债。如 2015 年年末，苏宁云商应付账款、应付票据高达 329 亿元，这意味着不仅 2015 年年末 140 亿元的存货资产都是由供应商的商业信用形成的，而且在存货以外的其他资产中，还有 189 亿元其来源是供应商，而非股东和金融债权人，因此，在计算经营活动中投入的投资者的资本（经营活动资金）时，必须将这部分没有使用投资者投入的部分扣除。

与经营活动资金计算方法相同，计算投资活动资金时也应从投资活动资产中扣除并非投资者投入形成的部分，即：投资活动资金 = 投资活动资产 - 投资活动产生的非金融性负债。

二、资本按回收期长短的分类

除可按资金投向或配置用途对资金进行分类外，还可以按资金回收期的长短对资金进行分类。不论企业将投资者投入的资本投入经营活动，还是投入投资活动，其资金回收期都存在着长期或短期的区分，通常将一年之内能够收回的资金称为流动资金或营运资金，而将一年以上才能收回的资金称为非流动资金或长期资金。因此，按资金回收期的长短可以将资金分为流动资金（或营运资金）和非流动资金（或长期资金）。

同样，在经营活动中所运用的全部资金可以按照回收期的长短分为经营活动流动资金和经营活动非流动资金，在投资活动中所运用的全部资金也可以按照回收期的长短分为投资活动流动资金和投资活动非流动资金，即：

资金 = 资产 - 非金融性负债

= (流动资产 + 非流动资产) - (非金融性流动负债 + 非金融性长期负债)

= (流动资产 - 非金融性流动负债) + (非流动资产 - 非金融性长期负债)

= 流动资金 + 非流动资金

显然，流动资金不同于流动资产，流动资金是由投资者的投入所形成的流动资产部分，因此，要从全部流动资产中扣除由非投资者的投入所形成的流动资产部分。非流动资金也不同于非流动资产，非流动资金是由投资者的投入所形成的非流动资产部分，因此，要从全部非流动资产中扣除由非投资者的投入所形成的非流动资产部分。

经营活动资金 = 经营活动资产 - 经营活动产生的非金融性负债

= (经营活动流动资产 + 经营活动非流动资产) - (经营活动产生的非金融性流动负债 + 经营活动产生的非金融性长期负债)

= (经营活动流动资产 - 经营活动产生的非金融性流动负债) + (经营活动非流动资产 - 经营活动产生非金融性长期负债)

= 经营活动流动资金 + 经营活动非流动资金

= 经营活动营运资金 + 经营活动长期资金

投资活动资金 = 投资活动资产 - 投资活动产生的非金融性负债

= (投资活动流动资产 + 投资活动非流动资产) - (投资活动产生的非金融性流动负债 + 投资活动产生的非金融性长期负债)

= (投资活动流动资产 - 投资活动产生的非金融性流动负债) + (投资活动非流动资产 - 投资活动产生非金融性长期负债)

= 投资活动流动资金 + 投资活动非流动资金

= 投资活动营运资金 + 投资活动长期资金

与前面的流动资金与流动资产、非流动资金与非流动资产的关系相同，经营活动流动资金也不同于经营活动流动资产，经营活动非流动资金也不同于经营活动非流动资产。投资活动流动资产与投资活动流动资金、投资活动非流动资产与投资活动非流动资金的关系也是如此。

三、资本按资本来源不同的分类

如前所述，资本来自投资者的投入，由于投资者有股权投资者和债权投资者之分，因此，资本按其来源不同可以分为来自股权投资者的资本和来自债权投资者的资本两部分，前者又称为自有资本，后者又称为借入资本。因此，企业的总资本等于自有资本和借入资本之总和。

投资者对企业的投入，不仅存在着来源上的不同，而且还存在着使用期限和回报要求上的差异。作为股权投资者，其所投入的资本可供企业无限期使用，而且也无权向企业强制索取固定的资本回报；而债权投资者投入的资本不仅有明确的使用期限的限制，而且有固定的资本回报要求。根据债权投资者投入资本对使用期限的限定不同，债权人投资的资本又可以分为短期借入资本和长期借入资本，前者对企业使用期限的限定通常在一年以内，而后者对企业使用期限的限定通常在一年以上。因此，按投资者投入资本使用期的长短，企业的总资本可以分为短期资本（使用期在一年以内的借入资本）和长期资本（企业的自有资本以及使用期在一年以上的借入资本之和）。

四、营运资金、营运资本与流动资产的区分

如前所述，资金按资金投向或配置用途可以分为经营活动资金和投资活动资金，按照资金回收期长短可以分为流动资金和非流动资金。不论是在经营活动中，还是在投资活动中，非流动资金都具有战略性、长期性的特征，虽然其影响很大，但是，这类资金的投放在企业日常活动中并非频频发生。相反，流动资金的投放才具有战术性和经常性的特征。事实上，企业财务经理花相当多的时间从事流动资金管理（对国外最大的1000家企业的财务经理进行的调查表明，财务经理1/3以上的时间是在从事流动资金管理）。流动资金与企业日常的营业活动如影随形，因此也常被称为营运资金，是企业全部资金中流动性较强的那部分资金，流动资金或营运资金因而成为企业日常资金管理的重要对象。

但是，如同资金、资本与资产的概念混淆一样，长期以来，流动资金或营运资金的概念也存在着模糊或混淆。当人们谈起流动资金或营运资金时，一种认识是将其与流动资产相等同，即企业营业活动中使用的流动资金就是企业的流动资产。显然，这是资金、资本与资产概念混淆在流动资金上的直接体现。这种错误认识的结果必然会夸大企业营业活动中投入的流动资金。以苏宁云商为例，若将流动资产等同于流动资金，则该公司2015年年末的流动资金余额将为567.52亿元。但该公司2015年年末的资金或资本总额一共才有436.73亿元（其中，自有资金319.25亿元，借入资金117.48亿元），怎么可能会有567.52亿元呢？

从企业资金管理的需求出发，流动资金或营运资金的概念需要重新界定。与资金、资本和资产的关系一样，流动资金或营运资金是企业营业活动中所运用的投资者投入的资本中短期内可以收回的部分，从数量上来说，流动资金应为流动资产扣除非金融性流动负债之后的部分，即从全部流动资产中扣除非投资者投入所形成的流动资产后的差额。这一差额反映了维持营业活动（经营活动、投资活动）运营所需投入的净流动资金，即：

流动资金（或营运资金）=流动资产-非金融性流动负债

显然，这一差额越小，说明企业在营业活动中的流动资金净融资需求越小，当这一差额

为零时，说明营业活动产生的非金融性流动负债恰好等于营业活动中的流动资产，营业活动没有流动资金的融资需求，这就是许多企业所追求的“零营运资金”的状态。当这一差额变为负数时，说明企业营业活动产生的非金融性流动负债已超过了营业活动的流动资产，企业的营业活动不仅没有流动资金的融资需求，而且还可以为企业的非流动资产提供融资支持。此时，企业的营业活动变成了一个融通流动资金的平台。

不同行业对营运资金的需求水平有较大的差异，表 2-1 列示了中国企业营运资金管理研究中心发布的2016—2017 年分行业经营活动营运资金占用水平的调查结果。表中的“经营活动营运资金占用水平”是指经营活动营运资金与营业收入之间的比例关系。显然，经营活动营运资金占用水平的值越高，说明企业开展经营活动需要投入的流动资金就越多。

表 2-1　　2016—2017 年分行业上市公司经营活动营运资金占用水平

行业	经营活动营运资金占用水平	
	2016 年	2017 年
农、林、牧、渔行业 A	0.31	0.31
采矿业 B	-0.04	-0.05
食品、饮料行业 C0	0.12	0.10
纺织、服装、皮毛行业 C1	0.35	0.33
木材、家具行业 C2	0.26	0.16
造纸、印刷行业 C3	0.28	0.26
石油、化学、塑胶、塑料行业 C4	0.10	0.12
计算机、通信和其他电子设备制造业 C5	0.21	0.22
金属、非金属行业 C6	0.06	0.09
机械、设备、仪表行业 C7	0.13	0.14
医药、生物制品行业 C8	0.30	0.32
其他制造业 C9	0.38	0.45
电力、热力、燃气及水生产和供应业 D	-0.22	-0.17
建筑行业 E	0.10	0.09
批发和零售行业 F	0.07	0.07
交通运输、仓储和邮政行业 G	-0.09	-0.09
信息传输、软件和信息技术服务业 I	-0.15	-0.03
房地产行业 K	1.13	1.18
社会服务业（H、L、M、N、O、Q）	0.15	0.12
传播与文化行业（P、R）	0.11	0.19
综合类行业 S	0.71	0.76
上市公司整体	0.13	0.13

在资金管理管理中，对流动资金或营运资金的另外一种认识是将其与营运资本（Working Capital，流动资产与流动负债的差额）相混淆，甚至有人将流动资产解释为总流动资金，而将营运资本解释为净流动资金。实质上，这种对流动资金或营运资金的认识同样是错

误的。

对财务报表发展的历史稍加考察，就不难发现，营运资本是为了满足债权人对企业偿债能力分析要求而设计的一个指标，不论是从短期偿债能力分析的最重要指标——流动比率（流动资产/流动负债），还是从现金流量表之前企业广泛使用的第三张报表——财务状况变动表（实质是一张解释以营运资本多少为标志的企业财务状况的变化及其原因的财务报表），都可以看出营运资本从一开始就不是为企业资金管理所设计的一个指标，而是为债权人分析评价企业偿债能力所设计的一个指标。

那么，营运资金与营运资本的关系是什么？简单推导就可以看出：

流动资金（或营运资金）=流动资产－非金融性流动负债=流动资产－（流动负债－金融性流动负债）=（流动资产－流动负债）+金融性流动负债=营运资本+金融性流动负债

显然，营运资金与营运资本（流动资产－流动负债）不是等同的。营运资本只是营运资金中的一部分。

营运资本=流动资产－流动负债=（总资产－非流动资产）－（总负债－长期负债）

=总资产－总负债+长期负债－非流动资产=所有者权益+金融性长期负债+非金融性长期负债－非流动资产=（所有者权益+金融性长期负债）－（非流动资产－非金融性长期负债）=长期资金来源－非流动资金（或长期资金）

因此，营运资本若为正数，则意味着长期资本来源大于非流动资金或长期资金，其差额即为长期资本来源筹措的资金运用于流动资金（或营运资金）的部分；而从“流动资金（或营运资金）=营运资本+金融性流动负债”可以看出，全部的流动资金（或营运资金）除了营运资本（即通过长期资本来源筹措的流动资金）以外，还有通过短期资本来源（即金融性流动负债）筹措的部分，由此可见，营运资金与营运资本具有本质的区别。流动资金或营运资金表示企业筹措的全部资本投入流动资产的部分，其中既包括长期资本来源所筹措的资本投入流动资产的部分，也包括短期资本来源（金融性流动负债）所筹措的资本投入流动资产的部分，而营运资本仅代表企业长期资本来源所筹措的资本投入流动资产的那部分，两者不能混为一团。

五、营运资金的分类

（一）营运资金的传统分类

在营运资金分类方面，常见的分类主要有两种方法，一种是按其构成要素进行分类，另一种是按其随时间的变动特点进行分类。按照前一种分类方法，营运资金被分为现金、有价证券、应收账款、存货和应付账款等。在这种分类的基础上，营运资金管理被分解为现金和有价证券管理、应收账款管理、存货管理、信用管理等组成部分，各组成部分研究的内容主要是如何确定其最佳的持有水平；按照后一种分类方法，营运资金被分为临时性营运资金和永久性营运资金，研究的内容是确定短期融资和长期融资的适当组合，即：临时性营运资金通过短期融资方式筹措，长期性营运资金通过长期融资方式筹措。上述两种分类及其相关的两类决策构成了现有营运资金管理的全部内容，而两类决策的本质都是风险和盈利能力的权衡。

（二）基于渠道的营运资金分类

除采用以上两种方法对营运资金进行分类外，我们还可以根据营运资金的投向或配置用途将全部营运资金划分为经营活动营运资金和投资活动营运资金，并进一步将经营活动营运资金按照其与供应链或渠道的关系分为营销渠道的营运资金（成品存货+应收账款、应收票据-预收账款-应交税费）、生产渠道的营运资金（在产品存货+其他应收款-应付职工薪酬-其他应付款）和采购渠道的营运资金（材料存货+预付账款-应付账款、应付票据）。即：

营运资金=流动资产-非金融性流动负债

=经营活动流动资产-经营活动产生的非金融性流动负债+投资活动流动资产-投资活动产生的非金融性流动负债

=经营活动营运资金+投资活动营运资金

经营活动营运资金=采购渠道营运资金+生产渠道营运资金+营销渠道营运资金

其中：

营销渠道营运资金=成品存货+应收账款、应收票据-预收账款-应交税费

生产渠道营运资金=在产品存货+其他应收款-应付职工薪酬-其他应付款

采购渠道营运资金=材料存货+预付账款-应付账款、应付票据

第三节 资本存量的测度方法

一、现行的资本存量核算方法

1951年，Gold-smith开创性地运用永续盘存法（PIM）定期估计美国年度资本存量，该方法实质是将不同时期的资本流量逐年度调整、折算，以累加成意义一致的资本存量。其基本思路和估算步骤为：（1）估算基期年的资本存量；（2）估算各年资本存量的净增加额（本年资本存量增加额扣除上一年固定资本存量折旧额）；（3）在基期资本存量的数据基础上，逐年累计各年的资本存量净增加值，从而得到以后若干年份的资本存量。

由于资本存量不仅是经济增长的重要驱动因素，而且也是一个国家经济实力和财富状况的综合体现，因此，资本存量日益成为宏观经济政策研究关注的重要参数，资本存量核算也自然被纳入国民经济核算体系（SNA），并逐渐成为国民经济核算体系的重要组成部分。

SNA首创于英国，继而在经济发达国家推行。1968年，SNA没有提供包括资产范围的资产负债表指南。1993年版SNA对资本存量的相关问题进行了说明，并且推荐永续盘存法为资本存量核算的基本方法。在1993年SNA中，生产资产不仅包括有形资产，而且包括无形资产，例如，矿物开采、计算机软件、娱乐、文化或艺术创作。非生产资产包括：有形资产，例如，土地、水、地下资产和未开发的生态资源；无形资产，例如，专利登记、租契和其他可转换合同以及商誉。资本构成包括获得这些资产的净支出，长期生产的资产存货变化的价值，农作物、家畜、培育资产的生长价值，以及贵重物品的购买价值。1995年，联合国统计委员会对经济统计中的一些关键问题进行研究。1997年，澳大利亚统计局在堪培拉组织了第一次资本存量统计会议，之后1998年和1999年又连续召开两次，并于2001年形

成了 OECD 的《资本测算手册：关于资本存量、固定资本消耗及资本服务测算》，虽然提供了资本存量核算的框架和思路，但是目前仍然只有美国、澳大利亚、加拿大等 OECD 国家在资本存量核算方面较为成熟，能够公布符合核算要求的官方资本存量数据。由于国民经济核算基础不同，其他国家在资本存量的具体核算过程中还有许多需要完善和研究的地方。为了适应世界经济环境的发展变化，反映国民经济核算理论方法研究取得的成果和各国国民经济核算实践获取的经验，满足广大用户不断变化的需求，以及为了与国际收支统计、政府财政统计、货币金融统计等其他国际统计标准更加协调一致，联合国等国际组织制定了新的国际标准，即《国民账户体系（2008）》（简称“2008 年 SNA”）。联合国统计委员会第四十届会议通过了这个新的国际标准，并鼓励所有国家尽快实施这一标准。2008 年 SNA 颁布以来，发达国家和地区已经开始实施了这一新的国际标准。例如，美国、加拿大、澳大利亚、欧盟都已经结合本国的实际情况实施了 2008 年 SNA。

在 2008 年 SNA 包含的全套账户序列中，资产负债账户（即国家资产负债表）是唯一的存量账户，它反映了国家期初和期末的资产、负债及净资产存量，从而使 SNA 的三大类、共 14 个明细账户反映出国家完整的经济循环模式。在国家资产负债表中存在的是“资产 = 负债 + 净资产”这样的恒等关系。2008 年 SNA 将自然资源明确地列为一项资产，其明细项目包括土地、矿产和能源储备、非培育性生物资源、水资源和其他自然资源。国家资产负债表的核算范围涉及各个机构部门，包括非金融公司部门、金融公司部门、政府部门、住户部门、为住户服务的非营利机构部门等国内部门和国外部门。各个国内部门的资产、负债及净资产之和填列于“经济总体”一栏中，再与国外部门相加后，便得到整个经济体的资产、负债及净资产数额。由于我国采用 SNA 核算体系的时间（1993 年以来）较晚，资本存量核算至今尚未正式进入国民核算体系，目前还没有官方资本存量数据，资本存量的统计十分薄弱，数据缺口很大。

在国家资产负债表研究方面，1963 年，美国经济学家、耶鲁大学教授 Raymond Goldsmith 开始着手研究美国国家资产负债表，并尝试编制了分部门及综合的国家资产负债表。之后，Revell 试编了 1957—1961 年英国的国民资产负债表，加拿大 1990 年开始编制以账面和市场价值计算的国民资产负债表。随后，这种方式得到西方发达国家经济学家们的认可，并纷纷尝试编制本国的资产负债表。时至今日，部分发达国家已能通过官方统计部门定期公布本国国家资产负债表。

在我国，早期研究一般将资本存量界定为固定资本和流动资本之和，或者是生产性资本和非生产性资本之和，如张军扩（1991）、贺菊煌（1992）、邹至庄（Chow，1993）、李京文等（1993）。对于土地价值，邹至庄（Chow，1993）作了估算，而多数学者则不考虑。1994 年后在 SNA 体系下，也很少有对土地价值的专门估算。关于资本存量中是否包括存货，也存在争议，如王小鲁（2000）剔除存货，王小鲁、李治国与唐国兴（2003）将资本存量概念定义为固定资本存量；王金营（2001）没有剔除，将历年的新增资本定义为资本形成总额进而计算我国的资本存量；而何枫等（2003）将历年的新增资本定义为资本形成总额和固定资本形成总额，分别计算我国的资本存量和固定资本存量。张军与章元（2003）明确将资本存量界定为不包含土地的生产性资本，即固定资本存量。林金霞（2007）从资本的生产能力和财富价值角度提出了资本存量总额、资本存量净额和生产性资本存量三个不同的概念。关于资本存量应采用资产原值、净值（李京文，等，1998），或是二者都不合理

（黄勇峰，等，2002），争论也一直存在。

在我国，官方统计部门尚未正式发布中国国家资产负债表。但近年来，陆续有学者的研究成果发表，其中有代表性的主要有以下三项：一是马骏等根据英国、加拿大、澳大利亚及日本编制政府资产负债表的经验和做法，运用估值法，编制了2002—2010年中国的国家资产负债表和政府资产负债表，其中，政府资产负债表区分为中央和地方两个层次，并分别界定了中央政府和地方政府的资产和负债项目；国家资产负债表是在“四个部门、七张子表”（即实体部门的企业和居民资产负债表、金融部门的中央银行和商业银行资产负债表、政府部门的中央政府和地方政府资产负债表、国外部门的中国国际投资头寸表）估算的基础上加总而来，每个部门的资产都包括非金融资产与金融资产，而国家负债仅以金融负债形式出现。二是曹远征等主要采用推测法编制了我国的政府资产负债表，虽然与马骏等的方法不同，但二者编制的政府资产负债表基本类似。三是李扬等基于国民资产负债表的理论框架，参照国民账户体系（SNA2008）和中国国家统计局（2007）数据，并通过必要的估算，初步编制了2000—2010年我国的政府主权资产负债表。由于统计时点、计算口径和编制方法的不同，马骏、曹远征和李杨的三份资产负债表的政府资产、负债和净资产的数据差异较大。马骏对此的解释是：马骏版本的政府净资产高出曹远征版本和李扬“窄口径”版本的主要原因是，资产方包括了政府持有的十几万亿元的上市公司股份市值；而远低于李扬“宽口径”版本的原因是，基本上没有包括“国土资源性资产（尚未开发的矿产和未出售的土地）”。

综上所述，资本存量核算不论是在概念界定和内容分类，还是在核算理论和核算方法方面，都存在诸多问题尚未厘清。因此，资本存量核算研究，需要从两个层面展开，一个层面是资本存量的基础理论研究，另一个层面是资本存量核算方法和技术的研究。由此可见，要建立一个科学、合理的资本存量核算体系还任重道远。

二、基于微观资产负债表的资本存量测度方法

分析资本存量核算领域存在的上述重大分歧，不难看出，导致分歧的主要原因是资本和资产概念的混淆。在现有的关于资本存量核算包括的资本范围的探讨都是在讨论是否包括固定资产、存货、无形资产、土地、自然资源等，而这些项目其实都是资产，而并非资本。对资本概念进行重新界定并对其加以科学分类是解决资本存量核算重大分歧的首要环节。在此基础上，可以微观企业资产负债表为基础，获得行业层面、地区层面以及国家层面准确的资本存量数据。

虽然永续盘存法得到了广泛的应用，且这种方法也具有一定的科学性，但是，其首先是一种估算或推测的方法，带有估计的性质，其估计的准确性有赖于对基期资本存量、本期的资本投入、本期的资本退出等估计的准确性。因此，在资本存量和资本流量历史信息比较健全的情况下，可以作为简便、快速地测算未来的资本存量信息采用的方法。但若要提供一个国家准确的资本存量信息，则无疑应该采用更为精致的核算方法。突破资本存量核算的“永续盘存法”的传统思维定式，将国家治理和资本市场健康发展的宏观视角和资本市场投资者决策和各类主体资本管理的微观视角相结合，创新资本存量核算的方法和技术，实现资本存量核算的基础理论研究、应用方法研究和拓展应用研究的有机衔接势在必行。

（一）基于微观主体资产负债表的资本存量核算的基本原理

从理论上来说，单一主体的资本存量的信息可以根据该主体单独编制的资产负债表提供的信息，并根据上述各项指标的计算方法进行统计核算，其所存在的对外投资（含交易性金融资产、持有至到期投资、长期股权投资、可供出售金融资产等）不需要从其各自的总资本中扣除，并将被统计在其各自的投资活动总资本以及投资活动长期资本或投资活动流动资本之中，但在核算全国非金融公司部门、金融公司部门的资本存量时需要将其全额扣除，以避免重复计算，至于在核算每个行业或每个地区的资本存量时如何剔除以避免重复计算则取决于资本存量明细核算的维度；单一企业集团的资本存量信息可以采用该企业集团编制的合并资产负债表提供的信息，并根据上述各项指标的计算方法进行统计核算，企业集团对集团内企业进行的投资由于在合并财务报表中已做抵销，因此，不会虚增企业集团的资本存量，而企业集团对集团外企业（不纳入合并范围企业）所进行的对外投资（含交易性金融资产、持有至到期投资、长期股权投资、可供出售金融资产等）不需要从其各自的总资本中扣除，并将被统计在该集团的投资活动总资本以及投资活动长期资本或投资活动流动资本之中，但在核算全国非金融公司部门、金融公司部门的资本存量时需要将其全额扣除，以避免重复计算，至于在核算每个行业或每个地区的资本存量时如何剔除以避免重复计算则也取决于资本存量明细核算的维度。

（二）基于微观主体资产负债表的资本存量核算的实施策略

从应用和操作层面来看，对全社会的资本存量都按微观主体的资产负债表进行统计既不现实，也不符合成本效益原则。根据微观主体资产负债表信息的可得性、其资本存量的重要性对微观主体进行适当分类，从而在核算方法上有所区分，则是更为科学、合理的选择。

根据资本和财富分布的“二八定律”，即“20%的主体占据社会资本或财富的80%，而80%的主体则占据社会资本或财富的20%”，对重要的少数主体中的资本存量采用基于微观资产负债表的核算方法，而对于次要的多数微观主体中的资本存量则采用分类统计估算或推算的方法。以公司部门（涵盖金融公司部门和非金融公司部门）为例，对于上市非金融公司、上市金融公司、未上市的中央国有企业和地方国有企业、未上市的金融公司等占据资本存量核心部分的少数重要公司部门的资本存量核算采用基于微观主体资产负债表的核算方法，该类方法充分利用了现代会计对研究与开发、人力资本、环境与社会资源资本化方面的最新理论和技术，在最大限度地保证核算资料准确性的同时可大大降低数据信息采集的成本；而对于主体数量众多但占据资本存量整体比例较低的未上市民营公司、未上市外资公司等资本存量的核算则采用分类统计估算或统计推算的方法，从而在保障数据基本准确性的前提下提高核算方法的可操作性和成本效益。

（三）基于微观主体资产负债表的资本存量核算的深入研究

在资本存量核算方法和技术设计和选择方面，需要深入研究的问题主要包括三个方面：

1. 资本存量核算的信息需求分析与核算维度选择

资本存量的核算不仅需要以科学的资本分类为前提，而且需要科学地选择整个国家资本存量的核算维度，这显然要以资本存量核算信息需求分析为前提。将整个国家分为非金融公司部门、金融公司部门、政府部门、住户部门、为住户服务的非营利机构部门等国内部门和国外部门只是一种概括的分类。而在每一个部门中，如何对其资本存量核算进行进一步的分类，则是一个需要考虑的重点问题。比如：是否需要按地区维度来展现资本存量的分布？是否需要按行业维度（如非金融公司部门按农、林、牧、渔行业，采矿业，食品、饮料行业，纺织、服装、皮毛行业等，而金融公司部门则按证券、银行、保险、担保、信托等）展现资本存量的分布？考虑到我国国有资本规模庞大且分布广泛的实际，是否需要按所有制的维度来展现资本存量的分布？这些问题，都会直接影响资本存量核算的深度、广度以及研究成果的学术和应用价值，是一个需要重点解决的问题。为此，需要对政府有关部门、企业及投资者对资本存量核算的信息需求进行全面调查，以此作为资本存量核算维度选择和取舍的依据。

2. 基于微观主体资产负债表的资本存量核算的抵销处理

对占据资本存量整体比例较大的重要主体的资本存量需要基于每一个微观主体资产负债表提供的信息进行核算。但是，由于每个主体都可能存在对外投资，而如果对外投资在根据该微观主体的资产负债表进行资本存量核算时未被抵销掉，则该主体的资本总额中必然会仍然涵盖该部分实质上已投入其他主体的资本，并会将其纳入投资活动运用资本的指标之内；同时，被投资主体的资产负债表中也会将该部分资本统计在内（例如，银行对企业的贷款，在接受贷款企业中构成了其债务资本的一部分，而在银行的资产负债表中只是体现在贷款这类投资资产项目中，并未冲减银行的资本总额），这样就会导致整个国家的资本存量由于重复计量而被高估。如单纯要消除国家层面的资本存量高估问题，操作很简单，只需要借鉴合并财务报表的原理，将所有主体的对外投资部分与所有主体的资本总额相抵即可，抵销了相互投资之后的资本存量总额就可以反映整个国家准确的资本存量总额。但是，由于资本存量核算还要提供金融公司部门、非金融公司部门以及各自之下的子维度（行业维度、地区维度、所有制维度）的资本存量信息，因此，就带来了是按对外投资主体的相应维度的归属信息在相关维度的明细核算中进行抵销，还是按被投资主体的相应维度的归属信息在相关维度的明细核算中进行抵销的选择问题。这可能涉及资本归属是以控制权归属为标准，还是以实际使用权归属为标准的权衡问题。

由于合并财务报表是按控制权归属确定是否纳入合并财务报表范围的，因此，对子公司投资的部分自然也就是按控制权归属作为标准确定其资本存量明细核算的维度归属，而对于被投资对象并未被纳入合并财务报表范围的交易性金融资产投资、持有至到期投资（包括银行的贷款投资）、联营企业投资、合营企业投资以及其他投资，则应按实际使用权归属为标准确定其资本存量明细核算的维度归属。

3. 资本存量调查体系的设计与实施

由于资本存量和资本效率在行业、地区以及不同所有制性质的主体之间可能存在显著差异，因此，“中国公司部门（含非金融公司部门、金融公司部门）资本管理调查”和“中国公司部门（含非金融公司部门、金融公司部门）资本存量和资本效率数据库”均应区分不同地区、不同行业和不同所有制性质进行调查和核算，并在调查和核算的基础上，对中国公司部门（含非金融公司部门、金融公司部门）资本存量和资本效率的现状、问题及发展趋势进行分析，形成中国公司部门（含非金融公司部门、金融公司部门）分行业、分地区、分专题的资本管理发展报告。显然，要完成上述研究任务，设计系统、科学的中国公司部门资本存量调查体系并制订具体的实施方案是关键问题。具体来看，对非金融公司部门的调查将分为上市公司和未上市公司两部分，未上市公司部分则进一步分为国有、民营和外资三部分，鉴于国有公司的会计核算信息的可靠性相对较高，且也较为容易获得，因此，对上市非金融公司和未上市的国有非金融公司的调查将主要收集其每一个主体发布的财务报告，而对于未上市的民营非金融公司和外资非金融公司则采取分地区调查的方式，而不采用逐一收集微观主体财务报告的方式；对于金融公司部门，鉴于金融公司的重要性和国家有关部门的监管较为齐全，因此，不论是已上市还是未上市的金融公司，其微观主体的会计核算信息质量均较高，且均较容易获得，因此，对所有的金融公司的调查都将以收集每个微观主体的财务报告为主要内容。

第三章　资本配置结构分析与评价

资本是促进经济增长的必要因素，其贡献不仅在于量的扩张，也在于资本配置效率的提升。资本配置之所以必要，就在于资本的稀缺性。从实体企业来看，企业在受资本稀缺性制约的情况下，可通过合理安排资本配置结构使有限的资本得到最高效的利用。资本的优化配置能够优化融资结构、投资结构，提高资本的产出效率。

随着投资活动在企业价值创造中的地位日益提升，甚至在许多企业中资本经营已超越产品经营成为企业的主要经济活动。因此，不是只有产品经营活动才可以称为营业活动，企业管理层必须摒弃传统营业活动等同于经营活动的理念，在投资活动与经营活动共同组成的营业活动整体框架下作出资本投向的科学选择，从而真正将有限的资本投放在能够带来更高回报率的营业活动中，以实现企业价值最大化。本章对资本存量和配置结构的分析和评价，不仅分行业、分地区，也会进一步根据实体经济的经营活动和投资活动进行划分，以了解我国的产业结构、产业现状以及各生产要素的构成，摸清我国实体企业的发展状况，评估企业的“脱实向虚”水平。

从微观实体企业层面出发，对地区、行业和宏观整体的资本配置进行统计分析，对我国的资本配置进行多层次的考察，以提高资本在不同地区、不同行业资本的合理配置，提高资本配置效率。通过行业资本配置结构的分析，可以进一步描绘行业的成长状态，逐步缩减夕阳行业的资本占用规模，将更多的资本有目标、高效率地投放到成长性较好的新兴行业，助力于产业的结构化调整；而地区资本配置研究则可以明确资本流向、区域发展水平和力度，为区域发展战略调控提供科学准确的统计信息支持，为政府客观评估经济新常态下的中国实体经济状况提供重要的参考依据。

第一节　微观实体资本配置结构分析与评价

一、样本数据

本节以2009—2018年我国A股非金融类上市公司作为样本，剔除个别数据不全的样本，共获得25308个微观实体样本。各年度样本分布状况如表3-1所示。微观实体本节所有数据来源于国泰安数据库及中国资金管理智库数据平台（http：//cmttc. ouc. edu. cn/data）。值得说明的是，在我国微观实体经济中，房地产越来越呈现出金融衍生品的特征，但是这种特征主要表现在个人及房地产中介层面，而在以房地产开发为主的房地产行业上市公司层面表现得并不突出。同时，房地产作为资本高度密集型的行业，不仅微观实体与制造业、服务业一样需要金融的服务和支持，而且其对金融资本的依赖程度要远远高于其他行业，对资本市场在资源配置中决定性作用的发挥影响十分巨大。因此，本节将房地产行业上市公司也视为实体经济的微观实体组成部分，即将除金融类上市公司之外的其他所有行业的上市公司都纳入实体经济的考察范围。

表 3－1　　2009—2018 年中国非金融类上市公司样本量分布　　单位：家

年度	2009	2010	2011	2012	2013	2014	2015	2016	2017	2018
样本量	1599	1925	2159	2246	2284	2533	2751	2963	3381	3467

二、微观实体总资本存量及其分布状况分析

（一）微观实体经营活动与投资活动资本存量及分布状况分析

1. 整体层面：2009—2018 年整体非金融类上市公司经营活动与投资活动总资本存量与占比情况如图 3－1 所示，在十年间，总资本存量呈现明显的增加趋势，由 2009 年的 101410.2 亿元逐渐增长为 2018 年的 398409.9 亿元，平均每年增长 33000 亿元。经营活动总资本由 73208.2 亿元增长为 264396.0 亿元，投资活动总资本由 28202.0 亿元增长为 134013.9 亿元，在各个年度，经营活动总资本均高于投资活动总资本。从资本占比来看，2009—2015 年经营活动总资本占比一直维持在 70% 以上的水平波动，在 2013 年达到最大占比 73%，相应地，投资活动总资本占比保持在 30% 以下水平。但 2016—2018 年经营活动总资本占比出现较大幅度的下降，最低达到 2018 年的 66.4% 的占比水平，投资活动总资本占比连续三年超过 30%。总体来看，中国上市公司的总资本配置长期以经营活动为主，但在近几年明显向投资活动倾斜。

2. 企业层面：2009—2018 年非金融类上市公司经营活动总资本占比和投资活动总资本占比如表 3－2 和表 3－3 所示。各年度，经营活动总资本占比以 50%—75% 和 75%—100% 两个区间的公司家数最多，25%—50% 区间次之。2009—2012 年，经营活动总资本占比在 50%—75% 区间的公司数量最多，2013—2018 年转变为 75%—100% 区间的公司数量最多。十年间，经营活动总资本占比超过 50% 的公司数量占总样本量的比值呈现出上升的趋势，最低为 2010 年的 63.69%（1226 家），最高为 2018 年的 82.00%（2843 家）。有部分企业的经营活动总资本在 0 及以下水平，表示经营活动整体上体现出资本融通的作用。少数企业经营活动总资本占比超过 100%。投资活动总资本占比的企业分布与经营活动基本呈现相反状态。投资活动总资本占比在 25%—50% 和 0—25% 两个区间内的公司数量最多，在 50%—75% 和 75%—100% 两个区间内的企业数量相对较少，且在近十年相对稳定，说明大部分公司以经营活动为主，随着上市公司样本数量的增多，以经营活动为主的公司数量在大幅增加。

（二）微观实体营运资金与长期资金存量及其分布状况分析

1. 整体层面：2009—2018 年整体非金融类上市公司营运资金与长期资金存量与占比如图 3－2 所示。在近十年间，整体上市公司总资金由 2009 年的 101410.2 亿元逐渐增长为 2018 年的 398409.9 亿元，平均呈每年增长 33000 亿元的快速增长趋势。从总资本在营运资

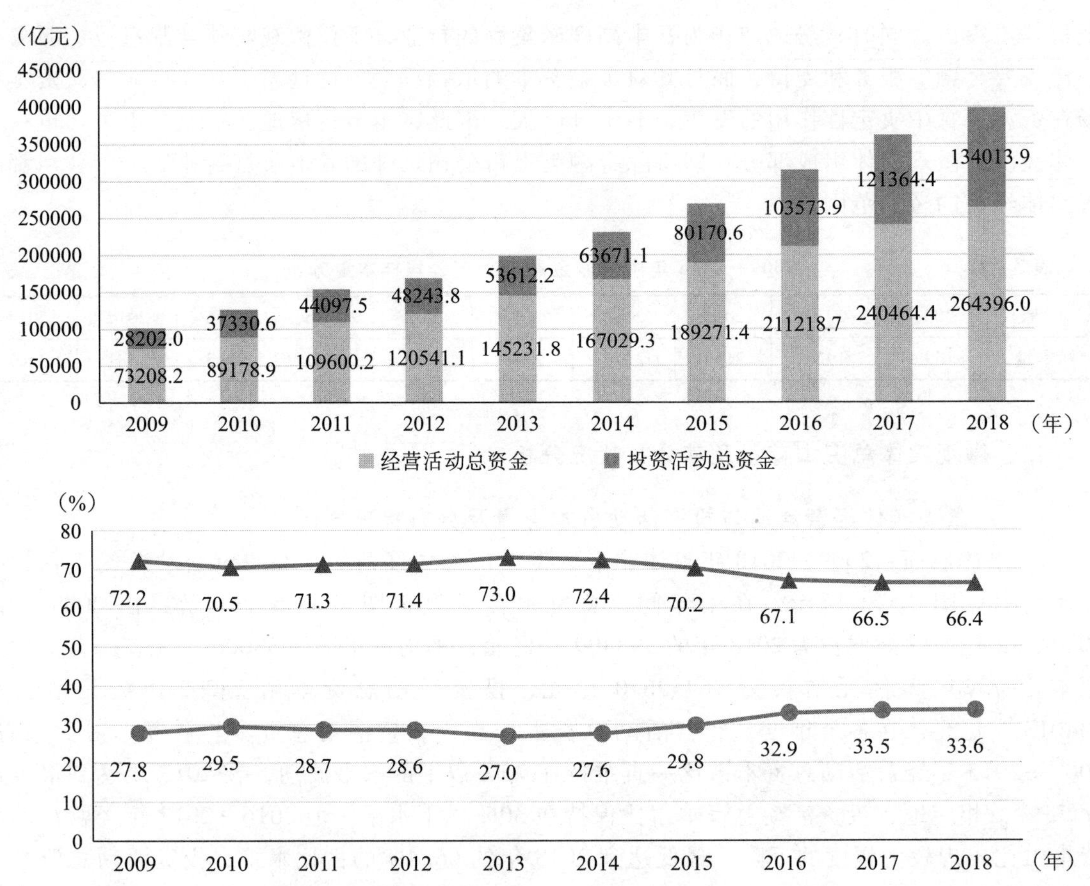

图 3-1 2009—2018 年整体上市公司经营活动与投资活动总资本存量与占比

表 3-2 2009—2018 年中国上市公司经营活动总资本占比分段统计 单位：家

年度 区间	2009	2010	2011	2012	2013	2014	2015	2016	2017	2018
≤0	54	51	36	32	41	54	53	60	55	55
(0，25%]	140	186	167	127	101	90	109	128	144	133
(25%，50%]	269	462	481	462	323	350	379	419	446	436
(50%，75%]	580	641	767	837	872	887	1009	1136	1299	1342
(75%，100%]	545	574	701	785	945	1145	1192	1213	1429	1485
>100%	11	11	7	3	2	7	9	7	8	16
总计	1599	1925	2159	2246	2284	2533	2751	2963	3381	3467

注：经营活动总资本占比 = 经营活动总资本/总资本 = 经营活动总资本/（经营活动总资本 + 投资活动总资本）。

表 3-3　2009—2018 年中国上市公司投资活动总资本占比分段统计　单位：家

区间＼年度	2009	2010	2011	2012	2013	2014	2015	2016	2017	2018
≤0	11	11	7	3	2	7	9	7	8	16
(0，25%]	545	574	701	785	945	1145	1192	1213	1429	1485
(25%，50%]	580	641	767	837	872	887	1009	1136	1299	1342
(50%，75%]	269	462	481	462	323	350	379	419	446	436
(75%，100%]	140	186	167	127	101	90	109	128	144	133
>100%	54	51	36	32	41	54	53	60	55	55
总计	1599	1925	2159	2246	2284	2533	2751	2963	3381	3467

注：投资活动总资本占比＝投资活动总资本/总资本＝投资活动总资本/（经营活动总资本＋投资活动总资本）。

金与长期资金的配置结构上来看，十年间总资本存量以长期资金为主，长期资金由 2009 年的 78999.7 亿元逐年增长为 2018 年的 269090.7 亿元，增长幅度达 240.62%。营运资金由 2009 年的 22410.5 亿元增长为 2018 年的 129319.2 亿元，增长幅度为 477.05%，呈现出更快的增长速度。

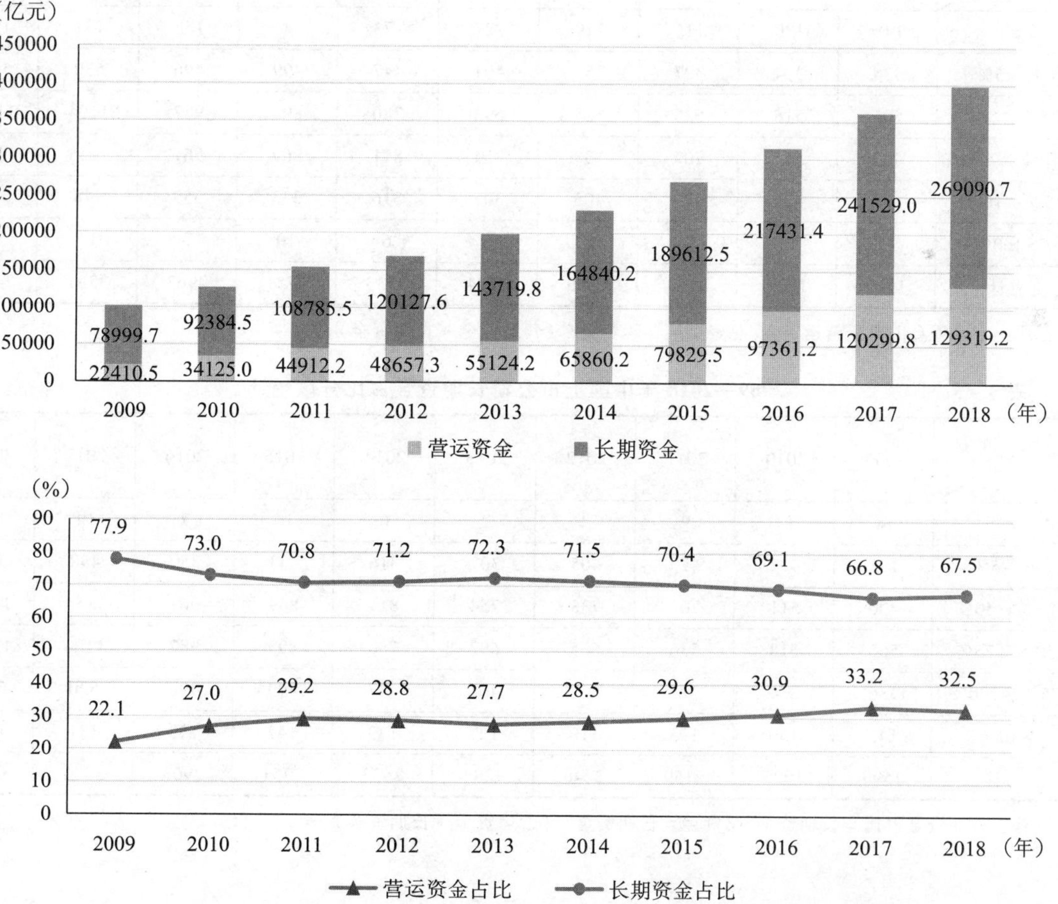

图 3-2　2009—2018 年整体上市公司营运资金与长期资金存量与占比

从营运资金与长期资金的占比来看，近十年间总资本配置以长期资金为主，营运资金占比呈现上升趋势，长期资金占比呈现下降趋势。2015 年之前，长期资金占比始终在 70% 以上水平，2016 年及之后年份，长期资金占比低于 70%。十年间长期资金占比最高的为 2009 年的 77.9%，最低为 2017 年的 66.8%。营运资金呈现为上升趋势，最低占比为 2009 年的 22.1%，最高占比为 2017 年的 33.2%。总体上资本配置始终以长期资金为主，但逐渐向短期营运资金配置倾斜。

2. 企业层面：2009—2018 年中国非金融上市公司营运资金占比分段统计如表 3－4 和表 3－5 所示。在近十年，营运资金和长期资金占比均在 25%—50% 和 50%—75% 两个区间内的公司数量较为集中。每个年度，均有一百多家企业的营运资金占比小于 0，企业的短期资金较少，以长期资金配置为主。个别企业的营运资金占比超过 100%，反映出企业的长期资金被用作短期配置。企业层面以长期资金为主的企业数量居多，长期资金占比超过 50% 的公司数量中，除去 2011 年公司数量占比 45.30% 和 2012 年公司数量占比 49.02%，其余年份均存在一半以上的公司对长期资金配置比重略高的现象。

表 3－4　　2009—2018 年中国上市公司营运资金占比分段统计　　单位：家

区间 \ 年度	2009	2010	2011	2012	2013	2014	2015	2016	2017	2018
≤0	148	130	115	119	127	173	145	153	131	155
(0，25%]	336	324	327	357	401	447	499	496	530	568
(25%，50%]	506	518	536	625	693	780	895	987	1104	1194
(50%，75%]	400	511	702	738	754	811	869	961	1154	1150
(75%，100%]	195	427	470	405	307	316	333	359	448	384
>100%	14	14	9	2	2	6	10	7	14	16
总计	1599	1925	2159	2246	2284	2533	2751	2963	3381	3467

注：营运资金占比＝营运资金/总资金＝营运资金/（营运资金＋长期资金）。

表 3－5　　2009—2018 年中国上市公司长期资金占比分段统计　　单位：家

区间 \ 年度	2009	2010	2011	2012	2013	2014	2015	2016	2017	2018
≤0	14	14	9	2	2	6	10	7	14	16
(0，25%]	195	427	470	405	307	316	333	359	448	384
(25%，50%]	400	511	702	738	754	811	869	961	1154	1150
(50%，75%]	506	518	536	625	693	780	895	987	1104	1194
(75%，100%]	336	324	327	357	401	447	499	496	530	568
>100%	148	130	115	119	127	173	145	153	131	155
总计	1599	1925	2159	2246	2284	2533	2751	2963	3381	3467

注：长期资金占比＝长期资金/总资金＝长期资金/（营运资金＋长期资金）。

三、微观实体上市公司营运资金存量及其分布状况分析

（一）微观实体营运资金存量及其分布状况总体分析

1. 整体层面：2009—2018 年中国非金融上市公司经营活动营运资金与投资活动营运资金存量与占比如图 3 - 3 所示。在近十年间，营运资金存量由 2009 年的 22405.2 亿元逐渐上升为 2018 年的 129319.2 亿元，增长幅度为 477.05%，在 2014 年之后，营运资金存量的增长速度明显加快。在经营活动和投资活动的营运资金配置方面，长期以投资活动营运资金的配置为主，投资活动营运资金存量从 2009 年的 20092.3 亿元上升为 2018 年的 85630.6 亿元，增长幅度为 326.19%，2014—2017 年为快速增长期，每年的增长速度在 2 万亿元上下。经营活动营运资金的配置相对较少，由 2009 年的 2312.9 亿元增长为 2018 年的 43688.6 亿元，2009—2011 年的增长最快，三年中的增长幅度高达 468.91%，之后年份的增长速度相对较慢。

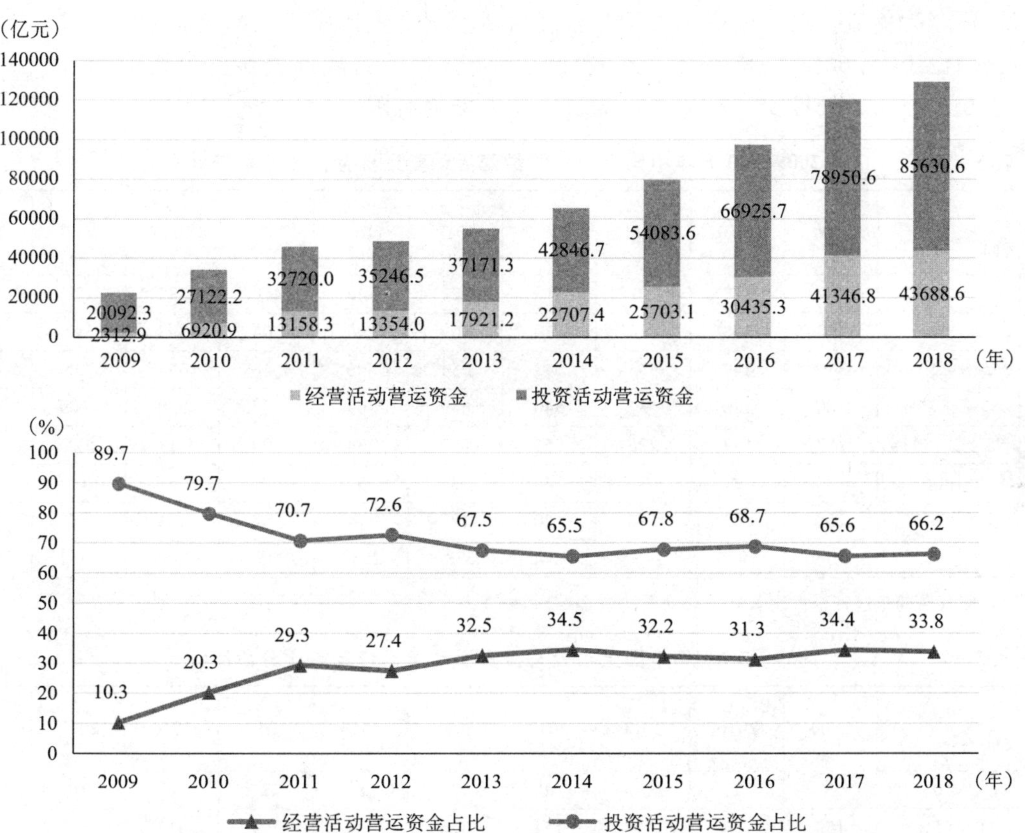

图 3 - 3　2009—2018 年整体上市公司经营活动营运资金与投资活动营运资金存量与占比

从经营活动营运资金和投资活动营运资金的占比来看，投资活动营运资金主要呈现下降趋势，经营活动营运资金呈现上升趋势。2009—2013 年的变化趋势最为明显，投资活动营运资金占比由 2009 年的 89.7% 下降为 2013 年的 67.5%，下降了 22.2 个百分点。相应地，经营活动营运资金占比由 10.3% 上升为 2013 年的 32.5%，上升了 22.2% 个百分点。2014—2018 年，营运资金在经营活动和投资活动中的配置相对稳定，仍以投资活动为主，投资活

动营运资金占比在 65.5%—68.7% 区间内波动，经营活动营运资金占比则在 31.3%—34.5% 区间内波动。总体而言，在近十年中，营运资金的配置以投资活动为主，总体上呈现出向经营活动倾斜的趋势，近几年的配置相对稳定。

2. 企业层面：2009—2018 年中国非金融类上市公司经营活动和投资活动营运资金占比分段统计如表 3-6 和表 3-7 所示。经营活动营运资金占比在各区间内的公司分布相对均匀，近十年营运资金占比大于 50% 的企业数量占比逐渐增大，2009—2012 年，不到 40%（企业占比最低为 2010 年的 33.58%，最高为 2011 年的 37.57%）企业的经营活动营运资金占比在一半以上，超过 60% 的公司将营运资金配置于投资活动。2013—2018 年，偏重于经营活动营运资金配置的企业数量有显著提升，公司数量占比增加到 45.06%—53.93% 区间（最低为 2013 年的 45.06%，最高为 2018 年的 53.93%）。相应地，营运资金配置倾向于投资活动的公司数量减少。经营活动营运资金占比在 50%—75% 的区间、投资活动营运资金占比在 25%—50% 的区间逐渐成为公司分布最多的区间。近十年中，每年均有一百多家企业营运资金为负值。在营运资金大于 0 且经营活动资金占比小于 0 的公司数量 302—456 家，所占比例位于 12.66%—18.89%，经营活动为企业的运营融通资金。投资活动营运资金占比小于 0 的公司数量极少，投资活动的资金融通能力有限。

表 3-6　2009—2018 年中国上市公司经营活动营运资金占比分段统计　单位：家

区间 \ 年度		2009	2010	2011	2012	2013	2014	2015	2016	2017	2018
营运资金>0	≤0	302	318	301	318	322	346	410	389	428	456
	(0，25%]	273	418	418	370	309	296	304	393	392	370
	(25%，50%]	349	449	554	643	554	506	646	654	735	697
	(50%，75%]	360	440	537	540	649	769	837	950	1109	1160
	(75%，100%]	153	157	226	251	320	434	399	417	575	617
	>100%	3	2	3	4	3	8	7	6	10	6
营运资金≤0		159	141	120	120	127	174	148	154	132	161
总计		1599	1925	2159	2246	2284	2533	2751	2963	3381	3467

注：经营活动营运资金占比＝经营活动营运资金/营运资金。

表 3-7　2009—2018 年中国上市公司投资活动营运资金占比分段统计　单位：家

区间 \ 年度		2009	2010	2011	2012	2013	2014	2015	2016	2017	2018
营运资金>0	≤0	3	2	3	4	3	8	7	6	10	6
	(0，25%]	153	157	226	251	320	434	399	417	575	617
	(25%，50%]	360	440	537	540	649	769	837	950	1109	1160
	(50%，75%]	349	449	554	643	554	506	646	654	735	697
	(75%，100%]	273	418	418	370	309	296	304	393	392	370
	>100%	302	318	301	318	322	346	410	389	428	456
营运资金≤0		159	141	120	120	127	174	148	154	132	161
总计		1599	1925	2159	2246	2284	2533	2751	2963	3381	3467

注：投资活动营运资金占比＝投资活动营运资金/营运资金。

（二）微观实体经营活动营运资金存量及其按渠道分布状况

1. 整体层面：经营活动营运资金根据渠道分布可以划分为采购渠道营运资金、生产渠道营运资金和营销渠道营运资金，2009—2018 年整体上市公司采购渠道、生产渠道、营销渠道营运资金存量如图 3 - 4 所示。近十年间，经营活动营运资金由 2009 年的 2312. 9 亿元增长为 2018 年的 43688. 6 亿元，总的增长幅度高达 1788. 91%，高幅度的增长主要归结于 2009 年营运资金存量较低，仅为 2312. 92 亿元，2009—2011 年出现快速增长，之后年份的增长速度相对较慢。分渠道来看，近十年中，采购渠道营运资金均为负值，表明企业通过应付账款、应付票据等营业性负债的形式为企业融通资金，所融通的资金存量从 2009 年的 9416. 4 亿元增长为 2018 年的 61767. 7 亿元，增长幅度为 555. 96%。生产渠道和营销渠道所占用的资金均为正值，生产渠道占用资金从 6534. 7 亿元上升为 52510. 9 亿元，营销渠道占用资金从 5194. 7 亿元上升为 52945. 3 亿元。生产渠道和营销渠道的资金占用量相当，近几年营销渠道的资金占用逐渐超过生产渠道。

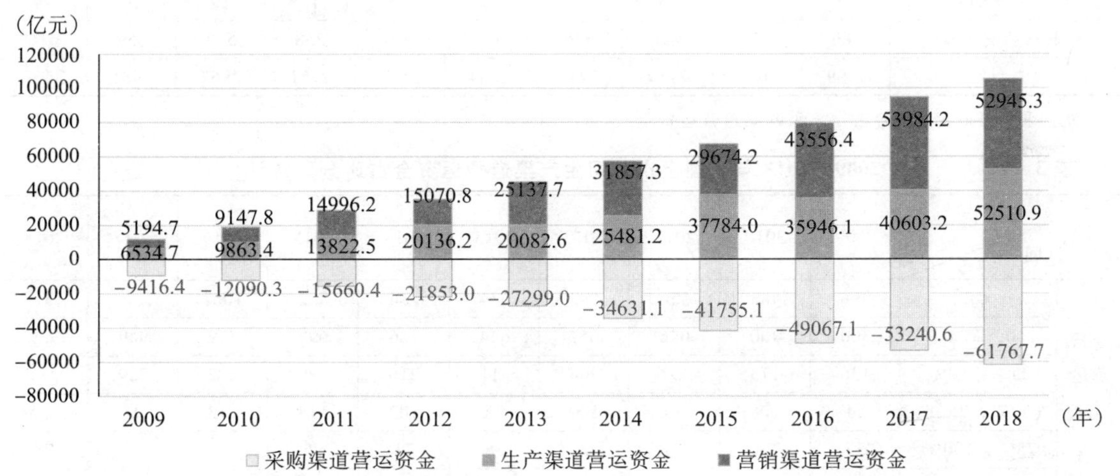

图 3 - 4　2009—2018 年整体上市公司采购渠道、生产渠道、营销渠道营运资金存量

2. 公司层面：2009—2018 年中国上市公司采购渠道、生产渠道和营销渠道营运资金占比公司层面分段统计分别如表 3 - 8、表 3 - 9 和表 3 - 10 所示。总体分布特征为大多数公司从采购渠道获取营运资金，在生产渠道占用少量营运资金，在营销渠道占用大量营运资金。具体来看，在采购渠道，企业主要分布于资金占比小于 0 的区间内。近十年，随着样本数量的增多，在营运资金大于 0 但采购渠道营运资金占比小于等于 0 的区间内公司数量增加最多，由 2009 年的 724 家增加到 2018 年的 2328 家，企业数量占比由 45. 28% 增加到 67. 15%，共上升了 21. 87 个百分点。在 0—25% 和经营活动营运资金小于等于 0 的区间内的企业数量在近十年内的变化相对稳定，公司数量保持在 200—400 家上下波动。采购渠道资金占比超过 50% 的公司数量较少。大部分企业的采购渠道较为节约资金，甚至为企业的其他经营环节融通资金。

生产渠道营运资金占比的企业分布主要在小于 0 和 0—25% 区间，两区间内企业数量大体相当，在近三年公司数量占比超过 70%。十年内生产渠道营运资金占比高于 50% 的各区间内企业数量基本不超过 200 家，公司数量相对较少。在营销渠道方面，企业主要分布在营销渠道资金占比大于100%和75%—100%的区间内，0—25%、25%—50%和50%—75%区间内的公司数量相对较少，两区间内的企业占比逐渐增大，由2009年的43.90%增长到2018年的70.29%。2014—2016年，超过60%的企业营销渠道资金占比超过75%，2017—2018年企业占比更是达到71.46%和70.29%。营销渠道成为主要的营运资金配置环节。

表3-8　2009—2018年中国上市公司采购渠道营运资金占比分段统计　单位：家

区间		2009	2010	2011	2012	2013	2014	2015	2016	2017	2018
经营营运资金>0	≤0	724	912	1060	1235	1329	1551	1753	1958	2265	2328
	(0，25%]	221	288	400	341	352	332	315	338	422	385
	(25%，50%]	93	126	154	133	85	74	70	74	90	85
	(50%，75%]	39	64	58	50	28	24	34	22	19	31
	(75%，100%]	17	35	28	19	14	9	6	9	6	8
	>100%	45	42	38	30	27	23	15	19	20	14
经营营运资金≤0		460	458	421	438	449	520	558	543	559	616
总计		1599	1925	2159	2246	2284	2533	2751	2963	3381	3467

注：采购渠道营运资金占比=采购渠道营运资金/经营活动营运资金。

表3-9　2009—2018年中国上市公司生产渠道营运资金占比分段统计　单位：家

区间		2009	2010	2011	2012	2013	2014	2015	2016	2017	2018
经营营运资金>0	≤0	398	483	556	593	634	714	852	1062	1303	1315
	(0，25%]	300	460	646	652	644	726	699	779	949	929
	(25%，50%]	136	173	191	204	211	216	209	202	229	224
	(50%，75%]	74	88	94	100	95	102	118	113	91	125
	(75%，100%]	55	73	74	68	86	71	95	91	77	78
	>100%	176	190	177	191	165	184	220	173	173	180
经营营运资金≤0		460	458	421	438	449	520	558	543	559	616
总计		1599	1925	2159	2246	2284	2533	2751	2963	3381	3467

注：生产渠道营运资金占比=生产渠道营运资金/经营活动营运资金。

表3-10　2009—2018年中国上市公司营销渠道营运资金占比分段统计　单位：家

区间		2009	2010	2011	2012	2013	2014	2015	2016	2017	2018
经营营运资金>0	≤0	144	171	147	139	115	106	102	104	92	107
	(0，25%]	76	88	98	79	71	84	92	68	61	65
	(25%，50%]	88	121	136	114	100	95	114	78	86	88
	(50%，75%]	129	188	226	214	184	161	164	155	167	154
	(75%，100%]	136	206	328	306	292	325	310	359	408	393
	>100%	566	693	803	956	1073	1242	1411	1656	2008	2044
经营营运资金≤0		460	458	421	438	449	520	558	543	559	616
总计		1599	1925	2159	2246	2284	2533	2751	2963	3381	3467

注：营销渠道营运资金占比=营销渠道营运资金/经营活动营运资金。

四、研究结论

第一，在总资本配置方面，2009—2018 年，我国非金融上市公司整体层面总资本存量呈现明显的增加趋势，由 2009 年的 101410.2 亿元逐渐增长为 2018 年的 398409.9 亿元，平均每年增长 33000 亿元。中国上市公司的总资本配置以经营活动为主，但在近几年明显向投资活动倾斜。企业层面大部分公司以经营活动为主，随着上市公司样本数量的增多，以经营活动为主的公司数量在大幅增加。在总资本配置的期限结构方面，以长期资金为主，但长期资金占比在近十年呈现下降趋势；企业层面同样以长期资金为主的企业数量居多。

第二，在营运资金配置方面，近十年营运资金存量由 2009 年的 22405.2 亿元逐渐上升为 2018 年的 129319.2 亿元，增长幅度为 477.05%，2014 年之后，营运资金存量的增长速度明显加快。在经营活动和投资活动的营运资金配置方面，近十年来始终以投资活动营运资金的配置为主，但总体上呈现出向经营活动倾斜的趋势，近几年相对稳定。在企业层面，近十年营运资金占比大于 50% 的企业数量占比逐渐增大，营运资金配置倾向于投资活动的公司数量减少。

第三，在经营活动营运资金按渠道配置方面，采购渠道营运资金均为负值，表明企业通过应付账款、应付票据等营业性负债的形式为企业融通资金；生产渠道和营销渠道的资金占用量相当，近几年营销渠道的资金占用逐渐超过生产渠道。在企业层面，采购渠道资金占比超过 50% 的公司数量较少。大部分企业的采购渠道较为节约资金，甚至为企业的其他经营环节融通资金；营销渠道为主要的营运资金配置环节，占用大量的营运资金。

第二节 分行业资本配置结构分析与评价

一、样本数据

本节对分行业的资本配置结构进行分析与评价，所选取样本同第一节，即以 2009—2018 年我国 A 股非金融类上市公司作为样本，共获得 25307 个企业样本。其中，各年度、分行业参照证监会 2012 年公布的行业分类标准对行业进行分类。具体样本分布状况详见表 3-11。

表 3-11　　2009—2018 年中国非金融类上市公司分行业样本量分布

行业＼年度	2009	2010	2011	2012	2013	2014	2015	2016	2017	2018
农、林、牧、渔行业 A	27	35	35	40	39	41	44	45	41	41
采矿业 B	56	57	62	63	63	69	71	74	74	75
食品、饮料行业 C0	65	79	85	88	87	104	110	116	131	130
纺织、服装、皮毛行业 C1	43	52	59	62	61	67	75	78	86	81
木材、家具行业 C2	8	9	12	13	13	14	17	22	31	32

续表

行业 \ 年度	2009	2010	2011	2012	2013	2014	2015	2016	2017	2018
造纸、印刷行业 C3	26	28	30	33	33	35	38	43	54	52
石油、化学、塑胶、塑料行业 C4	154	191	226	235	238	249	270	300	341	335
计算机、通信和其他电子设备制造业 C5	119	165	185	193	203	222	243	267	326	336
金属、非金属行业 C6	131	160	180	186	182	196	217	220	242	241
机械、设备、仪表行业 C7	262	351	429	466	463	530	594	648	752	759
医药、生物制品行业 C8	96	119	131	135	136	149	163	173	208	214
其他制造业 C9	9	14	17	18	18	21	22	23	24	26
电力、热力、燃气及水生产和供应业 D	80	84	81	71	89	94	96	97	106	112
建筑行业 E	47	52	61	64	64	70	78	90	96	93
批发和零售行业 F	114	124	130	121	130	139	146	156	165	177
交通运输、仓储和邮政行业 G	67	77	75	78	77	85	88	90	96	98
信息传输、软件和信息技术服务业 I	71	92	120	142	141	160	175	203	246	271
房地产行业 K	115	117	116	110	114	125	126	127	126	122
社会服务业（H、L、M、N、O、Q）	63	65	73	75	74	96	107	116	153	177
传播与文化行业（P、R）	26	32	33	36	37	40	45	49	60	71
综合类行业 S	20	22	19	17	22	27	26	26	23	23
上市公司整体	1599	1925	2159	2246	2284	2533	2751	2963	3381	3466

二、各行业总资本存量及其分布状况分析

（一）各行业上市公司经营活动与投资活动资本存量及分布状况分析

2009—2018 年我国非金融类上市公司各行业的总资本存量分布如表 3 - 12 所示，近十年来，各行业的总资本存量均有不同程度的增加。分行业来看，总资本存量较大的行业首先为机械、设备和仪表行业（2018 年总资本存量为 49872. 74 亿元），房地产行业（49607. 17 亿元），采矿业（47174. 33 亿元），该部分行业的总资本存量均超过 4 万亿元；其次为建筑行业（37674. 98 亿元），电力、热力、燃气及水生产和供应业（35817. 14 亿元），金属、非金属行业（31643. 21 亿元），总资本存量均超过 3 万亿元。总资本存量较小的行业包括木材、家具行业（1042. 71 亿元），其他制造业（1135. 78 亿元），综合类行业（1451. 35 亿元），农、林、牧、渔业（2077. 96 亿元）。

从近十年行业总资本的增长率来看，增长较大的行业包括其他制造业（近十年总的增长幅度为 1416. 61%），社会服务业（1140. 66%），传播与文化行业（899. 79%），计算机、通信和其他电子设备制造业（661. 90%），房地产行业（591. 17%）等。总资本增长较慢的行业主要为采矿业（92. 56%），金属、非金属行业（135. 25%），交通运输、仓储和邮政行业（207. 14%）等。

表 3-12　**2009—2018 年各行业上市公司总资本存量分布统计表**　单位：亿元

行业＼年度	2009	2010	2011	2012	2013	2014	2015	2016	2017	2018	行业平均
农、林、牧、渔行业 A	435.86	606.52	773.40	875.31	962.26	1078.88	1499.10	1914.88	2074.44	2077.96	1229.86
采矿业 B	24498.42	27801.23	31694.95	36772.06	40349.63	44673.30	46861.11	47474.43	48228.95	47174.33	39552.84
食品、饮料行业 C0	1708.42	2265.12	2875.03	3463.04	3971.29	4823.64	5447.78	6118.58	7365.86	8298.40	4633.72
纺织、服装、皮毛行业 C1	765.98	1081.37	1376.02	1568.89	1660.03	2023.07	2359.19	2639.02	3056.04	3604.91	2013.45
木材、家具行业 C2	201.71	265.01	322.31	347.56	363.90	392.06	490.30	645.92	910.81	1042.71	498.23
造纸、印刷行业 C3	887.59	1063.86	1308.16	1465.85	1593.49	1718.61	1938.19	2237.91	2755.06	2975.63	1794.44
石油、化学、塑胶、塑料行业 C4	4488.73	5528.44	7473.38	8716.46	9932.58	11112.60	12572.67	15277.01	17460.53	20558.49	11312.09
计算机、通信和其他电子设备制造业 C5	2807.52	4554.84	5613.31	5804.47	6837.49	8820.58	11400.28	14615.51	18025.87	21390.64	9987.05
金属、非金属行业 C6	13451.13	15892.03	19143.81	20424.60	22061.15	23208.35	24377.61	26234.12	29493.75	31643.21	22592.98
机械、设备、仪表行业 C7	8364.18	12099.55	17163.18	20269.27	22741.22	27279.65	31658.46	40572.30	46178.62	49872.74	27619.92
医药、生物制品行业 C8	1755.78	2540.79	3155.09	3631.50	4240.19	5229.72	6476.62	8252.82	10112.60	11015.13	5641.02
其他制造业 C9	74.89	151.32	259.86	337.98	396.24	523.53	876.29	1256.24	1425.72	1135.78	643.79
电力、热力、燃气及水生产和供应业 D	11448.09	13756.43	15451.82	9698.96	19126.60	20899.22	25504.38	27846.16	32518.10	35817.14	21206.69
建筑行业 E	6194.13	7869.98	11199.76	15605.21	18144.88	21392.15	25074.46	29352.34	33262.47	37674.98	20577.04
批发和零售行业 F	2947.53	3916.91	5245.93	5123.15	6435.36	7742.64	9423.47	13266.75	15434.31	16858.93	8639.50
交通运输、仓储和邮政行业 G	8705.07	11271.33	12331.85	13432.41	14496.82	16765.51	17759.54	20095.04	23221.37	26737.04	16481.60
信息传输、软件和信息技术服务业 I	3676.39	4055.17	4375.37	5167.31	5574.15	6575.51	8202.32	10244.24	12383.54	13466.55	7372.06
房地产行业 K	7177.30	9310.15	10650.59	12354.88	15675.56	20257.01	28829.50	34948.78	43672.91	49607.17	23248.39
社会服务业（H、L、M、N、O、Q）	1001.27	1267.22	1888.18	2233.75	2642.18	3858.72	5704.42	7887.04	9644.42	12422.34	4854.95
传播与文化行业（P、R）	358.12	576.78	882.61	1019.46	1066.99	1419.63	1980.61	2663.26	3223.12	3580.41	1677.10
综合类行业 S	462.12	635.47	513.09	472.80	572.06	905.97	1005.74	1250.24	1380.34	1451.35	864.92
上市公司整体	101410.23	126509.52	153697.70	168784.92	198844.06	230700.33	269442.02	314792.58	361828.83	398405.86	232441.61

总资本的配置按企业营业活动的分类可以分为经营活动总资本和投资活动总资本。从各行业在经营活动和投资活动的资本配置结构来看，如表 3-13 所示，绝大多数行业的总资本主要以经营活动为主。具体来看，经营活动总资本占比较大的行业包括电力、热力、燃气及水生产和供应业（2009—2018 年行业平均经营活动总资本占比为 83.35%），其他制造业（76.16%），采矿业（84.53%），农、林、牧、渔行业（75.61%），金属、非金属行业（81.06%），造纸、印刷行业（80.53%），石油、化学、塑胶、塑料行业（77.26%）等。

实体行业中也有部分行业的总资本配置偏重于投资活动，包括传播与文化行业（46.99%），除2018年（52.69%）外其余年份经营活动资本占比均低于50%；批发和零售行业中，除了2017年（52.18%）、2018年（53.67%）和2014年（51.50%）三个年份外，其余年份经营活动总资本占比均低于50%，在近十年该行业平均占比为47.52%。另外，建筑行业，食品、饮料行业，综合类行业，机械、设备、仪表行业的经营活动资本占比分布于50%—60%，也相对较小。

表3－13　2009—2018年各行业上市公司经营活动总资本占比分布统计表

行业＼年度	2009	2010	2011	2012	2013	2014	2015	2016	2017	2018	行业平均
农、林、牧、渔行业A	76.12%	71.78%	71.87%	73.57%	77.73%	77.75%	78.40%	75.93%	75.88%	77.11%	75.61%
采矿业B	84.46%	85.16%	84.96%	87.55%	87.88%	87.64%	86.63%	83.60%	78.94%	78.43%	84.53%
食品、饮料行业C0	59.00%	55.88%	53.25%	55.38%	60.73%	64.75%	62.65%	58.67%	56.31%	55.03%	58.17%
纺织、服装、皮毛行业C1	66.23%	60.83%	65.32%	63.48%	67.20%	67.46%	65.29%	65.08%	68.26%	60.71%	64.99%
木材、家具行业C2	81.43%	72.35%	71.35%	72.10%	78.06%	76.22%	70.23%	68.28%	64.81%	69.71%	72.45%
造纸、印刷行业C3	82.03%	81.47%	81.54%	83.28%	84.58%	83.02%	81.67%	78.13%	74.12%	75.41%	80.53%
石油、化学、塑胶、塑料行业C4	78.45%	75.11%	76.83%	79.20%	81.69%	80.49%	77.30%	74.44%	74.31%	74.76%	77.26%
计算机、通信和其他电子设备制造业C5	53.73%	51.44%	57.58%	60.22%	63.62%	62.72%	64.70%	64.28%	64.70%	67.27%	61.03%
金属、非金属行业C6	85.36%	84.66%	82.00%	81.89%	83.03%	80.50%	79.88%	78.92%	78.13%	76.24%	81.06%
机械、设备、仪表行业C7	46.99%	44.98%	51.95%	53.90%	55.38%	56.20%	54.83%	53.66%	55.81%	58.31%	53.20%
医药、生物制品行业C8	59.28%	54.70%	58.68%	61.61%	66.00%	67.78%	66.26%	64.95%	65.25%	69.77%	63.43%
其他制造业C9	71.42%	69.77%	73.77%	73.16%	71.28%	74.44%	78.96%	82.59%	83.88%	82.34%	76.16%
电力、热力、燃气及水生产和供应业D	85.28%	84.89%	84.84%	83.64%	83.03%	81.35%	82.20%	82.22%	82.69%	83.31%	83.35%
建筑行业E	43.98%	50.56%	55.20%	56.28%	57.85%	59.73%	55.66%	52.25%	53.38%	54.65%	53.95%
批发和零售行业F	40.88%	43.01%	43.40%	43.77%	49.36%	51.50%	49.21%	48.17%	52.18%	53.67%	47.52%
交通运输、仓储和邮政行业G	75.34%	72.27%	73.90%	73.65%	75.48%	76.03%	76.21%	73.42%	71.77%	71.56%	73.96%
信息传输、软件和信息技术服务业I	82.16%	73.65%	73.71%	74.99%	75.65%	75.39%	67.92%	66.02%	64.72%	63.91%	71.81%
房地产行业K	57.19%	59.61%	66.20%	62.52%	65.13%	65.62%	62.88%	56.39%	56.23%	53.71%	60.55%
社会服务业（H、L、M、N、O、Q）	50.37%	54.02%	59.63%	62.86%	63.05%	63.45%	60.27%	65.71%	66.67%	63.75%	60.98%
传播与文化行业（P、R）	45.13%	36.44%	44.97%	49.26%	46.14%	49.07%	48.42%	48.15%	49.59%	52.69%	46.99%
综合类行业S	43.52%	44.28%	53.96%	53.05%	57.54%	54.58%	52.21%	50.46%	53.42%	56.07%	51.91%
上市公司整体	72.19%	70.49%	71.31%	71.42%	73.04%	72.40%	70.25%	67.10%	66.46%	66.36%	70.10%

注：经营活动总资本占比＝经营活动总资本/总资本＝经营活动总资本/（经营活动总资本＋投资活动总资本）。

从总资本配置的占比来看，近十年间上市公司整体经营活动资本配置由 2009 年的 72.19% 逐渐下降为 2018 年的 66.36%，经营活动资本配置下降了 5.83 个百分点。在 21 个行业中，11 个行业的经营活动资本配置占比下降，其中部分行业出现明显的总资本“脱实向虚”现象，具体包括信息传输、软件和信息技术服务业，近十年内经营活动资本占比下降 18.24 个百分点，木材、家具行业（下降 11.72%），采矿业（下降 6.02%），金属、非金属行业（下降 9.12%），造纸、印刷行业（下降 6.62%）。10 个行业经营活动资本占比上升，包括计算机、通信和其他电子设备制造业（+13.54%），社会服务业（+13.38%），批发和零售行业（+12.80%），综合类行业（+12.55%），机械、设备、仪表行业（+11.32%），其他制造业（+10.92%），建筑行业（+10.67%），医药、生物制品行业（+10.49%），传播与文化行业（+7.56%），农、林、牧、渔行业（+1%）。

（二）各行业营运资金与长期资金分布状况

总资本按投资期限的长短配置可以分为营运资金和长期资金。2009—2018 年我国非金融类上市公司各行业营运资金配置情况如表 3-14 所示，同时可以反映出长期资金的配置情况。

行业之间营运资金占比具有明显的差异性。2009—2018 年，营运资金占比最高的行业为房地产行业，近十年行业平均占比高达 77.23%，该行业将更多的资金进行短期运营，长期资金仅占 22.77%。营运资金占比最低的行业为信息传输、软件和信息技术服务业，近十年行业平均占比仅有 0.74%，由于该行业的现金流具有较好的可预测性，绝大多数资金用作长期资金。营运资金占比较高的行业包括其他制造业（近十年营运资金占比 57.44%），计算机、通信和其他电子设备制造业（50.49%），食品、饮料行业（44.37%），批发和零售行业（43.09%），纺织、服装、皮毛行业（48.76%），医药、生物制品行业（46.14%），传播与文化行业（42.84%），机械、设备、仪表行业（44.70%）等。相应地，该部分行业的长期资金占比分布在 40%—60% 区间内。营运资金占比较小的行业为电力、热力、燃气及水生产和供应业（1.88%），采矿业（4.17%），交通运输、仓储和邮政行业（8.73%），该部分行业的资金主要用作长期运营。

表 3-14　　2009—2018 年各行业上市公司营运资金占比分布统计表

行业 \ 年度	2009	2010	2011	2012	2013	2014	2015	2016	2017	2018	行业平均
农、林、牧、渔行业 A	43.91%	50.31%	47.06%	44.92%	39.57%	39.34%	39.68%	40.67%	35.95%	33.03%	41.44%
采矿业 B	3.85%	3.93%	4.39%	3.53%	2.07%	2.04%	3.10%	4.88%	6.93%	6.93%	4.17%
食品、饮料行业 C0	39.74%	43.57%	45.44%	42.95%	43.71%	44.41%	45.08%	44.34%	46.94%	47.51%	44.37%
纺织、服装、皮毛行业 C1	39.45%	48.01%	53.39%	52.74%	51.11%	51.37%	48.06%	47.83%	49.01%	46.61%	48.76%
木材、家具行业 C2	34.62%	42.54%	46.58%	43.33%	42.90%	45.90%	41.52%	45.50%	44.60%	38.13%	42.56%
造纸、印刷行业 C3	27.99%	29.26%	32.83%	32.32%	32.35%	32.37%	31.60%	35.59%	37.04%	36.11%	32.75%
石油、化学、塑胶、塑料行业 C4	22.53%	28.32%	30.60%	27.10%	25.27%	22.41%	23.56%	27.36%	30.56%	29.01%	26.67%

续表

行业＼年度	2009	2010	2011	2012	2013	2014	2015	2016	2017	2018	行业平均
计算机、通信和其他电子设备制造业 C5	54.75%	60.08%	55.53%	52.20%	50.75%	51.45%	46.50%	46.53%	45.19%	41.96%	50.49%
金属、非金属行业 C6	18.31%	24.31%	26.96%	23.34%	21.46%	19.52%	17.74%	19.44%	24.85%	26.53%	22.25%
机械、设备、仪表行业 C7	42.27%	49.57%	49.16%	47.10%	45.64%	44.69%	43.42%	38.30%	43.71%	43.12%	44.70%
医药、生物制品行业 C8	43.20%	51.99%	50.56%	46.70%	43.80%	42.78%	43.45%	45.81%	47.57%	45.57%	46.14%
其他制造业 C9	40.52%	59.51%	66.06%	64.31%	61.09%	60.23%	58.01%	51.22%	54.60%	58.85%	57.44%
电力、热力、燃气及水生产和供应业 D	1.52%	2.54%	4.64%	2.28%	1.12%	0.50%	0.98%	-0.43%	2.78%	2.84%	1.88%
建筑行业 E	53.80%	52.22%	53.22%	49.63%	49.43%	49.18%	48.35%	48.99%	42.82%	35.23%	48.29%
批发和零售行业 F	35.07%	42.81%	46.88%	40.31%	43.31%	42.77%	43.73%	43.95%	45.23%	46.86%	43.09%
交通运输、仓储和邮政行业 G	6.92%	9.44%	8.70%	9.68%	9.91%	10.72%	7.21%	7.25%	9.05%	8.38%	8.73%
信息传输、软件和信息技术服务业 I	-17.76%	-12.13%	-10.73%	-7.75%	-5.01%	2.85%	2.09%	13.24%	19.35%	23.26%	0.74%
房地产行业 K	77.15%	79.24%	80.85%	81.28%	81.16%	78.81%	77.40%	74.40%	72.26%	69.77%	77.23%
社会服务业（H、L、M、N、O、Q）	28.97%	44.75%	41.04%	34.75%	35.13%	37.81%	39.19%	33.83%	32.14%	28.55%	35.62%
传播与文化行业（P、R）	33.49%	47.19%	46.78%	44.29%	42.57%	41.99%	42.79%	40.85%	44.62%	43.86%	42.84%
综合类行业 S	44.23%	46.72%	44.76%	43.27%	39.37%	40.10%	37.60%	39.75%	37.65%	30.54%	40.40%
上市公司整体	22.10%	26.97%	29.22%	28.83%	27.72%	28.55%	29.63%	30.93%	33.25%	32.46%	28.97%

注：营运资金占比 = 营运资金/总资金 = 营运资金/（营运资金 + 长期资金）。

三、各行业非金融上市公司营运资金存量及其分布状况分析

（一）各行业营运资金存量及其分布状况总体分析

营运资金按照企业营业活动进行配置可以分为经营活动营运资金和投资活动营运资金。近十年中，营运资金的配置以投资活动为主，总体上呈现出向经营活动倾斜的趋势，近几年的配置比例相对稳定。经营活动营运资金近十年来由 2312.92 亿元上升至 43688.58 亿元，投资活动营运资金由 20092.26 亿元增长至 85630.64 亿元，均呈现出大幅增长。从营运资金的行业配置来看，如表 3 - 15 所示，2009—2018 年各行业上市公司经营活动营运资金占比分布统计表，同时可以反映出投资活动的营运资金的占比情况。

营运资金在经营活动和投资活动的配置中存在较大的行业差异，在 2009—2018 年的十年间，经营活动营运资金占比最大的行业为房地产业，其经营活动营运资金占比为 69.90%；最小的行业为电力、热力、燃气及水生产和供应业，占比为 - 160.77%。经营活动营运资金为负值，表明为企业融通了大量资金。18 个行业的经营活动营运资金占比为正值，其中有 6 个行业的占比超过 50%，包括房地产行业（经营活动营运资金在近十年行业

平均占比为69.90%），其他制造业（67.24%），农、林、牧、渔业（54.98%），综合类行业（51.80%），造纸、印刷行业（50.43%），纺织、服装、皮毛行业（50.39%）等，该部分行业的营运资金配置以经营活动为主。有3个行业营运资金占比小于0，包括电力、热力、燃气及水生产和供应业（-160.77%），采矿业（-142.06%），交通运输、仓储和邮政行业（-66.28%），这3个行业的经营活动可以为企业融通资金，营运资金主要配置到投资活动。

表3-15　2009—2018年各行业上市公司经营活动营运资金占比分布统计表

行业＼年度	2009	2010	2011	2012	2013	2014	2015	2016	2017	2018	行业平均
农、林、牧、渔行业A	57.52%	52.02%	48.26%	50.13%	53.89%	54.30%	58.33%	59.10%	58.46%	57.76%	54.98%
采矿业B	-207.62%	-141.88%	-125.89%	-106.27%	-174.37%	-204.36%	-155.82%	-100.52%	-103.65%	-100.20%	-142.06%
食品、饮料行业C0	18.36%	15.78%	11.49%	9.74%	24.37%	34.46%	31.92%	22.34%	21.46%	19.87%	20.98%
纺织、服装、皮毛行业C1	42.37%	41.05%	49.28%	45.73%	51.71%	55.85%	53.60%	53.62%	57.32%	53.41%	50.39%
木材、家具行业C2	60.41%	44.21%	44.77%	44.07%	56.08%	56.74%	41.76%	45.39%	35.99%	36.94%	46.64%
造纸、印刷行业C3	44.29%	43.65%	49.24%	57.15%	59.86%	55.31%	49.46%	48.76%	48.48%	48.10%	50.43%
石油、化学、塑胶、塑料行业C4	29.60%	31.06%	40.61%	42.47%	47.97%	36.14%	30.02%	30.87%	38.21%	37.30%	36.43%
计算机、通信和其他电子设备制造业C5	29.65%	28.87%	30.86%	33.78%	40.65%	39.56%	38.64%	37.48%	38.89%	37.48%	35.59%
金属、非金属行业C6	39.95%	52.03%	58.56%	46.02%	44.32%	30.38%	20.76%	25.44%	40.12%	37.96%	39.55%
机械、设备、仪表行业C7	3.78%	6.36%	17.51%	22.93%	25.84%	25.35%	25.52%	24.98%	29.16%	31.79%	21.32%
医药、生物制品行业C8	35.04%	33.25%	37.92%	36.71%	41.79%	45.60%	44.14%	42.56%	46.22%	53.21%	41.64%
其他制造业C9	52.84%	59.04%	65.89%	64.06%	61.57%	62.85%	70.12%	76.95%	80.11%	78.94%	67.24%
电力、热力、燃气及水生产和供应业D	-204.68%	-108.33%	-22.34%	-205.62%	-449.23%	-1396.70%	-668.76%	1723.01%	-140.57%	-134.50%	-160.77%
建筑行业E	8.01%	20.29%	26.83%	24.86%	27.43%	33.04%	23.57%	20.07%	16.51%	2.39%	20.30%
批发和零售行业F	-7.23%	8.07%	10.71%	-3.06%	15.66%	23.56%	21.47%	28.85%	36.47%	39.37%	17.39%
交通运输、仓储和邮政行业G	-121.56%	-82.63%	-88.92%	-61.98%	-46.22%	-23.64%	-72.91%	-76.36%	-39.89%	-48.70%	-66.28%
信息传输、软件和信息技术服务业I	165.42%	269.22%	290.49%	358.95%	492.12%	-565.82%	-907.98%	-65.13%	-16.22%	2.66%	2.37%
房地产行业K	63.96%	67.64%	74.71%	69.76%	73.30%	76.05%	73.67%	67.44%	67.45%	65.04%	69.90%
社会服务业（H、L、M、N、O、Q）	-13.17%	20.38%	23.59%	23.02%	23.36%	33.70%	24.82%	32.96%	29.77%	34.45%	23.29%
传播与文化行业（P、R）	1.57%	-5.48%	6.53%	13.98%	10.31%	14.40%	11.71%	13.27%	24.40%	26.13%	11.68%
综合类行业S	35.80%	50.28%	54.23%	48.66%	50.97%	57.20%	56.37%	58.13%	56.98%	49.37%	51.80%
上市公司整体	10.32%	20.28%	29.30%	27.45%	32.51%	34.48%	32.20%	31.26%	34.37%	33.78%	28.60%

注：经营活动营运资金占比=经营活动营运资金/营运资金=经营活动营运资金/（经营活动营运资金+投资活动营运资金）。

（二）各行业经营活动营运资金存量及其按渠道分布状况

经营活动营运资金按渠道进行分类可以划分为采购渠道营运资金、生产渠道营运资金和销售渠道营运资金。从近十年的经营性营运资金的配置来看，采购渠道是非金融上市公司获取营运资金的重要渠道，生产渠道占用部分营运资金，而营销渠道是营运资金的主要配置方向。

具体来看，2009—2018 年各行业上市公司经营活动采购渠道营运资金存量分布如表 3 - 16 所示，近十年采购渠道营运资金在 20 个行业的行业均值存量均为负值（仅有其他制造业为 8.74 亿元），体现出采购渠道强大的资金融通能力，不仅不占用企业资金，而且通过企业采购形成的应付账款、应付票据等形式为企业融通了大量资金。分行业来看，采购渠道营运资金存量较大的行业包括建筑行业（近十年的行业均值为 - 9719.58 亿元），机械、设备、仪表行业（ - 7399.68 亿元），采矿业（ - 3535.07 亿元），批发和零售行业（ - 2021.19 亿元）等。采购渠道资金融通能力较弱的行业有其他制造业（8.74 亿元），农、林、牧、渔行业（ - 2.99 亿元），食品、饮料行业（ - 12.59 亿元），木材、家具行业（ - 21.92 亿元），纺织、服装、皮毛行业（ - 52.64 亿元），综合类行业（ - 55.49 亿元），造纸、印刷行业（ - 92.57 亿元）等。

表 3 - 16　2009—2018 年各行业上市公司经营活动采购渠道营运资金存量分布统计表　单位：亿元

行业＼年度	2009	2010	2011	2012	2013	2014	2015	2016	2017	2018	行业平均
农、林、牧、渔行业 A	43.09	85.43	18.37	28.47	8.66	-20.23	-28.85	-60.39	-40.47	-64.00	-2.99
采矿业 B	-1599.44	-2160.93	-2463.63	-3458.92	-3791.92	-4234.72	-3795.67	-4015.69	-5004.07	-4825.66	-3535.07
食品、饮料行业 C0	25.94	59.41	101.79	44.33	35.40	41.93	-52.97	-76.04	-102.27	-203.44	-12.59
纺织、服装、皮毛行业 C1	6.31	24.70	39.20	12.72	14.84	-61.79	-120.61	-146.82	-156.78	-138.15	-52.64
木材、家具行业 C2	7.08	-1.01	-4.83	-13.00	-12.75	-13.47	-23.93	-28.05	-55.73	-73.55	-21.92
造纸、印刷行业 C3	-14.30	-26.80	-33.74	-65.30	-65.01	-109.18	-120.84	-142.52	-108.25	-239.73	-92.57
石油、化学、塑胶、塑料行业 C4	-155.68	-230.99	-234.34	-379.08	-644.97	-1148.48	-1322.10	-1787.41	-1610.17	-1948.51	-946.17
计算机、通信和其他电子设备制造业 C5	-666.43	-762.46	-1024.04	-1055.75	-1284.97	-1542.59	-2098.22	-2473.67	-3020.01	-4117.25	-1804.54
金属、非金属行业 C6	-448.76	-47.06	-161.90	-1071.49	-1828.94	-2686.02	-3280.02	-3087.76	-3100.37	-3556.51	-1926.88
机械、设备、仪表行业 C7	-2076.54	-3250.41	-4119.06	-4740.75	-5902.73	-7422.11	-8950.48	-10874.89	-12746.98	-13912.81	-7399.68
医药、生物制品行业 C8	-89.58	-73.52	-87.21	-132.37	-190.73	-268.48	-278.57	-276.22	-323.43	-467.93	-218.80
其他制造业 C9	-3.79	4.64	-2.97	10.70	1.44	4.83	14.06	5.75	9.43	43.30	8.74
电力、热力、燃气及水生产和供应业 D	-319.09	-448.78	-429.39	-258.16	-810.87	-1010.84	-1133.18	-1237.21	-1275.92	-1419.02	-834.25
建筑行业 E	-2237.18	-3491.47	-4519.34	-6425.18	-7763.74	-9965.38	-11861.25	-14749.11	-17452.29	-18730.85	-9719.58
批发和零售行业 F	-685.85	-877.87	-1285.94	-1449.96	-1754.37	-1992.93	-2395.79	-2807.52	-3298.23	-3663.40	-2021.19
交通运输、仓储和邮政行业 G	-532.58	-559.22	-683.93	-738.52	-710.08	-711.30	-714.46	-1275.45	-1049.25	-1202.75	-817.75

续表

行业 \ 年度	2009	2010	2011	2012	2013	2014	2015	2016	2017	2018	行业平均
信息传输、软件和信息技术服务业 I	-1048.72	-972.31	-974.96	-1146.50	-1112.92	-1423.85	-2050.23	-1964.36	-1972.36	-2119.39	-1478.56
房地产行业 K	504.99	768.07	408.28	-705.84	-1083.29	-1629.86	-2942.73	-3348.67	-702.94	-3497.26	-1222.93
社会服务业（H、L、M、N、O、Q）	-49.15	-41.03	-108.09	-185.28	-247.61	-240.40	-386.04	-445.24	-891.86	-1281.96	-387.67
传播与文化行业（P、R）	-39.61	-59.50	-68.14	-85.22	-108.40	-117.70	-141.49	-208.12	-260.86	-266.49	-135.55
综合类行业 S	-37.14	-29.13	-26.56	-37.90	-46.05	-78.54	-71.67	-67.72	-77.80	-82.37	-55.49
上市公司整体	-9416.43	-12090.25	-15660.42	-21852.99	-27299.02	-34631.10	-41755.06	-49067.11	-53240.60	-61767.73	-32678.06

2009—2018 年各行业上市公司经营活动生产渠道营运资金存量分布如表 3-17 所示，生产渠道营运资金存量的行业分布中，有 8 个行业在近十年行业均值存量为负值，包括采矿业（-1000.86 亿元），电力、热力、燃气及水生产和供应业（-449.93 亿元），交通运输、仓储和邮政行业（-236.35 亿元），计算机、通信和其他电子设备制造业（-232.38 亿元），医药、生物制品行业（-73.54 亿元），石油、化学、塑胶、塑料行业（-48.87 亿元），信息传输、软件和信息技术服务业（-33.04 亿元），传播与文化行业（-16.96 亿元），其余 13 个行业的生产渠道营运资金为正值，房地产行业所占用的生产渠道营运资金最多，高达 18664.58 亿元，接下来是建筑行业（6679.88 亿元），金属、非金属行业（1067.18 亿元）。其他部分行业所占用该渠道资金存量不足 1000 亿元，相对较少。

表 3-17 2009—2018 年各行业上市公司经营活动生产渠道营运资金存量分布统计表 单位：亿元

行业 \ 年度	2009	2010	2011	2012	2013	2014	2015	2016	2017	2018	行业平均
农、林、牧、渔行业 A	9.92	16.80	26.95	52.06	55.61	67.60	98.95	87.17	101.38	158.05	67.45
采矿业 B	-628.67	-624.67	-828.26	-703.72	-934.69	-1298.78	-1293.77	-968.29	-1346.77	-1380.93	-1000.86
食品、饮料行业 C0	35.97	67.26	44.39	51.14	125.91	208.14	214.61	210.89	153.02	233.20	134.45
纺织、服装、皮毛行业 C1	31.24	36.29	52.37	34.37	36.02	53.83	35.82	37.77	-7.60	74.12	38.42
木材、家具行业 C2	11.54	18.67	18.07	19.63	18.45	25.16	21.25	36.23	12.70	5.93	18.76
造纸、印刷行业 C3	-5.71	5.92	-21.42	42.76	70.68	57.81	50.98	53.66	34.68	71.54	36.09
石油、化学、塑胶、塑料行业 C4	-46.89	-23.61	-49.11	-48.23	-100.52	-29.90	-71.92	-74.12	-42.33	-2.11	-48.87
计算机、通信和其他电子设备制造业 C5	-52.77	-62.49	-117.52	-82.67	-137.46	-250.39	-216.91	-311.02	-430.19	-662.36	-232.38
金属、非金属行业 C6	415.65	727.08	1532.95	862.99	991.90	996.91	1034.72	1063.84	1309.11	1736.64	1067.18
机械、设备、仪表行业 C7	575.89	626.68	786.47	810.89	684.01	679.08	1206.58	257.62	453.10	914.63	699.50
医药、生物制品行业 C8	-23.48	-15.47	-22.46	-37.79	-98.41	-43.90	-0.66	-96.55	-178.49	-218.15	-73.54
其他制造业 C9	-3.38	0.19	1.99	22.14	20.14	1.28	2.12	-7.35	20.86	4.81	6.28

续表

行业＼年度	2009	2010	2011	2012	2013	2014	2015	2016	2017	2018	行业平均
电力、热力、燃气及水生产和供应业 D	-324.74	-273.98	-257.19	-173.52	-338.61	-349.37	-366.31	-707.72	-848.76	-859.10	-449.93
建筑行业 E	1950.98	2396.97	3098.33	7925.20	5142.18	7748.90	12355.03	8060.02	9453.08	8668.10	6679.88
批发和零售行业 F	228.89	421.97	474.19	249.11	462.36	775.09	921.88	1009.79	894.50	1145.85	658.36
交通运输、仓储和邮政行业 G	-180.44	-279.52	-338.85	-271.94	-282.47	-27.37	-129.30	-254.61	-229.50	-369.50	-236.35
信息传输、软件和信息技术服务业 I	-20.95	-67.69	-25.34	10.64	-12.01	29.96	25.05	127.86	-159.68	-238.20	-33.04
房地产行业 K	4398.75	6631.57	9107.19	10986.03	14008.10	16440.66	23473.73	26986.10	31278.57	43335.08	18664.58
社会服务业（H、L、M、N、O、Q）	78.36	139.77	267.23	282.68	265.13	267.56	350.59	382.00	42.29	-215.40	186.02
传播与文化行业（P、R）	2.04	-1.02	-2.82	12.41	7.30	-6.52	-56.49	-69.65	-43.91	-10.95	-16.96
综合类行业 S	82.46	122.65	75.32	92.04	98.97	135.44	128.00	122.43	137.13	119.85	111.43
上市公司整体	6534.65	9863.37	13822.50	20136.24	20082.58	25481.18	37783.96	35946.06	40603.20	52510.94	26276.47

2009—2018 年各行业上市公司经营活动营销渠道营运资金存量分布如表 3－18 所示，营销渠道是经营性营运资金配置的主要渠道，企业开拓市场和应收账款均会占用大量资金。有 20 个行业的营销渠道营运资金均为正值，仅有房地产行业为负值（－5322.92 亿元），由于房地产行业主要通过预售的方式进行销售，会产生大量的预收账款，将该方式融通的资金进一步运用于占用资金最多的房地产行业的生产渠道。营销渠道占用资金最大的行业为机械、设备、仪表行业（9695.06 亿元），其次是建筑行业（4937.90 亿元），计算机、通信和其他电子设备制造业（3784.92 亿元），金属、非金属行业（2938.88 亿元）均占用较多的营销资金。营销渠道营运资金占用相对较少的行业包括房地产行业，木材、家具行业，综合类行业，农、林、牧、渔行业等。

表 3－18 2009—2018 年各行业上市公司经营活动营销渠道营运资金存量分布统计表 单位：亿元

行业＼年度	2009	2010	2011	2012	2013	2014	2015	2016	2017	2018	行业平均
农、林、牧、渔行业 A	57.08	55.99	130.34	116.57	140.87	183.10	276.66	433.49	375.04	302.33	207.15
采矿业 B	271.03	1209.91	1541.84	2781.95	3273.71	3671.52	2829.06	2656.02	2884.05	2930.86	2405.00
食品、饮料行业 C0	62.71	29.12	4.07	49.49	261.37	488.00	622.28	471.08	691.38	753.60	343.31
纺织、服装、皮毛行业 C1	90.23	152.15	269.47	331.32	387.88	588.31	692.46	785.86	1022.94	961.42	528.20
木材、家具行业 C2	23.57	32.20	53.97	59.74	81.87	90.43	87.69	125.21	189.24	214.46	95.84
造纸、印刷行业 C3	130.10	156.76	266.62	293.29	302.87	359.11	372.81	477.22	568.26	685.08	361.21
石油、化学、塑胶、塑料行业 C4	499.63	741.59	1212.23	1429.38	1948.12	2074.15	2283.14	3151.54	3691.48	4174.91	2120.62

续表

行业 \ 年度	2009	2010	2011	2012	2013	2014	2015	2016	2017	2018	行业平均
计算机、通信和其他电子设备制造业 C5	1174.98	1614.66	2057.33	2123.22	2832.87	3587.56	4363.30	5333.31	6618.05	8143.88	3784.92
金属、非金属行业 C6	1017.16	1329.71	2394.08	2445.36	2935.33	3065.52	3143.40	3321.16	4731.22	5005.87	2938.88
机械、设备、仪表行业 C7	1634.34	2998.46	4788.37	6110.92	7901.08	9753.30	11250.64	14499.09	18179.60	19834.80	9695.06
医药、生物制品行业 C8	378.87	528.28	714.56	792.72	1057.94	1332.68	1521.20	1981.82	2725.48	3356.81	1439.04
其他制造业 C9	23.21	48.33	114.10	106.39	127.47	192.07	340.25	496.75	593.39	479.50	252.15
电力、热力、燃气及水生产和供应业 D	287.54	344.85	526.34	-22.95	189.85	-28.71	-141.77	-98.68	855.32	908.58	282.04
建筑行业 E	553.40	1928.94	3015.68	425.72	5079.60	5707.16	2364.00	9574.57	10350.24	10379.70	4937.90
批发和零售行业 F	382.24	591.22	1075.42	1137.70	1728.46	1994.88	2358.40	3479.91	4949.47	5627.31	2332.50
交通运输、仓储和邮政行业 G	-18.87	-40.86	80.05	203.49	327.91	313.70	-89.57	417.70	440.24	480.98	211.48
信息传输、软件和信息技术服务业 I	-10.44	-284.07	-363.50	-300.62	-249.43	330.22	471.75	953.08	1743.69	2440.79	473.15
房地产行业 K	-1361.98	-2407.56	-3082.13	-3275.50	-3599.22	-2671.09	-4115.92	-6101.74	-9289.83	-17324.19	-5322.92
社会服务业（H、L、M、N、O、Q）	-67.41	16.80	23.68	81.29	199.33	464.50	590.27	942.63	1772.45	2719.19	674.27
传播与文化行业（P、R）	39.45	45.60	97.91	135.92	147.94	210.04	297.20	422.17	655.70	687.86	273.98
综合类行业 S	27.83	55.76	75.77	45.41	61.88	150.89	156.94	234.18	236.81	181.36	122.68
上市公司整体	5194.70	9147.83	14996.21	15070.77	25137.69	31857.32	29674.21	43556.38	53984.24	52945.31	28156.47

四、研究结论

第一，总资本行业配置方面，2009—2018 年，各行业的总资本存量均有不同程度的增加。分行业来看，总资本存量较大的行业包括机械、设备和仪表行业，房地产行业，采矿业，建筑行业，电力、热力、燃气及水生产和供应业，金属、非金属行业等。绝大多数行业的总资本主要以经营活动为主，经营活动总资本占比较大的行业包括电力、热力、燃气及水生产和供应业，其他制造业，采矿业，农、林、牧、渔行业，金属、非金属行业，造纸、印刷行业，石油、化学、塑胶、塑料行业等，经营活动资本配置超过 70%。在 21 个行业中，11 个行业的经营活动资本配置占比下降，其中部分行业出现明显的总资本“脱实向虚”现象，具体包括信息传输、软件和信息技术服务业，木材、家具行业，采矿业等。在总资本的期限结构配置中，行业之间营运资金占比具有明显的差异性。2009—2018 年，营运资金配置最高的行业为房地产行业，近十年行业平均占比高达 77.23%；营运资金配置最低的行业为信息传输、软件和信息技术服务业，近十年行业平均占比仅有 0.74%。

第二，营运资金行业配置方面，近十年中营运资金的配置以投资活动为主，总体上呈现出向经营活动倾斜的趋势，近几年的配置比例相对稳定。营运资金在经营活动和投资活动的配置中存在较大的行业差异，在2009—2018年的十年中，经营活动营运资金占比最大的行业为房地产行业，其经营活动营运资金占比为69.90%；最小的行业为电力、热力、燃气及水生产和供应业，占比为-160.77%。18个行业的经营活动营运资金占比为正值，其中有6个行业的占比超过50%，以经营活动营运资金配置为主。

第三，经营活动营运资金按渠道配置方面，近十年采购渠道是非金融上市公司获取营运资金的重要渠道，生产渠道占用部分营运资金，而营销渠道是营运资金的主要配置方向。在20个行业中，采购渠道营运资金的行业均值存量均为负值（仅有其他制造业为8.74亿元），体现出采购渠道强大的资金融通能力，不仅不占用企业资金，而且通过企业采购形成的应付账款、应付票据等形式为企业融通了大量资金。生产渠道营运资金存量的行业分布中，有8个行业在近十年行业均值存量为负值，13个行业的生产渠道营运资金为正值，房地产行业所占用的生产渠道营运资金最多。营销渠道是经营性营运资金配置的主要渠道，企业开拓市场和应收账款均会占用大量资金。有20个行业的营销渠道营运资金均为正值，仅有房地产行业为负值。

第三节　分地区资本配置结构分析与评价

一、样本数据

本节内容对分地区的资本配置结构进行分析与评价，所选取样本同前两节，以2009—2018年我国A股非金融类上市公司作为样本，共获得25307个企业样本。在地区划分中，采用《第四次全国经济普查公报（第七号）》对中国地区的划分标准，将我国地区分为东部、中部和西部。其中，东部地区包括北京、天津、河北、山东、辽宁、上海、江苏、浙江、广东、福建、海南；中部地区包括山西、吉林、黑龙江、安徽、江西、河南、湖北、湖南；西部地区包括四川、重庆、贵州、云南、西藏、陕西、甘肃、青海、宁夏、新疆、广西、内蒙古。进一步根据我国的主要经济带将东部地区划分为环渤海（北京、天津、河北、山东、辽宁）、长三角（上海、江苏、浙江）和珠三角（广东）地区。由于中国A股上市公司数据未涵盖中国香港、中国澳门、中国台湾，因此，本节未包括中国香港、中国澳门、中国台湾的样本数据。

二、各地区上市公司总资本存量及其分布状况分析

（一）各地区上市公司经营活动与投资活动资本存量及分布状况

总资本根据企业营业活动划分为经营活动总资本和投资活动总资本。在十年间，总资本存量呈现明显的增加趋势，由2009年的101410.2亿元逐渐增长为2018年的398409.9亿元，平均每年增长33000亿元。从各地区总资本存量来看（如表3-19所示），东部地区的总资本存量最大，2018年达到307394.92亿元，近十年增长幅度达283.12%，中部地区为46399.81亿元，增长幅度达280.03%，西部地区44615.16亿元，近十年的增长幅度最大，达到397.65%。中西部地区总资本存量大体相当。从环渤海、长三角和珠三角三大经济带来看，环渤海地区的总资本存量最大为154900.72亿元，长三角地区总资本存量为80841.87

亿元，珠三角地区总资本存量56288.16亿元，近十年增长最快，总增长幅度高达529.32%。

表3-19　　2009—2018年各地区上市公司总资本存量分布统计表　　单位：亿元

地区＼年度	2009	2010	2011	2012	2013	2014	2015	2016	2017	2018
环渤海地区	50373.62	59805.51	72632.29	77731.06	92454.52	104704.33	118166.86	134614.21	145079.79	154900.72
长三角地区	18756.84	23990.17	28930.38	31088.94	34833.94	42321.36	53501.20	64235.74	75695.78	80841.87
珠三角地区	8944.28	12346.97	15391.70	17839.21	20861.98	24754.43	29925.55	36556.87	46723.10	56288.16
东部地区	80235.61	99152.26	120831.70	130731.12	153338.92	178340.00	209321.42	246042.65	281106.47	307394.92
中部地区	12209.41	15977.77	18542.33	21676.41	24610.92	28047.50	31832.26	35962.07	41036.13	46399.81
西部地区	8965.21	11379.49	14323.67	16377.39	20894.22	24312.83	28288.35	32787.86	39686.23	44615.16
全国整体	101410.23	126509.52	153697.70	168784.92	198844.06	230700.33	269442.02	314792.58	361828.83	398409.89

从总资本地区配置来看。2009—2018年各地区上市公司经营活动总资本占比如图3-5所示，总体来看，东部、中部和西部地区经营活动总资本占比均呈现以下降为主的趋势，2009—2013年存在小幅的上升，2014—2018年营运资金占比出现大幅下降。十年内，中部地区的经营活动总资本占比一直保持三个地区中的最高水平，近几年来东部地区经营活动总资本下降明显，2018年达到65%，近十年下降了6.7个百分点。相应地，投资活动总资本占比呈上升趋势。

从三大经济带的经营活动总资本占比来看，渤海地区的经营活动总资本占比明显高于长三角和珠三角地区。在2015年之前，环渤海地区的经营活动总资本占比始终在75%以上水平，2015年及以后年份出现明显下降，下降幅度达到5个百分点。长三角和珠三角地区的资本占比较为一致，2009—2015年徘徊在65%，近几年降为60%，总资本出现严重的“脱实向虚”现象。

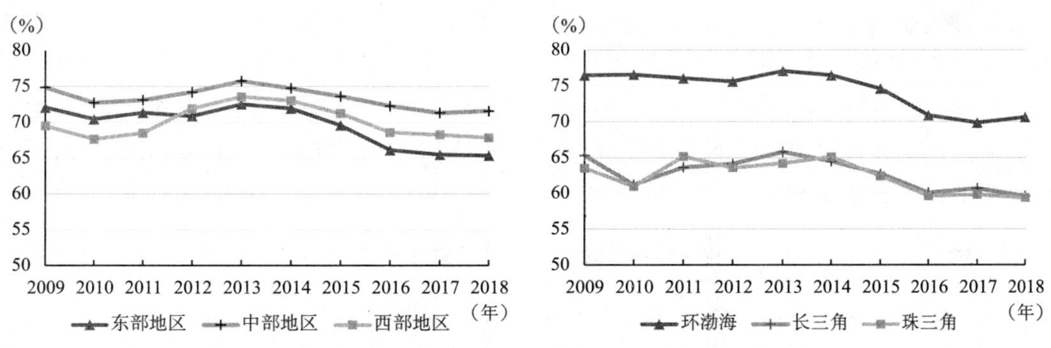

图3-5　2009—2018年各地区上市公司经营活动总资本占比

（二）各地区上市公司营运资金与长期资金分布状况

总资本按配置期限的长短分为营运资金和长期资金。总资金在营运资金的配置来看（如图3-6所示），2009—2018年，东部地区营运资金占比明显高于中部和西部地区，2009—2014年，营运资金占比保持在70%之上，2015—2018年，占比持续降低，2018年降为65.36%。中西部地区营运资金占比在30%上下水平，2009—2012年营运资金占比呈现升高趋势，近几年相对稳定。

从三大经济带的总资本配置来看，环渤海地区营运资金占比最低，近十年在20%上下水平上呈增长趋势，由2009年的16.78%增长为2018年的22.36%，其中，2017年达到水平最高25.75%。环渤海地区以长期资金配置为主，长期资金占比在80%的水平上呈现弱的降低趋势。长三角地区营运资金占比居中，在30%的水平上呈现增长趋势，2014—2018年占比增长明显加快。珠三角地区营运资金占比在三个经济区中水平最高，在50%水平上呈现弱的下降趋势，营运资金和长期资金的配置比重相当。

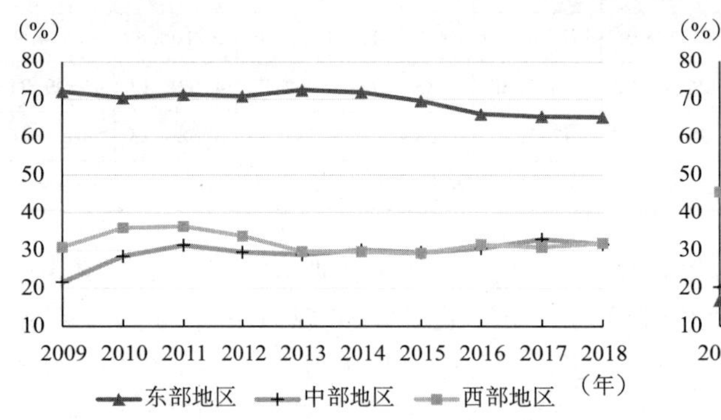

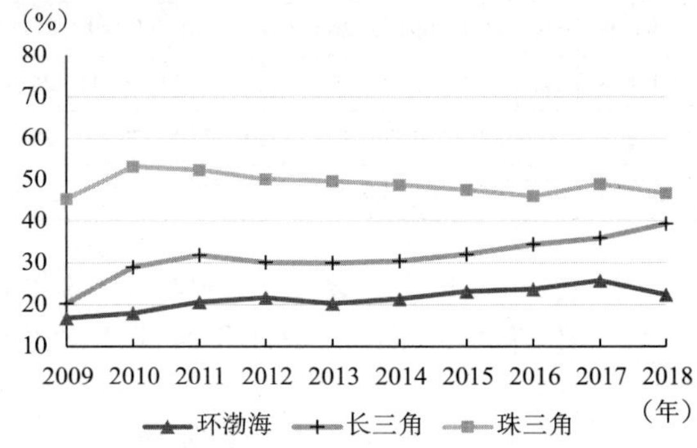

图3－6　2009—2018年各地区上市公司营运资金占比

注：营运资金占比＝营运资金/总资金＝营运资金/（营运资金＋长期资金）。

三、各地区上市公司营运资金存量及其分布状况分析

（一）各地区上市公司营运资金存量及其分布状况总体分析

营运资金按企业营业活动进行配置，分为经营活动营运资金和投资活动营运资金。2009—2018年各地区上市公司营运资金存量分布如表3－20所示。各地区在近十年中，营运资金存量均快速上升，东部地区营运资金存量最高，2018年达到100418.42亿元，近十年的上升幅度为490.56%，中部和西部地区营运资金存量分别为14659.93亿元、14240.88亿元，总量相当。在三个经济带中，长三角地区的营运资金存量上升最快，近十年升高736.37%，达到34639.01亿元，珠三角地区2018年的资金存量26347.05亿元，上升548.42%，环渤海地区的总资本存量最大，达到34639.01亿元，上升幅度为309.77%。

表3－20　2009—2018年各地区上市公司营运资金存量分布统计表　单位：亿元

地区＼年度	2009	2010	2011	2012	2013	2014	2015	2016	2017	2018
环渤海地区	8453.24	10762.51	14977.02	16851.75	18762.72	22376.25	27369.26	31911.27	37362.75	34639.01
长三角地区	3804.15	6956.79	9212.94	9361.08	10447.57	12877.68	17149.73	22118.67	27211.96	31816.68
珠三角地区	4063.25	6574.97	8068.08	8960.36	10377.64	12095.00	14254.74	16874.28	22931.19	26347.05
东部地区	17003.96	25494.00	33893.84	36722.98	41806.16	50214.31	62185.03	76059.11	94536.26	100418.42
中部地区	2641.72	4542.22	5816.17	6401.00	7100.35	8435.21	9371.97	10971.95	13518.96	14659.93
西部地区	2764.82	4088.78	5202.20	5533.35	6217.71	7210.64	8272.54	10330.09	12244.58	14240.88
全国整体	22410.50	34125.00	44912.20	48657.33	55124.22	65860.16	79829.55	97361.15	120299.80	129319.22

营运资金在经营活动中的配置情况如图 3-7 所示，2009—2018 年各地区上市公司以投资活动的营运资金配置为主，经营活动营运资金占比总体上呈现为上升趋势，但始终保持在 40% 以下水平。东部和中部为波动上升，西部地区趋势为先升后降。具体来看，东部地区经营活动营运资金占比由 2009 年的 7.58% 上升到 2018 年的 33.54%，上升了 25.96 个百分点。中部地区占比由 13.11% 上升到 2018 年的 36.63%，上升了 23.53 个百分点，西部地区为波浪形先升后降，最大值为 2012 年的 34.86%，最小值为 2015 年的 26.43%。

在三大经济带的营运资金配置中，以投资活动营运资金配置为主。经营活动营运资金占比存在显著的地区差异，珠三角地区经营活动营运资金占比最高，近十年的变化比较稳定。长三角地区占比增长最大，由 2009 年的 0.81% 上升到 2018 年的 42.15%，经营活动资金占比增长了 41.34 个百分点，上升幅度最大。而环渤海地区在 2009—2011 年占比上升较快，在 2012—2017 年占比较为平稳，但在 2018 年明显降低。环渤海地区经营活动营运资金占比在三个地区中占比最小。

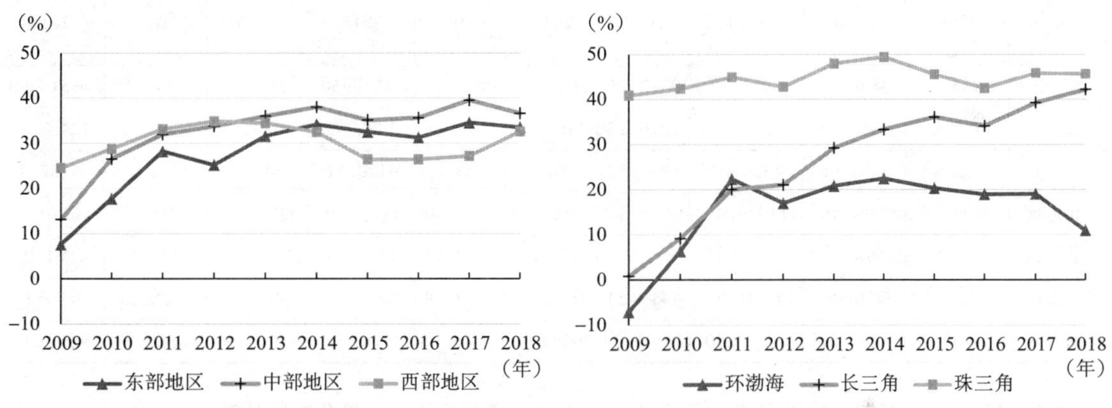

图 3-7　2009—2018 年各地区上市公司经营活动营运资金占比

注：经营活动营运资金占比 = 经营活动营运资金/营运资金 = 经营活动营运资金/（经营活动营运资金 + 投资活动营运资金）。

（二）各地区上市公司经营活动营运资金存量及其按渠道分布状况分析

经营活动营运资金按渠道配置可以分为采购渠道营运资金、生产渠道营运资金和营销渠道营运资金。我国各地区经营活动营运资金的存量分渠道配置如表 3-21（采购渠道）、表 3-22（生产渠道）、表 3-23（营销渠道）所示。2009—2018 年，各地区采购渠道营运资金均为负值，体现出采购渠道的资金融通作用。东部地区采购渠道融通的资金量最大，2018 年达到 49752.74 亿元，近十年增长 532.94%。中部和西部地区融通资金量分别为 6193.57 亿元和 5821.35 亿元，总量相当，近十年的增长幅度分别为 477.69% 和 1103.52%。在三大经济带中，环渤海地区的采购渠道融通资金量最大，达到 29325.09 亿元，珠三角地区近十年存量上升幅度最大，达到 1449.42%。

表 3 - 21 2009—2018 年各地区上市公司采购渠道营运资金存量分布统计表 单位：亿元

地区＼年度	2009	2010	2011	2012	2013	2014	2015	2016	2017	2018
环渤海地区	-4614.15	-6643.87	-8285.34	-11774.35	-14250.18	-17119.17	-19200.17	-23481.71	-26293.04	-29325.09
长三角地区	-2681.23	-3095.78	-3785.97	-4329.53	-4799.77	-6735.56	-9341.12	-10426.73	-11775.20	-12619.83
珠三角地区	-407.57	-318.94	-967.28	-2088.26	-2993.60	-3564.45	-4524.12	-5126.38	-3957.40	-6315.03
东部地区	-7860.61	-10299.78	-13250.71	-18485.83	-22335.86	-27840.84	-33604.32	-39804.23	-42869.72	-49752.74
中部地区	-1072.13	-1127.53	-1456.62	-2040.39	-2720.10	-3418.41	-4115.05	-4433.79	-5072.88	-6193.57
西部地区	-483.69	-662.94	-953.09	-1326.77	-2243.06	-3371.85	-4035.70	-4829.09	-5298.00	-5821.35
全国整体	-9416.43	-12090.25	-15660.42	-21852.99	-27299.02	-34631.10	-41755.06	-49067.11	-53240.60	-61767.66

表 3 - 22 2009—2018 年各地区上市公司生产渠道营运资金存量分布统计表 单位：亿元

地区＼年度	2009	2010	2011	2012	2013	2014	2015	2016	2017	2018
环渤海地区	1864.76	2856.82	4852.72	9312.25	6687.64	9000.97	14813.50	12377.10	13957.42	13514.90
长三角地区	1779.86	2057.23	2236.88	2216.25	2463.87	3678.23	7980.48	7920.04	8709.12	12487.59
珠三角地区	1732.49	3001.02	4334.07	5880.59	7284.55	7645.04	9129.51	9646.62	10122.73	15487.85
东部地区	5637.81	8394.10	11985.47	17906.24	17513.07	21969.48	33617.58	32249.58	36596.82	46170.77
中部地区	331.26	598.36	656.74	810.78	928.11	1258.43	1449.44	1233.49	1428.15	1861.03
西部地区	565.59	870.91	1180.29	1419.23	1641.39	2253.28	2716.94	2462.99	2578.23	4479.14
全国整体	6534.65	9863.37	13822.50	20136.24	20082.58	25481.18	37783.96	35946.06	40603.20	52510.94

表 3 - 23 2009—2018 年各地区上市公司营销渠道营运资金存量分布统计表 单位：亿元

地区＼年度	2009	2010	2011	2012	2013	2014	2015	2016	2017	2018
环渤海地区	2149.20	4466.52	6785.53	5330.73	11480.10	13150.58	9965.83	17168.93	19472.90	19591.93
长三角地区	932.21	1675.89	3397.31	4087.31	5391.78	7350.03	7544.39	10050.02	13749.80	13544.32
珠三角地区	334.33	99.51	255.35	38.03	690.00	1894.96	1889.75	2644.82	4351.12	2857.13
东部地区	3510.99	6443.27	10838.69	9841.67	18043.18	23031.08	20210.81	31350.04	38947.04	37258.82
中部地区	1087.09	1735.81	2659.71	3392.87	4350.13	5365.02	5958.01	7108.78	8989.38	9702.95
西部地区	596.62	968.76	1497.81	1836.23	2744.38	3461.23	3505.39	5097.56	6047.82	5983.54
全国整体	5194.70	9147.83	14996.21	15070.77	25137.69	31857.32	29674.21	43556.38	53984.24	52945.31

生产渠道和营销渠道的营运资金地区配置中，各年度的资金配置均为正值，为营运资金的主要配置环节。近年来，东部地区生产渠道资金占用量略大于营销渠道的资金占用。而中部和西部地区的生产渠道资金占用明显低于营销渠道，营销渠道为资金配置的主要配置渠道。在各经济带中，生产渠道的资金占用总量相当，在营销渠道中，珠三角地区的资金占用最小，2018 年仅为 2857.13。长三角地区的营销渠道资金配置增长最快，近十年增长幅度达到 1352.93%。

四、研究结论

第一，在总资本地区配置方面，2009—2018 年东部地区的总资本存量最大，2018 年达到 307394. 92 亿元，近十年增长幅度达 283. 12%；中部地区为 46399. 81 亿元，增长幅度达 280. 03%；西部地区 44615. 16 亿元，近十年的增长幅度最大，达到 397. 65%。中西部地区总资本存量大体相当。总资本在营业活动的配置中，东部、中部和西部地区以经营活动资本配置为主，但呈现以下降为主的趋势，对投资活动的资本配置升高。从三大经济带的经营活动总资本占比来看，渤海地区的经营活动总资本占比明显高于长三角和珠三角地区。从总资本的期限结构配置来看，东部地区营运资金占比明显高于中部和西部地区，东部地区以营运资金配置为主，中西部地区以长期资金配置为主。在三大经济带中，环渤海地区营运资金占比最低，为 20% 上下水平，珠三角地区营运资金和长期资金的配置比重相当。

第二，在营运资金地区配置中，各地区在近十年中，营运资金存量均快速上升，东部地区营运资金存量最高，中部和西部地区营运资金存量分别为 14659. 93 亿元、14240. 88 亿元，总量相当。在三个经济带中，长三角地区的营运资金存量上升最快。从营运资金在经营活动中的配置情况来看，2009—2018 年各地区上市公司以投资活动的营运资金配置为主，经营活动营运资金占比总体上呈现为上升趋势，但始终保持在 40% 以下水平。东部和中部为波动上升，西部地区先升后降。在三大经济带的营运资金配置中，经营活动营运资金占比存在显著的地区差异，珠三角地区经营活动营运资金占比最高，近十年的变化比较稳定；长三角地区占比增长趋势最大，环渤海地区经营活动营运资金占比在三个地区中占比最小。

第三，在经营活动营运资金按渠道配置中，2009—2018 年，各地区采购渠道营运资金均为负值，体现出采购渠道的资金融通作用，其中，东部地区采购渠道融通的资金量最大。在生产渠道和营销渠道的营运资金地区配置中，各年度的资金配置均为正值，为营运资金的主要配置环节。近年来，东部地区生产渠道资金占用量略大于营销渠道的资金占用。而中部和西部地区的生产渠道资金占用明显低于营销渠道，营销渠道为资金配置的主要配置渠道。

第四节　研究启示

通过本章的研究，可以得出以下几方面启示：

第一，从微观层面出发，建立从微观到中观（地区、行业）再到宏观的资本测算体系，解决宏、微观资本核算脱节问题。由于我国一直未正式发布关于我国资本存量的官方统计数据，也未有全面、系统的包含全国分省市和分行业的完整资本存量数据，导致目前关于资本存量的研究几乎都是建立在对国家、省份或行业的资本存量进行估算的基础上，难以得到令人信服的结论。除此以外，传统基于宏观数据的资本存量核算方法存在着一个更为重要的问题是各类资本存量核算方法所呈现的结果不仅彼此间存在差异，而且与微观层面真实的资本分布状况脱节，使得信息归集和使用难，易导致宏观政策调控与微观主体的现实问题相背离，数据的风险预警功能弱化。基于微观部门财务报表实现微观主体到中观（分行业、分地区），再到宏观整体层面的资本核算，衔接资本市场投资者和宏观经济决策的信息需求，在降低不同层面资本核算信息不对称的同时，更能使宏观层面的政策指导精确地传导至微观层面。

第二，明确“资产”和“资本”的差异，准确测度企业的资本存量，摸清不同的资本来源和资本配置。传统的财务分析体系，将基于“交易”产生的经营性负债纳入资产的计量，会直接导致中观和微观层面资本存量的错估，影响政府等决策机构对实体经济的正确判断。不论是资本市场在金融服务实体经济的决定性作用的发挥，还是在金融服务实体经济中政府作用的更好发挥，都有赖于科学、真实的资本配置、资本效率、财务风险等基础信息的支持。构建专业化的财务分析信息平台，为政府有关部门和资本市场提供真实、准确、可靠的信息支持势在必行。

第三，优化资本配置结构，提升资本配置效率。随着全国总资本期末占用额的不断增加，资本配置结构变得更为重要。目前资本市场日益发达，在新的营业活动视角下，经营活动和投资活动都被视为创造价值的营业活动，各家企业在进行资本配置时，应考虑资本在经营活动和投资活动之间的分配问题，提高资本的配置效率，逐步实现资本的优化配置。需要注意的是，在资本配置结构决策的过程中，不仅要考虑资本配置收益，也要同时考虑资本配置风险，以期达到单位风险的收益最大化的最优资本配置结构。

第四，加强营运资金管理，提高营运资金管理效率。在近十年中，各行业和地区营运资金的总体配置为采购渠道融通资金，生产和营销渠道为经营资金的主要配置渠道，且营销渠道的资金占用增幅较大。企业应加强营运资金管理，可以从以下两个方面入手：一方面，调整生产计划、提高生产效率，减少不必要的生产资金占用；另一方面，努力拓宽销售渠道，扩大销售网络，增加销售方式，减少产成品在企业的滞留时间。同时，加强企业对商业信用的管理水平，加快营运资金的流转速度，提升生产和营销渠道的资金管理绩效。

第四章　资本效率分析与评价

第一节　资本效率的内涵与分类

资本效率不仅是企业财务管理权衡的两大主题之一，而且也是资本市场投资者投资决策需要考虑的重要因素，因此，资本效率分析始终占据着财务分析的核心地位。党的十八届三中全会决定（2013）指出，要让市场在资源配置中发挥决定性作用，并要求“健全多层次资本市场体系，推进股票发行注册制改革，多渠道推动股权融资，发展并规范债券市场，提高直接融资比重”，这无疑对资本效率分析提出了更高的要求。

资金的本性是逐利避险。根据资源配置效率理论，金融资源应当流向经营效率最好的部门和企业，效率与金融资源分配相对应才能实现金融资源配置的帕累托最优。在同等的财务风险水平下，资金逐利避险的本性将驱使资金流向资金效率更高的企业、行业或部门。市场和政府是影响资源配置的两大力量，不论是市场还是政府，其在引导资金配置时都要依赖于资本市场发出的各类信息，而在众多的金融信息中，反映实体经济企业、行业或部门资本效率的信息是非常核心且基础的重要信息。

一、资本效率的内涵

经济学中所谓的效率，其基本内涵主要是投入产出之比，效率意味着从给定的投入中获取最大的产出。“一旦社会发现以同样的投入可以获取更多的产品（当然其他的产品并不减少）的途径，那么它便提高了效率”（奥肯，1999）。因此，效率也成为经济学的重点考察对象，对效率的考察基本都是通过对投入产出效益的评价来进行的，这一投入产出过程又以资源的获得、使用和产出过程为基础。现代西方主流经济学界对经济效率的界定已经深入分条件论述且涉及经济环节的地步。一般而言，经济学家谈到效率，就是指帕累托效率。斯蒂格利茨（2005）在其《经济学》（第三版）指出：“当没人能够在不使另一个人境况恶化的情况下得到改善时，这种资源配置就称为帕累托有效。”为了对经济效率内涵进行系统、科学的认识和把握，张秀生和盛见（2008）认为经济效率应该是经济四个环节的综合效率，并把其分为生产环节效率、分配环节效率、交换环节效率和消费环节效率四个环节加以论述。

马克思和恩格斯将效率放在生产力与生产关系范畴内来进行研究，马克思对资本主义社会生产的效率进行了深刻论述，他认为，商品的价值量随着劳动生产率的变化而变化。“劳动生产率等于用最低限度的劳动取得最大限度的产品，从而使商品尽可能变便宜。”因此，效率是投入和产出的比率，效率的高低是决定价值量和社会财富量多少的根本因素，是决定分配的很重要的一个因素。马克思把劳动、土地、资本、科学技术等生产要素的共同作用看成是决定效率并进而决定着商品的价值量和社会财富量增长的作用。

资本是重要的生产要素之一，也是经济发展和企业生存的血液，将经济学中帕累托效率的标准应用到资本配置上，资本效率意味着在经济增长过程中，资本配置向帕累托最优状态的逼近，及资本应按照边际效率最高的原则在不同的部门（区域、行业或企业）之间进行配置（王永剑，刘春杰，2011）。资本配置效率达到帕累托最优状态时，资本也就在不同的企业、行业和地区之间实现了相等的资本收益率。资本效率提高意味着在社会总资本量不变的情况下，货币资本在利润的驱动下能在产业和企业之间高效流动，将有限的资本配置到效益更好的产业和部门中去，以获得最大收益。

不论是投入产出率，还是资本收益率，均偏向于从结果的角度去评判资本创值效率。其实，资本创造价值的过程同样值得关注，抛开过程谈结果则会损失很多资本效率信息。资本在运用、周转、循环的过程中实现价值增值，因此，对资本效率的评价应以企业资本运用并获得产出的全过程为考察对象，对资本配置结果的有效性和运用过程的有效性进行评价。

二、资本效率的分类

企业和市场是两种可以互相替代的资源配置的基本方式，企业内部资本市场的形成源于企业与外部资本市场的摩擦（孔刘柳，1998）。有很多学者从涵盖范围的角度，对资本配置效率进行了分类，其中有代表性的几种分类有：吕宙将资本配置效率划分为三个层次：企业层次、行业层次及国民经济层次。魏海港则提出广义和狭义两个层面的资本配置效率，广义资本配置效率指资本在公司之间的配置，有效的资本配置是保证各家公司的资本拥有相同的边际产出；狭义的资本配置效率则是指资本在公司内部的配置，资本配置低效率意味着公司位于生产可能边界的下方，实际产出水平没有充分利用公司拥有的资源、技术。刘赣州关于资本配置效率的划分更精确和深入，他根据资本作用的大小，将资本品配置效率分为微观层次、宏观层次和国际层次。微观领域资本配置分为企业内部和企业之间，宏观领域可分为产业和地区两个层次的资本配置效率。国际层次上的资本配置则指通过国际贸易、国际金融、国际投资和国际经济技术交流等活动，促进国家之间的资本流动和转移，从而实现国际领域内的资本优化配置，提高资本的国际配置效率。

以资本效率的过程性和结果性为界，传统财务分析理论认为，资本投入企业后即开始进入循环周转的过程，并不断改变其存在的形态，直到最后实现营业收入作为完成一次循环周转、实现资本回收的标志，且资本正是在这种循环周转的过程中实现资本增值的目的。因此，人们就用资本周转效率来评价资本运用的过程效率，用资本回报效率来描述资本的增值效果，并综合两类指标共同衡量资本效率。

由于在循环周转过程中资本存量表现为一系列不同形态的资产，于是，就出现了总资产周转率（期）、流动资产周转率（期）、固定资产周转率（期）、应收账款周转率（期）、存货周转率（期）等衡量不同形态的资产循环周转速度的评价指标，这些分析评价指标计算时使用的资本回收额或周转额均是营业收入或营业成本，各种形态资产的周转率也就自然演变为营业收入与相应的该类资产存量之比。

同时，由于衡量资本回报的指标存在着息税前利润、利润总额、利税总额、净利润、经济增加值等不同指标，因此，资本回报率的具体评价指标也五花八门。金碚（1995）、沈坤荣等（2004）在资金利用率或投资效率的研究中则使用的是全国独立核算工业企业的平均资金利税率来衡量资金或投资效率。上海证券报、国家信息中心 2004 年 5 月发布的“2003 上市公司年报分析报告之七：上市公司资金运用效率仍有提升空间”中，同时使用了总资产周转率、总资产报酬率和净资产收益率三个指标衡量资本运用效率。张玮婷等（2014）在“上市公司投资效率与资本市场有效性”的研究中采用了经济增加值回报率（EVA 回报率）衡量上市公司的资本效率。不难看出，资本效率的评价尚缺乏公认的、统一的评价标准。

实际上，现有的分析体系是构建于资本运用方式单一、资本市场不够发达的时代，资本效率的分析评价都深深地打上了那个时代的烙印，在资本运用方式日益多元化、资本市场高度发达的当下，传统财务分析体系的缺陷已暴露无遗，亟待加以变革和重构。

接下来，本章将从资本周转效率分析体系和资本回报效率分析体系两个方面具体展开，对资本效率分析体系的重构进行系统分析，以期推动财务分析体系的创新，为资本市场的健康发展和企业资本管理水平的不断提升提供理论支持。

第二节　资本周转效率分析与评价

一、传统资本周转效率分析体系及其缺陷分析

资本周转理论历经了多个学派的发展，在资本主义萌芽的社会背景下，重商主义将财富定义为货币，讨论其货币资本与商业资本在流通领域的运动，单纯地研究货币—商品—货币的这种能看得到的流通过程。以魁奈（1979）为代表的重农学派率先在农业领域提出生产资本这一概念，将资本周转理论的研究领域从流通领域切换到生产领域。以亚当·斯密（1981）为代表的古典经济学派，将重农学派关于生产资本的划分扩展到生产与流通领域，划分出固定资本与流动资本，并指出流动资本的特性是要靠流通产生利润，固定资本的特性是不经过流通即可产生利润。

马克思在《资本论》第二卷中系统阐述并深入论证了资本周转这一重要理论。“资本的循环，不是当作孤立的行为，而是当作周期性的过程时，叫作资本的周转”。该理论分析了影响资本周转速度的因素，探究了资本周转速度对价值增值与剩余价值生产的重要影响，揭示出了社会化大生产所遵循的一般规律。资本周转就是周而复始的资本循环，只有当产业资本的三种职能形式同时存在并依次相继转化时，才能实现资本周转的顺利进行，才能保证企业取得生产所需要的材料，完成产品生产与销售，最终获得增殖后的资本。

在实践中，传统财务分析体系常使用总资产周转率（营业收入/平均总资产）来评价总体周转效率，使用流动资产周转率（营业收入/平均流动资产）、存货周转率（销售成本/存货）、应收账款周转率（赊销收入/应收账款）、应付账款周转率（销售成本/应付账款）等指标来评价流动资金周转效率。周转率稍加变形，即可得到周转期信息，但结合现在企业所处的经营环境，上述指标已经远不能满足信息使用者需求，其缺陷主要表现在：

（一）资产、资金、资本的概念混淆

正如第二章中指出的那样，企业是一个运用投资者投入的资本开展营业活动以实现创造价值目的的主体，这些资本的周转效率才是投资者真正关心的。资本运动贯穿于经济活动始终，也被视为会计和财务共同的研究对象。然而，颇具讽刺意味的是，不论是会计学还是财务学，都没有关于资金、资本概念的统一界定，导致将总资产等同于总资金、流动资产等同于流动资金等概念混淆的现象司空见惯。

从分母上看，由于资产与资金、资本的混淆，总资产周转率、流动资产周转率等指标很可能导致企业资金（资本）存量的严重高估，资本周转效率被严重低估。以苏宁易购为例，该公司 2018 年年末合并资产负债表上资产总额为 1994.67 亿元，但如果从投资者的投入来看，股权投资者只投入了 882.11 亿元，而债券持有人、银行等金融债权人只投入了 426.39 亿元，两类投资者共投入了 1308.50 亿元，即企业实际运用的资金总额只有 1308.50 亿元。因此，将总资产 1994.67 亿元作为资金总额导致该企业的资金存量被高估过半，二者计算得出的总资金周转率将会产生很大的差异。同样地，把流动资金看作营运资金，也会导致营运资金周转效率被低估。

（二）口径差异与以偏概全

在传统的营业观念中，经营活动（产品经营）被天然地视为企业首要的经济活动，是企业资金配置的首要选择，投资活动和筹资活动则处于从属地位。这样的营业观念和经济活动分类方法与其产生的时代背景（缺乏竞争的产品市场和极不发达的资本市场）基本吻合，但显然无法满足当今时代（高度竞争的产品市场和十分发达的资本市场）资本市场投资者和企业经营管理者对企业内部资本市场资金效率信息的需求。

这种落后的营业观念和经济活动分类方法对财务分析体系的影响却根深蒂固。在传统财务分析体系中，人们往往以经营活动的成果代替整家企业全部资金运用的成果，例如，总资产周转率的分母包括了投资活动资产，分子却仅包括经营活动产生的营业收入，并未将投资活动的成果囊括其中。然而，在当前投资活动地位不断上升的背景之下，我们很难忽视投资活动的贡献，系列指标分子分母口径的不匹配必然导致资本周转效率的失真。

相应地，对经营活动资金周转效率、投资活动资金周转效率的分类评价也几近空白，其实，在企业内部资本市场上，企业首先面临的是在运用资金直接创造价值的经营活动和运用资金间接创造价值的投资活动之间作出资金配置方向的选择，如果缺乏两类活动资金周转效率对比信息的支持，这种选择就会陷入盲目和经验主义的误区。

（三）权责发生制的误区

此外，所谓资本周转效率，重点在于测度资本的回收速度。传统的资本周转效率评价指标都是以营业收入作为经营活动资金甚至全部资金运用的资金回收额，但实质上营业收入只是一个会计指标，且不说其根本未反映投资活动的资金回收，仅与经营活动实际回收的资金相比也可能会有很大差距。

二、资本周转效率分析体系的重构

针对上述缺陷，本书重构的资本周转效率分析体系如表 4-1 所示。

在总资金周转效率分析体系的重构方面，从总资产周转率这一传统指标开始，将其分母（即总资产）修正为总资金，由于总资金包含了经营活动总资金和投资活动总资金，故进一

步将分子（即营业收入）修正为涵盖经营活动和投资活动资金回收能力的指标。此时，有必要运用现金流量表的信息，将经营活动产生的现金流入和投资活动产生的现金流入之和作为全部资金的总回收额。至此，将传统的总资产周转率指标修正为重构的总资金周转率指标。

另外，由于经营活动与投资活动已不存在天然的主从关系，因此，可对经营活动资金周转效率和投资活动资金周转效率进行对比并辅助企业决策。经营活动是直接运用资金开展价值创造的活动，投资活动是间接运用资金开展价值创造的活动，购买和处置固定资产、无形资产及其他长期资产实际上服务于企业生产经营，而非资本运作。因此，传统现金流量表中把处置固定资产、无形资产及其他长期资产收到的现金作为投资活动现金流入的做法，并不符合本书对营业活动的划分标准。因此，本书将现金流量表中经营活动产生的现金流入加上处置固定资产、无形资产及其他长期资产收到的现金作为经营活动的资金回收额，将现金流量表中投资活动产生的现金流入减去处置固定资产、无形资产及其他长期资产收到的现金的差额作为投资活动的资金回收额。再将二者分别除以其所占用的资金额，便可得到经营活动和投资活动的资金周转率。

表 4-1　资本周转效率分析体系

分析内容	核心指标名称	指标计算公式
总资金周转效率	总资金周转率	=（经营活动现金流入小计+投资活动现金流入小计）/总资金（平均值）
	经营活动资金周转率	=（经营活动现金流入小计+处置固定资产、无形资产和其他长期资产收回的现金净额）/经营活动总资金（平均值）
	投资活动资金周转率	=（投资活动现金流入小计-处置固定资产、无形资产和其他长期资产收回的现金净额）/投资活动总资金（平均值）
经营活动营运资金周转效率	经营活动营运资金周转期（按渠道）	=经营活动营运资金平均值（按渠道）÷（营业收入/360）
	营销渠道营运资金周转期	=营销渠道营运资金平均值÷（营业收入/360）
	生产渠道营运资金周转期	=生产渠道营运资金平均值÷（营业收入/360）
	采购渠道营运资金周转期	=采购渠道营运资金平均值÷（营业收入/360）
	经营活动营运资金周转期（按要素）	=经营活动营运资金平均值（按要素）÷（营业收入/360）
	存货周转期	=存货平均值÷（营业收入/360）
	应收账款周转期	=（应收账款平均值+应收票据平均值）÷（营业收入/360）
	应付账款周转期	=（应付账款平均值+应付票据平均值）÷（营业收入/360）

以复星医药2018年的财务情况为例，其平均总资产为662.61亿元，营业收入为249.18亿元，传统指标计算的总资产周转率为0.38。平均总资金为539.14亿元，经营活动占用资金243.23亿元，投资活动占用资金295.91亿元，投资活动已经在其营业活动中占据举足轻重的地位。营业活动现金流入为295.29亿元，其中，调整后的经营活动现金流入为280.30亿元，调整后的投资活动现金流入为14.99亿元。使用重构指标进行计算，得到复星医药的

总资金周转率为0.55，高于总资产周转率，经营活动资金周转率为1.15，投资活动资金周转率为0.05，相比投资活动，复星医药的经营活动周转绩效更佳，而在传统指标下，完全没有体现出复兴医药经营活动和投资活动资金周转率的区别。

另外，经营活动营运资金是企业在生产经营中十分关注的部分，也是财务管理的核心内容，在对资本周转效率进行评价时，经营活动营运资金周转绩效评价必不可缺。传统体系在进行评价时，将各个要素割裂看待，不利于从整体上优化营运资金管理。表4-1结合要素视角和渠道视角两个方面，综合评价经营活动营运资金周转情况，旨在提高营运资金管理的针对性。其中，在渠道管理方面，引入采购渠道营运资金、生产渠道营运资金、营销渠道营运资金的概念，解决资本、资产、资金的概念混淆问题，同时反映经济活动中资金的渠道分布状况，更好地体现其与供应链、业务流程的关系。

三、资本周转效率分析体系的应用与评价

延续第三章的分析，本部分仍采用2009—2018年A股非金融上市公司的数据，对整体层面、地区层面、行业层面的资本周转效率进行分析。

（一）总资金周转绩效分析

1. 整体层面。图4-1列示了2009—2018年实体经济上市公司整体层面的总资金周转绩效情况，图中所有的数据结果均为加权平均结果，例如，在计算总资金周转率时，将每一年度的全部样本看作一个整体，再以营业活动现金流入之和除以平均总资金之和，其他指标同理。

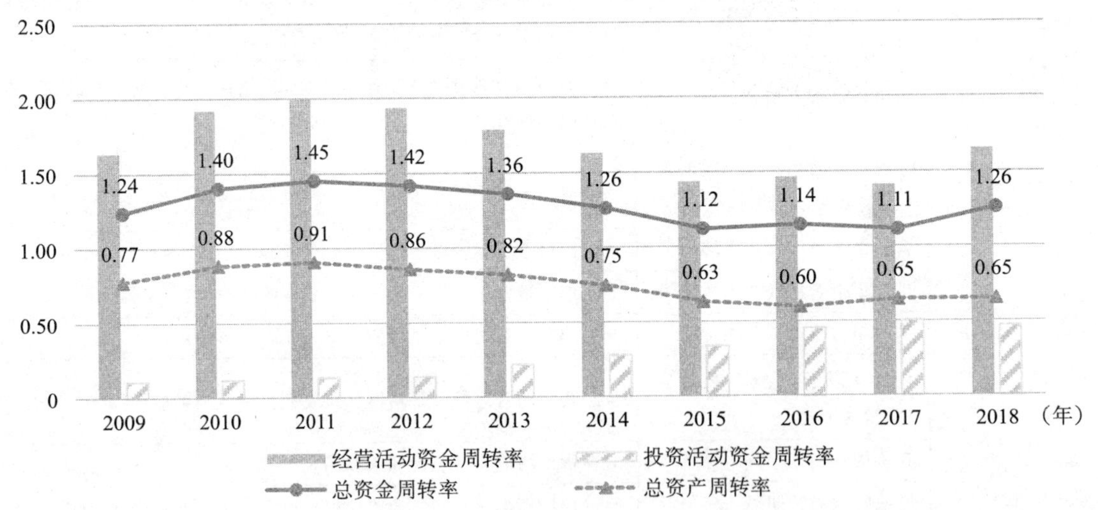

图4-1 2009—2018年实体经济上市公司整体层面总资金周转绩效

2009—2018年，实体经济上市公司总资金周转率均值为1.24，即平均一年可周转1.24次，总资产周转率仅为0.71，传统指标下周转不足一次，周转绩效被严重低估。经营活动资金周转率为1.63，投资活动资金周转率为0.35，整体来看，经营活动资金周转更快。

图4-1显示，十年间实体经济上市公司总资金周转率整体呈现“升—降—升”的趋势，最低点出现于2015年为1.12次，最高点出现于2011年为1.45次。在传统指标下，总

资产周转率同样呈现“升—降—升”的趋势，但最高点仅为0.91，在每一年度均低于总资金周转率。从经营活动和投资活动的对比来看，经营活动资金周转绩效变动趋势基本与总资金周转绩效变动趋势相吻合，且高于总资金周转绩效，均在1.40次以上；投资活动资金周转绩效呈优化趋势，但仍低于总资金周转绩效，均未超过0.50次。整体上，经营活动资金周转快于投资活动，但近年来二者差距逐步缩小。

2. 地区层面。图4－2列示了2009—2018年实体经济上市公司地区层面的总资金周转率总体均值，东部地区总资金周转率最高，总体均值为1.30次，中部地区为1.14次，西部地区为0.95次，传统指标低估资金周转绩效的现象在东、中、西部地区普遍存在。从经营活动资金周转绩效来看，东部地区周转效率总体均值快达1.73次，西部地区周转较慢，仅有1.23次；从投资活动资金周转绩效来看，中部地区周转最快，总体均值达到0.43次，西部地区周转最慢，仅有0.29次。总体来说，三个地区的经营活动资金周转均快于投资活动，投资活动资金周转绩效有待提高，西部地区在总资金周转绩效、经营活动资金周转绩效、投资活动资金周转绩效方面均落后于其他地区。

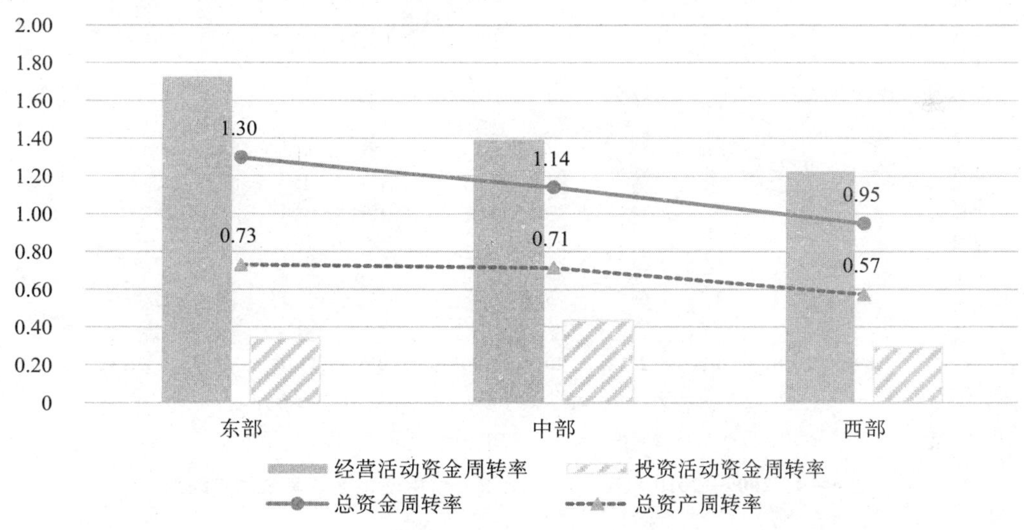

图4－2 2009—2018年实体经济上市公司地区层面总资金周转率总体均值

图4－3、图4－4和图4－5列示了各地区分年度总资金周转绩效，从年度发展趋势上看，2009—2018年，东部地区总资金周转绩效呈波动上升趋势，总资金周转率从1.27上升至1.32，中部地区总资金周转绩效稳中略降，从1.16下降至1.15，西部地区总资金周转绩效下降趋势明显，从1.05降至0.92。东部地区的经营活动资金周转绩效呈上升趋势，中西部地区呈下降趋势，三大地区的投资活动周转绩效均呈明显的上升趋势，但与经营活动相比仍有一定差距。与此同时，三大地区在各年度都存在传统指标低估周转绩效的现象。

3. 行业层面。表4－2列示了2009—2018年实体经济上市公司行业层面的总资金周转率总体均值。从总资金周转率上看，批发和零售业周转绩效最好，周转率总体均值高达3.20次，是实体经济上市公司均值的2.58倍，电力、热力、燃气及水生产和供应业周转绩效最差，总体均值仅为0.44次。这说明不同行业的商业模式导致各行各业的资金周转效率差异很大，但相同的是，各行业均存在周转效率被低估的现象，低估幅度均在30%以上。从经

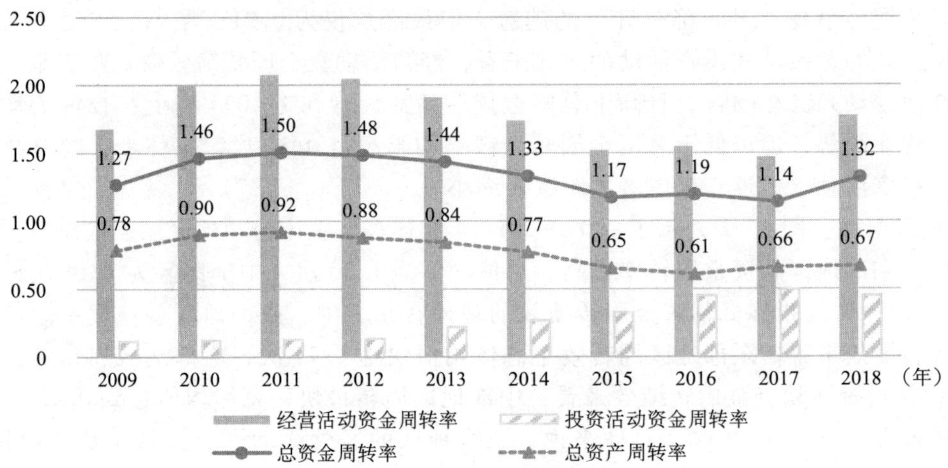

图 4－3 2009—2018 年实体经济上市公司东部地区总资金周转绩效

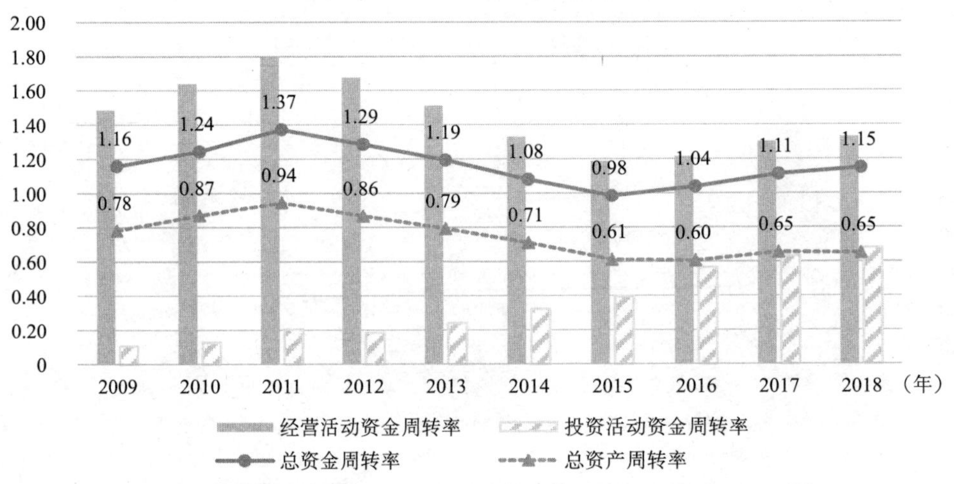

图 4－4 2009—2018 年实体经济上市公司中部地区总资金周转绩效

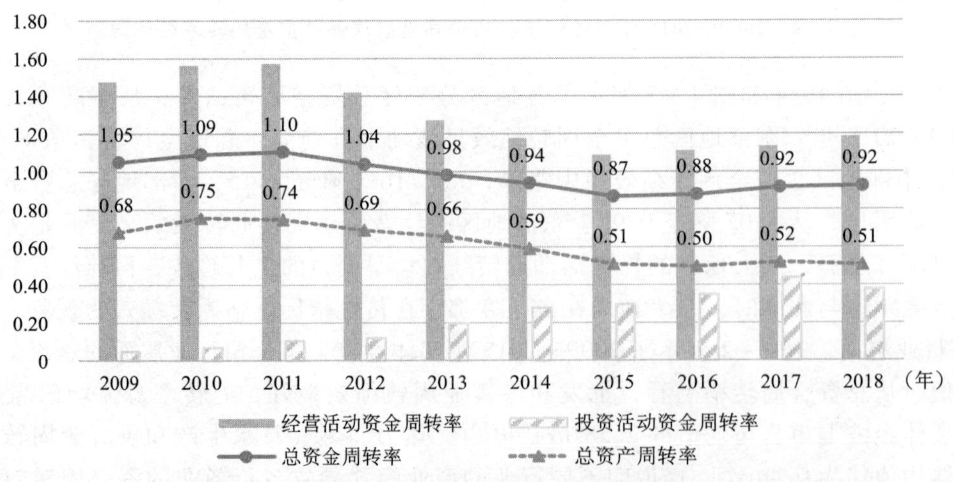

图 4－5 2009—2018 年实体经济上市公司西部地区总资金周转绩效

营活动资金周转率上看，批发和零售业仍表现亮眼，周转率总体均值高达 5.83 次，是实体经济上市公司的 3.58 倍，电力、热力、燃气及水生产和供应业周转绩效仍为最低，总体均值仅为 0.48 次。从投资活动资金周转率上看，其他制造业周转率最高，总体均值为 1.05 次，是实体经济上市公司的 3 倍，建筑业周转率最低，总体均值仅为 0.11 次。将经营活动和投资活动进行对比发现，各个行业的经营活动资金周转绩效总体上均要优于投资活动资金周转绩效。

表 4-2　2009—2018 年实体经济上市公司行业层面总资金周转率总体均值

行业	总资金周转率	经营活动资金周转率	投资活动资金周转率	总资产周转率
农、林、牧、渔行业 A	1.01	1.08	0.79	0.62
采矿业 B	1.51	1.75	0.21	1.01
食品、饮料行业 C0	1.60	2.43	0.40	0.95
纺织、服装、皮毛行业 C1	1.23	1.53	0.68	0.70
木材、家具行业 C2	1.21	1.38	0.78	0.68
造纸、印刷行业 C3	0.77	0.87	0.40	0.54
石油、化学、塑胶、塑料行业 C4	1.15	1.36	0.44	0.80
计算机、通信和其他电子设备制造业 C5	1.33	1.81	0.52	0.75
金属、非金属行业 C6	1.21	1.39	0.40	0.82
机械、设备、仪表行业 C7	1.49	2.38	0.42	0.74
医药、生物制品行业 C8	0.99	1.24	0.54	0.61
其他制造业 C9	1.85	2.06	1.05	1.03
电力、热力、燃气及水生产和供应业 D	0.44	0.48	0.21	0.31
建筑行业 E	1.63	2.89	0.11	0.79
批发和零售行业 F	3.20	5.83	0.57	1.49
交通运输、仓储和邮政行业 G	0.67	0.82	0.26	0.44
信息传输、软件和信息技术服务业 I	0.95	1.15	0.46	0.52
房地产行业 K	0.76	1.10	0.26	0.25
社会服务业（H、L、M、N、O、Q）	1.29	1.81	0.44	0.68
传播与文化行业（P、R）	1.03	1.59	0.50	0.52
综合类行业 S	0.72	1.02	0.39	0.34
总计	1.24	1.63	0.35	0.71

表 4-3、表 4-4、表 4-5 和表 4-6 进一步列示了各行业分年度总资金周转绩效。纵向对比表 4-3 发现，除食品、饮料行业，计算机、通信和其他电子设备制造业，机械、设备、仪表行业，医药、生物制品行业，其他制造业，电力、热力、燃气及水生产和供应业，建筑行业，批发和零售行业，综合类行业 9 个行业之外，剩余 12 个行业总资金周转率均呈上升趋势，说明大部分行业总资金周转绩效有所改善。十年来，采矿业，食品、饮料行业，纺织、服装、皮毛行业，计算机、通信和其他电子设备制造业，金属、非金属行业，机械、

设备、仪表行业，其他制造业，建筑行业，批发和零售行业，社会服务业的总资金周转率均在 1 以上，而造纸、印刷行业，电力、热力、燃气及水生产和供应业，交通运输、仓储和邮政行业，房地产行业，综合类行业均在 1 以下，各行业间总资金管理绩效差异显著。结合表 4－6 来看，总资产周转率这一传统指标低估资金周转效率的现象在各个行业各个年度普遍存在，传统指标造成的信息扭曲不容忽视。

表 4－3　　2009—2018 年实体经济上市公司行业层面总资金周转率

行业＼年度	2009	2010	2011	2012	2013	2014	2015	2016	2017	2018
农、林、牧、渔行业 A	0.74	0.79	0.90	0.88	0.82	0.95	1.11	1.14	1.09	1.08
采矿业 B	1.46	1.80	2.10	2.02	1.84	1.64	1.20	1.13	0.81	1.66
食品、饮料行业 C0	1.65	1.58	1.97	1.79	1.78	1.58	1.47	1.46	1.51	1.56
纺织、服装、皮毛行业 C1	1.00	1.19	1.19	1.21	1.27	1.19	1.12	1.16	1.48	1.24
木材、家具行业 C2	0.79	0.88	0.78	0.81	0.87	0.96	1.04	1.13	1.52	1.73
造纸、印刷行业 C3	0.75	0.79	0.74	0.67	0.67	0.64	0.67	0.76	0.88	0.95
石油、化学、塑胶、塑料行业 C4	0.99	1.23	1.33	1.18	1.19	1.13	1.02	1.07	1.19	1.20
计算机、通信和其他电子设备制造业 C5	1.48	1.47	1.28	1.22	1.37	1.32	1.29	1.27	1.27	1.44
金属、非金属行业 C6	1.14	1.36	1.40	1.27	1.24	1.20	1.03	1.03	1.20	1.27
机械、设备、仪表行业 C7	1.79	1.93	1.66	1.46	1.46	1.45	1.43	1.48	1.42	1.43
医药、生物制品行业 C8	1.10	1.00	0.94	0.93	1.01	1.02	0.97	0.95	1.03	1.00
其他制造业 C9	2.47	2.11	2.22	2.14	2.37	2.28	1.94	1.91	1.67	1.41
电力、热力、燃气及水生产和供应业 D	0.46	0.48	0.49	0.55	0.51	0.49	0.41	0.39	0.37	0.43
建筑行业 E	2.44	2.57	2.09	1.90	1.85	1.72	1.56	1.52	1.15	1.48
批发和零售行业 F	3.13	3.51	3.64	3.42	3.61	3.17	2.95	2.93	3.40	2.97
交通运输、仓储和邮政行业 G	0.59	0.68	0.71	0.68	0.67	0.62	0.59	0.69	0.70	0.71
信息传输、软件和信息技术服务业 I	0.67	0.72	0.79	0.84	0.95	0.93	0.98	0.98	1.01	1.08
房地产行业 K	0.70	0.68	0.61	0.69	0.73	0.61	0.68	0.84	0.85	0.83
社会服务业（H、L、M、N、O、Q）	1.09	1.21	1.22	1.14	1.20	1.08	1.23	1.21	1.31	1.48
传播与文化行业（P、R）	0.90	0.94	0.94	0.93	1.15	0.98	0.99	0.94	1.10	1.11
综合类行业 S	0.89	0.84	0.95	0.91	0.94	0.68	0.67	0.60	0.63	0.61
总计	1.24	1.40	1.45	1.42	1.36	1.26	1.12	1.14	1.11	1.26

纵向对比表 4－4 和表 4－5 发现，十年间，食品、饮料行业，计算机、通信和其他电子设备制造业，机械、设备、仪表行业，医药、生物制品行业，其他制造业，电力、热力、燃气及水生产和供应业，建筑行业，批发和零售行业，综合类行业，传播与文化行业 10 个行业经营活动资金周转绩效呈下降趋势，其余 11 个行业经营活动资金周转绩效呈上升趋势。十年间，21 个行业的投资活动资金周转绩效均呈现上升趋势，但是仅有农、林、牧、渔行业，其他制造业 2 个行业在个别年份的投资活动资金周转率高于经营活动资金周转率，其余 19 个行业在每个年份均是经营活动资金周转绩效更高。这说明，在绝大多数行业中，经营

活动资金周转效率优势较为明显。

表 4－4　　2009—2018 年实体经济上市公司行业层面经营活动资金周转率

行业＼年度	2009	2010	2011	2012	2013	2014	2015	2016	2017	2018
农、林、牧、渔行业 A	0.93	1.06	1.20	1.17	1.01	0.85	1.14	1.16	1.12	1.04
采矿业 B	1.68	2.10	2.45	2.31	2.07	1.84	1.35	1.29	0.94	2.04
食品、饮料行业 C0	2.62	2.67	3.52	3.12	2.76	2.22	2.05	2.15	2.25	2.34
纺织、服装、皮毛行业 C1	1.39	1.83	1.84	1.76	1.60	1.43	1.38	1.44	1.57	1.42
木材、家具行业 C2	0.98	1.15	1.08	1.09	1.08	1.08	1.14	1.32	1.85	1.79
造纸、印刷行业 C3	0.90	0.96	0.89	0.80	0.76	0.73	0.74	0.84	0.94	1.05
石油、化学、塑胶、塑料行业 C4	1.24	1.57	1.69	1.47	1.39	1.30	1.19	1.28	1.38	1.37
计算机、通信和其他电子设备制造业 C5	2.54	2.73	2.24	1.95	1.98	1.85	1.72	1.60	1.59	1.76
金属、非金属行业 C6	1.32	1.57	1.63	1.52	1.46	1.41	1.18	1.16	1.35	1.46
机械、设备、仪表行业 C7	3.45	3.99	3.30	2.65	2.48	2.36	2.26	2.15	2.10	2.05
医药、生物制品行业 C8	1.66	1.67	1.55	1.42	1.42	1.28	1.17	1.13	1.11	1.11
其他制造业 C9	3.39	2.94	2.96	2.86	3.20	2.88	2.25	2.01	1.49	1.56
电力、热力、燃气及水生产和供应业 D	0.52	0.54	0.56	0.64	0.58	0.55	0.46	0.42	0.37	0.45
建筑行业 E	5.30	5.36	3.84	3.31	3.16	2.83	2.61	2.69	2.07	2.69
批发和零售行业 F	6.95	8.24	8.41	7.80	7.25	5.87	5.34	5.19	5.65	4.52
交通运输、仓储和邮政行业 G	0.74	0.89	0.91	0.88	0.84	0.75	0.71	0.79	0.84	0.85
信息传输、软件和信息技术服务业 I	0.79	0.88	1.02	1.08	1.18	1.11	1.19	1.21	1.23	1.33
房地产行业 K	1.07	1.11	0.91	0.97	1.03	0.81	0.94	1.19	1.22	1.30
社会服务业（H、L、M、N、O、Q）	1.88	2.20	2.02	1.72	1.77	1.51	1.77	1.63	1.59	2.13
传播与文化行业（P、R）	1.76	2.15	1.81	1.72	2.05	1.69	1.64	1.60	1.47	1.37
综合类行业 S	1.68	1.57	1.68	1.44	1.36	0.94	0.77	0.80	0.71	0.84
总计	1.63	1.92	2.00	1.94	1.79	1.63	1.43	1.46	1.41	1.65

表 4－5　　2009—2018 年实体经济上市公司行业层面投资活动资金周转率

行业＼年度	2009	2010	2011	2012	2013	2014	2015	2016	2017	2018
农、林、牧、渔行业 A	0.09	0.04	0.18	0.12	0.22	1.30	0.97	1.07	1.00	1.21
采矿业 B	0.14	0.17	0.12	0.15	0.15	0.18	0.20	0.24	0.25	0.28
食品、饮料行业 C0	0.10	0.08	0.10	0.17	0.43	0.48	0.44	0.39	0.51	0.58
纺织、服装、皮毛行业 C1	0.12	0.10	0.09	0.21	0.65	0.68	0.60	0.65	1.28	0.95
木材、家具行业 C2	0.05	0.02	0.03	0.11	0.24	0.57	0.79	0.71	0.89	1.60
造纸、印刷行业 C3	0.08	0.04	0.08	0.08	0.18	0.22	0.36	0.49	0.68	0.63
石油、化学、塑胶、塑料行业 C4	0.09	0.11	0.19	0.14	0.34	0.40	0.41	0.45	0.63	0.71

续表

行业＼年度	2009	2010	2011	2012	2013	2014	2015	2016	2017	2018
计算机、通信和其他电子设备制造业 C5	0.09	0.07	0.12	0.18	0.36	0.42	0.51	0.65	0.70	0.82
金属、非金属行业 C6	0.09	0.16	0.25	0.15	0.18	0.29	0.42	0.49	0.66	0.66
机械、设备、仪表行业 C7	0.14	0.16	0.14	0.13	0.23	0.27	0.41	0.69	0.57	0.62
医药、生物制品行业 C8	0.16	0.12	0.13	0.19	0.27	0.48	0.56	0.60	0.88	0.76
其他制造业 C9	0.07	0.11	0.15	0.13	0.22	0.55	0.87	1.51	2.53	0.64
电力、热力、燃气及水生产和供应业 D	0.12	0.14	0.13	0.08	0.13	0.18	0.18	0.22	0.34	0.29
建筑行业 E	0.05	0.08	0.08	0.09	0.11	0.14	0.13	0.15	0.13	0.09
批发和零售行业 F	0.09	0.09	0.12	0.10	0.26	0.40	0.54	0.80	1.02	0.73
交通运输、仓储和邮政行业 G	0.08	0.08	0.16	0.12	0.19	0.19	0.22	0.41	0.36	0.36
信息传输、软件和信息技术服务业 I	0.12	0.18	0.13	0.15	0.27	0.40	0.48	0.52	0.60	0.63
房地产行业 K	0.09	0.07	0.11	0.18	0.20	0.24	0.22	0.32	0.37	0.27
社会服务业（H、L、M、N、O、Q）	0.10	0.08	0.13	0.22	0.24	0.33	0.43	0.49	0.76	0.43
传播与文化行业（P、R）	0.08	0.11	0.22	0.21	0.42	0.32	0.38	0.34	0.75	0.83
综合类行业 S	0.20	0.26	0.19	0.31	0.41	0.37	0.55	0.41	0.56	0.34
总计	0.11	0.12	0.13	0.14	0.22	0.28	0.33	0.45	0.50	0.47

表 4-6　2009—2018 年实体经济上市公司行业层面总资产周转率

行业＼年度	2009	2010	2011	2012	2013	2014	2015	2016	2017	2018
农、林、牧、渔行业 A	0.54	0.57	0.64	0.64	0.58	0.50	0.67	0.69	0.65	0.59
采矿业 B	0.96	1.15	1.33	1.27	1.18	1.06	0.77	0.73	0.88	1.01
食品、饮料行业 C0	1.00	1.15	1.20	1.11	1.06	0.97	0.89	0.84	0.86	0.86
纺织、服装、皮毛行业 C1	0.65	0.79	0.84	0.82	0.76	0.68	0.64	0.64	0.73	0.60
木材、家具行业 C2	0.56	0.61	0.59	0.58	0.60	0.61	0.59	0.64	0.80	0.81
造纸、印刷行业 C3	0.56	0.60	0.56	0.53	0.53	0.49	0.48	0.51	0.58	0.59
石油、化学、塑胶、塑料行业 C4	0.73	0.92	1.01	0.90	0.88	0.80	0.70	0.69	0.80	0.78
计算机、通信和其他电子设备制造业 C5	0.91	0.95	0.84	0.75	0.80	0.77	0.72	0.69	0.68	0.75
金属、非金属行业 C6	0.82	1.01	1.02	0.90	0.88	0.80	0.65	0.65	0.79	0.83
机械、设备、仪表行业 C7	0.90	1.01	0.92	0.81	0.81	0.76	0.70	0.61	0.70	0.68
医药、生物制品行业 C8	0.75	0.73	0.70	0.67	0.68	0.64	0.59	0.56	0.57	0.58
其他制造业 C9	1.39	1.26	1.48	1.41	1.52	1.38	1.15	0.87	0.78	0.84
电力、热力、燃气及水生产和供应业 D	0.32	0.35	0.36	0.39	0.36	0.33	0.28	0.25	0.27	0.29

续表

行业＼年度	2009	2010	2011	2012	2013	2014	2015	2016	2017	2018
建筑行业 E	1.11	1.15	1.01	0.89	0.88	0.82	0.76	0.70	0.68	0.67
批发和零售行业 F	1.57	1.73	1.82	1.72	1.75	1.49	1.43	1.30	1.51	1.29
交通运输、仓储和邮政行业 G	0.40	0.48	0.48	0.48	0.46	0.44	0.40	0.41	0.44	0.45
信息传输、软件和信息技术服务业 I	0.45	0.45	0.50	0.54	0.58	0.55	0.51	0.50	0.50	0.54
房地产行业 K	0.29	0.28	0.25	0.27	0.27	0.26	0.26	0.28	0.24	0.23
社会服务业（H、L、M、N、O、Q）	0.48	0.57	0.64	0.62	0.67	0.59	0.58	0.60	0.68	0.83
传播与文化行业（P、R）	0.54	0.58	0.56	0.56	0.59	0.55	0.55	0.52	0.48	0.47
综合类行业 S	0.44	0.41	0.51	0.44	0.48	0.33	0.28	0.27	0.27	0.30
总计	0.77	0.88	0.91	0.86	0.82	0.75	0.63	0.60	0.65	0.65

（二）经营活动营运资金周转绩效分析

接下来，本章将从要素和渠道两个视角，利用表 4-1 构建的分析体系，采用 2009—2018 年 A 股非金融上市公司的数据，对整体层面、地区层面、行业层面的经营活动营运资金周转绩效进行分析。

1. 经营活动营运资金周转绩效（按渠道）

（1）整体层面。图 4-6 列示了 2009—2018 年实体经济上市公司整体层面的经营活动营运资金周转期（按渠道）。十年间，实体经济上市公司经营活动营运资金周转期（按渠道）均值为 31 天，其中，采购渠道营运资金周转期均值为 -46 天，生产渠道营运资金周转期均值为 37 天，营销渠道营运资金周转期均值为 40 天。整体上，采购渠道不占用营运资金，该渠道营运资金周转绩效较好，生产渠道和营销渠道营运资金周转绩效值得关注。

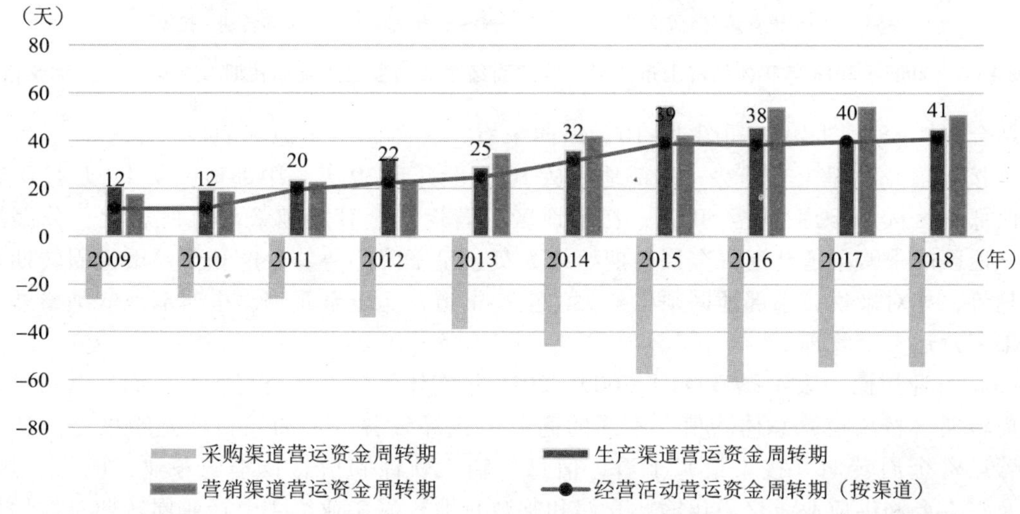

图 4-6 2009—2018 年实体经济上市公司整体层面经营活动营运资金周转期（按渠道）

图 4-6 显示，2009—2018 年，实体经济上市公司经营活动营运资金周转期（按渠道）呈上升趋势，从 2009 年的 12 天上升至 2018 年的 41 天，管理绩效呈恶化趋势。分渠道来

看，采购渠道营运资金周转期始终为负且呈下降趋势，从－26天下降至－54天，说明采购渠道营运资金管理绩效较好。但是，生产渠道和营销渠道营运资金周转期始终为正，生产渠道营运资金周转期从21天上升至45天，营销渠道营运资金周转期从17天上升至50天，说明这两个渠道营运资金管理绩效有所下降，须加快资金周转效率。

（2）地区层面。图4－7列示了2009—2018年实体经济上市公司地区层面经营活动营运资金周转期（按渠道）总体均值。其中，东部地区经营活动营运资金周转期（按渠道）总体均值最短，为29天，中部地区为38天，西部地区最长，为41天。从采购渠道经营活动营运资金周转期来看，三个地区均为负值，西部地区总体均值低至－52天，东部地区为－46天，中部地区为－40天；从生产渠道经营活动营运资金周转期来看，中部地区最短，总体均值为13天，西部地区为36天，东部地区为41天；从营销渠道经营活动营运资金周转期来看，东部地区最短，总体均值为35天，西部地区为57天，中部地区为64天。总体来看，三个地区在营运资金管理的渠道管理上各有优势，从全渠道来看，东部地区略胜一筹。

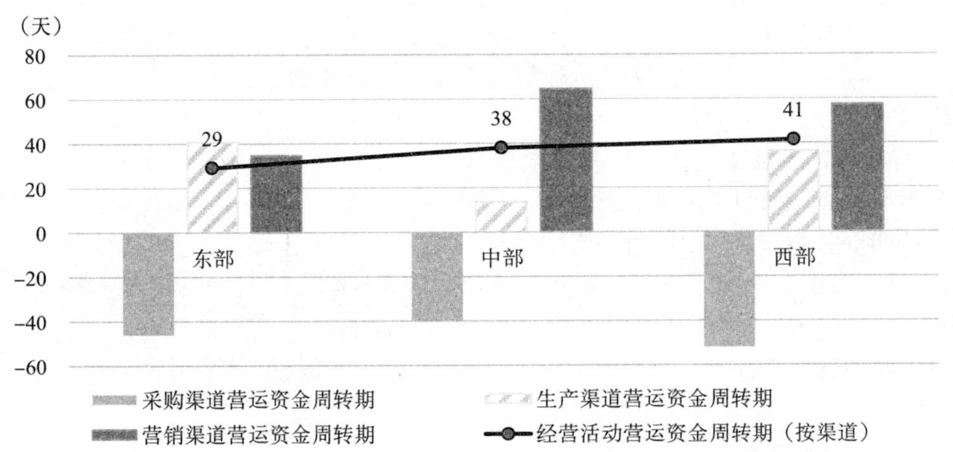

图4－7 2009—2018年实体经济上市公司地区层面经营活动营运资金周转期（按渠道）总体均值

结合图4－8、图4－9和图4－10，纵向来看，十年间三个地区的经营活动营运资金周转期（按渠道）均呈上升趋势，东部地区从10天上升到39天，中部地区从11天上升至48天，西部地区从28天上升至50天，三个地区的营运资金管理绩效均有所恶化。分渠道来看，三地区的采购渠道营运资金周转期始终为负且呈下降趋势，生产和营销渠道周转期均呈上升趋势，相对来说，东部地区须格外关注生产渠道营运资金管理，中西部地区须格外关注营销渠道营运资金管理。

（3）行业层面。表4－7列示了2009—2018年实体经济上市公司行业层面经营活动营运资金周转期（按渠道）总体均值，不同的商业模式导致各行业的周转期差距极大。从经营活动营运资金周转期（按渠道）上看，信息传输、软件和信息技术服务业，电力、热力、燃气及水生产和供应业，交通运输、仓储和邮政行业，采矿业等4个行业周转期总体均值为负，营运资金管理绩效较好；纺织、服装、皮毛行业，农、林、牧、渔行业，其他制造业，综合类行业周转期总体均值在100—200天，房地产行业经营活动营运资金周转期（按渠道）总体均值高达425天，管理绩效有待提高。

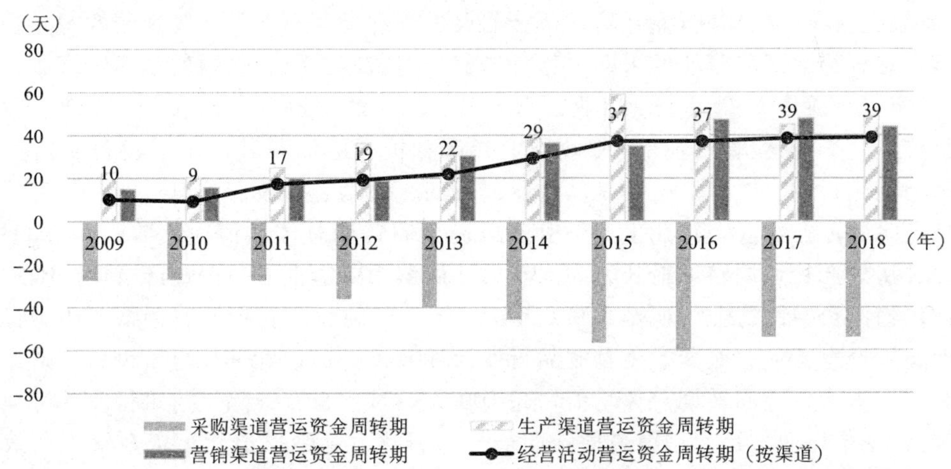

图 4-8　2009—2018 年实体经济上市公司东部地区经营活动营运资金周转期（按渠道）

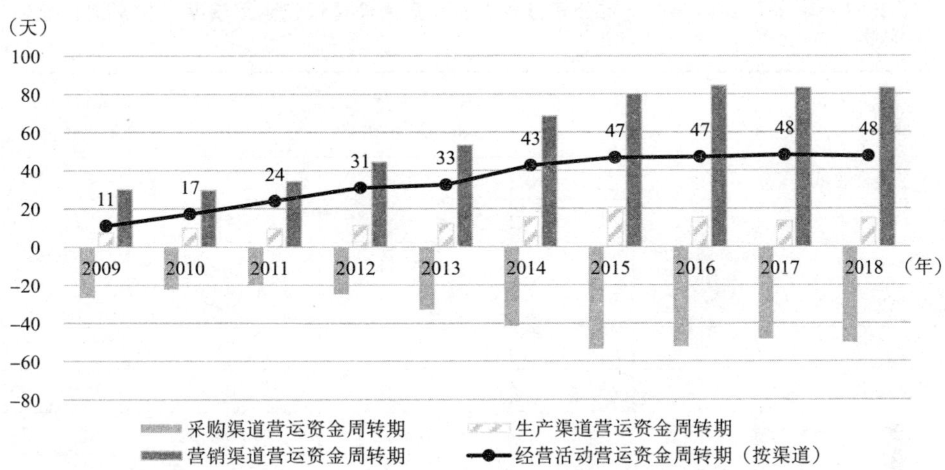

图 4-9　2009—2018 年实体经济上市公司中部地区经营活动营运资金周转期（按渠道）

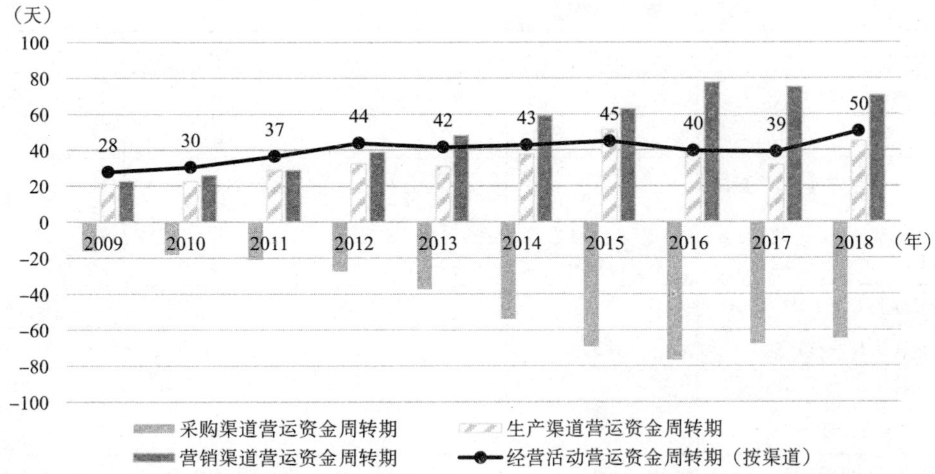

图4-10　2009—2018 年实体经济上市公司西部地区经营活动营运资金周转期（按渠道）

分渠道的数据说明，各行业在营运资金的渠道管理上各有所长，管理绩效差异悬殊。从采购渠道上看，绝大部分行业的采购渠道营运资金周转期为负，最短的是建筑行业，总体均值低至 -103 天，最长的是其他制造业，为 4 天。从生产渠道上看，电力、热力、燃气及水生产和供应业，交通运输、仓储和邮政行业，计算机、通信和其他电子设备制造业，采矿业，传播与文化行业，医药、生物制品行业，石油、化学、塑胶、塑料行业，信息传输、软件和信息技术服务业等 8 个行业生产渠道营运资金周转期总体均值为负数，其余 11 个行业均为正数，房地产行业周转期最长，为 636 天。从营销渠道上看，房地产行业是唯一一个周转期总体均值为负数的行业，低至 -172 天，纺织、服装、皮毛行业，造纸、印刷行业，其他制造业，综合类行业，医药、生物制品行业，计算机、通信和其他电子设备制造业等 6 个行业营销渠道营运资金周转期总体均值均超 100 天。对比来看，除了建筑行业和房地产行业之外，其余 19 个行业均是营销渠道周转期最长，因此，营销渠道营运资金管理绩效是大部分行业需要关注的重点。

表 4-7　2009—2018 年实体经济上市公司行业层面经营活动营运资金周转期（按渠道）总体均值

单位：天

行业	采购渠道营运资金周转期	生产渠道营运资金周转期	营销渠道营运资金周转期	经营活动营运资金周转期（按渠道）
农、林、牧、渔行业 A	0	25	79	104
采矿业 B	-23	-7	16	-14
食品、饮料行业 C0	0	8	21	29
纺织、服装、皮毛行业 C1	-11	9	105	103
木材、家具行业 C2	-18	17	78	77
造纸、印刷行业 C3	-27	11	106	90
石油、化学、塑胶、塑料行业 C4	-29	-2	65	34
计算机、通信和其他电子设备制造业 C5	-62	-8	129	59
金属、非金属行业 C6	-27	15	42	30
机械、设备、仪表行业 C7	-76	8	98	30
医药、生物制品行业 C8	-18	-6	118	94
其他制造业 C9	4	3	109	116
电力、热力、燃气及水生产和供应业 D	-39	-22	12	-48
建筑行业 E	-103	72	53	22
批发和零售行业 F	-19	11	-3	15
交通运输、仓储和邮政行业 G	-33	-11	7	-37
信息传输、软件和信息技术服务业 I	-97	-2	26	-73
房地产行业 K	-38	636	-172	425

续表

行业	采购渠道营运资金周转期	生产渠道营运资金周转期	营销渠道营运资金周转期	经营活动营运资金周转期（按渠道）
社会服务业（H、L、M、N、O、Q）	-31	16	51	36
传播与文化行业（P、R）	-44	-6	84	34
综合类行业 S	-54	110	114	170
总计	-46	37	40	31

表4-8、表4-9、表4-10和表4-11分别列示了各行业各年度的分渠道营运资金周转期，纵向对比发现，除医药、生物制品行业，其他制造业，交通运输、仓储和邮政行业，信息传输、软件和信息技术服务业，传播与文化行业5个行业以外，其余16个行业的采购渠道营运资金周转期均呈下降趋势；11个行业生产渠道营运资金周转期呈下降趋势，10个行业生产渠道营运资金周转期呈上升趋势；仅有木材、家具行业和房地产行业的营销渠道营运资金周转期呈下降趋势，剩余19个行业均呈上升趋势。总体来看，农、林、牧、渔行业，采矿业，木材、家具行业，电力、热力、燃气及水生产和供应业，房地产行业5个行业经营活动营运资金周转期（按渠道）呈下降趋势，剩余16个行业营运资金管理绩效均呈下降趋势。综上，大部分行业采购渠道营运资金管理绩效有所提升，营销渠道营运资金管理绩效有所下降，致使营运资金周转期有所拉长，这些行业须关注营销渠道的管理绩效。

表4-8　2009—2018年实体经济上市公司行业层面采购渠道营运资金周转期　单位：天

行业＼年度	2009	2010	2011	2012	2013	2014	2015	2016	2017	2018
农、林、牧、渔行业 A	51	62	21	12	11	-4	-6	-11	-11	-11
采矿业 B	-17	-16	-16	-18	-22	-24	-31	-31	-30	-26
食品、饮料行业 C0	4	5	8	5	3	2	0	-4	-4	-6
纺织、服装、皮毛行业 C1	2	4	7	7	3	-11	-19	-24	-22	-19
木材、家具行业 C2	0	-1	-5	-15	18	-17	-22	-21	-20	-22
造纸、印刷行业 C3	-14	-13	-11	-24	-23	-32	-38	-37	-22	-33
石油、化学、塑胶、塑料行业 C4	-12	-12	-10	-12	-18	-31	-42	-49	-33	-33
计算机、通信和其他电子设备制造业 C5	-59	-50	-54	-60	-59	-58	-64	-65	-64	-65
金属、非金属行业 C6	-10	-5	1	-13	-22	-33	-51	-50	-37	-36
机械、设备、仪表行业 C7	-46	-50	-56	-62	-66	-74	-84	-89	-88	-89
医药、生物制品行业 C8	-20	-14	-12	-14	-18	-21	-23	-19	-17	-18
其他制造业 C9	-9	2	1	3	3	3	4	3	2	12
电力、热力、燃气及水生产和供应业 D	-19	-29	-26	-18	-32	-42	-48	-51	-47	-43
建筑行业 E	-49	-56	-68	-79	-83	-94	-109	-124	-135	-136
批发和零售行业 F	-16	-15	-14	-18	-17	-20	-21	-20	-19	-21
交通运输、仓储和邮政行业 G	-48	-32	-31	-35	-35	-31	-31	-38	-31	-30

续表

行业 \ 年度	2009	2010	2011	2012	2013	2014	2015	2016	2017	2018
信息传输、软件和信息技术服务业 I	-139	-140	-110	-98	-85	-96	-109	-107	-88	-74
房地产行业 K	51	62	50	-33	-48	-59	-81	-73	-23	-39
社会服务业（H、L、M、N、O、Q）	-24	-19	-19	-29	-34	-33	-29	-27	-37	-31
传播与文化行业（P、R）	-59	-51	-42	-40	-44	-43	-39	-44	-47	-44
综合类行业 S	-49	-41	-27	-41	-43	-71	-79	-65	-63	-54
总计	-26	-26	-26	-34	-39	-46	-57	-61	-55	-54

表 4-9　2009—2018 年实体经济上市公司行业层面少年生产渠道营运资金周转期　单位：天

行业 \ 年度	2009	2010	2011	2012	2013	2014	2015	2016	2017	2018
农、林、牧、渔行业 A	10	14	12	24	28	40	30	22	20	31
采矿业 B	-7	-6	-5	-5	-5	-6	-10	-10	-8	-8
食品、饮料行业 C0	7	6	4	3	6	11	13	12	8	8
纺织、服装、皮毛行业 C1	18	12	12	9	8	13	9	7	2	9
木材、家具行业 C2	30	32	32	29	27	30	26	22	8	2
造纸、印刷行业 C3	0	3	-8	13	22	24	17	14	6	11
石油、化学、塑胶、塑料行业 C4	-5	-2	-1	-2	-3	-2	-1	-3	-1	-1
计算机、通信和其他电子设备制造业 C5	-2	-4	-5	-5	-6	-8	-8	-6	-9	-12
金属、非金属行业 C6	10	11	22	14	13	14	18	15	14	15
机械、设备、仪表行业 C7	16	11	11	12	9	7	12	4	3	6
医药、生物制品行业 C8	0	-3	-5	-4	-7	-6	-2	-5	-8	-9
其他制造业 C9	-11	-3	1	8	11	5	0	-2	5	4
电力、热力、燃气及水生产和供应业 D	-24	-21	-16	-17	-14	-16	-16	-29	-31	-27
建筑行业 E	46	36	46	96	55	76	118	69	73	65
批发和零售行业 F	11	11	10	5	8	14	15	14	9	12
交通运输、仓储和邮政行业 G	-24	-15	-16	-15	-16	-4	-4	-9	-7	-10
信息传输、软件和信息技术服务业 I	3	-6	-5	-1	0	1	1	3	-1	-8
房地产行业 K	498	543	681	690	662	686	664	588	594	673
社会服务业（H、L、M、N、O、Q）	50	42	51	58	39	39	28	22	3	-4
传播与文化行业（P、R）	7	-2	-1	1	5	1	-11	-14	-11	-5
综合类行业 S	113	129	74	105	95	144	139	115	125	76
总计	21	19	23	33	29	36	54	46	40	45

表 4－10 2009—2018 年实体经济上市公司行业层面营销渠道营运资金周转期 单位：天

行业＼年度	2009	2010	2011	2012	2013	2014	2015	2016	2017	2018
农、林、牧、渔行业 A	72	57	69	67	71	93	73	90	90	77
采矿业 B	9	6	9	13	18	21	25	23	19	16
食品、饮料行业 C0	13	6	2	3	10	24	34	31	27	30
纺织、服装、皮毛行业 C1	61	47	58	72	84	116	131	130	125	129
木材、家具行业 C2	71	63	73	88	99	109	100	83	64	70
造纸、印刷行业 C3	77	71	92	109	110	118	120	117	105	108
石油、化学、塑胶、塑料行业 C4	45	39	42	52	59	67	74	81	72	74
计算机、通信和其他电子设备制造业 C5	105	98	107	120	127	133	138	136	138	131
金属、非金属行业 C6	24	22	30	37	39	44	53	51	49	52
机械、设备、仪表行业 C7	36	44	56	75	87	98	107	117	122	126
医药、生物制品行业 C8	82	82	91	95	99	112	117	123	133	146
其他制造业 C9	53	65	79	73	59	72	97	131	149	149
电力、热力、燃气及水生产和供应业 D	21	24	26	11	5	4	－3	－4	12	30
建筑行业 E	11	30	41	7	54	51	22	81	83	81
批发和零售行业 F	4	4	8	11	15	19	21	26	32	40
交通运输、仓储和邮政行业 G	0	－1	1	7	12	15	4	9	3	12
信息传输、软件和信息技术服务业 I	－17	－19	－35	－30	－22	7	24	39	64	78
房地产行业 K	－111	－185	－245	－207	－179	－141	－118	－118	－155	－251
社会服务业（H、L、M、N、O、Q）	－25	4	－1	9	26	42	45	53	70	65
传播与文化行业（P、R）	47	46	50	59	62	68	74	82	106	113
综合类行业 S	41	56	63	60	60	122	160	184	190	132
总计	17	18	22	23	34	42	42	54	54	50

表 4－11 2009—2018 年实体经济上市公司行业层面经营活动营运资金周转期（按渠道） 单位：天

行业＼年度	2009	2010	2011	2012	2013	2014	2015	2016	2017	2018
农、林、牧、渔行业 A	133	133	102	103	110	129	96	100	99	97
采矿业 B	－14	－16	－12	－9	－9	－10	－16	－18	－19	－19
食品、饮料行业 C0	23	17	13	11	19	37	46	38	31	32
纺织、服装、皮毛行业 C1	82	63	77	88	96	118	120	113	105	119
木材、家具行业 C2	100	94	100	103	107	122	104	84	51	49
造纸、印刷行业 C3	63	61	73	98	108	110	99	95	89	86
石油、化学、塑胶、塑料行业 C4	29	25	31	38	37	34	30	29	37	40
计算机、通信和其他电子设备制造业 C5	44	45	47	55	61	67	66	65	66	54
金属、非金属行业 C6	25	28	53	38	30	25	20	16	26	31

续表

行业 \ 年度	2009	2010	2011	2012	2013	2014	2015	2016	2017	2018
机械、设备、仪表行业 C7	7	5	11	26	30	32	36	33	38	42
医药、生物制品行业 C8	62	66	75	77	75	85	92	98	108	120
其他制造业 C9	32	63	81	83	73	79	101	132	156	166
电力、热力、燃气及水生产和供应业 D	-22	-26	-16	-24	-41	-54	-67	-84	-66	-40
建筑行业 E	7	11	19	24	26	33	31	27	21	10
批发和零售行业 F	-1	1	4	-1	6	13	15	20	22	31
交通运输、仓储和邮政行业 G	-72	-48	-46	-42	-38	-19	-31	-38	-35	-28
信息传输、软件和信息技术服务业 I	-153	-165	-150	-129	-108	-88	-84	-64	-25	-3
房地产行业 K	438	421	486	450	435	487	465	398	416	382
社会服务业（H、L、M、N、O、Q）	0	26	31	38	30	47	44	48	36	29
传播与文化行业（P、R）	-5	-7	7	20	23	26	24	24	48	64
综合类行业 S	105	144	110	124	113	195	221	234	252	155
总计	12	12	20	22	25	32	39	38	40	41

2. 经营活动营运资金周转绩效（按要素）

（1）整体层面。图 4－11 列示了 2009—2018 年实体经济上市公司整体层面的经营活动营运资金周转期（按要素）。十年间，实体经济上市公司经营活动营运资金周转期（按要素）均值为 69 天，其中，存货周转期均值为 94 天，应收账款周转期均值为 50 天，应付账款周转期均值为 74 天，存货周转绩效值得关注。

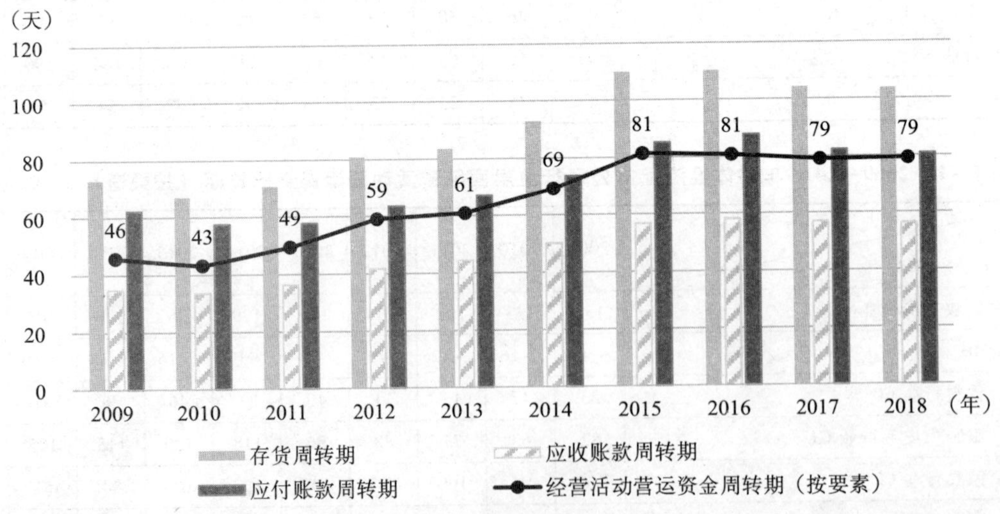

图 4－11 2009—2018 年实体经济上市公司整体层面经营活动营运资金周转期（按要素）

图 4－11 显示，2009—2018 年，实体经济上市公司经营活动营运资金周转期（按要素）呈上升趋势，从 2009 年的 46 天上升至 2018 年的 79 天，管理绩效呈恶化趋势。分要素来

看：存货周转期呈上升趋势，从73天上升至104天，说明存货管理绩效下降；应收账款周转期同呈上升趋势，从35天上升至56天，管理绩效也呈下降趋势；但是，应付账款周转期从62天上升至81天，应付账款管理绩效有所改善。可见，存货和应收账款是未来一段时间营运资金要素管理的重点。

（2）地区层面。图4-12列示了2009—2018年实体经济上市公司地区层面经营活动营运资金周转期（按要素）总体均值。其中，中部地区经营活动营运资金周转期（按要素）总体均值最短，为57天，东部地区为69天，西部地区最长，为83天。从存货周转期总体均值来看，中部地区最短，为71天，东部地区为95天，西部地区为106天；从应收账款周转期总体均值来看，东部地区最短，为47天，中部地区为59天，西部地区为65天；从应付账款周转期总体均值来看，西部地区最长，为89天；中部地区为74天，东部地区为73天。总体来看，三个地区在分要素管理上各有所长，中部地区综合管理能力较好。

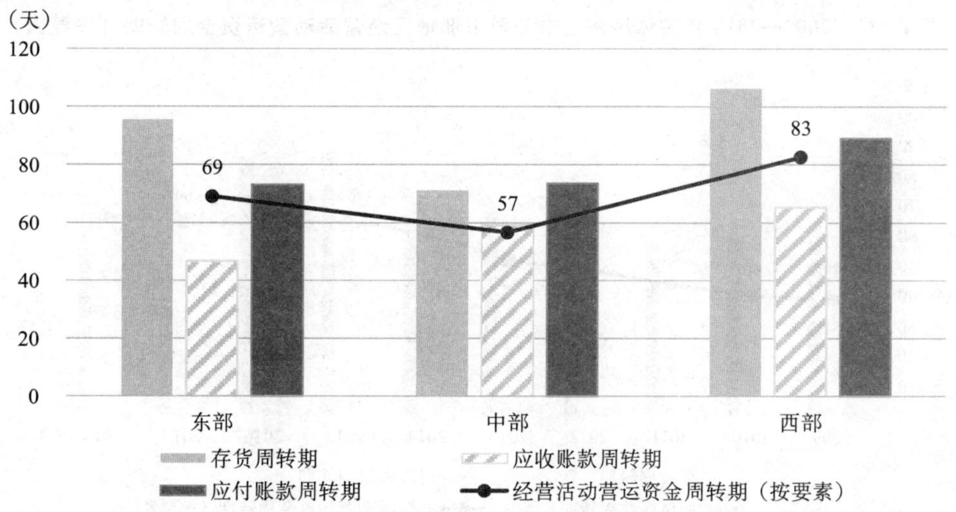

图4-12　2009—2018年实体经济上市公司地区层面经营活动营运资金周转期（按要素）总体均值

图4-13、图4-14和图4-15列示了各地区分年度、分要素营运资金周转期，纵向对比发现，三大地区的经营活动营运资金周转期（按要素）均呈上升趋势，东部地区从2009年的44天上升至2018年的79天，中部地区从38天上升到67天，西部地区从79天上升至97天。分要素来看，三地区的存货周转期和应收账款均呈上升趋势，管理绩效下降；三地区的应付账款周转期也均呈上升趋势，管理绩效上升。另外，三大地区存货周转期均长于应收账款周转期，须格外关注存货管理。

（3）行业层面。表4-12列示了2009—2018年实体经济上市公司行业层面经营活动营运资金周转期（按要素），不同的商业模式导致各行业的周转期差距极大。从经营活动营运资金周转期（按要素）上看，信息传输、软件和信息技术服务业，交通运输、仓储和邮政业2个行业周转期为负，分别为-19天和-3天，营运资金管理绩效较好；农、林、牧、渔行业，医药、生物制品行业，其他制造业，综合类行业等4个行业周转期在100—250天，房地产业经营活动营运资金周转期（按要素）高达732天，管理绩效有待提高。

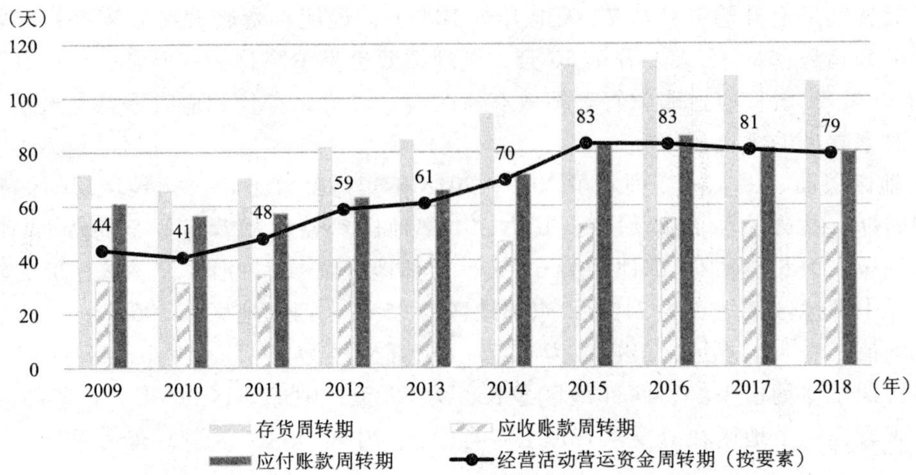

图 4－13　2009—2018 年实体经济上市公司东部地区经营活动营运资金周转期（按要素）

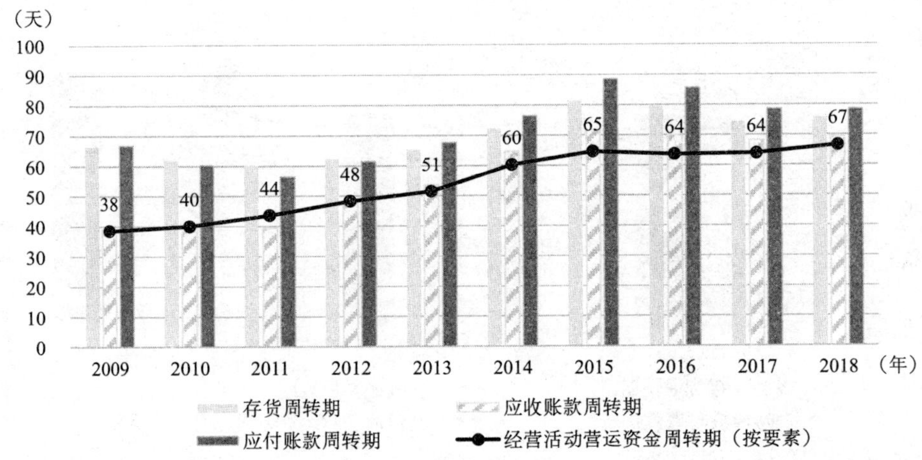

图 4－14　2009—2018 年实体经济上市公司中部地区经营活动营运资金周转期（按要素）

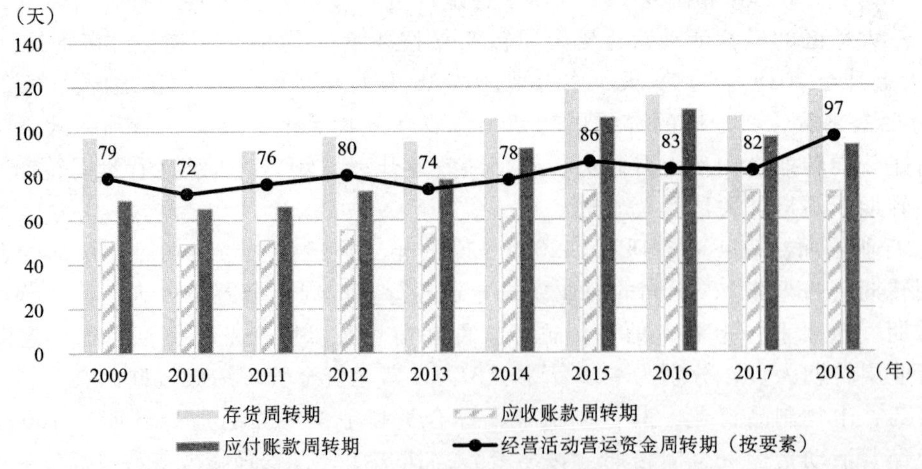

图 4－15　2009—2018 年实体经济上市公司西部地区经营活动营运资金周转期（按要素）

从存货周转期上看，交通运输、仓储和邮政业周转期最短，为19天，其他制造业，纺织、服装、皮毛行业，农、林、牧、渔行业，建筑行业，综合类行业等5个行业存货周转期在100—250天，房地产行业周转期最长，为836天。从应收账款周转期上看，房地产行业周转期最短，仅有18天，机械、设备、仪表行业最长，为100天。从应付账款周转期上看，机械、设备、仪表行业，信息传输、软件和信息技术服务业，房地产行业，建筑行业的周转期均超过100天，其他制造业周转期最短，仅有25天。分要素的数据说明，各行业在营运资金的要素管理上各有所长，管理绩效差异较为悬殊。

表4-12 2009—2018年实体经济上市公司行业层面经营活动营运资金周转期（按渠道） 单位：天

行业	存货周转期	应收账款周转期	应付账款周转期	经营活动营运资金周转期（按要素）
农、林、牧、渔行业 A	119	26	36	109
采矿业 B	29	19	39	9
食品、饮料行业 C0	69	20	27	61
纺织、服装、皮毛行业 C1	106	46	54	98
木材、家具行业 C2	86	47	56	77
造纸、印刷行业 C3	77	84	70	91
石油、化学、塑胶、塑料行业 C4	48	50	61	37
计算机、通信和其他电子设备制造业 C5	59	95	85	70
金属、非金属行业 C6	67	39	65	41
机械、设备、仪表行业 C7	68	100	106	63
医药、生物制品行业 C8	75	84	47	112
其他制造业 C9	102	39	25	116
电力、热力、燃气及水生产和供应业 D	25	47	63	9
建筑行业 E	131	71	131	70
批发和零售行业 F	52	26	52	26
交通运输、仓储和邮政行业 G	19	26	48	-3
信息传输、软件和信息技术服务业 I	29	64	112	-19
房地产行业 K	836	18	123	732
社会服务业（H、L、M、N、O、Q）	65	50	53	62
传播与文化行业（P、R）	58	62	75	46
综合类行业 S	244	68	84	228
总计	94	50	74	69

表4-13、表4-14、表4-15和表4-16列示了各行业分年度分要素营运资金周转期，纵向对比发现，除纺织、服装、皮毛行业，医药、生物制品行业，其他制造业，建筑行业，批发和零售行业，交通运输、仓储和邮政行业，信息传输、软件和信息技术服务业，房地产行业，综合类行业9个行业以外，其余12个行业的存货周转期均呈下降趋势；农、林、牧、渔行业，木材、家具行业，交通运输、仓储和邮政业3个行业应收账款周转期呈下降趋势，

其余18个行业应收账款周转期呈上升趋势；10个行业应付账款周转期呈下降趋势，11个行业均呈上升趋势。总体来看，农、林、牧、渔行业，采矿业，食品、饮料行业，木材、家具行业，造纸、印刷行业，电力、热力、燃气及水生产和供应业，社会服务业等7个行业经营活动营运资金周转期（按要素）呈下降趋势，剩余14个行业营运资金管理绩效均呈下降趋势。综上，大部分行业存货管理绩效有所提升，应收账款管理绩效有所下降，亟待加强应收账款管理。

表4-13　2009—2018年实体经济上市公司行业层面存货周转期　单位：天

行业＼年度	2009	2010	2011	2012	2013	2014	2015	2016	2017	2018
农、林、牧、渔行业A	161	158	139	138	145	155	108	96	97	110
采矿业B	33	29	27	29	30	29	32	31	28	25
食品、饮料行业C0	76	62	58	61	64	73	77	75	70	69
纺织、服装、皮毛行业C1	108	92	92	92	95	116	120	112	98	119
木材、家具行业C2	118	113	119	114	107	114	109	88	64	61
造纸、印刷行业C3	83	69	79	93	89	95	91	75	63	63
石油、化学、塑胶、塑料行业C4	54	45	43	47	47	49	51	55	44	46
计算机、通信和其他电子设备制造业C5	63	56	59	64	61	60	61	60	60	57
金属、非金属行业C6	73	63	65	68	66	68	76	70	63	62
机械、设备、仪表行业C7	75	63	67	72	67	70	73	68	66	67
医药、生物制品行业C8	69	67	68	68	69	74	78	77	75	84
其他制造业C9	81	101	101	101	87	85	86	97	114	133
电力、热力、燃气及水生产和供应业D	28	24	26	30	23	23	28	27	24	24
建筑行业E	72	76	95	126	131	140	147	153	154	127
批发和零售行业F	50	47	46	44	48	58	57	57	46	57
交通运输、仓储和邮政行业G	15	12	14	15	15	22	24	26	21	19
信息传输、软件和信息技术服务业I	21	23	25	26	24	29	30	31	34	33
房地产行业K	724	738	899	882	852	901	855	756	841	858
社会服务业（H、L、M、N、O、Q）	128	102	106	114	97	113	88	78	41	36
传播与文化行业（P、R）	86	63	60	58	58	62	49	48	59	64
综合类行业S	196	231	186	229	205	324	334	277	250	202
总计	73	67	71	81	83	93	110	110	104	104

表4-14　2009—2018年实体经济上市公司行业层面应收账款周转期　单位：天

行业＼年度	2009	2010	2011	2012	2013	2014	2015	2016	2017	2018
农、林、牧、渔行业A	33	30	26	31	32	37	22	22	24	22
采矿业B	13	14	15	17	18	21	27	25	22	19
食品、饮料行业C0	18	16	16	16	16	18	23	24	21	22
纺织、服装、皮毛行业C1	39	32	32	39	43	48	50	50	49	52
木材、家具行业C2	45	47	51	57	52	53	57	51	38	43

续表

行业 \ 年度	2009	2010	2011	2012	2013	2014	2015	2016	2017	2018
造纸、印刷行业 C3	69	72	78	83	88	93	94	93	81	77
石油、化学、塑胶、塑料行业 C4	39	35	37	43	46	50	55	61	54	53
计算机、通信和其他电子设备制造业 C5	77	74	85	97	97	99	100	99	99	97
金属、非金属行业 C6	29	26	29	36	38	41	49	46	44	45
机械、设备、仪表行业 C7	71	68	78	92	97	106	112	111	108	105
医药、生物制品行业 C8	66	66	70	74	78	82	86	88	90	95
其他制造业 C9	19	19	17	19	18	26	37	43	56	61
电力、热力、燃气及水生产和供应业 D	43	40	40	44	44	46	47	48	49	54
建筑行业 E	53	50	57	63	64	71	76	80	82	75
批发和零售行业 F	16	15	16	19	20	24	25	26	31	39
交通运输、仓储和邮政行业 G	25	21	23	26	27	25	25	34	26	24
信息传输、软件和信息技术服务业 I	37	37	41	45	48	59	64	71	80	81
房地产行业 K	16	14	13	13	15	17	18	16	20	25
社会服务业（H、L、M、N、O、Q）	37	39	33	38	39	50	56	53	59	49
传播与文化行业（P、R）	58	45	41	46	51	55	61	64	72	76
综合类行业 S	57	58	48	55	50	61	71	85	90	85
总计	35	34	36	42	44	50	57	58	57	56

表 4-15　2009—2018 年实体经济上市公司行业层面应付账款周转期　单位：天

行业 \ 年度	2009	2010	2011	2012	2013	2014	2015	2016	2017	2018
农、林、牧、渔行业 A	27	28	27	30	35	45	35	37	38	39
采矿业 B	37	35	32	35	39	40	48	47	43	38
食品、饮料行业 C0	30	24	23	25	26	28	28	29	29	29
纺织、服装、皮毛行业 C1	57	47	42	41	44	57	62	62	56	58
木材、家具行业 C2	71	64	64	68	66	63	63	55	47	50
造纸、印刷行业 C3	74	61	73	75	71	80	81	72	61	65
石油、化学、塑胶、塑料行业 C4	58	49	46	51	54	63	74	79	60	62
计算机、通信和其他电子设备制造业 C5	84	74	79	85	82	81	86	87	87	88
金属、非金属行业 C6	60	49	47	54	60	71	90	85	67	63
机械、设备、仪表行业 C7	88	83	91	97	98	105	113	115	113	114
医药、生物制品行业 C8	50	45	45	48	49	51	51	47	45	46
其他制造业 C9	33	28	22	21	19	21	22	28	30	28
电力、热力、燃气及水生产和供应业 D	56	58	55	48	56	65	70	75	67	64
建筑行业 E	85	88	101	113	115	124	137	150	157	157

续表

行业 \ 年度	2009	2010	2011	2012	2013	2014	2015	2016	2017	2018
批发和零售行业 F	50	47	46	51	49	54	55	55	50	54
交通运输、仓储和邮政行业 G	65	48	49	52	53	48	45	51	41	40
信息传输、软件和信息技术服务业 I	152	153	124	112	101	108	122	120	104	89
房地产行业 K	78	71	87	101	110	122	133	123	137	139
社会服务业（H、L、M、N、O、Q）	62	58	51	55	59	63	60	55	54	47
传播与文化行业（P、R）	84	73	74	75	76	74	68	72	76	79
综合类行业 S	87	75	63	75	69	93	102	93	89	84
总计	62	58	58	64	67	74	85	88	82	81

表 4-16 2009—2018 年实体经济上市公司行业层面经营活动营运资金周转期（按要素） 单位：天

行业 \ 年度	2009	2010	2011	2012	2013	2014	2015	2016	2017	2018
农、林、牧、渔行业 A	167	160	138	140	143	146	96	81	83	93
采矿业 B	9	8	9	11	10	10	10	9	7	6
食品、饮料行业 C0	64	54	51	53	53	64	72	69	63	62
纺织、服装、皮毛行业 C1	91	77	82	89	94	107	108	101	91	113
木材、家具行业 C2	93	95	107	102	93	104	103	83	55	54
造纸、印刷行业 C3	77	80	84	101	105	108	104	96	84	76
石油、化学、塑胶、塑料行业 C4	35	31	34	40	39	36	32	37	38	38
计算机、通信和其他电子设备制造业 C5	56	55	66	77	76	78	74	72	71	65
金属、非金属行业 C6	42	41	47	50	43	38	35	31	39	44
机械、设备、仪表行业 C7	58	48	55	67	67	71	72	64	61	58
医药、生物制品行业 C8	85	87	93	94	98	105	114	118	121	133
其他制造业 C9	68	91	96	99	87	90	101	113	140	165
电力、热力、燃气及水生产和供应业 D	15	6	11	27	11	4	4	0	5	14
建筑行业 E	40	39	51	77	80	88	87	83	79	45
批发和零售行业 F	15	15	15	12	19	28	26	29	28	42
交通运输、仓储和邮政行业 G	-25	-15	-12	-11	-11	-1	4	8	5	3
信息传输、软件和信息技术服务业 I	-94	-93	-58	-41	-29	-20	-28	-18	9	26
房地产行业 K	662	681	824	794	757	796	740	649	725	744
社会服务业（H、L、M、N、O、Q）	102	83	89	97	77	100	84	75	46	38
传播与文化行业（P、R）	60	34	27	29	33	44	43	41	55	61
综合类行业 S	166	214	171	209	185	291	303	269	251	202
总计	46	43	49	59	61	69	81	81	79	79

第三节 资本回报效率分析与评价

一、传统资本回报效率分析体系及其缺陷分析

传统财务分析体系采用一段时间内的投入产出比来评价资本回报率，虽在具体界定上有所差异，但也形成了系列主流评价指标，主要有总资产回报率（息税前利润/总资产平均余额，其中，息税前利润 = 利润总额 + 财务费用）、净资产回报率（息税前利润/净资产平均余额）、经营活动资产回报率、投资活动资产回报率等。

但是，与传统资本周转效率分析体系一样，传统资本回报效率也产生于资本运用方式单一、资本市场不够发达的时代，这种落后的分析体系与现今企业所处的环境早已格格不入，存在资产、资金、资本的概念混淆、营业观念和经济活动分类不当、指标口径不统一等缺陷。

资本回报率是指一段时间内企业获得的归属于投资者（股东和金融债权人）的收益与企业所运用的投资者投入资本之比。企业的资本回报效率是金融性债权人是否愿意为企业提供贷款所关注的首要指标，其同时也是股东评价企业经营管理业绩的重要指标，因此，与之相关的投入产出指标均应立足于金融性债权人和股东的角度。然而，传统财务分析体系以总资产回报率作为衡量整体资金运用效率的指标，这夸大了资金的投入，以净资产回报率作为衡量指标则少计了金融债权人的投入，两个指标均存在投入产出口径不统一的问题。

而且，随着资本经营的发展，投资活动逐渐成为企业价值创造的方式之一，但是传统指标在计算资金回报时，往往只是将利润总额加回财务费用，既未将投资收益中所包含的属于税后口径的联营、合营企业投资收益调整为税前口径，也没有将在财务费用中被减掉的利息收入加回到资金回报之中，这些因素的共同作用势必会造成总资金回报率被严重低估，使金融资本注入实体经济的积极性遭受打击。另外，在分别评价经营活动和投资活动的资本回报效率时，相关科目的缺失或划分错误，同样会影响分类评价的合理性。

二、资本回报效率分析体系的重构

在对资本、资金等进行重新界定和科学分类的基础上，本节重新构建资金回报率和财务风险分析指标，并按资金口径的不同分别设计总资金回报率、经营活动资金回报率和投资活动资金回报率等指标对资金回报率进行分析。创新的总资金回报率除在分母中使用总资金平均余额替代总资产平均余额外，还需要在计算息税前利润时调整加回利息收入以及联营企业和合营企业收益税前、税后口径的差异，并按运用资金直接创造价值（经营活动）和运用资金间接创造价值（投资活动）的分类标准将总资金、息税前利润分为经营活动和投资活动两部分，进而分别对经营活动资金效率和投资活动资金效率进行分析评价。创新的资本回报效率分析体系及其与传统分析指标的对比如表 4－17 所示。

表 4-17 创新的资本回报效率分析体系及其与传统分析指标的对比

传统分析指标名称	传统分析指标计算方法	创新分析指标名称	创新分析指标计算方法
总资产回报率	息税前利润/总资产平均余额 其中，息税前利润 = 利润总额 + 财务费用	总资金回报率	息税前利润/总资金平均余额 其中，息税前利润 = 利润总额 + 财务费用 + 财务费用附注中的利息收入① + 对联营企业和合营企业的投资收益 × [所得税率/(1 - 所得税率)]② 总资金 = 总资产 - 营业性负债
经营活动资产回报率③	经营活动息税前利润/经营活动资产平均余额 = (营业收入 - 营业成本 - 营业税金及附加 - 销售费用 - 管理费用 - 资产减值损失 + 资产处置收益 + 营业外收入 - 营业外支出)/经营活动资产平均余额④	经营活动资金回报率	经营活动息税前利润/经营活动资金平均余额⑤ = (营业收入 - 营业成本 - 营业税金及附加 - 销售费用 - 管理费用 - 资产减值损失 + 资产处置收益 + 营业外收入 - 营业外支出)/经营活动资金平均余额
投资活动资产回报率	(投资收益 + 公允价值变动损益)/投资活动资产平均余额⑥	投资活动资金回报率	{投资收益 + 公允价值变动损益 + 财务费用附注中的利息收入⑦ + 对联营企业和合营企业的投资收益 × [所得税率/(1 - 所得税率)]}/投资活动资金平均余额

资料来源：作者整理。

同样，以复星医药 2018 年的财务情况为例，其平均总资产为 662.61 亿元，传统的息税前利润为 43.04 亿元，传统指标计算的总资产回报率为 6.50%。平均总资金为 539.14 亿元，调整后的息税前利润为 48.99 亿元，创新指标计算的总资金回报率为 9.09%，传统指标将其资本创值能力低估近 30%。在传统指标下，经营活动资产均值为 445.67 亿元，投资活动资产均值为 216.93 亿元，经营活动占用资产更多，经营活动和投资活动分别创造了 22.84

① 传统财务报告中“财务费用”是扣除了利息收入后的财务费用净额，而“利息收入”也是企业总资金所获得的投资回报的一部分，应该在息税前利润中予以体现。

② 由于投资收益中“对联营企业和合营企业的投资收益”属于税后口径，将其调整为税前口径需要除以（1 - 所得税率），因此需要在原来投资收益的基础上再加上［所得税率/（1 - 所得税率）］×对联营企业和合营企业的投资收益。

③ 传统财务分析体系较少对经营活动资产回报率和投资活动资产回报率分别进行分析评价，原因在于在相当长时期内经营活动至上的营业观念导致这种分析没有意义。近年来，随着资本运营意识的增强，才开始对经营活动和投资活动的资产回报率进行比较分析。

④ 经营活动资产是总资产扣除各项对外投资后的余额，其中包括了货币资金。因传统分析体系中的投资收益仅是对外投资产生的收益。

⑤ 由于货币资金属于运用资金间接为企业创造价值的资金运用方式（资金实际被金融机构使用，企业获得利息收入的回报，目前大多数的货币资金在报表上为货币资金，实质上是短期理财产品形式的对外投资），因此将其划归投资活动资金，而经营活动资金是除了货币资金和各项对外投资以外的资产扣除营业性负债后的净额。

⑥ 与投资收益的口径保持一致，投资活动资产仅指交易性金融资产、可供出售金融资产、持有至到期投资等对外投资。

⑦ 由于货币资金被划分为投资活动资金，因此，其获得的利息收入应计入投资活动息税前利润。

亿元和20.20亿元的息税前利润，经营活动和投资活动资产回报率分别为5.12%和9.31%，占用更多资产的经营活动资产回报率远低于投资活动。而从创新指标来看，在澄清资本、资产、资金的关系之后，对两类营业活动重新进行划分，经营活动占用资金243.23亿元，投资活动占用资金295.91亿元，分别产生了22.84亿元和26.15亿元息税前利润。使用重构指标进行计算，得到2018年复星医药的经营活动资金回报率为9.39%，投资活动资金回报率为8.84%，企业经营活动资金回报率更高。

三、资本回报效率分析体系的应用与评价

本部分采用2009—2018年A股非金融上市公司的数据，综合新、旧体系对整体层面、地区层面、行业层面的资本回报效率进行分析。

（一）整体层面

图4-16列示了2009—2018年实体经济上市公司整体层面的资金回报效率，图中所有的数据结果均为加权平均结果，例如，在计算总资金回报率时，将每一年度的全部样本看作一个整体，再以息税前利润之和除以平均总资金之和得到，其他指标同理。

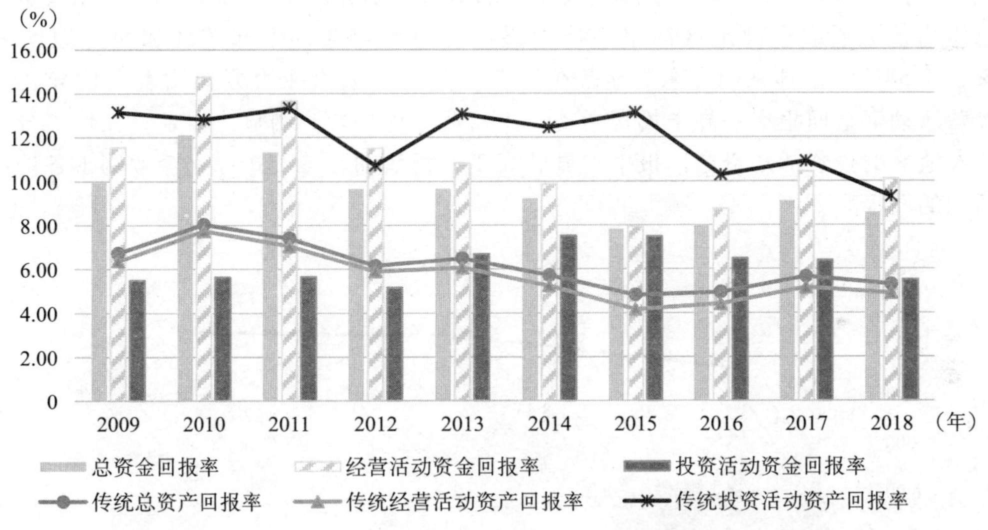

图4-16 2009—2018年实体经济上市公司整体层面资金回报效率

2009—2018年，实体经济上市公司总资金回报率均值为9.15%，总资产回报率仅为5.79%，传统指标下回报率被严重低估，这无疑对处于转型升级艰难时期的实体经济产生了“雪上加霜”的负面影响，必然严重加剧资本市场对实体经济的悲观情绪，从而显著降低投资者对实体经济的投资意愿，加剧资本“脱实向虚”现象。除此之外，在创新分析体系下，经营活动资金回报率为10.40%，投资活动资金回报率为6.27%，经营活动资金回报率更高；在传统分析体系下，经营活动资产回报率为5.34%，投资活动资产回报率为11.23%，投资活动资产回报率更高。因此，传统指标在低估经营活动创值能力的同时，高估投资活动创值能力，资金是逐利避险的，这种扭曲的财务信息极有可能加剧实体经济金融化现象。

图4-16显示，十年间实体经济上市公司总资金回报率整体呈现“升—降—升—降”的趋势，最低点出现于2015年为7.82%，最高点出现于2010年为12.11%。在传统指标

下，总资产回报率同样呈现“升—降—升—降”的趋势，最高点同样出现于2010年，但回报率仅为8.04%，最低点同样出现于2015年，已低至4.81%。在每一年度，总资产回报率均明显低于总资金回报率，严重低估了实体经济总体的资金回报效率。

从经营活动和投资活动的对比来看，经营活动资金回报率变动趋势基本与总资金回报率变动趋势相吻合，且高于总资金回报率，多在8%以上；投资活动资金回报率波动相对平缓，每一年度均低于总资金回报绩效，均在8%以下。从整体上来看，经营活动资金回报率高于投资活动，但近年来两者差距呈先扩大后缩小的趋势。而在传统分析指标下，投资活动资产回报率在每一年度均高于经营活动资产回报率，将经营活动和投资活动的创值能力完全倒置，严重歪曲了其资金回报效率的真实水平。

（二）地区层面

图4－17列示了2009—2018年实体经济上市公司地区层面的总资金回报率总体均值，东部地区总资金回报率总体均值最高，为9.39%，中部地区为8.43%，西部地区为8.22%，东、中、西部地区的总资产回报率总体均值分别为5.82%、5.82%、5.48%，传统指标低估资金回报率的现象在东、中、西部地区普遍存在。从经营活动资金回报率总体均值来看，东部地区回报率高达10.70%，中部地区和西部地区分别为9.45%和9.38%；从投资活动回报率总体均值来看，东部地区回报率依然最高，为6.46%，中部地区和西部地区分别为5.61%和5.54%。总体来说，东部地区在两类营业活动创值能力方面均表现优异，三个地区的经营活动资金回报率均高于投资活动，主营业务优势较为明显。但是，在传统分析体系下，三大地区的投资活动资产回报率均显著高于经营活动，传统指标完全颠倒了各地区两类营业活动的回报率。

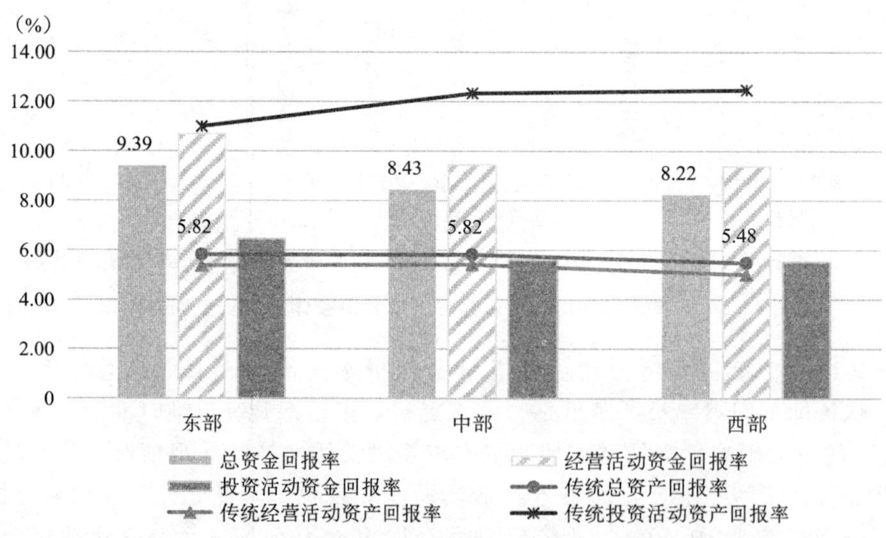

图4－17　2009—2018年实体经济上市公司地区层面资金回报率总体均值

图4－18、图4－19和图4－20列示了分地区分年度资金回报率，在多数年份，东部地区总资金回报率最高，西部地区总资金回报率最低，中部地区居中。纵向对比发现，2009—2018年，三大地区总资金回报率均呈下降趋势，东部地区从10.14%下降至8.59%，中部地区从9.47%下降至8.51%，西部地区从8.89%下降至8.46%。经营活动资金回报率也呈下

降趋势，东部地区从 11.66% 下降至 10.12%，东部地区从 11.04% 下降至 9.92%，西部地区从 10.96% 下降至 10.00%。东部地区投资活动资金回报率呈下降趋势，从 5.82% 下降至 5.61%，然而，中、西部地区投资活动资金回报率呈上升趋势，中部地区从 4.44% 上升到 4.91%，西部地区从 4.04% 上升至 5.22%。

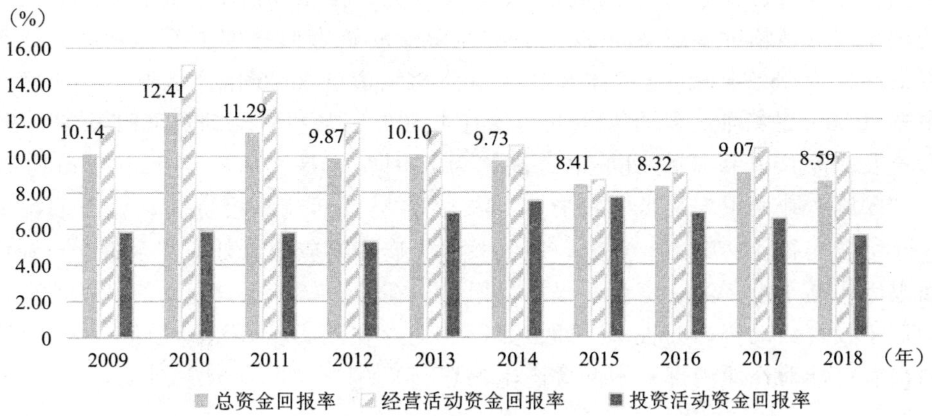

图 4-18 2009—2018 年实体经济上市公司东部地区资金回报率

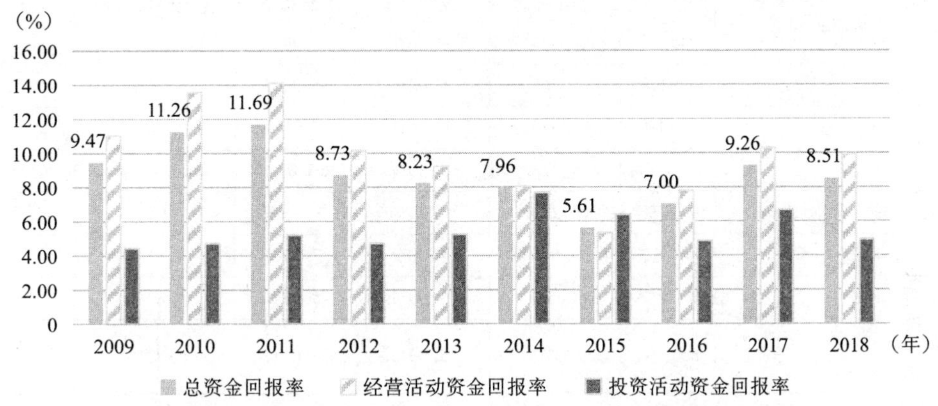

图 4-19 2009—2018 年实体经济上市公司中部地区资金回报率

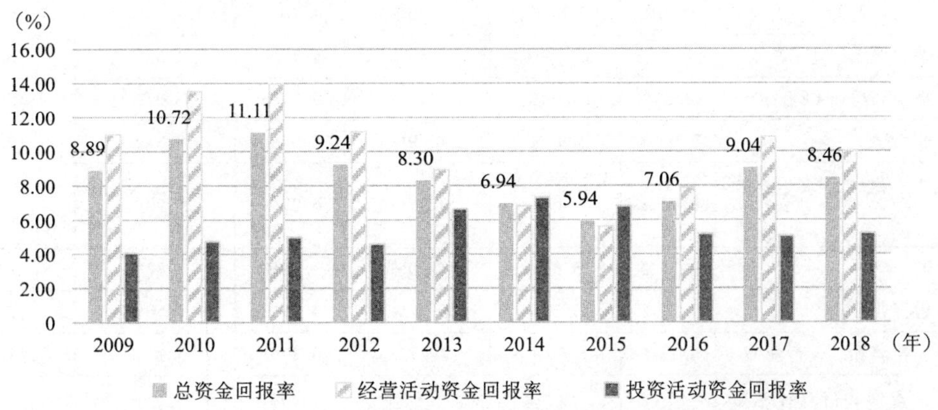

图 4-20 2009—2018 年实体经济上市公司西部地区资金回报率

（三）行业层面

表4－18列示了2009—2018年实体经济上市公司行业层面的资金回报效率总体均值，从总资金回报率上看，食品、饮料行业回报率最高，高达19.13%，是实体经济上市公司均值的2.09倍，信息传输、软件和信息技术服务业回报率最差，仅为5.74%。这说明不同行业的商业模式导致各行各业的资金回报效率差异很大，但相同的是，各行业均存在回报效率被低估的现象，低估幅度多在20%以上。从经营活动资金回报率上看，食品、饮料行业回报率依然最高，为28.74%，是实体经济上市公司均值的2.76倍，是唯一一个经营活动资金回报率超过20%的行业，综合业最低，仅有4.50%。从投资活动资金回报率上看，电力、热力、燃气及水生产和供应业回报率最高，为8.91%，是实体经济上市公司均值的1.42倍，造纸、印刷行业回报率最低，仅有3.93%。将经营活动和投资活动资金回报率进行对比发现，除综合类行业，电力、热力、燃气及水生产和供应业以外，其余各个行业的经营活动资金回报率均高于投资活动资金回报率。但是，在传统指标下，每个行业的经营活动资产回报率均低于投资活动资产回报率，即多数行业均存在两类营业活动创值能力颠倒的问题，这种扭曲极有可能对企业内部资本配置产生误导。

表4－18　2009—2018年实体经济上市公司行业层面资金回报效率总体均值

行业	总资金回报率	经营活动资金回报率	投资活动资金回报率	传统总资产回报率	传统经营活动资产回报率	传统投资活动资产回报率
农、林、牧、渔行业A	6.91%	7.50%	5.02%	5.33%	4.91%	12.73%
采矿业B	9.94%	10.54%	6.64%	7.20%	7.00%	11.42%
食品、饮料行业C0	19.13%	28.74%	5.39%	13.76%	13.45%	19.10%
纺织、服装、皮毛行业C1	9.57%	12.27%	4.54%	7.19%	6.98%	9.29%
木材、家具行业C2	10.06%	12.54%	4.00%	7.72%	7.41%	14.50%
造纸、印刷行业C3	7.71%	8.65%	3.93%	5.91%	5.83%	7.84%
石油、化学、塑胶、塑料行业C4	8.13%	9.05%	5.03%	6.07%	5.72%	12.88%
计算机、通信和其他电子设备制造业C5	7.65%	9.40%	4.68%	4.95%	4.37%	15.78%
金属、非金属行业C6	6.66%	7.00%	5.20%	4.70%	4.48%	9.11%
机械、设备、仪表行业C7	11.01%	12.99%	8.66%	5.75%	4.62%	16.63%
医药、生物制品行业C8	12.59%	15.98%	6.23%	9.61%	9.07%	15.91%
其他制造业C9	7.95%	8.91%	4.19%	6.04%	5.87%	10.20%
电力、热力、燃气及水生产和供应业D	7.71%	7.47%	8.91%	6.27%	5.90%	9.98%
建筑行业E	9.36%	13.65%	4.20%	3.98%	3.87%	5.72%
批发和零售行业F	9.92%	13.36%	6.30%	5.37%	4.50%	12.03%
交通运输、仓储和邮政行业G	8.13%	8.26%	7.77%	6.27%	5.71%	11.04%
信息传输、软件和信息技术服务业I	5.74%	5.94%	5.27%	3.65%	3.08%	11.53%

续表

行业	总资金回报率	经营活动资金回报率	投资活动资金回报率	传统总资产回报率	传统经营活动资产回报率	传统投资活动资产回报率
房地产行业 K	9.44%	11.97%	5.67%	4.89%	4.52%	8.03%
社会服务业（H、L、M、N、O、Q）	9.02%	11.61%	4.73%	6.30%	6.00%	8.75%
传播与文化行业（P、R）	9.51%	14.62%	4.70%	6.68%	6.05%	11.43%
综合类行业 S	6.61%	4.50%	8.87%	4.64%	2.40%	11.75%
总计	9.15%	10.40%	6.27%	5.79%	5.34%	11.23%

表 4-19、表 4-20 和表 4-21 列示了 2009—2018 年实体经济上市公司分行业分年度资金回报率。从总资金回报率来看，十年间，食品、饮料行业，纺织、服装、皮毛行业，木材、家具行业，造纸、印刷行业，石油、化学、塑胶、塑料行业，金属、非金属行业，电力、热力、燃气及水生产和供应业，交通运输、仓储和邮政行业 8 个行业总资金回报率呈上升趋势，其余 13 个行业总资金回报率呈下降趋势。食品、饮料行业，纺织、服装、皮毛行业，木材、家具行业，造纸、印刷行业，石油、化学、塑胶、塑料行业，金属、非金属行业，交通运输、仓储和邮政行业 7 个行业经营活动资金回报率呈上升趋势，其余 14 个行业经营活动资金回报率呈下降趋势。仅有计算机、通信和其他电子设备制造业，医药、生物制品行业，交通运输、仓储和邮政行业，信息传输、软件和信息技术服务业，房地产行业，综合类行业 6 个行业投资活动资金回报率呈下降趋势，其余 15 个行业投资活动资金回报率呈上升趋势。综合来看，大部分行业呈现出经营活动资金回报率下降、投资活动资金回报率上升的趋势，总资金管理绩效有待提升。

表 4-19　　2009—2018 年实体经济上市公司行业层面总资金回报率

行业＼年度	2009	2010	2011	2012	2013	2014	2015	2016	2017	2018
农、林、牧、渔行业 A	5.97%	8.18%	7.42%	5.09%	3.91%	3.29%	7.34%	13.34%	7.49%	4.24%
采矿业 B	14.60%	17.09%	16.09%	13.09%	11.70%	8.92%	4.82%	4.74%	7.53%	9.59%
食品、饮料行业 C0	18.54%	19.80%	23.14%	23.73%	21.15%	17.14%	16.43%	16.76%	18.25%	20.36%
纺织、服装、皮毛行业 C1	7.67%	10.82%	12.61%	9.53%	9.63%	9.43%	9.16%	9.23%	10.59%	8.26%
木材、家具行业 C2	6.32%	7.90%	7.19%	6.74%	8.25%	8.33%	9.49%	11.70%	14.28%	10.49%
造纸、印刷行业 C3	7.89%	7.48%	5.54%	5.74%	6.22%	5.42%	7.33%	8.07%	10.38%	9.32%
石油、化学、塑胶、塑料行业 C4	7.01%	9.61%	9.61%	6.71%	6.49%	6.00%	6.06%	7.56%	9.92%	10.23%
计算机、通信和其他电子设备制造业 C5	6.74%	9.09%	9.01%	7.04%	8.22%	9.31%	8.04%	7.39%	8.29%	5.91%
金属、非金属行业 C6	4.72%	7.97%	8.03%	4.24%	5.67%	5.22%	1.79%	5.78%	9.71%	11.12%
机械、设备、仪表行业 C7	14.17%	17.60%	15.24%	11.95%	11.68%	11.49%	10.44%	9.96%	10.65%	8.27%
医药、生物制品行业 C8	16.08%	15.37%	14.29%	12.41%	12.72%	12.95%	13.06%	12.68%	13.27%	9.90%
其他制造业 C9	6.46%	14.33%	14.75%	11.61%	11.33%	11.56%	10.94%	10.94%	9.84%	-4.24%
电力、热力、燃气及水生产和供应业 D	6.12%	6.74%	6.24%	7.35%	9.99%	10.33%	9.95%	7.91%	6.10%	6.23%

续表

年度 行业	2009	2010	2011	2012	2013	2014	2015	2016	2017	2018
建筑行业 E	10.29%	10.59%	10.21%	8.91%	9.92%	10.63%	9.48%	8.58%	9.32%	8.48%
批发和零售行业 F	11.80%	13.55%	13.86%	10.77%	10.49%	9.87%	8.10%	8.73%	9.51%	9.42%
交通运输、仓储和邮政行业 G	5.94%	11.69%	7.59%	7.04%	5.97%	8.05%	9.01%	8.06%	9.07%	8.06%
信息传输、软件和信息技术服务业 I	6.50%	4.61%	5.55%	6.63%	7.15%	7.70%	8.36%	6.65%	5.16%	2.58%
房地产行业 K	11.07%	11.34%	10.41%	10.66%	10.01%	9.45%	8.21%	8.94%	9.36%	9.32%
社会服务业（H、L、M、N、O、Q）	10.58%	11.50%	10.77%	11.23%	10.81%	9.94%	9.95%	9.68%	8.59%	7.01%
传播与文化行业（P、R）	6.94%	12.39%	11.07%	10.81%	12.42%	13.13%	12.43%	11.60%	10.72%	2.66%
综合类行业 S	9.51%	9.97%	12.76%	10.13%	9.90%	8.02%	3.69%	4.98%	4.37%	4.41%
总计	9.95%	12.11%	11.32%	9.66%	9.68%	9.22%	7.82%	8.03%	9.09%	8.57%

表 4－20　　2009—2018 年实体经济上市公司行业层面经营活动资金回报率

年度 行业	2009	2010	2011	2012	2013	2014	2015	2016	2017	2018
农、林、牧、渔行业 A	7.03%	10.39%	10.20%	5.98%	3.32%	1.48%	7.12%	16.10%	8.25%	3.82%
采矿业 B	16.54%	19.18%	17.80%	14.38%	12.44%	9.32%	4.10%	3.69%	7.99%	10.63%
食品、饮料行业 C0	27.04%	30.15%	37.75%	39.20%	32.28%	23.92%	22.48%	24.52%	27.97%	31.82%
纺织、服装、皮毛行业 C1	9.42%	14.90%	18.04%	12.82%	12.19%	10.99%	12.09%	12.03%	13.55%	9.79%
木材、家具行业 C2	7.44%	9.85%	8.98%	7.85%	8.74%	8.32%	10.43%	14.51%	20.53%	14.27%
造纸、印刷行业 C3	9.04%	8.36%	6.16%	6.12%	6.37%	5.44%	7.91%	9.13%	12.66%	11.06%
石油、化学、塑胶、塑料行业 C4	7.63%	11.01%	11.26%	7.30%	6.81%	6.25%	5.90%	8.61%	11.67%	11.86%
计算机、通信和其他电子设备制造业 C5	8.91%	14.02%	11.41%	9.44%	10.54%	11.63%	9.63%	8.64%	9.76%	7.21%
金属、非金属行业 C6	4.79%	8.58%	8.67%	4.07%	5.22%	5.10%	0.60%	6.21%	11.09%	13.09%
机械、设备、仪表行业 C7	21.02%	30.15%	24.65%	16.31%	13.46%	12.65%	10.72%	10.28%	11.98%	8.71%
医药、生物制品行业 C8	18.92%	22.95%	19.49%	17.07%	16.36%	15.86%	15.92%	16.82%	16.11%	12.55%
其他制造业 C9	8.21%	19.66%	18.98%	15.10%	13.23%	14.08%	12.80%	13.13%	10.60%	-6.03%
电力、热力、燃气及水生产和供应业 D	5.83%	6.35%	5.72%	7.68%	9.93%	10.12%	9.79%	7.95%	5.77%	5.77%
建筑行业 E	19.92%	18.52%	16.30%	12.47%	14.09%	13.75%	12.61%	12.46%	13.47%	13.30%
批发和零售行业 F	19.23%	24.76%	23.69%	18.73%	15.83%	12.58%	9.13%	11.73%	12.76%	10.23%
交通运输、仓储和邮政行业 G	4.99%	12.96%	8.01%	7.42%	5.06%	7.49%	9.28%	8.63%	9.32%	8.35%
信息传输、软件和信息技术服务业 I	6.28%	4.77%	6.04%	7.60%	8.37%	8.88%	9.95%	7.34%	4.82%	0.33%
房地产行业 K	14.30%	15.74%	14.25%	14.54%	13.13%	10.26%	8.69%	10.88%	11.50%	13.42%
社会服务业（H、L、M、N、O、Q）	15.87%	17.53%	15.80%	15.60%	14.63%	13.03%	13.71%	12.70%	10.93%	7.67%
传播与文化行业（P、R）	11.40%	20.29%	19.29%	17.96%	21.61%	21.35%	20.60%	18.37%	16.47%	2.11%
综合类行业 S	12.35%	8.80%	8.98%	6.10%	6.45%	5.16%	-1.86%	2.27%	4.04%	4.23%
总计	11.53%	14.73%	13.67%	11.50%	10.81%	9.86%	7.94%	8.75%	10.43%	10.08%

表 4-21　　2009—2018 年实体经济上市公司行业层面投资活动资金回报率

行业＼年度	2009	2010	2011	2012	2013	2014	2015	2016	2017	2018
农、林、牧、渔行业 A	2.68%	1.88%	0.84%	2.72%	5.78%	9.66%	8.12%	4.06%	5.06%	5.61%
采矿业 B	3.38%	5.34%	6.50%	4.98%	6.44%	6.07%	9.68%	10.78%	5.56%	5.76%
食品、饮料行业 C0	4.90%	5.52%	5.48%	4.89%	5.74%	5.55%	5.79%	4.72%	5.02%	5.91%
纺织、服装、皮毛行业 C1	3.75%	3.82%	3.31%	3.58%	4.81%	6.22%	3.39%	4.02%	4.44%	5.84%
木材、家具行业 C2	2.02%	1.79%	2.69%	3.91%	6.79%	8.39%	6.97%	5.39%	2.35%	2.50%
造纸、印刷行业 C3	2.65%	3.50%	2.80%	3.96%	5.42%	5.28%	4.60%	3.90%	3.21%	3.98%
石油、化学、塑胶、塑料行业 C4	4.77%	5.08%	4.27%	4.61%	5.19%	4.94%	6.67%	4.35%	4.64%	5.40%
计算机、通信和其他电子设备制造业 C5	3.92%	3.59%	6.07%	3.66%	4.34%	5.31%	5.20%	5.13%	5.65%	3.38%
金属、非金属行业 C6	4.34%	4.59%	4.92%	5.02%	7.79%	5.76%	6.65%	4.12%	4.63%	4.46%
机械、设备、仪表行业 C7	7.43%	6.84%	6.51%	7.09%	9.53%	10.00%	10.08%	9.59%	9.09%	7.68%
医药、生物制品行业 C8	11.29%	5.37%	7.43%	5.29%	6.22%	7.01%	7.21%	4.82%	7.94%	3.93%
其他制造业 C9	1.87%	1.62%	2.83%	1.93%	6.38%	4.34%	4.51%	1.55%	6.09%	5.42%
电力、热力、燃气及水生产和供应业 D	7.71%	9.02%	9.18%	5.58%	10.29%	11.28%	10.73%	7.69%	7.69%	8.53%
建筑行业 E	2.24%	3.50%	3.19%	4.35%	4.37%	6.17%	5.24%	4.05%	4.71%	2.92%
批发和零售行业 F	5.87%	5.46%	6.62%	4.73%	5.58%	7.10%	7.06%	5.91%	6.06%	7.06%
交通运输、仓储和邮政行业 G	9.15%	8.11%	6.45%	5.97%	8.66%	9.85%	8.16%	6.38%	8.42%	7.33%
信息传输、软件和信息技术服务业 I	7.59%	4.06%	4.19%	3.84%	3.39%	4.12%	4.53%	5.26%	5.81%	6.61%
房地产行业 K	5.79%	5.10%	3.76%	3.73%	4.50%	7.93%	7.18%	6.12%	6.58%	4.36%
社会服务业（H、L、M、N、O、Q）	3.94%	4.66%	3.87%	4.19%	4.34%	4.56%	4.26%	4.43%	4.06%	5.94%
传播与文化行业（P、R）	2.72%	6.94%	4.16%	4.28%	4.89%	5.51%	4.64%	5.47%	5.36%	3.26%
综合类行业 S	7.03%	10.89%	16.68%	14.69%	14.30%	11.34%	10.04%	7.65%	4.72%	4.64%
总计	5.49%	5.63%	5.65%	5.15%	6.68%	7.51%	7.49%	6.49%	6.40%	5.50%

第四节　研究启示

虽然资本效率信息是资本市场治理、投资人投资决策和企业资本管理的共同信息基础，但是从本章的分析来看，目前资本管理基础理论中存在的资产、资金、资本的概念混淆，营业活动分类落后等问题，导致在资本管理的理论和实践中，对资本效率分析评价的扭曲已十分严重。因此，适应现代企业营业观念的拓展，对资本、资金和资产的概念加以区分是资本管理基础理论创新发展的首要环节，这无疑也是资本效率分析创新和发展的前提和基础。

通过运用重构的资本效率分析体系，对 2009—2018 年实体经济上市公司财务数据进行分析，本章发现，在总资金周转效率方面，整体来看，2009—2018 年实体经济上市公司总资金周转率稳中有升，经营活动资金周转绩效和投资活动资金周转绩效均有所改善，但经营活动资金周转率高于投资活动资金周转率。从地区上看，东部地区资金周转绩效更佳且呈优化趋势，西部地区资金周转绩效有待提升且呈恶化趋势。从行业上看，各行业总体上经营活动资金周转绩效优于投资活动资金周转绩效，但投资活动资金周转绩效上升趋势明显。在营运资金周转绩效方面，整体来看，经营活动营运资金周转期（按渠道）和经营活动营运资金周转期（按要素）均呈上升趋势，管理绩效有待提升。分渠道来看，采购渠道管理绩效有所改善，生产和营销渠道营运资金管理绩效有所恶化。分要素来看，应付账款周转期有所下降，存货和应收账款周转期有所拉长。各地区营运资金管理各有所长，行业间经营活动营运资金管理绩效差异明显。在资本回报效率方面，整体上看，总资金回报率呈下降趋势，经营活动资金回报率有所降低，投资活动资金回报率有所提升，但经营活动资金回报率在十年间均高于投资活动。从地区上看，东部地区在两类营业活动创值能力方面均表现优异，三个地区的经营活动资金回报率均高于投资活动，主营业务优势较为明显。从行业上看，多数行业总资金回报率呈下降趋势，多数行业经营活动资金回报率呈下降趋势，多数行业投资活动资金回报率呈上升趋势，但是，在多数行业中，经营活动资金回报率仍要高于投资活动资金回报率。

结合新、旧体系对比发现，传统指标严重低估了实体经济的资本周转效率和资本回报效率，使处于转型升级艰难时期的实体经济"雪上加霜"，很有可能损伤资本市场投资者对实体经济的投资信心和投资意愿，阻碍金融服务实体进程。同时，传统指标低估了经营活动资本回报效率，高估了投资活动资本回报效率，这极可能误导资金在内部资本市场中不同营业活动之间的配置，从而加剧实体企业金融化和企业内部资本错配等问题。

本章的分析表明，传统资本效率财务分析体系成为唱衰实体经济的最大"帮凶"，严重影响了政府和资本市场对实体经济宏观（实体经济整体）、中观（实体经济各行业）和微观（实体经济中的企业以及企业内部经营活动与投资活动）等各个层面实体经济发展状况和发展质量的准确把握和客观判断。相关决策部门应该运用科学的资本效率财务分析体系，矫正传统财务分析体系造成的信息扭曲，重新对我国实体经济的发展状况和发展质量做出科学、可靠的评估，减少宏观、中观和微观各层面资本错配的发生，为实体经济的健康发展提供一个健康的市场环境和政策环境。

第五章　财务风险分析与评价

第一节　财务风险的内涵与分类

与资本效率相并列，财务风险是企业财务管理权衡的另一大主题，同样是资本市场投资者投资决策需要考虑的重要因素。资金的本性是逐利避险，在同等的资金效率水平下，资金逐利避险的本性驱使资金远离财务风险高的企业、行业或部门。在不同时期，金融在优化资源配置、平衡资金供需等方面均起到了不可替代的作用，但金融最为核心和关键的本质还是为实体经济服务。当前，企业融资难、融资贵现象与实体经济杠杆率高的悖论越演越烈，提高金融服务实体能力刻不容缓。金融服务实体经济的推进，有赖于真实可靠的财务风险信息，结构性去杠杆的落实成效，也在很大程度上取决于对各资金使用主体的财务风险水平测度的准确性。因此，财务风险也是财务分析的核心内容之一。

"风险"这个名词来源于西方经济理论。西方经济理论中的所谓"风险"是指事物变化存在多种结果的可能性，其基本的核心含义是"未来结果的不确定性或损失"。Mowbray（1995）称风险为不确定性；Williams（1985）将风险定义为在给定的条件下和某一特定的时期内，未来结果的变动；March 和 Shapira 认为，风险是事物可能结果的不确定性，可由收益分布的方差测度；Brnmiley 认为，风险是公司收入流的不确定性；Markowitz 和 Sharp 等将证券投资的风险定义为该证券资产的各种可能收益率的变动程度，并用收益率的方差来度量证券投资的风险，通过量化风险的概念改变了投资大众对风险的认识；Rosenb（1972）将风险定义为损失的不确定性；Crane（1984）也认为，风险意味着未来损失的不确定性。财务风险是风险的一个重要方面。在财务风险研究中，财务风险可以分为狭义的财务风险和广义的财务风险。

狭义的财务风险是指因为借款而增加的风险，是筹资决策带来的风险，也叫筹资风险，国外针对企业财务风险的研究出现较早。Beaver（1966）指出，企业无法偿还到期负债表明财务失败。破产、债券违约、透支银行账户、削减股利都表明企业已经失败。Blum（1974）认为，财务风险是指这样的事件：无法偿还到期债务、进入破产程序或者与债权人达成明确债务减免协议。Lau（1987）根据财务困境事件的严重程度，把企业财务状况分成财务稳健、取消或者削减股利、技术违约或者债券违约、企业处于破产法保护、破产清算。Altman（1993）把财务风险分为：（1）失败；（2）无偿付能力；（3）违约；（4）破产。Ross 等（1999，2000）将财务危机界定为企业经营活动所产生的现金流无法偿还到期负债、券息或贷款本息。高培业、张道奎（2000）把企业能否按时偿还银行贷款作为企业陷入财务风险的界定标准。Pumanandam（2008）将财务风险界定为介于有偿付能力与无偿付能力之间的中间状态，表现为企业处于低现金流状态，但还未处于无偿付能力状态而遭遇的损失。除上述将债务违约、破产等极端事件作为企业发生财务风险的界定标准外，我国学者还以上市公司被特别处理（ST）事件来界定财务困境企业和财务风险（陈静，1999；吴世农，卢贤义，2001）。

与狭义的财务风险几乎被等同于债务违约、ST、企业破产等极端风险事件而没有触及财务风险的本质特征相类似，宏观层面对金融风险的界定也多是以金融服务中断、市场信心丧失等极端风险事件或其经济后果的“现象”来描述，例如，G10 组织（2001）将金融风险界定为“系统性风险事件”；IMF，BIS 和 FSB（2009）将金融风险界定为“金融系统全部或部分的失灵引起金融服务中断”；ECB（2004）则将其界定为“违约引起的连锁反应，威胁市场的稳定性和信心”等，其实也都是对金融风险的“现象”描述，也没有触及金融风险的本质特征。

广义的财务风险观认为，财务风险是由于企业资本运动中不确定的因素给企业带来的风险。企业的财务活动作为一个完整的系统应该包括筹资、投资、资金收回、收益分配四个有机联系的环节；相应地，财务风险也可以分为筹资风险、投资风险、资金回收风险和收益分配风险四个部分。向德伟（1994）依据财务活动内容将财务风险划分为筹资风险、投资风险、资金回收风险和收益分配风险四项。吴世农、卢贤义（2001）根据发生原因将财务困境分为流动性不足、权益不足、债务拖欠和资金不足四种情况。严真红（2001）认为，财务风险是指由于多种因素的作用，使企业不能实现预期财务收益，从而产生损失的可能性。财务风险客观存在于企业财务管理工作中的各个环节。资金筹集、资金运用、资金积累分配等财务活动均会产生财务风险。

虽然广义的财务风险将视野扩大到了财务活动或资本运动的各个主要环节，并试图从资本运动的全过程中揭示财务风险的本质特征，却有将财务风险与投资风险、经营风险等混为一团之嫌，让人感觉财务风险涵盖了一切与资本运动相关的风险，而这种夸大的财务风险范畴同样不利于企业准确把握财务风险并对其加以科学管理。

实际上，现有的企业财务风险评估研究发源于人们对企业破产的关注，而且在实务中企业破产往往是因为企业无法偿还到期债务。因此，多数研究认为财务风险评估的最初起点和最终目标都与企业的偿债能力有密切的关系。但是，这种观点在理念和方法上存在着偏颇，因为偿还债务的能力并不是决定企业能否生存下去的全部。实际上，资金是企业“流动的血液”，支撑着企业日常的营业活动。资金周转不灵将引发企业资金链紧张甚至断裂，危及企业营业活动的正常开展，从而陷入财务危机。因此，企业财务风险的核心内涵应是企业筹资活动保障营业活动资金需求的不确定性。

在实务中，人们常常把财务风险划分为短期财务风险和总体财务风险，并设计了流动比率、速动比率、营运资本等指标来测度短期财务风险，以及资产负债率、产权比率和权益乘数等指标来测度总体财务风险。但是，随着企业发展和环境变化，这些传统的指标可能已经不能满足信息使用者的需求，接下来，本章将从短期财务风险和总体财务风险分析体系两个方面具体展开，对财务风险分析体系的重构进行系统分析和对比应用，还原真实财务风险水平。

第二节 短期财务风险分析与评价

一、传统的短期财务风险分析体系及其缺陷分析

我国偏向对资本结构的研究，弱化对负债结构或短期偿债能力的关注（裴伯英，陈共荣，1998），但随着金融与实体经济信息交互速度不断加快，企业的商业模式和筹资习惯也在改变，金融机构新增贷款短期化问题突出（逄金玉，2012），企业流动性和短期财务风险不容忽视。传统财务分析体系中，常用流动比率（流动资产/流动负债）、速动比率（速动资产/流动负债）、营运资本（流动资产—流动负债）等指标反映企业短期财务风险，在一般情况下，流动资产或速动资产对流动负债的覆盖率越高，短期财务风险越小。

与资产与资金、资本概念混淆相类似，传统财务分析体系还存在着金融性负债与营业性负债不加区分的缺陷。在传统财务分析体系中，不论是流动比率、速动比率，还是营运资本等反映短期财务风险的指标，不仅清一色地都将企业的短期偿债能力等同于短期财务风险，而且这些短期偿债能力指标都对金融性负债和营业性负债不加区分，因此，其分析计算的结果充其量是对各类债权人而言的一种平均偿债能力或财务风险，而难以与资本市场上的债权投资者的信息需求相吻合。

从金融服务实体经济的角度来看，实体企业的资金需求需要通过资本市场投资者的资金供给来满足。资本市场上投资者所关注的风险首先应该是企业运用其投入的资本产生回报的不确定性，即投资风险，且格外关注如果企业投资不当导致投资回报比预期减少甚至全盘损失的情况下各类投资者所承担的损失份额。相对于风险偏好的股权投资者来说，债权投资者更倾向于回避风险，希望自己承担的损失越小越好。而应付账款、应付票据、应付职工薪酬、应交税费等营业性负债往往要优于金融性负债进行偿付，随着交易模式和商业信用的不断发展，企业经营中产生的营业性负债比重不断提高，传统指标的缺陷也日益显现。其衡量出的短期财务风险，恐怕与金融机构信贷决策关注的短期金融风险早已渐行渐远，也不足以满足企业财务管理的需求。

例如，甲、乙公司均为A银行的客户，分别向A银行短期借款50亿元和25亿元，其他相关信息如表5-1所示。如果用传统指标来分析，我们看不出甲公司、乙公司哪家公司的短期财务风险更低，因为两家公司的营运资本都是50亿元，流动比率都是1.5。

表5-1 甲、乙公司部分财务报表项目信息 单位：亿元

项目	甲公司	乙公司
流动资产	150	150
流动负债	100	100
货币资金	50	50
应收款项	50	50
存货	50	50

续表

项 目	甲公司	乙公司
短期借款——A 银行	50	25
应付账款——B 供应商	25	50
预收账款等其他流动负债	25	25

但是，从 A 银行等金融债权人的角度来看，出于保守测度的目的，A 银行会假设流动资产优先用于偿还营业性负债，剩余的流动资产才用于偿还金融性流动负债。该余额相对于金融性流动负债的比例越高，则金融债权人的债权就会越有保障。很明显，乙公司的短期财务风险更低，因为其营业性负债为 75 亿元，流动资产在偿付完营业性负债后，仍可保障 3 倍的短期借款；而甲公司营业性负债为 50 亿元，流动资产在偿付完营业性负债后，只可保障 2 倍的短期借款。

二、短期财务风险分析体系的重构

（一）短期偿债能力的视角

从金融债权人的角度来看，短期财务风险是企业按期偿还短期借款、短期债券等金融性流动负债的风险。然而，传统短期财务风险评价指标缺陷良多，既没有站在金融机构的角度进行稳健评估，也与企业现处的经营环境产生脱节，亟待改进。以流动比率为例，从分子上看，流动资产虚高了企业拥有的流动资金，从分母上看，流动负债虚高了兜底型债务。从金融性债权人的角度出发，按最保守的偿债顺序（即将金融性债权留在最后清偿）测度，传统短期财务风险评价指标（流动比率）的分子和分母均应该剔除短期非金融负债，即可将流动比率修正为短期金融性负债流动比率，并作以下定义：

短期金融性负债流动比率 =（流动资产 - 短期非金融性负债）/（流动负债 - 短期非金融性负债）= 营运资金/短期金融性负债

短期金融性负债流动比率表示的是企业拥有的流动资产在偿付完非金融性流动负债后对短期金融性负债的保障倍数。其中，短期非金融性负债涵盖了应付职工薪酬、应交税费、预收账款、应付账款、应付票据等科目。因此，短期金融性负债是从金融机构角度出发，计算得到的最保险、最稳健的短期偿债能力。

（二）营运资金融资结构的视角

从企业经营管理者的角度来看，短期财务风险是企业流动性风险，即流动资金短缺或不足的风险，是由于企业资金配置结构不当而引发的财务风险。因此，除了从偿债能力的视角研究短期财务风险之外，还可以从营运资金融资结构的视角研究短期财务风险。

在企业财务管理中，当人们谈起流动资金或营运资金时，一种认识是将其与流动资产相等同，即企业营业活动中使用的流动资金就是企业的流动资产，显然，这是资金、资本与资产概念混淆在流动资金上的直接体现。这种错误认识的结果必然会夸大企业营业活动中投入的流动资金。对流动资金或营运资金的另外一种认识是将其与营运资本（Working Capital，流动资产与流动负债的差额）相混淆，甚至有人将流动资产解释为总流动资金，而将营运资本解释为净流动资金。从实质上看，这种对流动资金或营运资金的认识同样是错误的。对财务报表发展的历史稍加考察，就不难发现，营运资本是为了满足债权人对企业偿债能力分析要求而设计的一个指标，不论是从短期偿债能力分析的最重要指标——流动比率（流动资产/流动负债），还是从现金流量表之前企业广泛使用的第三张报表——财务状况变动表（实质是一张解释以营运资本多少为标志的企业财务状况的变化及其原因的财务报表），都可以看出营运资本从一开始就不是为企业资金管理所设计的一个指标，而是为债权人分析、评价企业偿债能力所设计的一个指标。从营运资本和流动比率等被频频作为银行和企业签订的贷款合同的重要条款就可以体会到这一点。

在前述章节中，已将营运资金界定为流动资产与营业活动产生的非金融性流动负债的差额，反映了维持营业活动所需投入的净流动资金。这一差额越小，说明企业在营业活动中的流动资金净融资需求越小；当这一差额为零时，说明营业活动产生的非金融性流动负债恰好等于营业活动中的流动资产，营业活动没有流动资金的融资需求，这就是许多企业所追求的“零营运资金”的状态；当这一差额变为负数时，说明企业营业活动产生的非金融性流动负债已超过了营业活动的流动资产，企业的营业活动不仅没有流动资金的融资需求，而且还可以为企业的非流动资产提供融资支持。此时，企业的营业活动变成了一个融通流动资金的平台。通过推导，可以得到营运资金与营运资本的关系：

营运资金 = 流动资产 - 非金融性流动负债 = 流动资产 -（流动负债 - 金融性流动负债）=（流动资产 - 流动负债）+ 金融性流动负债 = 营运资本 + 金融性流动负债

显然，营运资金与营运资本（流动资产 - 流动负债）不是等同的。营运资本只是营运资金中的一部分。

营运资本 = 流动资产 - 流动负债 =（总资产 - 非流动资产）-（总负债 - 长期负债）= 总资产 - 总负债 + 长期负债 - 非流动资产 = 所有者权益 + 金融性长期负债 + 非金融性长期负债 - 非流动资产 =（所有者权益 + 金融性长期负债）-（非流动资产 - 非金融性长期负债）= 长期资金来源 - 非流动资金（或长期资金）

因此，若营运资本为正数，则意味着长期资本来源大于非流动资金或长期资金，其差额即为长期资本来源筹措的资金运用于流动资金（或营运资金）的部分。而从“流动资金（或营运资金）= 营运资本 + 金融性流动负债”可以看出，全部的流动资金（或营运资金）除了“营运资本”（即通过长期资本来源筹措的流动资金）以外，还有通过短期资本来源（即金融性流动负债）筹措的部分，因此可以这样说，营运资金与营运资本具有本质的区别。流动资金或营运资金表示企业筹措的全部资本投入到流动资产的部分，其中既包括长期资本来源所筹措的资本投入流动资产的部分，也包括短期资本来源（金融性流动负债）所筹措的资本投入流动资产的部分，而营运资本仅代表企业长期资本来源所筹措的资本投入到流动资产的那部分，二者不能混为一团。

可以对营运资金融资结构按照计算金融性流动负债占营运资金之比和营运资本占营运资金之比来进行分析，从而揭示企业的营运资金有多少是通过金融性流动负债来融通的，而有多少是通过营运资本（或通过金融性长期负债和所有者权益等长期资本来源）来融通的，这实质上反映的是营运资金来源和融资的期限结构。相对于短期融资性质的金融性流动负债来说，营运资本对企业营运资金需求的保障更具有持久性。因此，当营运资金大于零时，在营运资金融资结构中，金融性流动负债的占比越高，则短期财务风险越高，而营运资本的比例越高，则短期财务风险越低。

综上所述，以流动资产减去非金融性流动负债后的差额所界定的营运资金即是准确测度企业流动资金投入的科学指标，而且从金融债权人的角度来看，它也代表了按最保守的偿债顺序（即将金融性债权留在最后清偿）企业有多少短期内可以变现的流动资产用以偿还金融性负债，而这才是对金融债权人债权安全的最核心的保障。上述两个视角的比率可以通过换算得到，因此，在判别短期财务风险高低时不会产生矛盾，并能得到一致结论，因此，重新界定的营运资金概念实现了企业经营管理者信息需求和金融债权人信息需求的有机衔接。本章构建的短期财务风险分析体系如表 5 - 2 所示。

表 5 - 2 短期财务风险分析体系

核心指标名称	指标计算公式
短期金融性负债占比	短期金融性负债/营运资金
营运资本占比	营运资本/营运资金
短期金融性负债流动比率	营运资金/短期金融性负债

为了更加深刻地理解新、旧指标的差异，列举 2018 年年末深振业 A 和青岛啤酒两家上市公司数据进行对比测算。

表 5 - 3 2018 年年末深振业 A 和青岛啤酒主要财务报表数据 单位：亿元

项目	深振业 A	青岛啤酒
流动资产合计	104. 27	177. 60
流动负债合计	54. 37	120. 87
其中：短期金融性负债	13. 34	2. 97
短期非金融性负债	41. 03	117. 90
营运资金	63. 24	59. 70

按照流动比率计算两家公司的短期偿债能力分别为 1. 92 和 1. 47，从该指标上来看，青岛啤酒的短期偿债能力要弱于深振业 A；而从短期金融性负债流动比率来看，两家公司的短期偿债能力分别为 4. 74 和 20. 10，均高于流动比率计算的水平，且青岛啤酒的短期偿债能力明显高于深振业 A。

因此，流动比率作为全体流动性债权人衡量短期偿债能力的通用指标，对于金融性债权人来说，参考价值有限。从两家上市公司的分析中，短期偿债能力的扭曲问题可以窥见一斑，随着信用的逐步发达和核算范围的扩大，这种扭曲现象将持续加重。由数学知识可知：若短期非金融性负债不大于流动资产，当流动比率介于 0 - 1 时，分子和分母同时减去短期非金融性负债，得到的短期金融性负债流动比率数值一般会变小，即传统财务分析体系高估了短期偿债能力较差企业的短期偿债能力；而当流动比率大于 1 时，分子和分母同时减去短期非金融性负债，得到的短期金融性负债流动比率数值一般会变大，即传统财务分析体系低估了短期偿债能力较高企业的短期偿债能力。特别地，当短期非金融性负债超过流动资产时，即营运资金为负时，企业短期偿债能力极差；而当不存在短期金融性负债且营运资金为正时，企业短期偿债能力较高。一般来说，传统流动比率指标会缩小短期偿债能力的真实差距，进而误导银行信贷决策，加大金融风险防范的难度，打击金融服务实体的热情。

三、短期财务风险分析体系的应用与评价

延续前面章节的分析，本部分仍采用2009—2018年A股非金融上市公司的数据，对整体层面、地区层面、行业层面的短期财务风险进行分析。

（一）整体层面

图5－1列示了2009—2018年实体经济上市公司整体层面的短期财务风险情况，图中所有的数据结果均为加权平均结果，例如，在计算短期金融性负债流动比率时，将每一年度的全部样本看作一个整体，再以营运资金之和除以短期金融性负债之和得到，其他指标同理。

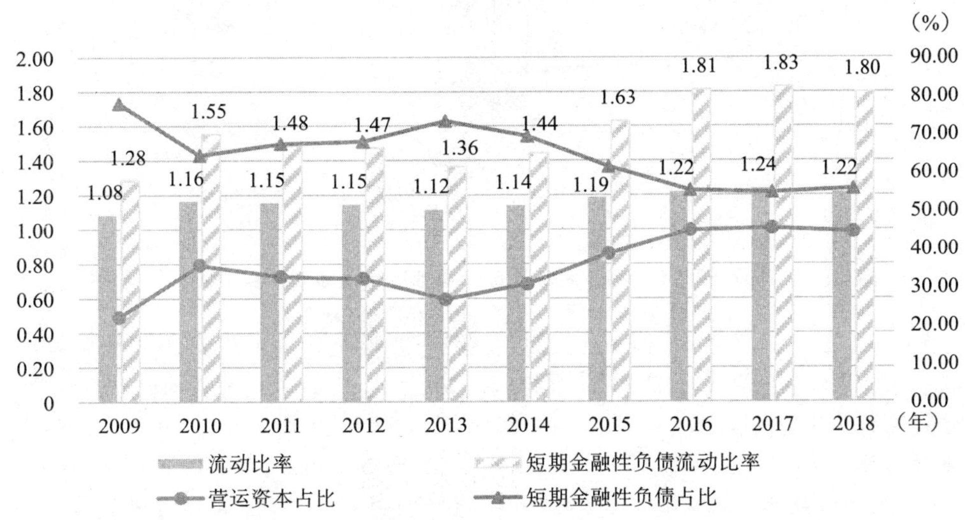

图5－1 2009—2018年实体经济上市公司整体层面短期财务风险

2009—2018年，我国实体经济上市公司整体的真实短期偿债能力均值为1.63，但是用传统分析指标流动比率衡量的短期偿债能力均值仅有1.18，短期财务风险被严重高估。从营运资金融资结构上看，短期金融性负债占比均值为61.49%，营运资本占比均值为38.51%，短期金融性负债是营运资金的主要来源。

图5－1显示，2009—2018年实体经济上市公司短期金融性负债流动比率为1.28—1.83，即营运资金能够保障1.28—1.83倍的短期金融性负债偿付，且呈明显的上升趋势。但是，流动比率却仅为1.08—1.24，各年度短期财务风险被高估幅度均超过15%，2016—2018年扭曲尤为严重，已超过30%。从融资结构上看，十年来实体经济上市公司的营运资金来源均更偏向于短期金融性负债，但近年来，短期金融性负债占比呈下降趋势，从2009年的77.88%下降至2018年的55.60%，营运资本占比呈上升趋势，从22.12%上升至44.40%，短期财务风险有所下降。

（二）地区层面

图5－2列示了2009—2018年实体经济上市公司地区层面短期财务风险总体均值，东部地区短期金融性负债流动比率总体均值最高，为1.70，西部地区次之，为1.47，中部地区最低，仅有1.37，传统指标高估短期财务风险的现象在东、中、西部地区普遍存在。从营运资金融资结构上看，东部地区短期金融性负债占比总体均值最低，为58.79%，西部地区

为 68.11%，中部地区为 72.91%，三大地区短期金融性负债占比均超过营运资本占比。整体来看，东部地区短期财务风险最低。

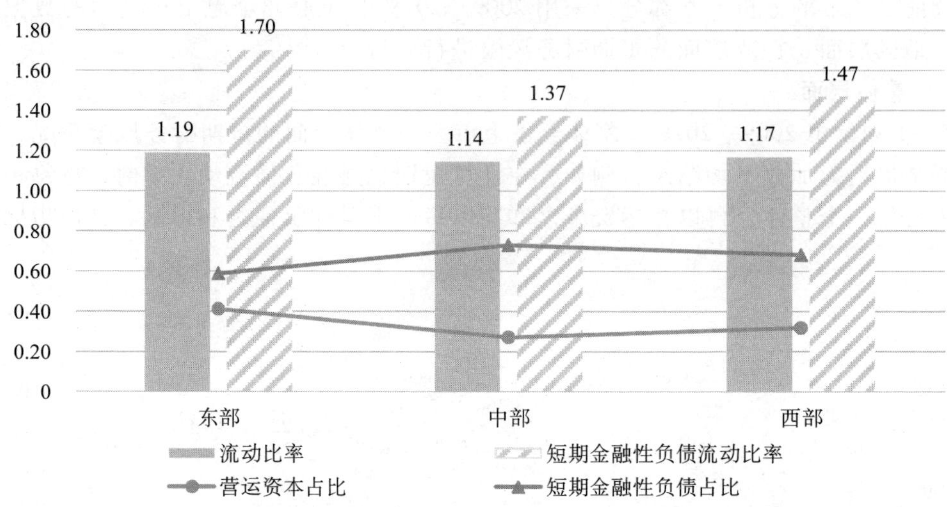

图 5-2 2009—2018 年实体经济上市公司地区层面短期财务风险总体均值

图 5-3、图 5-4、图 5-5 列示了 2009—2018 年实体经济上市公司分地区分年度短期财务风险。三大地区短期金融性负债流动比率均呈上升趋势，东部地区从 1.30 上升到 1.88，中部地区从 1.05 上升到 1.45，西部地区从 1.47 上升到 1.69；相应地，短期金融性负债占比呈下降趋势，东部地区从 76.83% 下降到 53.16%，中部地区从 95% 下降到 68.85%，西部地区从 67.95% 下降到 59.15%。传统指标在每个地区和每个年份普遍高估企业短期财务风险，总体来看，2011 年以前，西部地区短期财务风险相对较低，2011 年之后，东部地区短期财务风险相对较低，中部地区短期财务风险始终偏高。近十年，三个地区财务风险均呈明显下降趋势，营运资金融资结构趋于稳健。

图 5-3 2009—2018 年实体经济上市公司东部地区短期财务风险

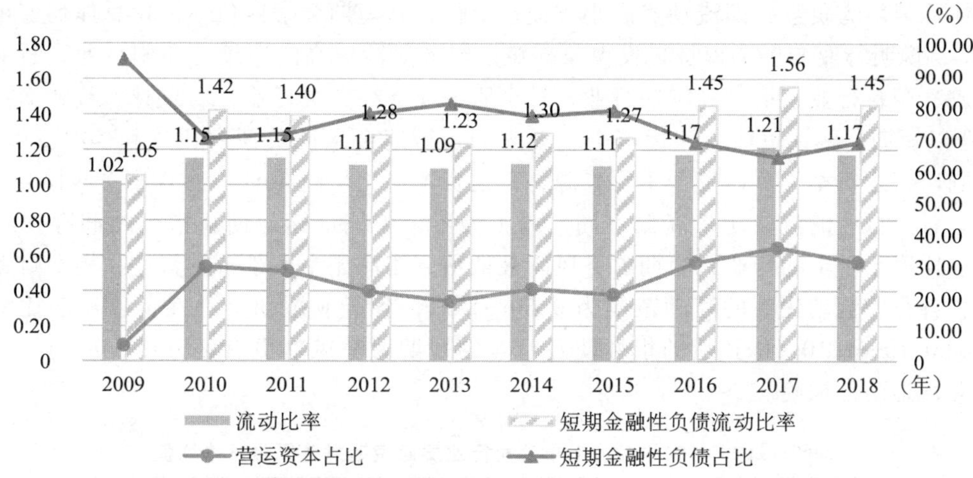

图 5-4　2009—2018 年实体经济上市公司中部地区短期财务风险

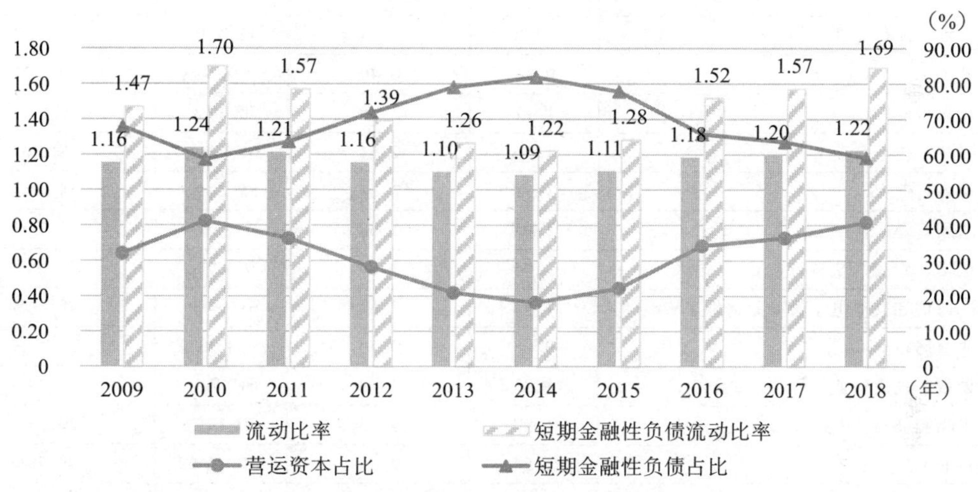

图 5-5　2009—2018 年实体经济上市公司西部地区短期财务风险

（三）行业层面

表 5-4 列示了 2009—2018 年实体经济上市公司行业层面短期财务风险总体均值，总体来看，各个行业短期财务风险差别较大。电力、热力、燃气及水生产和供应业，交通运输、仓储和邮政行业，采矿业，信息传输、软件和信息技术服务业，金属、非金属行业这 5 个行业短期金融性负债流动比率总体均值不足 1，电力、热力、燃气及水生产和供应业甚至低至 0.10，说明这些行业的营运资金在偿付完营业性负债后根本不足以覆盖短期金融性负债，行业短期财务风险极高；造纸、印刷行业，石油、化学、塑胶、塑料行业，批发和零售行业，社会服务业，综合类行业，农、林、牧、渔行业等 6 个行业短期金融性负债流动比率总体均值为 1—2；剩余 10 个行业短期金融性负债流动比率总体均值均大于 2，短期财务风险较低，文化与传播业高达 6.10。

从营运资金融资结构来看，电力、热力、燃气及水生产和供应业，交通运输、仓储和邮政行业，采矿业，信息传输、软件和信息技术服务业，金属、非金属行业这 5 个行业的营运资本总体均值均为负数，即流动资产小于流动负债，其短期金融性负债占比总体均值也已超过100%，说明行业产生了短贷长投现象，短期财务风险极高。造纸、印刷行业，石油、化学、塑胶、塑料行业，批发和零售行业，社会服务业，综合类行业，农、林、牧、渔行业等6个行业以短期金融性负债为营运资金主要来源，短期金融性负债占比均超50%，剩余10个行业则以营运资本为营运资金主要来源，营运资本占比均超50%，短期财务风险较低。

由于各个行业的流动比率高低不同，以1为界，传统指标与创新指标之间存在不同关系。流动比率小于1的行业，短期财务风险被低估，流动比率大于1的行业，短期财务风险被高估，各行业流动比率的浮动范围为0.50—1.97，各行业短期金融性负债流动比率的浮动范围为0.10—6.10，修正后的指标使各行业的短期财务风险更有区分度，更利于金融机构有针对性地防范风险。

表5-4　　2009—2018年实体经济上市公司行业层面短期财务风险总体均值

行业	流动比率	短期金融性负债流动比率	营运资本占比	短期金融性负债占比
农、林、牧、渔行业A	1.38	1.74	42.43%	57.57%
采矿业B	0.84	0.40	-148.49%	248.49%
食品、饮料行业C0	1.71	3.35	70.19%	29.81%
纺织、服装、皮毛行业C1	1.70	2.61	61.71%	38.29%
木材、家具行业C2	1.53	2.24	55.27%	44.73%
造纸、印刷行业C3	1.05	1.08	7.25%	92.75%
石油、化学、塑胶、塑料行业C4	1.04	1.09	7.92%	92.08%
计算机、通信和其他电子设备制造业C5	1.52	2.63	61.94%	38.06%
金属、非金属行业C6	0.88	0.75	-33.38%	133.38%
机械、设备、仪表行业C7	1.33	2.62	61.76%	38.24%
医药、生物制品行业C8	1.90	3.35	70.17%	29.83%
其他制造业C9	1.54	2.01	50.26%	49.74%
电力、热力、燃气及水生产和供应业D	0.50	0.10	-914.01%	1014.01%
建筑行业E	1.20	2.19	54.40%	45.60%
批发和零售行业F	1.19	1.64	38.92%	61.08%
交通运输、仓储和邮政行业G	0.80	0.59	-70.94%	170.94%
信息传输、软件和信息技术服务业I	0.86	0.45	-124.61%	224.61%
房地产行业K	1.58	3.95	74.68%	25.32%
社会服务业（H、L、M、N、O、Q）	1.26	1.68	40.30%	59.70%
传播与文化行业（P、R）	1.97	6.10	83.60%	16.40%
综合类行业S	1.34	1.73	42.12%	57.88%
总计	1.18	1.63	38.51%	61.49%

表5-5、表5-6、表5-7和表5-8列示了2009—2018年实体经济上市公司分行业分年度短期财务风险。表5-6显示，农、林、牧、渔行业，造纸、印刷行业，计算机、通信和其他电子设备制造业，建筑行业，房地产行业，综合类行业6个行业短期金融性负债流动比率呈下降趋势，剩余15个行业呈上升趋势，说明大部分行业短期财务风险呈下降趋势。

对比表 5－5 发现，2009—2018 年，采矿业，金属、非金属行业，电力、热力、燃气及水生产和供应业，交通运输、仓储和邮政行业 4 个短期财务风险较高的行业，传统指标普遍低估了其短期财务风险；造纸、印刷行业，石油、化学、塑胶、塑料行业，信息传输、软件和信息技术服务业在某些年份短期财务风险被高估，在某些年份短期财务风险被低估；剩余 14 个短期财务风险较低的行业，在每一年份其短期财务风险均被高估。表 5－7 和表 5－8 显示，农、林、牧、渔行业，造纸、印刷行业，计算机、通信和其他电子设备制造业，信息传输、软件和信息技术服务业，建筑行业，房地产行业，综合类行业 7 个行业营运资本占比呈下降趋势，短期金融性负债占比呈上升趋势，剩余 14 个行业营运资本占比呈上升趋势，短期金融性负债占比呈下降趋势，即大部分行业短期财务风险呈下降趋势。

表 5－5　　2009—2018 年实体经济上市公司行业层面流动比率

行业 \ 年度	2009	2010	2011	2012	2013	2014	2015	2016	2017	2018
农、林、牧、渔行业 A	1.28	1.40	1.50	1.47	1.24	1.37	1.51	1.52	1.34	1.22
采矿业 B	0.88	0.91	0.86	0.83	0.74	0.75	0.80	0.83	0.89	0.93
食品、饮料行业 C0	1.38	1.48	1.53	1.55	1.65	1.75	1.85	1.81	1.80	1.76
纺织、服装、皮毛行业 C1	1.26	1.54	1.74	1.81	1.82	1.80	1.72	1.78	1.79	1.57
木材、家具行业 C2	1.21	1.47	1.59	1.47	1.34	1.42	1.49	1.67	1.69	1.53
造纸、印刷行业 C3	1.07	1.06	1.04	1.06	1.02	0.95	0.94	1.07	1.15	1.07
石油、化学、塑胶、塑料行业 C4	0.96	1.09	1.09	1.00	0.96	0.90	0.96	1.07	1.13	1.12
计算机、通信和其他电子设备制造业 C5	1.51	1.74	1.59	1.53	1.48	1.57	1.57	1.56	1.52	1.38
金属、非金属行业 C6	0.88	0.96	0.94	0.85	0.83	0.81	0.78	0.83	0.92	1.00
机械、设备、仪表行业 C7	1.24	1.36	1.37	1.39	1.35	1.34	1.34	1.24	1.35	1.34
医药、生物制品行业 C8	1.57	2.01	2.00	1.98	1.77	1.74	1.84	2.03	2.02	1.84
其他制造业 C9	0.96	1.46	1.78	1.82	1.84	1.56	1.59	1.44	1.54	1.48
电力、热力、燃气及水生产和供应业 D	0.44	0.40	0.46	0.53	0.48	0.51	0.52	0.52	0.52	0.54
建筑行业 E	1.25	1.23	1.21	1.19	1.20	1.20	1.23	1.25	1.19	1.14
批发和零售行业 F	1.06	1.16	1.16	1.11	1.14	1.15	1.15	1.27	1.24	1.23
交通运输、仓储和邮政行业 G	0.77	0.86	0.81	0.84	0.76	0.86	0.84	0.85	0.79	0.73
信息传输、软件和信息技术服务业 I	0.40	0.60	0.65	0.57	0.62	0.72	0.79	0.96	1.17	1.26
房地产行业 K	1.94	1.81	1.65	1.62	1.64	1.62	1.64	1.65	1.53	1.44
社会服务业（H、L、M、N、O、Q）	1.12	1.46	1.41	1.34	1.25	1.29	1.32	1.26	1.24	1.18
传播与文化行业（P、R）	1.31	2.02	2.14	2.03	1.85	1.92	2.08	2.07	2.05	1.89
综合类行业 S	1.35	1.46	1.34	1.25	1.21	1.33	1.25	1.47	1.39	1.30
总计	1.08	1.16	1.15	1.15	1.12	1.14	1.19	1.22	1.24	1.22

表 5－6　　2009—2018 年实体经济上市公司行业层面短期金融性负债流动比率

行业 \ 年度	2009	2010	2011	2012	2013	2014	2015	2016	2017	2018
农、林、牧、渔行业 A	1.47	1.70	2.00	1.89	1.42	1.68	2.08	2.12	1.66	1.44
采矿业 B	0.47	0.53	0.43	0.34	0.16	0.17	0.31	0.44	0.60	0.70

续表

行业＼年度	2009	2010	2011	2012	2013	2014	2015	2016	2017	2018
食品、饮料行业 C0	2.06	2.36	2.66	2.71	2.98	3.07	3.88	4.49	3.90	3.79
纺织、服装、皮毛行业 C1	1.50	2.21	2.59	2.75	2.77	2.79	2.68	2.96	3.05	2.30
木材、家具行业 C2	1.36	1.88	2.12	1.86	1.60	1.75	2.10	2.57	3.18	2.73
造纸、印刷行业 C3	1.13	1.11	1.06	1.10	1.03	0.92	0.90	1.12	1.26	1.11
石油、化学、塑胶、塑料行业 C4	0.91	1.18	1.18	1.01	0.93	0.81	0.92	1.16	1.29	1.25
计算机、通信和其他电子设备制造业 C5	2.82	3.30	2.72	2.55	2.40	2.76	2.88	3.00	2.61	2.19
金属、非金属行业 C6	0.74	0.91	0.89	0.72	0.66	0.60	0.55	0.64	0.84	1.00
机械、设备、仪表行业 C7	2.39	3.25	2.88	2.84	2.72	2.68	2.61	2.26	2.60	2.56
医药、生物制品行业 C8	2.39	3.55	3.44	3.68	3.10	2.95	3.19	3.85	3.66	3.19
其他制造业 C9	0.91	1.98	2.52	2.78	2.77	2.16	2.08	1.79	1.98	1.82
电力、热力、燃气及水生产和供应业 D	0.08	0.10	0.20	0.12	0.06	0.03	0.06	-0.03	0.15	0.16
建筑行业 E	2.84	2.77	2.12	2.01	2.08	2.05	2.31	2.58	2.20	1.87
批发和零售行业 F	1.20	1.55	1.55	1.40	1.48	1.49	1.46	1.96	1.80	1.74
交通运输、仓储和邮政行业 G	0.48	0.67	0.58	0.66	0.55	0.73	0.61	0.60	0.57	0.48
信息传输、软件和信息技术服务业 I	-0.88	-1.02	-0.97	-0.33	-0.24	0.14	0.13	0.86	1.76	2.19
房地产行业 K	5.43	4.66	3.78	3.81	3.93	3.36	3.80	4.68	3.86	3.79
社会服务业（H、L、M、N、O、Q）	1.35	2.27	2.18	2.10	1.76	1.78	1.87	1.65	1.54	1.48
传播与文化行业（P、R）	1.86	5.08	6.11	5.61	5.74	6.01	7.25	8.20	6.61	5.66
综合类行业 S	1.80	2.03	1.79	1.59	1.48	1.75	1.51	1.90	1.70	1.77
总计	1.28	1.55	1.48	1.47	1.36	1.44	1.63	1.81	1.83	1.80

表 5-7　　2009—2018 年实体经济上市公司行业层面营运资本占比

行业＼年度	2009	2010	2011	2012	2013	2014	2015	2016	2017	2018
农、林、牧、渔行业 A	32.09%	41.24%	49.88%	47.06%	29.38%	40.61%	51.87%	52.82%	39.82%	30.43%
采矿业 B	-113.08%	-87.47%	-133.48%	-192.16%	-532.47%	-487.35%	-222.63%	-125.75%	-66.60%	-42.44%
食品、饮料行业 C0	51.49%	57.58%	62.44%	63.08%	66.48%	67.45%	74.20%	77.71%	74.33%	73.62%
纺织、服装、皮毛行业 C1	33.27%	54.74%	61.40%	63.66%	63.87%	64.18%	62.66%	66.22%	67.20%	56.60%

续表

行业 \ 年度	2009	2010	2011	2012	2013	2014	2015	2016	2017	2018
木材、家具行业 C2	26.37%	46.74%	52.92%	46.28%	37.50%	42.71%	52.35%	61.04%	68.56%	63.35%
造纸、印刷行业 C3	11.77%	9.55%	5.62%	8.76%	3.32%	-8.26%	-10.63%	11.09%	20.63%	10.09%
石油、化学、塑胶、塑料行业 C4	-9.35%	15.55%	15.56%	0.64%	-8.05%	-23.97%	-8.17%	13.92%	22.26%	19.77%
计算机、通信和其他电子设备制造业 C5	64.50%	69.71%	63.18%	60.71%	58.39%	63.78%	65.31%	66.62%	61.68%	54.25%
金属、非金属行业 C6	-35.57%	-9.62%	-12.53%	-38.61%	-51.28%	-66.35%	-81.80%	-55.07%	-18.64%	-0.39%
机械、设备、仪表行业 C7	58.08%	69.28%	65.28%	64.84%	63.22%	62.73%	61.72%	55.76%	61.51%	60.86%
医药、生物制品行业 C8	58.22%	71.80%	70.96%	72.85%	67.73%	66.16%	68.68%	74.01%	72.68%	68.61%
其他制造业 C9	-9.33%	49.59%	60.29%	63.97%	63.90%	53.80%	51.89%	44.22%	49.37%	45.04%
电力、热力、燃气及水生产和供应业 D	-1196.63%	-882.03%	-411.45%	-760.57%	-1557.00%	-3218.41%	-1524.58%	3631.82%	-556.30%	-528.42%
建筑行业 E	64.85%	63.85%	52.74%	50.26%	52.03%	51.19%	56.74%	61.27%	54.57%	46.39%
批发和零售行业 F	16.97%	35.63%	35.34%	28.55%	32.55%	32.96%	31.68%	49.00%	44.39%	42.55%

续表

行业\年度	2009	2010	2011	2012	2013	2014	2015	2016	2017	2018
交通运输、仓储和邮政行业 G	-107.79%	-48.34%	-71.63%	-50.42%	-80.84%	-37.49%	-62.77%	-66.75%	-74.73%	-107.66%
信息传输、软件和信息技术服务业 I	213.22%	198.33%	202.75%	406.39%	523.69%	-620.23%	-652.58%	-15.83%	43.04%	54.38%
房地产行业 K	81.59%	78.55%	73.53%	73.77%	74.53%	70.27%	73.69%	78.65%	74.10%	73.60%
社会服务业（H、L、M、N、O、Q）	25.87%	55.95%	54.19%	52.34%	43.02%	43.85%	46.66%	39.36%	35.27%	32.24%
传播与文化行业（P、R）	46.15%	80.31%	83.63%	82.17%	82.57%	83.36%	86.21%	87.80%	84.88%	82.34%
综合类行业 S	44.56%	50.76%	44.05%	36.91%	32.48%	42.90%	33.89%	47.24%	41.05%	43.42%
总计	22.12%	35.64%	32.64%	32.11%	26.74%	30.70%	38.61%	44.81%	45.30%	44.40%

表 5－8　2009—2018 年实体经济上市公司行业层面短期金融性负债占比

行业\年度	2009	2010	2011	2012	2013	2014	2015	2016	2017	2018
农、林、牧、渔行业 A	67.91%	58.76%	50.12%	52.94%	70.62%	59.39%	48.13%	47.18%	60.18%	69.57%
采矿业 B	213.08%	187.47%	233.48%	292.16%	632.47%	587.35%	322.63%	225.75%	166.60%	142.44%
食品、饮料行业 C0	48.51%	42.42%	37.56%	36.92%	33.52%	32.55%	25.80%	22.29%	25.67%	26.38%
纺织、服装、皮毛行业 C1	66.73%	45.26%	38.60%	36.34%	36.13%	35.82%	37.34%	33.78%	32.80%	43.40%
木材、家具行业 C2	73.63%	53.26%	47.08%	53.72%	62.50%	57.29%	47.65%	38.96%	31.44%	36.65%

续表

年度 行业	2009	2010	2011	2012	2013	2014	2015	2016	2017	2018
造纸、印刷行业 C3	88.23%	90.45%	94.38%	91.24%	96.68%	108.26%	110.63%	88.91%	79.37%	89.91%
石油、化学、塑胶、塑料行业 C4	109.35%	84.45%	84.44%	99.36%	108.05%	123.97%	108.17%	86.08%	77.74%	80.23%
计算机、通信和其他电子设备制造业 C5	35.50%	30.29%	36.82%	39.29%	41.61%	36.22%	34.69%	33.38%	38.32%	45.75%
金属、非金属行业 C6	135.57%	109.62%	112.53%	138.61%	151.28%	166.35%	181.80%	155.07%	118.64%	100.39%
机械、设备、仪表行业 C7	41.92%	30.72%	34.72%	35.16%	36.78%	37.27%	38.28%	44.24%	38.49%	39.14%
医药、生物制品行业 C8	41.78%	28.20%	29.04%	27.15%	32.27%	33.84%	31.32%	25.99%	27.32%	31.39%
其他制造业 C9	109.33%	50.41%	39.71%	36.03%	36.10%	46.20%	48.11%	55.78%	50.63%	54.96%
电力、热力、燃气及水生产和供应业 D	1296.63%	982.03%	511.45%	860.57%	1657.00%	3318.41%	1624.58%	-3531.82%	656.30%	628.42%
建筑行业 E	35.15%	36.15%	47.26%	49.74%	47.97%	48.81%	43.26%	38.73%	45.43%	53.61%
批发和零售行业 F	83.03%	64.37%	64.66%	71.45%	67.45%	67.04%	68.32%	51.00%	55.61%	57.45%
交通运输、仓储和邮政行业 G	207.79%	148.34%	171.63%	150.42%	180.84%	137.49%	162.77%	166.75%	174.73%	207.66%
信息传输、软件和信息技术服务业 I	-113.22%	-98.33%	-102.75%	-306.39%	-423.69%	720.23%	752.58%	115.83%	56.96%	45.62%
房地产行业 K	18.41%	21.45%	26.47%	26.23%	25.47%	29.73%	26.31%	21.35%	25.90%	26.40%
社会服务业（H、L、M、N、O、Q）	74.13%	44.05%	45.81%	47.66%	56.98%	56.15%	53.34%	60.64%	64.73%	67.76%
传播与文化行业（P、R）	53.85%	19.69%	16.37%	17.83%	17.43%	16.64%	13.79%	12.20%	15.12%	17.66%
综合类行业 S	55.44%	49.24%	55.95%	63.09%	67.52%	57.10%	66.11%	52.76%	58.95%	56.58%
总计	77.88%	64.36%	67.36%	67.89%	73.26%	69.30%	61.39%	55.19%	54.70%	55.60%

第三节 总体财务风险分析与评价

一、传统总体财务风险分析体系的缺陷分析与重新构建

在传统的财务分析体系中，常用资产负债率（负债/总资产）、产权比率（负债/所有者权益）、权益乘数（1+产权比率）等指标来衡量总体财务风险，与短期财务风险分析体系一样，这些传统指标也存在金融性负债与营业性负债不分的问题。由于所有的负债可以区分为营业性负债和金融性负债两部分，因此：

总资金=总资产-营业性负债=总资产-（总负债-金融性负债）=所有者权益+金融性负债=自有资金+借入资金

显然，投资者所关注的风险可以通过企业的资金来源结构进行考察，即以金融性负债（或借入资金）占总资金的比重、自有资金占总资金的比重或资金杠杆（总资金/所有权权益）来衡量。例如，假定企业的全部资金有60%来自股权投资者，而有40%来自金融债权人，则意味着当1元钱的资金在投资后发生全盘损失的情况下，股权投资者将承担0.6元的损失，而金融债权人只承担0.4元的损失，金融债权人承担的损失份额较股权投资者要少。遗憾的是，传统财务分析体系所计算的财务风险却与资本市场上投资者对财务风险的信息需求相差甚远。以苏宁易购为例，按传统财务分析体系，该公司2018年年末的资产负债率为55.78%，似乎是债权投资者承担了更大的风险。但是，从总资金的结构来看，在全部总资金1308.50亿元中，股权投资者的投入为882.11亿元，金融债权人仅投入了426.39亿元，因此，其借入资金的比例仅为32.59%。也就是说，倘若企业运用资金不当造成损失，金融债权人只承担了32.59%，而并非55.78%。

本节构建的总体财务风险分析体系与传统财务风险分析体系的对比如表5-9所示。

表5-9 创新的总体财务风险分析体系与传统分析指标的对比

传统分析指标名称	传统分析指标计算方法	创新分析指标名称	创新分析指标计算方法
资产负债率	负债总额/资产总额	资本负债率或借入资金占比	金融性负债/（所有者权益+金融性负债）
权益乘数	总资产/所有者权益	资本杠杆	总资本/所有者权益 =（所有者权益+金融性负债）/所有者权益

二、总体财务风险分析体系的应用与评价

本部分采用2009—2018年A股非金融上市公司的数据，综合新、旧体系对整体层面、地区层面、行业层面的总体财务风险进行分析。

（一）整体层面

图5-6列示了2009—2018年实体经济上市公司整体层面的总体财务风险，图中所有的数据结果均为加权平均结果，例如，在计算资本负债率时，将每一年度的全部样本看作一个整体，再以金融性负债之和除以总资本之和得到，其他指标同理。

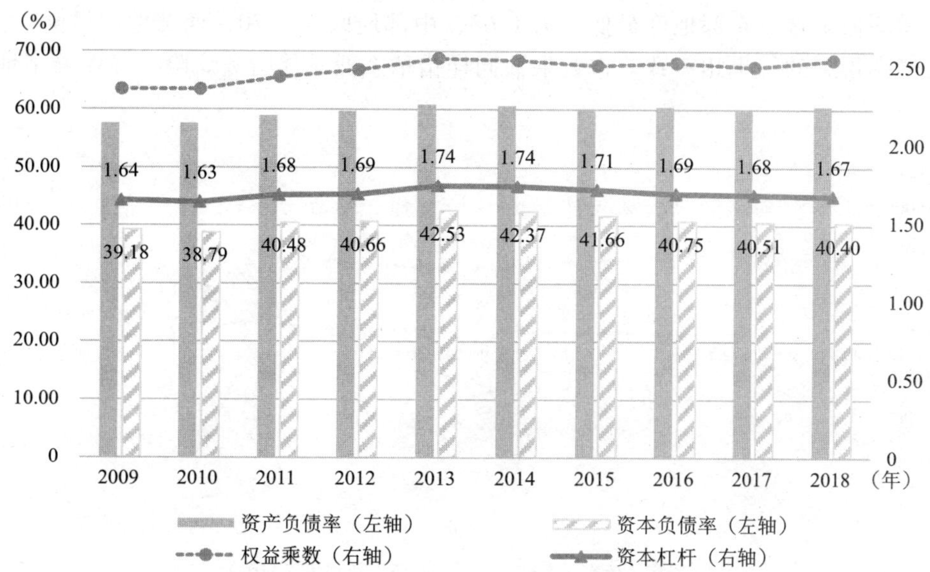

图 5-6 2009—2018 年实体经济上市公司整体层面总体财务风险

2009—2018 年，我国实体经济上市公司整体的资本负债率均值仅有 40.87%，资本杠杆均值仅有 1.69，但是传统指标计算的资产负债率均值高达 59.97%，权益乘数高达 2.50，股东和债权人承担的风险在新、旧体系中完全倒置，实体经济总体财务风险被严重高估。负债率或杠杆率持续被高估，不仅向资本市场传递了实体经济财务风险极高的负面信息，导致银行等金融机构对实体经济企业采取敬而远之的谨慎态度，而且也严重误导了政府对实体经济真实风险水平的判断。对实体经济来说，如果将去杠杆政策理解为降低银行等金融机构对实体企业的贷款支持力度，则可能对实体经济的正常发展带来严重的影响。实际上，营业性负债的大量存在是导致传统的财务分析体系高估负债率和资本杠杆的重要原因。虽然从每家企业来看，营业性负债与金融性负债一样，企业对其都负有到期偿还的义务，但是，从实体经济整体与金融（虚拟经济）的关系来看，企业的营业性负债将相互抵销，真正体现实体经济与金融之间资本供求关系的只是金融性负债。因此，只有考察总资金（总资产扣除营业性负债）中有多少是通过金融性负债筹措的，才能够真实反映实体经济与金融之间的关系。

图 5-6 显示，2009—2018 年实体经济上市公司资本负债率为 38.79%—42.53%，始终在 40% 左右波动，资产负债率为 57.57%—60.84%，始终在 60% 左右波动，各年度的负债水平被高估幅度均超过 40%。资本杠杆为 1.63—1.74，权益乘数为 2.36—2.55，总体财务风险同样被严重高估。纵向来看，近十年来，实体经济总体财务风险呈波动上升趋势。

（二）地区层面

图 5-7 列示了 2009—2018 年实体经济上市公司地区层面总体财务风险的总体均值，东部地区资本负债率总体均值最低，为 40.35%，中部地区为 41.26%，西部地区最高，为 44.28%，三大地区均以自有资金为主要资金来源。但是，在传统指标下，西部地区资产负债率总体均值最高，为 60.38%，东部地区次之，为 60.33%，中部地区最低，为 57.04%，三大地区资产负债率均已超过 50%。说明传统指标高估短期财务风险的现象在东、中、西部地区普遍存在，受营业性负债运用程度的影响，东部地区的风险高估现象更为突出。从资

本杠杆总体均值来看，东部地区最低，为1.68，中部地区为1.70，西部地区最高，为1.79，与资本负债率得到的结果相一致，权益乘数同样错估企业总体财务风险，并误导了地区风险排位。

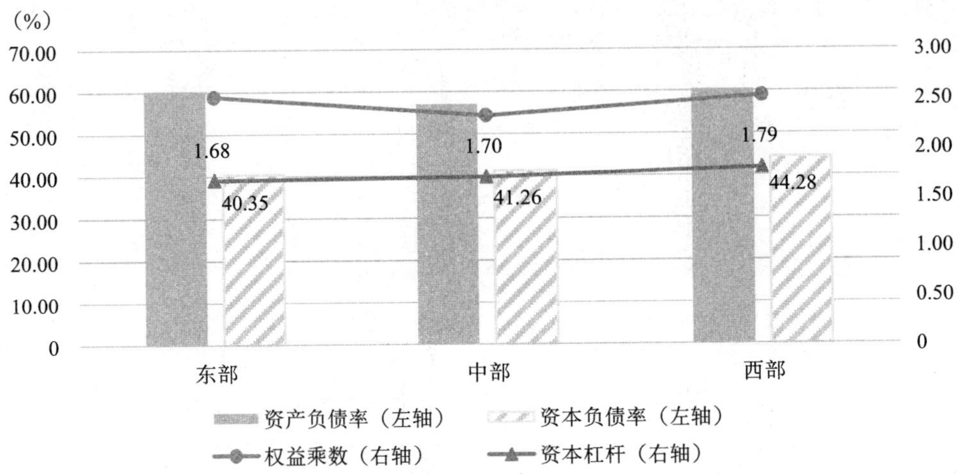

图5-7 2009—2018年实体经济上市公司地区层面总体财务风险总体均值

图5-8、图5-9和图5-10列示了2009—2018年实体经济上市公司分地区分年度总体财务风险。可以看出，在多数年份，东部地区的资本负债率和资本杠杆相对较低，传统指标在各地区、各年份均存在高估总体财务风险的现象。从年度变化趋势上看，东、西部地区总体财务风险呈上升趋势，东部地区资本负债率从38.12%上升至40.12%，资本杠杆从1.62上升至1.66；西部地区资本负债率从42.90%上升至43.22%，资本杠杆从1.75上升至1.76。中部地区总体财务风险呈下降趋势，资本负债率从43.41%下降至39.49%，资本杠杆从1.77下降至1.65。总体来看，2009—2018年三个地区资本负债率均在50%以下，风险总体可控。

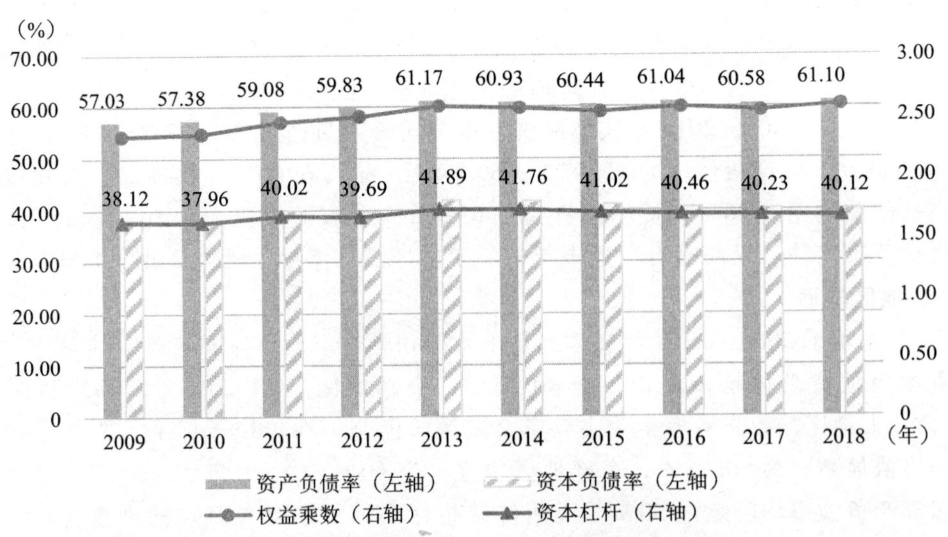

图5-8 2009—2018年实体经济上市公司东部地区总体财务风险

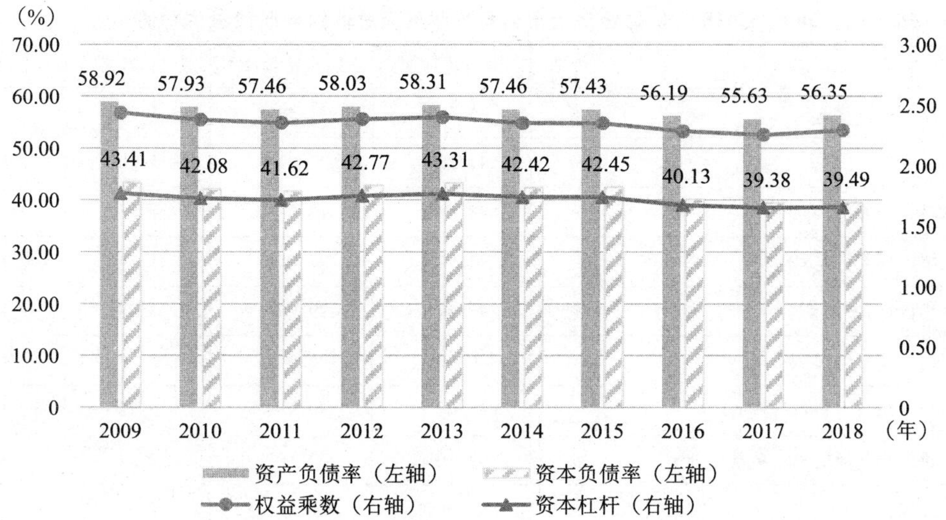

图 5-9 2009—2018 年实体经济上市公司中部地区总体财务风险

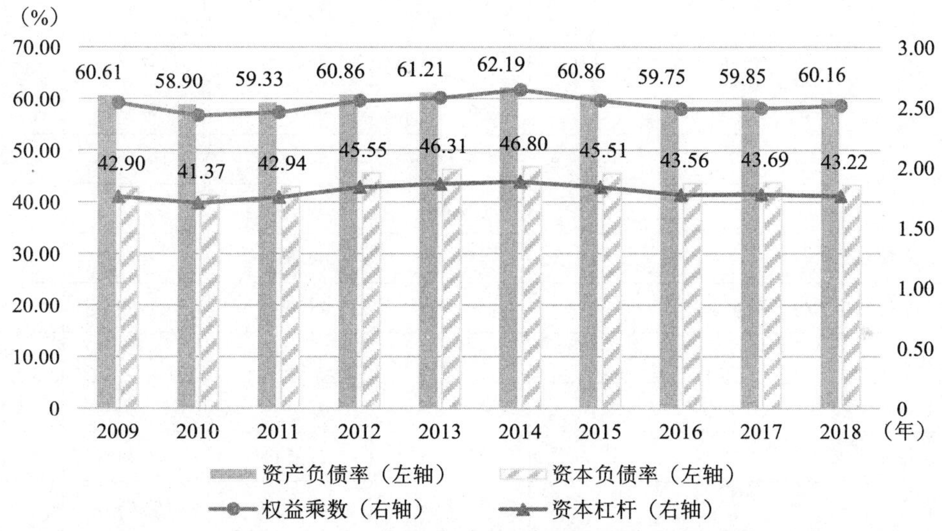

图 5-10 2009—2018 年实体经济上市公司西部地区总体财务风险

（三）行业层面

表 5-10 列示了 2009—2018 年实体经济上市公司行业层面总体财务风险总体均值，除建筑行业，房地产行业，电力、热力、燃气及水生产和供应业 3 个行业以外，其余 18 个行业的资本负债率总体均值均在 50% 以下，大部分行业均以自有资金为主要资金来源。各个行业总体财务风险差距较为悬殊，传播与文化行业资本负债率总体均值低至 13.54%，资本杠杆低至 1.16，而电力、热力、燃气及水生产和供应业资本负债率总体均值高达 60.71%，资本杠杆高达 2.55。传统的资产负债率和权益乘数指标，普遍高估了各行业总体财务风险水平，但扭曲程度因行业而异。

表 5 - 10 2009—2018 年实体经济上市公司行业层面总体财务风险总体均值

行业	资产负债率	资本负债率	权益乘数	资本杠杆
农、林、牧、渔行业 A	44.38%	31.38%	1.80	1.46
采矿业 B	47.25%	29.23%	1.90	1.41
食品、饮料行业 C0	38.52%	17.87%	1.63	1.22
纺织、服装、皮毛行业 C1	42.54%	27.05%	1.74	1.37
木材、家具行业 C2	43.70%	29.03%	1.78	1.41
造纸、印刷行业 C3	56.48%	46.01%	2.30	1.85
石油、化学、塑胶、塑料行业 C4	54.04%	40.98%	2.18	1.69
计算机、通信和其他电子设备制造业 C5	52.50%	32.10%	2.11	1.47
金属、非金属行业 C6	60.05%	46.61%	2.50	1.87
机械、设备、仪表行业 C7	57.31%	27.49%	2.34	1.38
医药、生物制品行业 C8	37.85%	22.13%	1.61	1.28
其他制造业 C9	54.91%	43.07%	2.22	1.76
电力、热力、燃气及水生产和供应业 D	66.32%	60.71%	2.97	2.55
建筑行业 E	78.18%	54.96%	4.58	2.22
批发和零售行业 F	63.04%	39.94%	2.76	1.67
交通运输、仓储和邮政行业 G	55.54%	46.57%	2.25	1.87
信息传输、软件和信息技术服务业 I	46.44%	21.90%	1.87	1.28
房地产行业 K	76.69%	58.19%	4.29	2.39
社会服务业（H、L、M、N、O、Q）	59.84%	45.44%	2.49	1.83
传播与文化行业（P、R）	35.07%	13.54%	1.54	1.16
综合类行业 S	52.25%	38.56%	2.09	1.63
总计	59.97%	40.87%	2.50	1.69

表 5 - 11、表 5 - 12、表 5 - 13 和表 5 - 14 列示了 2009—2018 年实体经济上市公司分行业分年度总体财务风险。表 5 - 12 显示，2009—2018 年，采矿业，造纸、印刷行业，计算机、通信和其他电子设备制造业，机械、设备、仪表行业，建筑行业，批发和零售行业，房地产行业，社会服务业 8 个行业资本负债率呈上升趋势，其中房地产行业和社会服务业约上升 15 个百分点，其余 13 个行业资本负债率均有所下降，木材、家具行业约下降 21 个百分点。表 5 - 14 显示，造纸、印刷行业，计算机、通信和其他电子设备制造业，机械、设备、仪表行业，建筑行业，批发和零售行业，房地产行业，社会服务业 7 个行业资本杠杆呈上升趋势，采矿业基本不变，其他 13 个行业资本杠杆均呈现下降趋势。总体来看，大部分行业总体财务风险有所下降，结合表 5 - 11 和表 5 - 13 来看，传统指标高估总体财务风险的现象普遍存在。

表 5－11　　2009—2018 年实体经济上市公司行业层面资产负债率

行业＼年度	2009	2010	2011	2012	2013	2014	2015	2016	2017	2018
农、林、牧、渔行业 A	46.90%	48.35%	42.54%	44.02%	46.75%	44.65%	40.71%	41.15%	45.81%	46.46%
采矿业 B	43.70%	43.99%	46.58%	48.14%	48.51%	49.74%	48.05%	47.09%	47.58%	46.41%
食品、饮料行业 C0	44.83%	44.12%	43.90%	41.70%	38.02%	36.06%	34.87%	36.42%	37.44%	38.83%
纺织、服装、皮毛行业 C1	47.07%	44.15%	41.72%	39.69%	40.16%	42.16%	43.76%	41.29%	40.39%	45.86%
木材、家具行业 C2	53.57%	50.09%	45.09%	45.35%	45.19%	43.73%	44.32%	40.44%	40.36%	43.68%
造纸、印刷行业 C3	51.74%	54.99%	59.31%	59.37%	59.78%	61.60%	59.88%	54.34%	52.05%	54.49%
石油、化学、塑胶、塑料行业 C4	57.29%	54.12%	53.46%	55.77%	57.48%	58.44%	55.11%	53.27%	50.69%	51.58%
计算机、通信和其他电子设备制造业 C5	54.57%	48.91%	53.01%	52.31%	54.18%	51.79%	49.81%	51.94%	51.77%	55.04%
金属、非金属行业 C6	59.20%	59.77%	60.49%	61.89%	62.48%	62.40%	61.56%	60.58%	58.02%	55.97%
机械、设备、仪表行业 C7	61.64%	57.69%	57.45%	56.17%	57.23%	57.50%	56.54%	59.82%	55.97%	56.25%
医药、生物制品行业 C8	42.33%	37.84%	37.60%	38.11%	40.50%	39.23%	36.49%	35.26%	36.73%	39.13%
其他制造业 C9	71.42%	54.80%	47.51%	51.60%	49.98%	53.64%	51.51%	55.79%	56.61%	58.09%
电力、热力、燃气及水生产和供应业 D	70.13%	70.13%	71.21%	71.92%	67.15%	65.15%	64.16%	63.55%	65.28%	64.99%
建筑行业 E	76.25%	78.09%	79.50%	80.16%	80.67%	79.94%	78.22%	77.90%	77.09%	76.20%
批发和零售行业 F	64.39%	64.41%	65.21%	64.29%	66.48%	65.72%	65.34%	61.64%	62.23%	59.09%
交通运输、仓储和邮政行业 G	56.56%	55.13%	55.75%	56.92%	58.55%	56.63%	54.68%	56.06%	53.35%	54.31%
信息传输、软件和信息技术服务业 I	47.95%	48.57%	48.55%	51.41%	50.98%	49.62%	49.57%	47.15%	41.76%	40.71%
房地产行业 K	64.67%	69.49%	71.86%	73.46%	74.69%	74.80%	76.69%	77.26%	78.51%	80.10%
社会服务业（H、L、M、N、O、Q）	52.14%	54.09%	55.04%	55.06%	59.76%	58.24%	60.12%	61.34%	62.19%	60.38%
传播与文化行业（P、R）	40.44%	32.25%	35.91%	37.04%	35.92%	34.89%	32.60%	33.14%	34.51%	37.24%
综合类行业 S	58.27%	56.44%	56.94%	56.61%	59.26%	55.80%	54.73%	46.33%	45.12%	49.54%
总计	57.57%	57.58%	58.92%	59.71%	60.84%	60.66%	60.15%	60.41%	59.99%	60.50%

表 5－12　　2009—2018 年实体经济上市公司行业层面资本负债率

行业＼年度	2009	2010	2011	2012	2013	2014	2015	2016	2017	2018
农、林、牧、渔行业 A	35.65%	36.45%	28.56%	30.99%	35.23%	32.77%	27.23%	27.42%	33.27%	32.47%
采矿业 B	24.76%	24.87%	26.73%	29.69%	30.97%	33.18%	32.38%	30.62%	28.94%	26.03%
食品、饮料行业 C0	25.32%	24.26%	22.51%	20.95%	18.09%	18.09%	15.12%	14.21%	16.55%	17.14%

续表

行业 \ 年度	2009	2010	2011	2012	2013	2014	2015	2016	2017	2018
纺织、服装、皮毛行业 C1	33.00%	27.08%	26.44%	24.51%	25.67%	26.98%	28.59%	25.23%	23.80%	30.87%
木材、家具行业 C2	45.34%	40.11%	33.97%	34.64%	33.99%	31.72%	30.14%	25.80%	21.73%	24.80%
造纸、印刷行业 C3	41.52%	43.38%	49.49%	50.54%	50.32%	52.48%	48.92%	43.81%	40.32%	43.54%
石油、化学、塑胶、塑料行业 C4	45.99%	41.59%	41.48%	44.35%	46.43%	46.43%	42.23%	37.78%	36.46%	37.98%
计算机、通信和其他电子设备制造业 C5	30.58%	27.39%	33.05%	32.10%	33.67%	31.07%	29.11%	30.78%	32.42%	35.18%
金属、非金属行业 C6	46.85%	47.48%	48.77%	50.18%	49.94%	48.75%	48.01%	46.36%	43.50%	40.61%
机械、设备、仪表行业 C7	27.52%	22.45%	26.53%	27.04%	27.53%	27.65%	27.02%	29.00%	27.69%	27.97%
医药、生物制品行业 C8	25.00%	22.07%	22.65%	22.91%	24.01%	22.86%	20.63%	19.82%	21.46%	23.43%
其他制造业 C9	56.98%	39.12%	34.10%	37.76%	37.24%	39.17%	39.72%	45.45%	46.01%	46.38%
电力、热力、燃气及水生产和供应业 D	65.79%	65.88%	67.40%	66.48%	61.69%	58.64%	58.11%	56.56%	59.82%	59.22%
建筑行业 E	46.46%	50.06%	57.06%	58.77%	59.86%	58.52%	55.85%	55.07%	53.08%	51.80%
批发和零售行业 F	38.87%	38.65%	39.80%	37.33%	41.12%	41.46%	42.00%	38.73%	39.35%	40.45%
交通运输、仓储和邮政行业 G	46.44%	44.99%	45.68%	47.37%	50.27%	49.52%	46.24%	45.70%	44.78%	45.84%
信息传输、软件和信息技术服务业 I	24.68%	23.32%	21.81%	26.97%	26.70%	27.03%	23.72%	22.77%	17.77%	16.34%
房地产行业 K	45.41%	50.95%	51.96%	52.95%	55.44%	57.78%	60.19%	60.12%	60.60%	60.41%
社会服务业（H、L、M、N、O、Q）	31.46%	37.55%	38.70%	37.68%	43.26%	42.57%	44.94%	48.12%	50.75%	45.54%
传播与文化行业（P、R）	20.14%	12.62%	17.66%	17.56%	11.95%	12.11%	10.93%	12.09%	13.07%	14.85%
综合类行业 S	44.39%	43.23%	41.98%	40.34%	45.07%	42.16%	41.70%	34.16%	33.70%	34.30%
总计	39.18%	38.79%	40.48%	40.66%	42.53%	42.37%	41.66%	40.75%	40.51%	40.40%

表 5-13　2009—2018 年实体经济上市公司行业层面权益乘数

行业 \ 年度	2009	2010	2011	2012	2013	2014	2015	2016	2017	2018
农、林、牧、渔行业 A	1.88	1.94	1.74	1.79	1.88	1.81	1.69	1.70	1.85	1.87
采矿业 B	1.78	1.79	1.87	1.93	1.94	1.99	1.92	1.89	1.91	1.87
食品、饮料行业 C0	1.81	1.79	1.78	1.72	1.61	1.56	1.54	1.57	1.60	1.63
纺织、服装、皮毛行业 C1	1.89	1.79	1.72	1.66	1.67	1.73	1.78	1.70	1.68	1.85
木材、家具行业 C2	2.15	2.00	1.82	1.83	1.82	1.78	1.79	1.68	1.68	1.78
造纸、印刷行业 C3	2.07	2.22	2.46	2.46	2.49	2.60	2.49	2.19	2.09	2.20
石油、化学、塑胶、塑料行业 C4	2.34	2.18	2.15	2.26	2.35	2.41	2.23	2.14	2.03	2.07

续表

行业 \ 年度	2009	2010	2011	2012	2013	2014	2015	2016	2017	2018
计算机、通信和其他电子设备制造业 C5	2.20	1.96	2.13	2.10	2.18	2.07	1.99	2.08	2.07	2.22
金属、非金属行业 C6	2.45	2.49	2.53	2.62	2.67	2.66	2.60	2.54	2.38	2.27
机械、设备、仪表行业 C7	2.61	2.36	2.35	2.28	2.34	2.35	2.30	2.49	2.27	2.29
医药、生物制品行业 C8	1.73	1.61	1.60	1.62	1.68	1.65	1.57	1.54	1.58	1.64
其他制造业 C9	3.50	2.21	1.91	2.07	2.00	2.16	2.06	2.26	2.30	2.39
电力、热力、燃气及水生产和供应业 D	3.35	3.35	3.47	3.56	3.04	2.87	2.79	2.74	2.88	2.86
建筑行业 E	4.21	4.56	4.88	5.04	5.17	4.98	4.59	4.52	4.36	4.20
批发和零售行业 F	2.81	2.81	2.87	2.80	2.98	2.92	2.88	2.61	2.65	2.72
交通运输、仓储和邮政行业 G	2.30	2.23	2.26	2.32	2.41	2.31	2.21	2.28	2.14	2.19
信息传输、软件和信息技术服务业 I	1.92	1.94	1.94	2.06	2.04	1.99	1.98	1.89	1.72	1.69
房地产行业 K	2.83	3.28	3.55	3.77	3.95	3.97	4.29	4.40	4.65	5.03
社会服务业（H、L、M、N、O、Q）	2.09	2.18	2.22	2.23	2.49	2.39	2.51	2.59	2.64	2.52
传播与文化行业（P、R）	1.68	1.48	1.56	1.59	1.56	1.54	1.48	1.50	1.53	1.59
综合类行业 S	2.40	2.30	2.32	2.30	2.45	2.26	2.21	1.86	1.82	1.98
总计	2.36	2.36	2.43	2.48	2.55	2.54	2.51	2.53	2.50	2.54

表 5-14　2009—2018 年实体经济上市公司行业层面资本杠杆

行业 \ 年度	2009	2010	2011	2012	2013	2014	2015	2016	2017	2018
农、林、牧、渔行业 A	1.55	1.57	1.40	1.45	1.54	1.49	1.37	1.38	1.50	1.48
采矿业 B	1.33	1.33	1.36	1.42	1.45	1.50	1.48	1.44	1.41	1.33
食品、饮料行业 C0	1.34	1.32	1.29	1.27	1.22	1.22	1.18	1.17	1.20	1.21
纺织、服装、皮毛行业 C1	1.49	1.37	1.36	1.32	1.35	1.37	1.40	1.34	1.31	1.45
木材、家具行业 C2	1.83	1.67	1.51	1.53	1.51	1.46	1.43	1.35	1.28	1.33
造纸、印刷行业 C3	1.71	1.77	1.98	2.02	2.01	2.10	1.96	1.78	1.68	1.77
石油、化学、塑胶、塑料行业 C4	1.85	1.71	1.71	1.80	1.87	1.87	1.73	1.61	1.57	1.61
计算机、通信和其他电子设备制造业 C5	1.44	1.38	1.49	1.47	1.51	1.45	1.41	1.44	1.48	1.54
金属、非金属行业 C6	1.88	1.90	1.95	2.01	2.00	1.95	1.92	1.86	1.77	1.68
机械、设备、仪表行业 C7	1.38	1.29	1.36	1.37	1.38	1.38	1.37	1.41	1.38	1.39
医药、生物制品行业 C8	1.33	1.28	1.29	1.30	1.32	1.30	1.25	1.25	1.27	1.31
其他制造业 C9	2.32	1.64	1.52	1.61	1.59	1.64	1.66	1.83	1.85	1.86
电力、热力、燃气及水生产和供应业 D	2.92	2.93	3.07	2.98	2.61	2.42	2.39	2.30	2.49	2.45
建筑行业 E	1.87	2.00	2.33	2.43	2.49	2.41	2.26	2.23	2.13	2.07
批发和零售行业 F	1.64	1.63	1.66	1.60	1.70	1.71	1.72	1.63	1.65	1.68
交通运输、仓储和邮政行业 G	1.87	1.82	1.84	1.90	2.01	1.98	1.86	1.84	1.81	1.85
信息传输、软件和信息技术服务业 I	1.33	1.30	1.28	1.37	1.36	1.37	1.31	1.29	1.22	1.20
房地产行业 K	1.83	2.04	2.08	2.13	2.24	2.37	2.51	2.51	2.54	2.53
社会服务业（H、L、M、N、O、Q）	1.46	1.60	1.63	1.60	1.76	1.74	1.82	1.93	2.03	1.84
传播与文化行业（P、R）	1.25	1.14	1.21	1.21	1.14	1.14	1.12	1.14	1.15	1.17
综合类行业 S	1.80	1.76	1.72	1.68	1.82	1.73	1.72	1.52	1.51	1.52
总计	1.64	1.63	1.68	1.69	1.74	1.74	1.71	1.69	1.68	1.67

第四节 研究启示

为实体经济服务是金融的天职，金融服务实体经济的主要方式是为实体经济提供流动性（李连发，2016），准确测度实体经济各类财务风险是防范金融风险之基。环境的瞬息万变对实体经济的抗风险能力提出了更高要求，也对金融机构稳健测度实体经济财务风险提出了新的诉求。本章立足于企业财务管理和金融性债权人角度，对传统财务分析体系中短期财务风险和总体财务风险测度指标存在的缺陷进行了分析，在重构分析体系之后，运用新、旧体系对2009—2018年实体经济上市公司短期财务风险和总体财务风险进行了分析，从整体、行业、地区层面还原了企业真实财务风险水平。

本章发现，在短期财务风险方面，2009—2018年我国实体经济上市公司整体短期金融性负债流动比率总体均值为1.63，即营运资金能保障1.63倍的短期金融性负债，短期财务风险呈下降趋势，从营运资金融资结构上看，短期金融性负债占比均值为61.49%，营运资本占比均值为38.51%，短期金融性负债是营运资金的主要来源，但短期金融性负债占比呈下降趋势。东、中、西部地区短期金融性负债流动比率均呈上升趋势，总体来看，东部地区短期财务风险更低。各个行业短期财务风险差别较大，部分行业出现“短贷长投”现象，短期财务风险极大，但也有部分行业以营运资本为营运资金主要来源，短期财务风险较低。在总体财务风险方面，我国实体经济上市公司整体的资本负债率总体均值为40.87%，资本杠杆总体均值为1.69，自有资金是主要融资来源。纵向来看，近十年来，实体经济总体财务风险呈波动上升趋势。多数年份东部地区的资本负债率和资本杠杆相对较低，东、西部地区总体财务风险呈上升趋势，中部地区总体财务风险呈下降趋势，总体来看，2009—2018年三个地区资本负债率均在50%以下，风险总体可控。从行业层面来看，除建筑行业，房地产行业，电力、热力、燃气及水生产和供应业3个行业以外，其余18个行业的资本负债率总体均值均在50%以下，大部分行业均以自有资金为主要资金来源。纵向来看，2009—2018年，13个行业总体财务风险有所下降，8个行业总体财务风险有所上升。

结合传统财务分析体系来看，本章发现，传统财务风险分析指标整体上高估了我国实体经济的短期财务风险和总体财务风险，为金融服务实体经济增设了障碍，极有可能激化融资难、融资贵等问题。我国正处在经济结构转型的特殊时期，“资本效率低、财务风险高”是企业的常态，但是综合第四章对资本效率的分析来看，传统财务分析体系低估了企业资本周转效率和资本回报效率，这无疑使原本艰难的实体经济雪上加霜。因此，纠正传统财务分析体系造成的扭曲势在必行，财务分析体系应成为金融服务实体的“智囊”，通过还原真实的财务基础信息等方式，为落实结构性去杠杆、推进金融服务实体进程提供科学指导。

第六章　资本管理创新的理念与路径

资本运动贯穿于企业全部经济活动的始终，而企业的经济活动不仅受企业内部因素的影响，也会受企业外部因素的影响。与之相对应，影响企业资本管理的因素也可以分为内部因素（经营理念、商业模式、财务政策、绩效评价体系、内控体系等）和外部因素（贸易环境、金融环境等）。

从企业外部因素看，主要是贸易和营商环境、投资环境和财政金融环境的影响。随着全球化竞争以及反倾销、反补贴调查、反避税等贸易及非贸易壁垒的加高，企业的投资风险将逐渐加大，投资回报率将逐渐降低，这势必给资本运用和资本筹措的管理带来更大的挑战。良好的投资环境有助于降低企业的资本需求，从而提高投资回报率和降低投资风险，并会吸引更多的投资者的资本，进而降低企业的资本成本。宽松的财政和货币政策有助于增加流动性，在降低公司资本成本的同时，有利于其投资及并购活动；相反，从紧的财政和货币政策会降低流动性、提高资本成本，企业的资本管理也会受到影响。此外，汇率、利率变动的加剧，也必然对资本的安全性和流动性带来不利影响。

从企业内部因素看，企业经营理念的创新性和商业模式的先进性对资本管理的影响首当其冲。资本运动是经济活动的“晴雨表”，从根本上来说，资本运动的效率和水平受制于企业经济活动的组织和活力。现代企业如果没有全球化的理念和视野就很难对企业面临的风险及机会进行充分评估，企业的资本管理势必会举步维艰。与之相同，如果一家企业没有先进的商业模式作为支撑，也很难取得良好的资本管理绩效。其次，企业的财务政策对其资本管理也会产生重大影响。激进的财务政策，通过寻求现金的最低持有量及充分利用财务杠杆的筹资策略，虽有利于业务的拓展和资本回报的提高，但却加大了资本流动性和财务风险；保守的资本政策则正好相反。再次，企业的绩效评价体系对资本管理也会产生重要的影响。不论是“无形的手”还是“有形的手”作用的发挥，都需要准确的资本效率、财务风险等信息的支持，如果企业的绩效评价体系所提供的信息产生扭曲，势必会误导资本管理的决策，造成资本错配的发生。最后，企业的内控体系对资本管理的影响不可忽视。企业资本内控体系是否健全、手段是否先进，不仅会影响企业资本的安全和健康，而且也会直接影响企业资本运行的效率和风险。

第一节　资本管理创新的理念

资本管理创新不仅需要创新的资本运动分类框架和创新的资本效率与财务风险分析体系

作为基础，而且需要创新的资本管理理念的支持。

一、业务、财务一体化

企业资本效率是企业经营效率的真实写照，也是反映经济运行质量和业务运行效率的"晴雨表"。中国企业营运资金管理研究中心的调查显示，近年来大部分上市公司的营运资金管理绩效总体呈下降趋势，这与我国经济普遍存在的产能过剩严重、结构调整压力加大等不利因素的影响是吻合的。营运资金管理绩效的提升不应陷入就财务论财务的误区，必须与时俱进，树立业务、财务一体化的理念和协同创新的意识。

虽然财务管理的中心是资本管理，但是资本管理的问题绝不只是财务人员就能解决好的。现实中我们看到很多企业的资本管理都非常出色，它们的成功经验和做法中的一个共同点就是十分重视那些能够根本性地决定企业资本管理绩效的业务流程、商业模式和管理体制等因素。CFO 不仅要敢于突破传统财务管理理念和模式的束缚，更重要的是要树立业务、财务一体化的理念和协同创新的意识，要打破财务、业务的传统界限和部门、企业之间的边界，跨越企业边界，开展合作和协同创新，从而实现资本管理绩效的战略性提升。

例如，传统的资本管理认为存货储备是必不可少的，存货管理只能通过经济订货量模型和再订货点模型去控制存货上的资本占用，但要实现零存货简直就是异想天开。但是，现在很多企业通过与供应商的战略性合作却轻而易举就实现了零存货，而根本不需要再去计算什么经济订货批量，也不必再去核定什么再订货点，所有这些问题都由供应商管理库存的模式解决了。通过这种管理模式的变革，以及跨越企业边界与供应商的合作，零存货的问题迎刃而解。

二、资源共享与信息共享

企业规模巨大、分公司或子公司等企业成员地域分散、资本使用效率低是许多大型企业集团的共同问题。在分散的资本管理体制下，大型企业集团要降低企业的融资规模和融资成本，只能逐一降低每家成员企业的资本需求，但对一个经营管理多年的企业集团来说，通过每家成员企业降低资本需求能挖掘的潜力可能已经十分有限了，但若将集团的资本管理体制由原来的分散管理变革为资本集中管理，则管理体制的创新就可以将集团成员企业的内部闲置资本充分利用起来，充分盘活资本存量，进而提高资本使用效率，由此所带来的资本需求的节约和融资规模、融资成本的降低才是根本性的、战略性的。以海尔集团为例，针对以前资本在集团内产、供、销流程各环节以及各成员单位沉淀、闲置、配置不均衡和融资需求不对称等问题，海尔集团自 2002 年起设立了财务公司。财务公司根据集团发展的需要集中、统一管理集团下属近千家公司的资本，通过有偿调剂集团内部企业资本余缺、优化配置集团资本资源，激活了集团内部的闲置和沉淀资本，满足了成员单位产业发展过程中的内部融资需求，实现了集团对外流动资本的"零"贷款，节约了大量资本成本。

同样，随着与利益相关者合作共赢的理念日益盛行，市场竞争已经从个体企业之间的竞争转变为全球供应链之间的竞争，企业与供应商、客户之间的合作关系不仅成为企业核心竞争力的重要决定力量，而且对企业的营运资金管理也产生了深远的影响。跨越企业边界与利益相关者合作成为许多企业解决资本管理难题的重要途径。

不论是集团内部资本集中管理体制的实施，还是供应链上、下游企业之间合作解决资本管理难题，其体现的都是资源共享和信息共享的理念。资源共享和信息共享的理念为企业资本管理实践的创新发展注入了生机和活力。供应链金融的迅速发展正是这一理念在核心企业、金融机构和供应链上、下游企业中应用的结果。

三、流量存量兼顾

资本存量和资本流量是资本运动的两个不同的侧面。资本存量是资本运动的静态特征，也是各期资本运动累计的结果，资本流量则是资本运动的动态特征，是资本运动的过程体现。资本运动的本质特征就是其流动性，资本流量管理应是资本管理的过程和重心，而资本存量管理则是流量管理的结果，因此，资本存量管理问题可以通过资本流量管理的优化加以解决。反过来看，资本存量是资本流量的起点和基础，在其他条件相同的情况下，良好的资本存量将会带来顺畅的资本流量。因此，资本管理创新应秉持流量、存量兼顾的理念，以加快流转化解存量问题，以优化存量促进资本流转。

第二节　资本管理创新的路径

一、业务创新与资本管理

资本运动贯穿于企业营业活动的始终。业务流程和商业模式不仅决定了企业的业务运作方式和运作效率，而且从根本上影响了资本运动的过程和效率。以营运资金管理为例，传统的营运资金管理局限于按构成要素对营运资金进行分类并对其各个部分进行管理，不仅缺乏整体观念，更缺乏与企业业务流程的有机联系。王竹泉、马广林（2005）提出“要将营运资金管理的重心转移到分销渠道控制上来”。王竹泉、逄咏梅、孙建强（2007）以营运资金的重新分类为切入点，提出了基于渠道管理的营运资金管理绩效评价体系。如今，业务、财务一体化的理念已经深入人心，业务流程再造、商业模式创新等业务创新已成为战略性提升资本管理绩效的根本途径。

企业的业务流程可以划分为三大核心流程：营销流程、生产流程、采购流程。业务流程的基本组成单元是作业，在业务流程中，每个作业都与前后的作业相衔接，都以前一个作业的产出为投入，同时将本项作业的产出转移给下一个作业。

从作业的投入产出这个过程称为作业周期，一系列逻辑相关的作业周期之和组成业务流程周期。每个流程在企业中都与前后的流程相衔接，因此，每个流程都以前一个流程的产出为投入，同时将本流程的产出转移给后一个流程。本流程的营运资金周转期与本流程的业务流程周期之间的差异也表现在流程之间结算造成的应收、应付、预收、预付上。具体到各业务流程来看：

营销流程营运资金周转期 = 营销流程周期 + 应收款项周转期 + 预付账款周转期 - 应付款项周转期 - 预收款项周转期。其中，预付款项、应付款项是指营销流程与生产流程结算时产生的债权、债务，在数量上应与生产流程的预收款项、应收款项相对应。应收款项、预收款项是营销流程与外部客户结算时产生的债权、债务。

生产流程营运资金周转期 = 生产流程周期 + 应收款项周转期 + 预付账款周转期 - 应付款

项周转期－预收款项周转期。其中，应收款项、预收款项是指生产流程与营销流程结算时产生的债权、债务，在数量上应与营销流程的应付款项、预付款项相对应；预付款项、应付款项是指生产流程与采购流程结算产生的债权、债务，在数量上应与采购流程的预收款项、应收款项相对应。

采购流程营运资金周转期＝采购流程周期＋应收款项周转期＋预付账款周转期－应付款项周转期－预收款项周转期。其中，应收款项、预收款项是指采购流程与生产流程结算产生的债权、债务，在数量上应与生产流程的应付款项、预付款项相对应；预付款项、应付款项是采购流程与供应商结算时产生的债权、债务。

当将上述三个业务流程的营运资金周转期进行汇总时，前端流程的应收款项周转期、预收款项周转期与后端流程的应付款项周转期、预付款项周转期恰好相抵，则：经营活动营运资金周转期＝营销流程营运资金周转期＋生产流程营运资金周转期＋采购流程营运资金周转期＝营销流程周转期＋生产流程周转期＋采购流程周转期＋应收款项周转期＋预付账款周转期－应付款项周转期－预收款项周转期＝经营活动业务流程周转期＋应收款项周转期＋预付账款周转期－应付款项周转期－预收款项周转期。其中：应收款项、预收款项是营销流程与外部客户结算时产生的债权、债务，预付款项、应付款项是采购流程与供应商结算时产生的债权、债务。

由此可见，营运资金周转伴随着业务流程运作的全过程。每一个业务流程的管理在影响本流程营运资金管理绩效的同时，也影响着其他流程的营运资金管理绩效。因此，企业绝不应将其控制的各个业务流程看成是孤立的，而应该将以业务流程为载体的信息流、资金流进行有效整合，实现流程之间的信息与资源共享。流程之间的信息共享不仅有利于弱化企业内部各流程的牛鞭效应，还有助于提高企业对市场的反应速度，减少对顾客需求响应的时间，其结果都将体现为在提升业务效率的同时提高资本管理绩效。

二、制度创新与资本管理

如何保持良好的资本运动状况并实现资本保值增值，既是企业经营管理的目标和重心所在，也是利益相关者参与治理的目标和重心所在。除通过业务流程与商业模式创新实现资本管理创新外，制度创新也是根本性提升企业资本管理绩效的重要途径，制度创新应为资本管理增添活力。

（一）企业混合所有制与资本管理创新

1. 企业混合所有制的本质是利益相关者资本管理

从微观企业的层面来看，每一家企业都是资源配置的产物。在每一家企业形成的资源配置过程中，政府都实实在在地投入了具有个性化的公共资源。比如，政府授予每家企业的名号、许可以及个性化条件（如建设用地优惠、开发区基础配套等硬件）和特别政策（如企业人才引进、招商引资优惠政策）等。若将这些具有个性化的公共资源也视为公共物品由公共财政负担，则违背了公共物品均等化配置的基本原则。事实上，这些公共资源配置本身就不是纯公共物品，而更具有资本特性，我们可以称之为“政府公共资本”或“政府社会资本”。与物质资本、智力资本等其他的投入要素一样，“政府公共资本”对每一家企业的价值创造来说都是不可或缺的，理应赋予作为该类资本投资者的政府以相应的资本所有权。但是，传统企业理论都将政府公共资源配置等同于公共物品供给，最多就是提出准公共物品概念，但尚没有对企业中的准公共物品的资本特性进行研究，对每一家企业中均必不可少并由政府投入的公共资本视而不见，忽视了政府作为企业当然所有者的地位，均未认可政府作为政府公共资本出资者的身份，而是将政府作为超然存在于企业组织之外的社会管理者，将政府在每家企业中所投入的政府公共资本与公共产品等同看待。

众所周知，每一家企业都具有自己的个性化特征。但是，如果不承认政府作为公共资本投入者对企业享有的所有权，我们可能无法辨识不同企业的差别究竟在哪里。例如，同一个投资者甲在 A、B 两个不同的国家或地区投入相同的货币资金分别组建一家企业，在不考虑政府作为公共资本投入者享有所有权的情况下，这两家企业是没有差别的。但是，在考虑了政府作为公共资本投入者享有所有权的情况下，这是两种完全不同的集体选择，在 A 国或地区设立的企业是甲与 A 国或地区政府的集体选择，该企业是由甲与 A 国或地区政府共享所有权的组织，而在 B 国或地区设立的企业是甲与 B 国或地区政府的集体选择，该企业是由甲与 B 国或地区政府共享所有权的组织。由此可见，不仅每一家企业都是一家混合所有制的企业，而且每一家企业的混合所有制又都具有自己的个性，这种个性是由企业所有者的构成及其投入的资本决定的，政府作为向每一家企业投入政府公共资本的主体，理所应当成为企业的所有者之一。目前我国虽然国有企业众多，但是政府对国有企业的所有权却并非以政府在企业中投入的公共资本来界定，而仍然是以企业中物质资本的提供者是政府（包括中央政府或地方政府）来界定的。如果政府没有在一家企业中投入有形的物质资本，则政府就不会成为现实中企业的所有者。

针对传统企业理论将政府作为超然主体并漠视政府在企业中投入的政府公共资本的局限，我们认为：政府公共资本是每一家企业必不可少的关键资源，其不同于一般意义上的公共产品，而具有“资本”的特征。因此，应将具有政府公共资本禀赋的政府作为企业利益相关者纳入企业制度分析框架，将每一家企业都视为具有政府公共资本禀赋的政府与其他资本投资者的集体选择所形成的混合所有制企业，即混合所有制是所有企业的共同特征。传统意义上的独资企业，也是由政府和业主共享企业所有权的一个混合所有制的组织，即世界上并不存在一家纯粹意义上的独资企业。

需要指出的是，虽然每一家企业都离不开政府公共资本的投入，但政府参与企业的集体选择（王竹泉，杜媛，2012）却并非是一种被动的选择。政府可以选择是否接受其他资本所有者提出的集体选择。当政府没有批准其他资本所有者设立企业的请求时，就意味着该政府选择了不加入这种集体选择，企业也就无法形成。同样，其他资本的所有者也可以选择与什么样的政府一起进行集体选择，选择企业的注册地就是对加入集体选择的政府进行的选择。

2. 企业混合所有制提升资本管理绩效的机理

在企业混合所有制改革的本质是利益相关者资本管理的认识的基础上，企业混合所有制改革的意义或其对提升企业资本管理绩效的作用机理可以从以下两个方面来理解：

（1）通过优化企业所有权关系和治理结构，提升企业资本管理绩效。每一家企业都由多种形态资本所有者共同享有企业所有权，不同形态的资本所有者在企业中的所有权关系属于生产关系和上层建筑的范畴，因此，企业可以通过混合所有制改革优化企业治理结构，进而通过改进生产关系实现企业生产力的提升；在这个方面，企业混合所有制改革可以发挥的空间十分巨大。物质资本、智力资本和社会资本在特定时间、特定空间都可能成为特定企业生存和发展所需要的关键资源，提供这些关键资源的利益相关者理所应当成为企业集体选择的参与者，从而享有企业所有权。但是，目前的企业所有权制度仍停留在以物质资本为主的时代，如何使智力资本、社会资本的所有者能够同样获得企业所有权是企业混合所有制改革应该重点突破的领域。在此特别要强调的是，国内外的企业理论都将提供公共服务的政府视为一个超然主体排除在企业所有者的范畴之外，但是，每一家企业的运作都离不开政府特别是地方政府所提供的公共资本（如基础设施、制度环境、社会文化等），确认政府在每一家企业中公共资本所有者的权利和地位，对于营造合作共赢的政企关系具有重要的意义，我国的企业混合所有制改革应在新型企业制度的创建中作出表率。

（2）通过优化资本基础和资本配置结构，提升企业资本管理绩效。资本规模和资本结构是决定企业生产力高低的物质基础，而每一家企业的资本都是多种形态资本所有者投入的不同形态资本的集合，因此，企业可以通过混合所有制改革优化资本配置，实现不同所有者的资本以及物质资本、智力资本和社会资本等不同形态资本的优势互补和协同运作，从而改善企业生产力的物质基础、提高企业的生产力。在这方面，国有资本应当充分发挥其信用好、抗风险能力强等方面的优势，而民营资本则应该充分发挥其机制灵活、市场反应敏锐等优势，企业家、技术专家、员工等则应充分发挥其智力资本的优势，各地方政府则应充分发挥其所能提供的优良的基础设施、商业环境、人文环境等方面的条件和优势，让每一家企业都成为一个资本不断积聚和增值的场所。

3. 所有企业均可以通过企业混合所有制改革提升资本管理绩效

不论是从基本经济制度重要实现形式的混合所有制经济的改革目标来看，还是从微观经济组织产权制度层面的企业混合所有制改革实施主体来看，“混合所有制改革”都并非“国有企业”“公有资本”的专利或特权，也绝非一般意义上的国有资本与民营资本的混合。如前所述，多种形态资本的所有者共同享有企业所有权才是企业混合所有制的真正要义。企业应端正对混合所有制改革的认识，将混合所有制改革视为所有企业均可以享受的政策红利，抓住机遇，加深对混合所有制改革的研究，积极参与企业混合所有制改革的宏伟实践。

传统意义上的国有企业，由于其物质资本的投资者和政府公共资本的投资者都是政府，因此，存在着不同形态资本的所有者单一因而缺乏相互制约的局限，再加上政府作为所有者对利润的追逐动机不强，其弊端就会显现出来。而引入具有经营管理才能和智力的企业家、技术专家或拥有更强的追逐利润动机的民营资本的投资者，则有助于克服这类企业自身的局限，进而提高企业资本的运用效率和市场竞争力。

同样，民营企业可以通过企业混合所有制的改革克服其自身资本实力有限、抵御风险能力较弱、对政府拥有的政府公共资本的吸附力较低的不足，通过引入国有资本进而提高企业的资本实力和抗风险能力，并通过优化企业的资本结构进一步提高企业资本的运用效率和市场竞争力。因此，民营企业也应积极参与企业混合所有制改革实现创新发展。

不仅如此，即使已经是多种形态资本混合所有制的企业，其仍然有进一步通过企业混合所有制提升企业资本管理效率的空间。这种提升企业资本管理效率的方式是根本性的，属于体制和制度创新的范畴。因此，每一家企业都应该积极参与企业混合所有制的改革，不断通过制度创新增强企业的活力，提高资本的运用效率，释放混合所有制改革的红利。

（二）改革政企关系，更好地发挥政府作用

企业是资源配置的社会建构。在企业这一资源配置的社会建构过程中，市场和政府是资源配置的两种手段，而这两种手段对资源配置的作用存在此消彼长的关系。一般来说，在制度环境完善的国家或地区，市场化程度较高，政府对市场的影响力较弱，市场发挥配置资源的主导作用。然而，在制度环境不够完善的地区，企业依靠市场化的正式机制难以获得足够的发展资源，就需要充分发挥政府在资源配置中的调控作用。如何在发挥市场主导作用的同时，更好地发挥政府作用，其核心和实质是政企关系的调整。由此可见，政企关系对企业资本效率和财务风险的影响举足轻重。

我国社会主义市场经济不仅在宏观的政府与市场关系层面具有显著的特色，而且在微观的政企关系层面也必然有不同于西方国家的显著特色。虽然近年来结合我国现实国情的政企关系研究开始得到重视，但是远未形成中国特色政企关系的话语体系，更难以为中国特色社会主义市场经济理论提供坚实的微观基础。不同学派过多地将论证的焦点集中到政府和市场的资源配置功能谁主谁次上，而忽视了对分歧最大的政府资源配置功能的细致、深入研究，似乎都把政府公共资源配置的主要功能视为提供公共物品，或投资于市场失灵的公共领域。除提供公共物品外，政府还有无其他的公共资源配置？这些公共资源配置的性质是公共物品还是公共资本？中国与西方国家在政府公共资源配置上的主要差异何在？

事实上，古今中外，政府都绝非仅仅是一个拥有公共权力的超然主体，而是一个实实在在地拥有公共资本投资权力的主体。政府作为国家代理人，其目标和价值追求从来都存在着经济目标（经济价值）、政治目标（社会价值）的双重性：一方面，政府通过提供政府公共资本引导市场的资源配置，从而推动经济增长，实现其经济目标；另一方面，政府通过提供公共产品，维护政权稳定和社会秩序，实现其政治目标。每个国家的政府都必须在两种目标之间进行权衡。

当政府更关注所获得的社会价值时，将较少投入政府公共资本，政府对资源配置的引导功能将主要依靠提供公共产品来实现，政府直接的资源配置功能被降低到最低限度，从而形成“小政府”。而当政府更关注经济价值时，将形成“大政府”，即政府充分发挥其资源配置功能，不仅通过提供公共产品引导社会资源的配置，而且还通过直接投入政府公共资本引导社会资源的配置，从而实现较高的经济价值。但这势必会引起政府公共资本投入的不均衡，从而引发社会不公，并由此降低政府的社会价值。实践证明，两个极端的选择都不是最佳的选择。

从资源配置的视角来看，政府公共产品的提供致力于达成政治目标和公平性，而政府公共资本的投资则更致力于达成经济目标和效率性。中国特色政企关系话语体系的构建可以从国家治理与公司治理两个层面着手。在国家治理层面，政府作为国家代理人，既要维护社会稳定公平、实现其社会价值，又要推动经济增长、实现其经济价值。然而，不论是更加关注社会价值、依靠公共物品进行资源配置的“小政府”，还是追逐经济价值、通过政府投入资本进行资源配置的“大政府”，公平与效率都很难兼顾，极端地选择市场或政府任何一方都会带来巨大的市场或政府失灵问题。将政府公共资源配置区分为政府公共产品和政府公共资本之后，政府就不必再拘泥于“大政府”“小政府”的定位，它既是维系社会公平的管理者，同时也是参与市场活动的投资者。“每一家企业都是具有政府公共资本禀赋的政府与其他资本投资者的集体选择所形成的混合所有制企业”的理论厘清了政府与企业之间的政权关系与产权关系，既满足了政府创造社会价值、经济价值的双重目标，又满足了对公平的维护及对效率的追逐。

以混合所有制改革为契机确立政府在企业中的政府公共资本所有权，激励政府通过政府公共资本投资实现引导市场资源配置的功能，不仅有助于以产权为纽带在微观层面构建和谐与共的新型政企关系，而且更有助于充分彰显中国社会主义市场经济体制的独特魅力，为新时代中国特色社会主义经济理论话语体系的构建提供支撑。同时，将政府公共资本从公共产品中剔除后，公共产品才真正具有了社会公众平等分享的特征，因此，确立政府对企业中政府公共资本的所有权还将进一步推动国家治理体系和治理能力的现代化。

确立政府对企业中政府公共资本的所有权并不意味着将所有企业都变为国有企业。在大多数企业中，政府凭借政府公共资本所获得的所有权只是附属性的，仍然由其他资本投资者拥有对企业的控制权。但是，确立政府对每一家企业的政府公共资本所有权却有助于构建新型政企关系，即：政府作为社会管理者与企业之间的政权关系和政府作为政府公共资本投资者与企业之间的产权关系。在此基础上，进一步改革财税分配体制，建立与新型政企关系相适应的新型财税分配体制，即：政府作为社会管理者与企业之间的关系通过建立均衡负担的税收制度和均等共享的财政制度来维护，而政府作为政府公共资本投资者与企业的关系则通过政府在每一家企业的政府公共资本所有权以参与利润分配的形式来体现，政府在不同企业中所投入的公共资本的不同将体现为其获得的所有权份额或比例的差异，从而实现公平与效率的完美统一。

需要特别强调的是，国内外企业理论都将提供公共服务的政府视为一个超然主体，将其排除在企业所有者的范畴之外，但是，每一家企业的运作都离不开政府特别是地方政府所提供的公共资本（如基础设施、制度环境、社会文化等），确认政府在每一家企业中公共资本所有者的权利和地位对于营造合作共赢的政企关系具有重要的意义。创建新型企业混合所有制制度和新型政企关系，不仅将对提升我国企业的资本效率和经济发展水平产生积极作用，而且也必将为经济理论、国家治理的创新发展和全球经济发展水平的提升作出重要贡献。

（三）创新资本管理体制，增强企业资本活力

资本管理体制有集中管理体制与分散管理体制之分。在分散的资本管理体制下，企业要降低对外融资规模和融资成本，只能通过降低每个业务板块、成员企业或部门资本需求的方式，但若不打破企业内部各业务板块、成员企业或部门之间的界限，降低资本需求的潜力十分有限。但若将企业的资本管理体制由分散管理变革为集中管理，则管理体制创新就可以将集团成员企业的内部闲置资本充分利用起来，由此所带来的资本需求的节约和融资规模、融资成本的降低才是根本性的、战略性的。因此，资本管理创新要善于通过引领企业的管理体制创新从根本上解决资本管理的难题。

目前，大型企业集团一般都认识到了资本集中管理的重要性。但是，根据企业内部资本集成状况以及内部资本链与业务链及外部市场链的集成水平，企业集团内部资本集中管理模式还具有资本结算中心、内部银行、财务公司、金融控股公司等不同模式，这些模式都在不同程度上发挥了内部资本市场的资本配置功效，企业需要结合不同发展阶段的资本配置诉求选择与之相适应的资本集中管理模式。

三、金融创新与资本管理

随着资本市场的不断完善，各类金融衍生工具、供应链金融产品层出不穷。金融创新在企业资本管理中的作用日益显著，成为提升资本管理绩效的重要路径。

供应链金融是一种新型的企业融资模式。处于供应链核心地位的企业通过构建与上下游企业稳定的合作关系，可以将其自身的信用优势沿供应链向上下游企业延伸，以提升供应链的整体融资能力，借助银行等金融机构的资本支持，缓解供应链中资本链条失衡的问题。与传统的信贷融资模式相比，供应链金融具有以下特点：（1）授信模式由“点对点”转变为“点对链”；（2）目标集中于流动性较差的资产；（3）强调银行或金融机构对资本流和物流的有效控制，使注入企业的融通资金的运用限制在可控范围之内，达到过程风险控制的目标。

供应链金融主要通过以下路径提升资本管理绩效：

1. 优化资本配置结构，加快资本周转

供应链金融可有效地将生产和贸易中形成的变现能力较差的存货和应收款项等营运资金项目置换为流动性强的货币资金，减少了存货和应收款项上的资金沉淀，提高各个渠道营运资金的管理效率。

2. 有效填补资本流缺口，改善现金流

企业支出和收入资本的非同步性，使企业运营过程出现现金缺口，如图6－1所示：

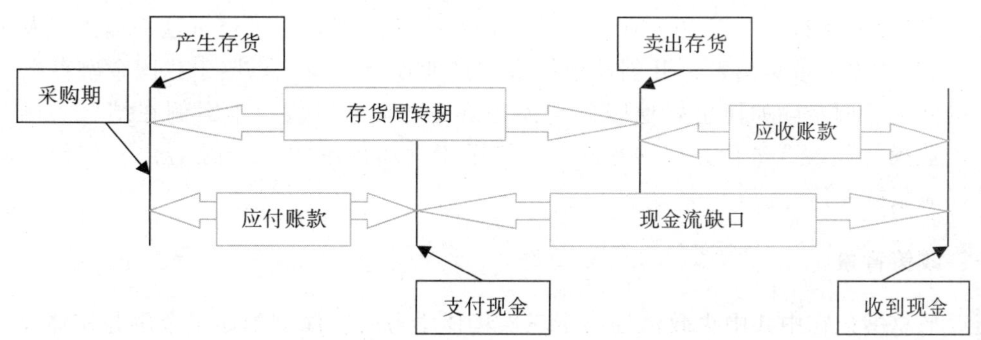

图6－1　企业赊购时营运资金缺口周期

企业融资的切入点分为三个阶段：

第一阶段，“产生存货”到“支付现金”，主要是企业采购原材料、半成品和产成品的时期。一方面，采购物品价格的波动或汇率变动等风险影响整个供应链的运营，供应链金融的风险管理职能起到举足轻重的作用；另一方面，采购期一旦出现资金缺口，如应付账款的支付，供应链金融可以选择其创新模式解决融资问题。

第二阶段，“支付现金”到“卖出存货”时期为资本缺口期。此时，企业大部分的资产以存货这一动产的形式存在，应用动产融资可以大大减少企业的资本压力。此时，需要合理地利用供应链融资，通过物流来监管作为融资质押物的动产，来帮助企业解决资本缺口问题。

第三阶段，“卖出存货”到“收到现金”时期，企业拥有资产的形式主要为应收账款，应收账款回收及优化是营运资金管理的一项重要内容，也是供应链融资的重要方式。

将企业的运营过程进行解构之后，容易发现那些参与供应链运作，并在真实的贸易过程中形成的流动性不足的资产、需要扩大规模的资产以及由此产生的资金缺口。对于各个阶段产生的资本缺口，供应链金融能较为有效地解决这一问题，缓解企业面临的资本压力。

第七章　资本管理典型案例

第一节　海尔金控产业投行的案例

2015 年，在国家深化供给侧结构性改革的国家战略背景以及海尔开展平台化转型的集团战略背景下，海尔金控成立了。借助海尔平台资源优势，海尔金控迅速发展五大布局板块、“金融＋交易＋投资”三条主业务线，从中小企业融资难、融资贵这一痛点以及金融业“回归本源”的方针政策出发，开创性地提出“产业投行”模式。鉴于我国金融存在“脱实向虚”的问题，而金融如何更好地服务实体经济还在摸索阶段，本案例在结合实例对海尔金控“产业投行”模式进行介绍的基础上，侧重于阐述传统的“产融结合”如何创新以使金融更好地服务实体经济。

一、政策背景

习近平总书记在中共中央政治局第十三次集体学习时，深刻阐述了金融与实体经济的关系：金融活，经济活；金融稳，经济稳。经济兴，金融兴；经济强，金融强。经济是肌体，金融是血脉，二者共生共荣。一方面，正如习近平总书记在党的十九大报告中所指出的，金融在建设现代化经济体系中发挥着“输血”作用，金融是实体经济高质量变革的推动性因素，同时也是实体经济协同发展的调节性因素；另一方面，实体经济是金融的本源，习近平总书记指出“不论经济发展到什么时候，实体经济都是我国经济发展、我们在国际经济竞争中赢得主动的根基”，金融如果脱离了实体经济，陷入“以钱生钱”的非理性扩张之中，就只能成为无本之木、无源之水，最终引发金融危机。

可见，国家已从顶层设计层面指明金融应回归服务实体经济的本源。然而，不可否认的是，我国目前确实存在金融业“脱实向虚”，导致实体经济出现融资难、融资贵、资金短缺的问题。为此，银监会 2014 年选择海尔、北汽、上汽、格力、武钢 5 家集团的财务公司作为产业链金融服务的试点单位，旨在通过财务公司满足产业链上企业的融资需求，实现产业资本与金融资本的结合，促进实体经济的发展。

二、海尔金控“产业投行”模式的优势与动机

（一）海尔金控公司概况

2015 年，海尔集团基于对管理模式的探索，开始从传统的家电制造企业向孵化小微的

平台企业转型，平台为每一家创业公司提供资金资源以及海尔创立三十余年沉淀的研发资源、供应链资源、用户资源，海尔金控正是诞生于这一平台化转型过程。在海尔平台资源的支持下，海尔金控迅速搭建起完整的金融产业构建，形成五大板块（金融、交易、投资、美食、康养）以及“双中心＋一基地”（战略中心在青岛，运营中心在上海，产融基地在重庆）的布局。海尔这个大平台将其积淀的资源对海尔金控充分开放，使平台上的40个产业链转变为海尔金控面向全球资源链接的能力。

目前，海尔金控资产规模已达千亿元，在五大板块之下布局了金融、类金融机构16家，法人公司31家，持有70多项金融业务牌照资源，成为海尔集团实施网络化战略的支柱产业之一。海尔金控金融服务业务范围广泛，涉及海尔集团财务公司、融资租赁、小额贷款、金融保理、消费金融、财富管理平台、清算平台、第三方支付、资产交易平台等。旗下设立专注于股权投资和基金管理的创投公司，且通过集团及上市公司控、参股青岛银行、北大方正人寿等多家金融机构。海尔金控以“金融＋交易＋投资”三条清晰的业务线将上述资源及金融服务贯穿起来，并以投资板块作为发展“产业投行”模式的关键着力点，重点向智慧家庭、医疗健康等产业投资，海尔金控三大主线业务介绍如图7－1所示。

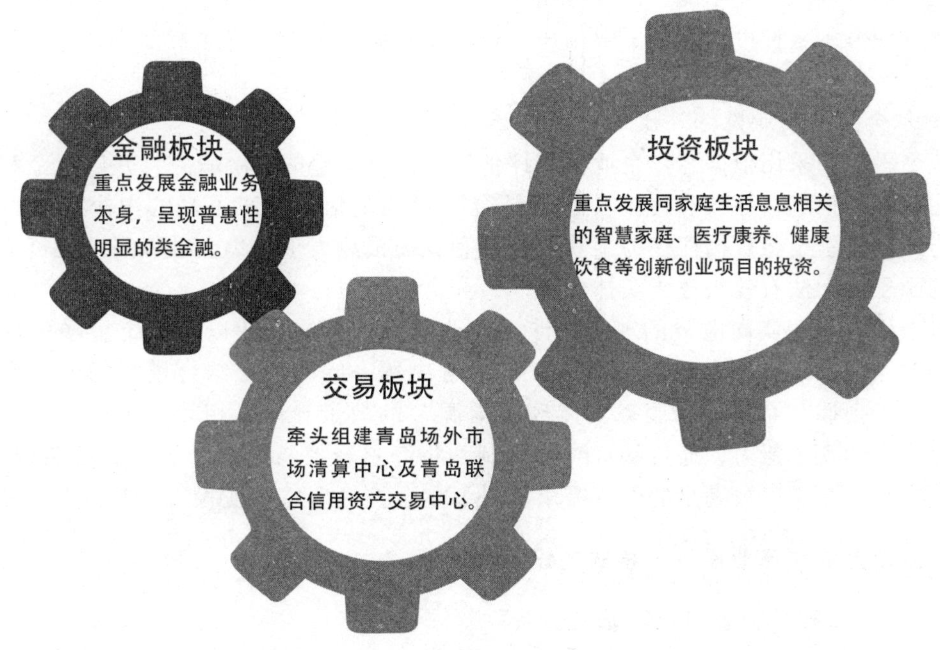

图7－1 海尔金控三大主线业务

（二）“产业投行”模式的优势与动机

1. 海尔金控“产业投行”模式的优势

（1）组织管理优势。海尔集团于2005年提出“人单合一”管理模式，其中，“人”指的是员工，“单”指的是订单的来源——用户，更准确地说是用户的需求和价值，“人单合一”指将员工和用户的价值相结合，员工的薪酬决定于员工为用户创造的价值。长期以来，我国中小企业普遍存在融资难、融资贵的痛点，对于海尔而言，这就是用户的需求。海尔金控“产业投行”模式通过中小微金融、普惠金融服务为中小企业提供资金支持，并运用海尔平台资源向用户企业提供管理运营服务，解决用户企业融资难、融资贵的问题。

每家企业所属产业不同，融资目的不同，发展战略亦不相同，这就要求海尔金控结合用户企业特点为其提供资金支持及管理运营服务。海尔“人单合一”管理模式要求将用户价值的实现作为企业价值实现的标准，员工只有满足了用户的需求、实现了用户的价值，才能获得相应薪酬。因此，海尔集团将用户价值和员工价值相结合的“人单合一”管理模式正是海尔金控发展“产业投行”所必需的。

可以说，“产业投行”模式以用户需求为导向，按需提供金融服务的商业模式秉承了海尔“人单合一”的管理理念，海尔集团推行“人单合一”管理模式十余年的实践经验使海尔金控可以充分发挥员工能力，迅速链接各方资源，为用户企业提供定制服务。

（2）产业资源优势。海尔金控的定位是“产业里最懂金融，金融里最懂产业”，这一定位正是海尔金控发展“产业投行”优势的完美诠释。2017 年，海尔金控推出“产业投行”模式之时，成立于 1984 年的海尔集团已经经历了 33 年的发展创新，在全球范围内建立了十大研发中心、45 个制造中心、108 家世界工厂，其打造的产业孵化平台支持集团内部创业人员成立了 200 余家小微公司，创业项目涉及家电、智能可穿戴设备等产品类别以及物流、商务、文化等服务领域。海尔庞大的产业链为海尔金控发展“产业投行”提供了深厚的产业资源积累，使海尔金控可以深度了解用户企业产业优势，帮助其快速整合资金、管理以及供应链资源。

2. 海尔金控“产业投行”模式的动机

传统金融机构采用根据客户企业信用评估等级提供资金的金融服务，并以资金利息作为金融机构获取的报酬，导致在传统“产融结合”模式下信用等级不高的中小企业难以获得融资。与此同时，金融机构往往为了获取较高利息回报热衷于收集金融牌照，使资金进入追逐利率的圈子，无法有效服务于实体经济。

面对金融业“脱实向虚”的现状，涉足产业金融的传统企业以及传统金融机构或者出于自身利益原因不愿解决，或者正在摸索可以解决这一问题产融结合模式的创新方法。对此，海尔金控把握“金融回归服务实体经济本源”的政策导向，相较于信用等级，更注重客户企业未来的现金能力，通过签订对赌机制，将海尔金控与用户企业的利益捆绑在一起。可以说，中小企业难以被满足的融资需求正是海尔金控提出“产业投行”模式的动机。

三、海尔金控“产业投行”模式的设计与创新

（一）海尔金控“产业投行”模式设计

“产业投行”模式是指海尔金控在为用户企业提供资金支持的同时，将海尔积淀的供应链资源、人力资源、管理经验等转变成要素投入用户企业，帮助其管理运营，促进其实现产业层面的转型升级。

下面分别从“产业”和“投行”两个层面对海尔金控“产业投行”模式进行介绍。

1. 何谓“产业投行”中的“产业”

关于产业，《辞海》给出的定义是“由利益相互联系的、具有不同分工的、由各个相关行业所组成的业态总称，尽管它们的经营方式、经营形态、企业模式和流通环节有所不同，但是，它们的经营对象和经营范围是围绕着共同产品而展开的，并且可以在构成业态的各个行业内部完成各自的循环”。产业的关键核心是“共同产品”，这为海尔金控提供“助力产

业更好升级发展”的金融服务提供了关键要素切入点。海尔金控将用户企业从不同维度进行产业定位，在此定位基础上，海尔金控向用户企业提供具有产业针对性的金融服务产品和解决方案。海尔金控从是否属于海尔集团、是否属于国家战略产业、能否直接应用和带动技术进步等7个细分维度对服务对象进行划分，以便基于不同产业特点赋能用户企业实现转型升级，海尔金控产业定位维度如图7-2所示。

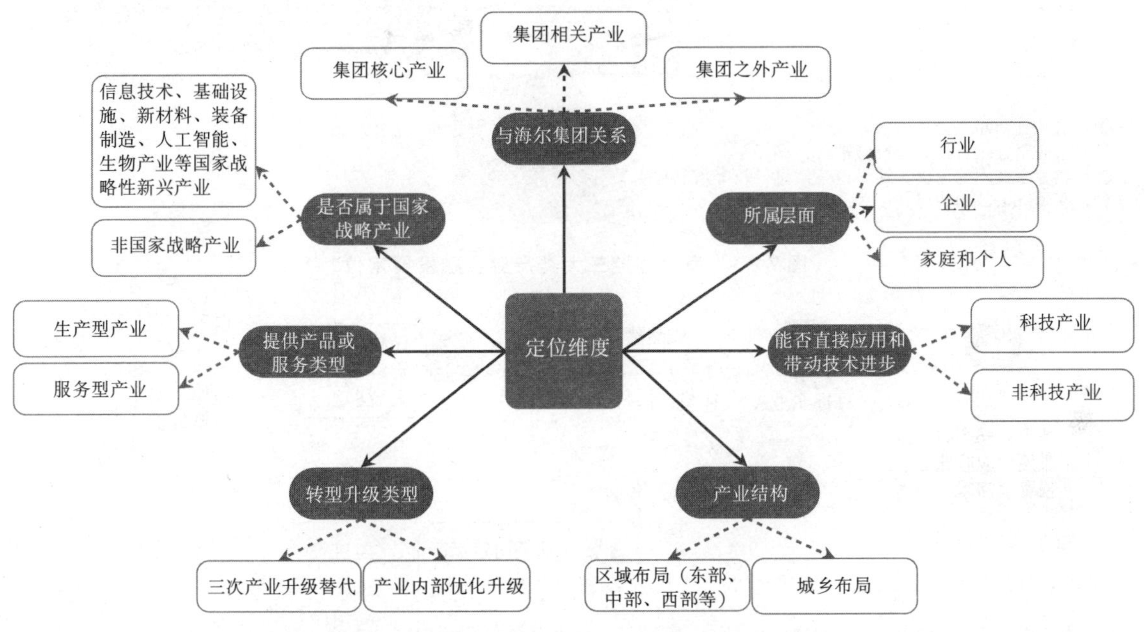

图7-2 海尔金控按不同维度划分的产业分类

2. 何谓“产业投行”中的“投行”

海尔金控将产业金融划分为产业链金融、消费链金融和平台链金融三大类，三大类产业金融运用海尔金控“金融+交易+投资”三大主线业务可以提供的资源与服务，为用户企业提供资金支持和转型升级服务。具体而言，产业链金融指向用户企业投资的同时，助力其整合上下游产业链资源，并进一步发挥金融优势、优化资源配置，达到带动产业链发展的效果；消费链金融指通过与用户进行实时交互，延长用户生命周期，将个人消费拓展至家庭消费、跨境消费等消费链；平台链金融指借助金融技术打造交易平台。海尔金控对于上述三种产业金融的定位如图7-3所示。

综上所述，“产业投行”模式是“产业”与“投行”的相互结合，在对用户企业进行产业归类的基础上，结合用户企业所属产业特点和其自身需求，深入研究产业痛点，为用户企业设计全套金融解决方案。海尔金控充分借助海尔集团产业布局广、资源整合能力强的优势，准确提出做“产业里最懂金融，金融里最懂产业”的定位，在这一使命驱动下，海尔金控运用“金融+交易+服务”三大主线业务可提供的资源与服务，在为用户企业提供资金支持的同时，为其提供管理运营服务，助力用户企业实现产业层面的转型升级。

3. “产业投行”模式的案例实践

为进一步明晰海尔金控“产业投行”模式，本节结合海尔金控为现代农牧企业A提供金融解决方案的实际案例对该模式进行阐明，如图7-4所示。

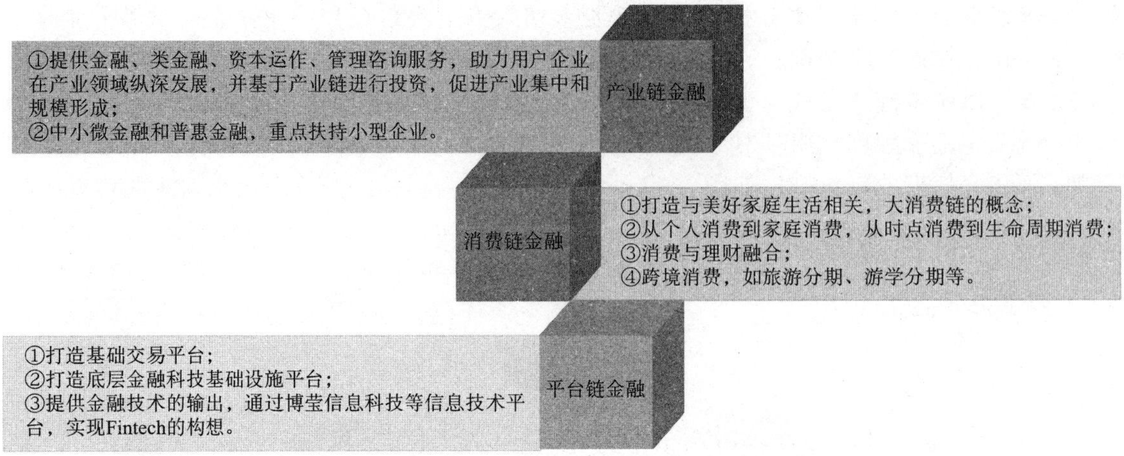

①提供金融、类金融、资本运作、管理咨询服务，助力用户企业在产业领域纵深发展，并基于产业链进行投资，促进产业集中和规模形成；
②中小微金融和普惠金融，重点扶持小型企业。
产业链金融
消费链金融
①打造与美好家庭生活相关，大消费链的概念；
②从个人消费到家庭消费，从时点消费到生命周期消费；
③消费与理财融合；
④跨境消费，如旅游分期、游学分期等。
①打造基础交易平台；
②打造底层金融科技基础设施平台；
③提供金融技术的输出，通过博莹信息科技等信息技术平台，实现Fintech的构想。
平台链金融

图 7-3 海尔金控三大类产业金融发展定位

供应商
基于3—6个月账期的应收账款资金需求
目标企业A
成品猪采购资金
仔猪、饲料等采购资金
农户
仔猪、生产资料采购资金需求
自筹
担保公司担保贷款
代养费
合作社
1.前期固定资产，设备投入资金
2.猪舍维护运营资金需求
自筹
担保公司担保贷款
平台供应商
销售生猪养殖生产资料：饲料、原料、兽药、设备
电商平台B
全方位服务：大数据、保险、金融、交易
加盟猪场
仔猪、生产资料采购资金需求

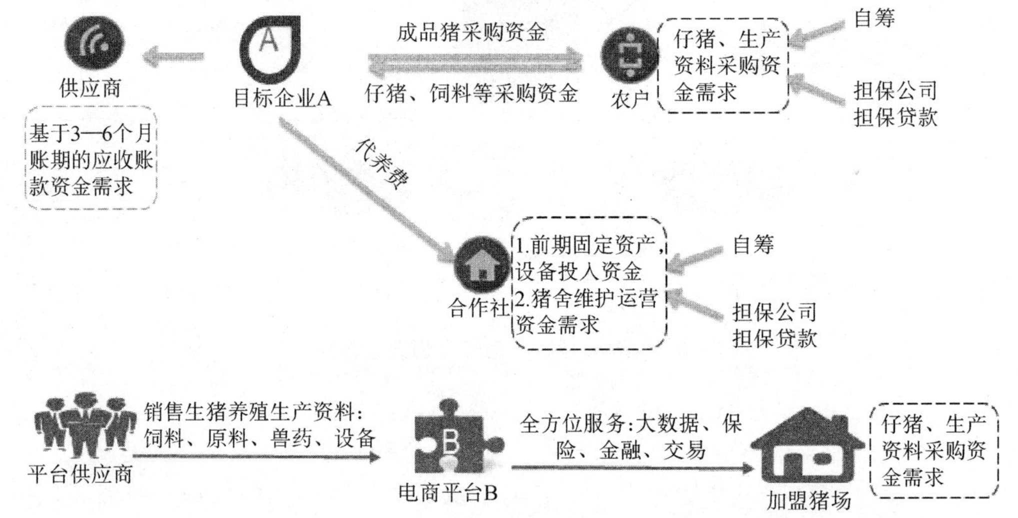

图 7-4 “产业投行”模式下用户企业 A 的金融解决方案

在图 7-4 所示的实际案例中，用户企业 A 是以生猪养殖为主业的现代化农牧集团公司。电商平台 B 是用户企业 A 的平台管理公司，它通过整合生猪养殖企业上下游产业链资源，搭建平台，为养猪企业提供金融、生产资料交易、生产技术指导、人才交流、管理咨询、大数据等全方位服务。通过将生猪养殖与互联网结合、电商平台与金融对接，实现金融、生猪养殖、贸易、服务一体化。

在这一解决方案中，用户企业 A 的需求主要有三方面：

（1）集团体系内供应商、合作社、农户资金需求；

（2）子公司加盟猪场资金需求；

（3）集团公司理财需求。

针对用户企业 A 的上述需求，海尔金控为其提供“产业投行”模式下的成套金融解决方案，帮助用户企业 A 实现了三方面的价值，使其实现产业转型升级：

（1）上下游产业链资金注入；

(2) 企业资金盘活；

(3) 资金业务通道开通。

(二) “产业投行” 模式对比传统 “产融结合” 模式的创新之处

“产业投行” 模式是指海尔金控在为用户企业提供资金支持的同时，将海尔积淀的供应链资源、人力资源、管理经验等转变成要素投入用户企业，帮助其管理运营，促进其实现产业层面的转型升级，这是 “产业投行” 与传统 “产融结合” 模式的根本区别。以银行为代表的传统金融机构之所以无法通过 “产业投行” 模式服务于实体经济，主要是由于银行没有参与实体产业的经验，无法从产业的层面挖掘企业价值，也就难以为企业提供除资金以外的资源。

传统 “产融结合” 模式下的金融控股集团频频出现利用内部资本市场放松融资约束，利用牌照监管套利，与央企或地方政府联合上演 “保旧壳强新体” 等问题。与之相比，海尔金控从资源投入、金融服务、利益分享机制三方面进行创新，弱化传统金融控股集团形象，强化 “产业投行” 品牌。(1) 在资源投入方面。不同于传统 “产融结合” 模式单纯向客户提供资金，海尔金控的 “产业投行” 模式还通过整合用户企业客户、供应商资源，向用户企业提供生产要素。(2) 在金融服务方面。“产业投行” 模式根据用户企业需求，向其提供管理运营等服务，助力其实现转型升级。(3) 在利益分享机制方面。在传统 “产融结合” 模式下，金融机构的获利方式是投资资金生成的利息，利息取决于利率，与服务企业的盈利情况没有建立关系，因此金融机构为获得利息而提高中小企业利率、进行监管套利的现象时有发生。在 “产业投行” 模式下，海尔金控与用户企业建立包括期权在内的对赌机制，如果海尔金控提供的解决方案创造了约定的价值，则用户企业以股权的形式回报海尔金控，海尔金控可以选择是否投资这家企业。股权使海尔金控与用户企业建立长效机制，有助于使海尔金控为了自身利益的实现，提供中小微金融和普惠金融等金融服务，并提供更合适的管理运营服务和更有效的资源整合速度。海尔金控 “产业投行” 模式与传统 “产融结合” 模式的对比如表 7－1 所示。

表 7－1　“产业投行” 与传统的 “产融结合” 的对比

模式 二者区别	“产业投行” 模式	传统 “产融结合” 模式
资源投入	资金＋要素	资金
金融服务	按用户卖服务：提供资金支持的同时，结合用户企业特点，利用海尔资源帮助其提升管理运营，促进其实现产业层面的转型升级	按项目卖资金
利益分享机制	利益攸关方共享：通过海尔金控的赋能，实现用户企业及各资本方的利益增值，而海尔金控通过设定对赌机制，获得用户企业的股权	利息

四、海尔金控 “产业投行” 模式面临的难题与解决之道

金融业具有高风险的行业特点，海尔初涉金融业，外界纷纷发出 “海尔离家电很近，

离金融很远”的质疑。对于普遍存在于金融业的高风险问题，特别是产业金融客户信用等级相对较低的问题，海尔金控主要从三方面着手解决：

第一，海尔金控高度聚焦行业，加强对金融科技的把握，建立高度差异化的风控体系。海尔金控将海尔集团的“人单合一”管理模式和精细化管理理念运用到“产业投行”模式，运用大数据风控系统为海尔金控资金风险管理提供技术保障。海尔金控运用大数据风控系统监测金融产品数据，细化大数据风控系统的颗粒度，每天系统性地收集各金融产品结构性数据，并建立风险预警机制，一旦发现风险预警信号，则对其追根溯源，做到将风险问题追溯到人、到产品、到审批流，确保每天对问题闭环。相比于五大银行每月监测一次大数据风控系统的频率，海尔金控运用大数据进行风险防控的做法为“产业投行”的发展提供了具有保障性的内部环境。

第二，海尔金控运用区块链技术为高频交易提供技术支持。海尔于 2008 年年底开始推广电子票据，目前向供应商支付的过程当中已经实现了 100% 的电子票据的结算，但电子发票在提供商业便利的同时带来了信息泄密、信息篡改等诸多风险隐患。海尔通过引入区块链技术搭建安全保密系统，使得海尔金控能够处理千亿元级规模的资产，且极大地提升了交易效率。以海尔金控生成商务合同为例，区块链技术将平均每份合同的生成周期由过去的 22 天缩短至 2 天。

第三，“产业投行”的用户企业极有可能已经是被银行等金融机构拒绝的客户，这也就意味着海尔金控的客户信用等级相对较低。为降低客户违约风险，海尔在甄别客户时更关注其价值创造能力。比如，通过评估客户对商品流、资金流、信息流等的闭环管理水平，考虑是否向其提供供应链金融服务。

事实上，除了金融业普遍存在的高风险问题，“产业投行”模式还存在商业前景尚未明晰的难题。一方面，无论是海尔金控本身，还是其提供金融服务的用户企业，都处在国家宏观环境中，国家对于产业政策的变动，如利率调整或战略性产业划分、区域政策的变更，都会对业务的发展产生影响。另一方面，由于“产业投行”是海尔金控首创的产业金融模式，可借鉴经验寥寥，需要商业模式的转型和应用路径的创新。对此，海尔金控内部高度重视宏观形势、监管偏好和国家政策倾向的演变，据此试探性摸索“产业投行”模式的发力方向，并大力吸引、储备和培育跨界专业人才，进一步加深对各产业的理解度，实现“产业里最懂金融，金融里最懂产业”的战略目标。

五、结论与启示

（一）结论

在本案例中，海尔金控创新“产融结合”模式，避开产业金融的红海——传统金融机构通过为客户提供资金争夺利息，而利用海尔产业优势，在为客户提供资金的同时帮助客户进行产业升级转型，开辟了产业金融的新蓝海，海尔金控“产业投行”模式的创新既体现于将产业与金融相结合的战略定位，也体现于利益分享机制。

1. 从社会需求出发，结合自身优势创新“产融结合”模式

“产业投行”模式的诞生正是源于社会普遍存在中小企业融资难、融资贵的问题，海尔金控充分分析海尔自身产业多、资源丰富、自带平台场景的优势，准确提出做“产业里最懂金融，金融里最懂产业”的定位，深耕产业优势，深入研究产业痛点，向用户企业提供

全套金融解决方案，突出运用金融科技服务实体经济的品牌形象。

2. 探索实现各利益相关方增值共享的利益分享机制

Freeman（1999）提出，企业追求的价值是实现利益相关者价值最大化。王竹泉，杜媛（2012）认为，市场上与企业存在价值创造和分享关系的利益相关者具有一定的资本禀赋，他们的共同偏好是追求各自资本的价值增值。海尔金控通过建立利益分享机制，在创造产业生态圈整体价值的同时，与用户企业以及提供原材料的资源方进行利润分配，驱动产业生态圈的各利益相关者共同创造价值。

（二）启示建议

海尔金控"产业投行"模式的创新，为我国金融业更好地服务实体经济带来了以下启示作用：

第一，从用户需求出发。对于很多客户，特别是处于创业期的中小企业而言，它们缺少的不仅仅是资金，还有上下游供应商资源、管理经验以及用户等。海尔金控将用户企业面临的难题延伸为用户需求，为其搭建平台整合资源，由此衍生出产业生态圈。

第二，以宏观政策为导向。无论是国家多次倡导的供给侧结构性改革，还是强调的金融"回归本源"，都是为了实体经济的发展。金融的发展应与实体经济的发展相协调，国外多次爆发的金融危机便证明了这一点。鉴于此，海尔金控将资金服务于实体产业，借助国家对战略性产业等实体经济的扶持政策，与实体经济共同发展。

第三，充分利用自身优势。海尔在金融业起步晚，存在经验上的不足，但海尔金控充分利用海尔集团产业领导者的优势，将"人单合一"管理理念、供应链资源、深度的产业理解力等运用到"产业投行"模式中，从而开创了产业金融的新蓝海。

第二节　中国石油内部资本市场的案例

2014 年下半年开始，全球石油行业面临油价大幅下滑的挑战。中国石油天然气股份有限公司（以下简称"中国石油"）作为中国油气行业占主导地位的最大的油气生产和销售商，为应对国际油价大幅下跌、行业经营环境趋于复杂所带来的挑战，提出"开源节流、降本增效"的口号，改变原有的保有计划经济色彩的内部资金配置政策，逐步转变为以市场为导向的资金配置政策。考虑到集团公司资金管理和企业内部资本市场的问题在理论界和实务界受到的关注较少，因此，本案例着重对比了中国石油引入内部资本市场机制前后的资金集中管理政策，探讨最大化集团公司资金集约效率的资金配置手段。

一、案例背景

（一）国际油价的持续下跌

自 2014 年下半年国际原油价格巨幅下跌开始，世界油气行业经历了大震荡、大调整，呈现出"三大两跌"特征，即全球石油持续供大于需、成品油总体供大于需、天然气初现供大于需、国际原油价格巨幅下跌、天然气现货价格大幅下跌，如图 7－5a 和图 7－5b 所示。同时，石油行业作为传统的能源行业面临来自核能、太阳能、风能等新能源产业的挑战，行业经营压力不断攀升。受 2014 年之前高价油库存较高、成品油价格数次下调等的影响，自2014年起，原油开采和炼化行业效益增速大幅下滑，在供大于需的情况下，有关专家预计石油行业的库存将继续攀升，占用更多的资金。可以说，严峻的市场环境给中国石油的资金管理带来诸多挑战。

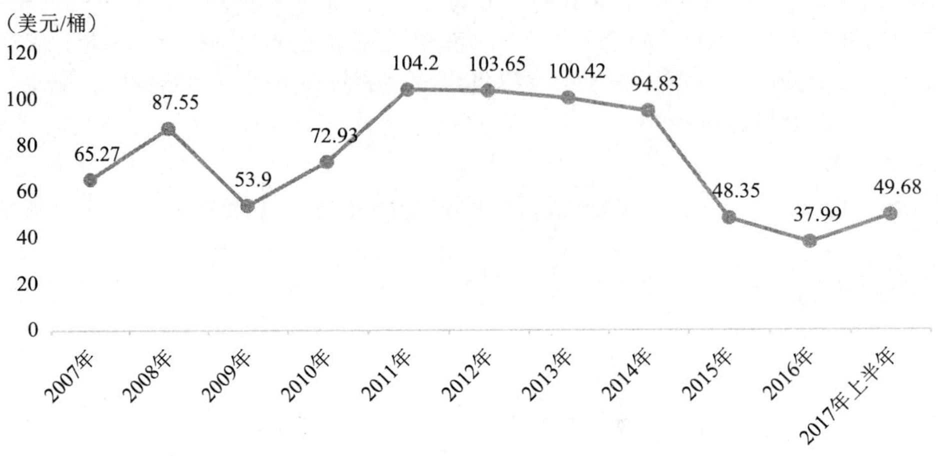

图7－5a　2007—2017年上半年全球原油平均实现价格

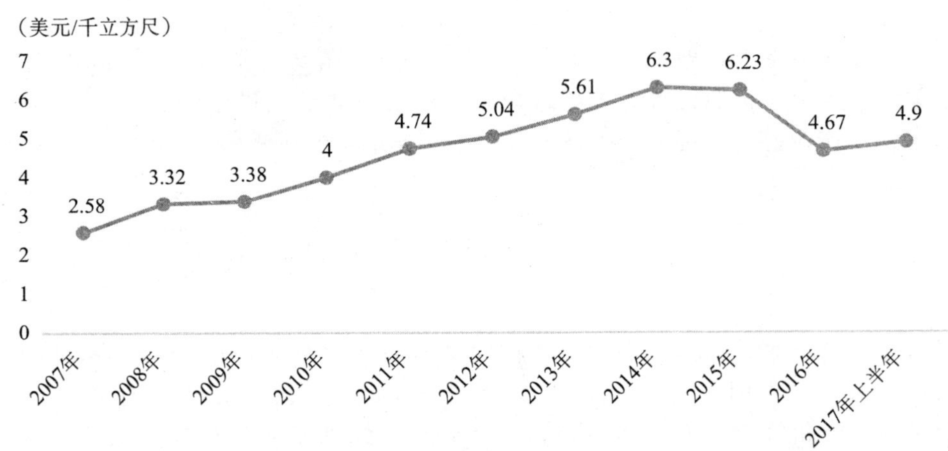

图7－5b　2007—2017年上半年全球天然气平均实现价格

（二）石油天然气体制改革的深化

2017年5月，中共中央、国务院印发《关于深化石油天然气体制改革的若干意见》，明确了深化石油天然气体制改革的指导思想、基本原则、总体思路和主要任务，这表明自党的十八届三中全会以来持续推动的石油天然气体制改革进入新的阶段。体制改革为石油行业带来了机遇与挑战，石油企业在组织生产、管理经营、市场开拓等各个方面必须深入贯彻新的发展战略，才能抓住宝贵机遇、应对必要的挑战。对于中国石油这一涵盖各个经营板块的集团公司而言，更有效地利用内部资本市场、高效地配置资金，才能为生产经营提供保障，掌握发展的主动权。

二、企业现状与问题

（一）中国石油业务概况

中国石油天然气股份有限公司是由中国石油天然气集团公司独家发起设立的股份有限公司，成立于1999年11月5日，是中国油气行业占主导地位的最大的油气生产和销售商，是中国销售收入最大的公司之一，也是世界上最大的石油公司之一。中国石油发行的美国存托股份及H股于2000年4月6日及4月7日分别在纽约证券交易所有限公司及香港联合交易所有限公司挂牌上市，2007年11月5日在上海证券交易所挂牌上市。公司主要经营与石油相关的产品、服务与活动，经营分部包括勘探与生产板块、炼油与化工板块、销售板块及天然气与管道板块①。公司管理层按照该划分评价板块经营业绩并分配公司资源，各业务板块之间的销售主要按照市场价格进行。中国石油天然气股份有限公司的组织架构如图7-6所示，公司各板块信息如表7-2所示。

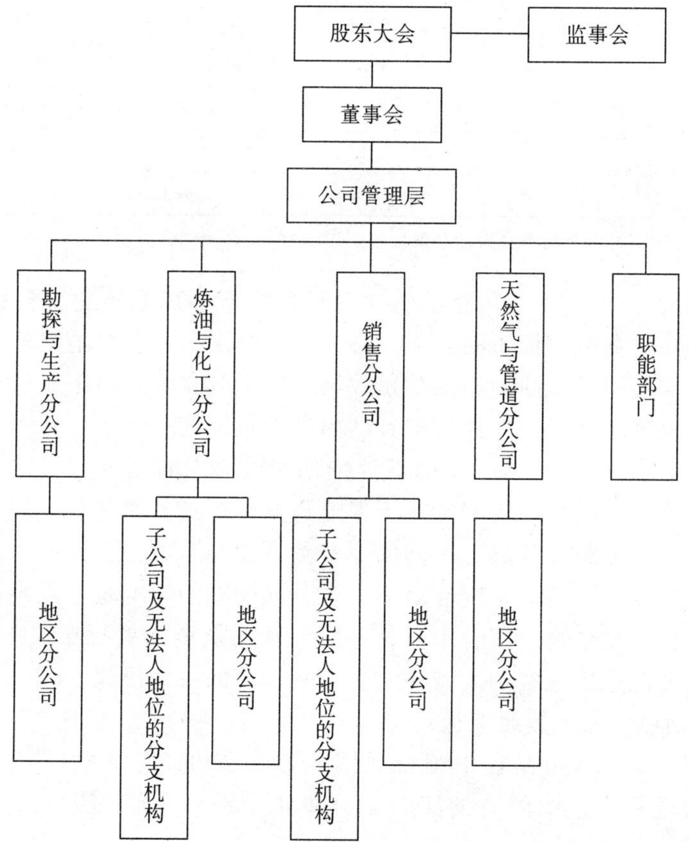

图7-6 中国石油天然气股份有限公司组织架构

① 具体分部信息、业务情况来源于中国石油2016年年度财务报告。

表 7-2 **2016 年年末中国石油各经营分部概况** 单位：百万元

项目＼分部	勘探与生产	炼油与化工	销售	天然气与管道	企业总额
经营业务	原油及天然气的勘探、开发、生产和销售	原油及石油产品的炼制，基本及衍生化工产品、其他化工产品的生产和销售	炼油产品的销售以及贸易业务	天然气、原油和成品油的输送及天然气的销售	—
板块收入	412484	582510	1301616	247477	1616903
其中：板块间交易收入	335716	438853	126344	27784	—
对外交易收入	76768	143657	1175272	219693	—
板块费用	369202	274438	848499	58676	—
板块利润	14626	48157	11972	18644	45192
板块资产	1302623	325693	394587	549790	2396950
板块负债	536284	124076	183159	150855	1023922
折旧及摊销费用	154262	22124	12882	18540	209651
资产减值损失	929	5826	75	6028	12858
资本性支出	130248	12847	7983	20340	172386

资料来源：中国石油 2016 年年度财务报告的分部报告。

如图 7-6 所示，中国石油公司总部包含勘探与生产、炼油与化工、销售、天然气与管道四家分公司，分别负责不同板块的业务，各分公司分别下设多个地区分公司、子公司及无法人地位的分支机构。中国石油的资本配置政策适用于所有的公司下属的分公司和全资子公司，实际上形成了资本在公司内部进行配置的内部资本市场。

同时，通过表 7-2 可以看出，中国石油的四个经营分部涵盖了绝大部分的经营业务，将企业资金在各个分部进行合理的配置对于保障企业生产经营的顺利、高效开展具有重要的作用。由于中国石油的不同分部具有不同的业务范围和经营特征，因此，在国际原油价格下跌、成品油和天然气价格下调的宏观环境下，各分部受到的影响是截然不同的，这增加了中国石油资金配置决策的复杂性。综合来看，中国石油的资金配置决策具有重要性和复杂性，如何对其进行改革使其适应现实的发展是对企业管理层的一大挑战。

（二）中国石油原资金配置政策梳理

原有的集团资金配置政策是在中国石油重组上市之初，为了推进资金集中管理而制定的，在推进政策的过程中，中国石油实施了分步集中的资金管理办法，包括“收支相抵、差额上缴”和“收支两条线”的全面集中两个阶段。最终政策以“利润折旧统收、投资支出统拨、上存资金统管、负息资金统配”为核心，确立了资金集中、债务集中的财务运行模式，明确了总部统一筹融资、发挥议价优势及内部资金有偿使用的运行机制，如图 7-7 所示。

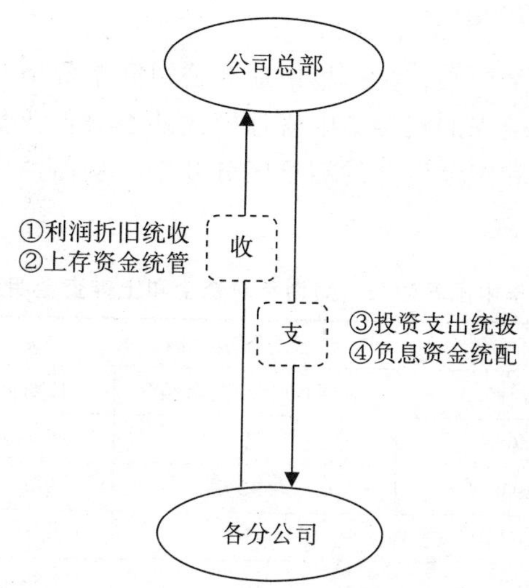

图 7-7 中国石油原有资金配置政策示意图

由图 7-7 可以看出，中国石油原有资金集中管理政策分为收支两条线。各分公司资金收至公司总部以“利润折旧统收”和“上存资金统管”两项政策为主线。“利润折旧统收”指公司总部每月上收各板块中各分公司的利润和折旧折耗等非付现支出，将地区公司经营活动产生的主要净现金流全部上收至总部，总部拥有对上收资金的所有权和支配权。“上存资金统管”指各板块分公司的存量货币资金统一上存至总部，总部按照央行一年期定期存款基准利率上浮 10% 向各分公司计付利息。

公司总部下拨各分公司的资金支出主要贯彻“投资支出统拨”和“负息资金统配”两项政策。“投资支出统拨”指各板块分公司的投资支出由总部以资本金和长期负息资金[①]的形式统一下拨。具体而言，下拨的投资支出配置为资本金和长期负息资金两部分，其中资本金相当于总部对各板块分公司的注资，分公司无须支付利息费用；长期负息资金相当于总部发放给分公司的不需要还本的长期贷款，分公司须按规定利率和持有期限支付利息，利率按照央行 5 年期以内贷款基准利率下浮 10% 执行。分公司持有的长期负息资金在 3—5 年内全额转为资本金。为方便各板块分公司在生产运营过程中应对突发情况，除下拨投资性支出外，总部按月将上收折旧的一定比例（1%—4%）以下拨资本金的方式返还给地区公司，用于购买急需的小型机具等零星设备。“负息资金统配”指各板块分公司在生产经营过程中资金不足时，公司总部为其提供短期负息资金，利率按照央行半年期贷款基准利率下浮 10% 执行。一直以来，公司总部对分公司的短期负息资金是全面保障的，未设定上限。

（三）中国石油原资金配置政策的局限

资金集中管理的资金配置政策在推动中国石油资金管理由“分散”向“集中”的体制转变过程中发挥了重要的积极作用，降低了企业的融资成本，使各板块分公司的资本结构和财务状况得以优化和改善，为股份总部统筹安排重大投资、统筹组织生产运营、实现各项业务快速发展创造了有利条件。但随着经营环境的改变，集团公司现行的资金配置政策也存在

① 负息资金可理解为债权人为公司总部的负债。

一定的问题。

首先，公司总部作为资金中心，统一集中地区公司冗余资金、调剂余缺，向各分公司发放短期负息资金，这种统收统支的资金集中管理模式缺乏对各业务板块和地区公司的有力约束，难以科学地将长期资金和短期资金的需求区分开来，从而造成负息资金余额和上存余额的并存，如表 7－3 所示。

表 7－3　2014 年中国石油长、短期负息资金和上存资金明细表　单位：亿元

项目 板块	负息资金余额			上存余额
	合计	短期负息资金余额	长期负息资金余额	
勘探与生产	1868	129	1739	1270
炼油与化工	893	592	301	87
销售	267	95	173	518
天然气与管道	767	167	600	329
总部及其他	5	4	2	52
合　计	3801	987	2814	2255

其次，集团原有资金配置政策难以发挥资金增值效应。一方面，公司总部对盈利分公司的利润、折旧全额上收，使得有些以前年度亏损的分公司无法保留自有现金流以偿还短期负息资金；另一方面，原有资金配置政策也无法对分公司产生较好的激励作用，加之目前中国石油面临较为复杂的宏观经济形势，改革现有资金配置政策，有助于发挥各家公司的积极性。

三、创新理念和方案设计

（一）中国石油创新的资金配置政策

在国际原油价格大幅下跌、国际市场震荡调整的复杂宏观环境下，中国石油的资金配置政策应能实现激励和约束相容，不仅要敢于突破传统财务管理理念和模式的束缚，还要树立业务、财务一体化的理念和协同创新的意识，激励地区公司和各业务板块跨越企业边界开展合作和协同创新。鉴于中国石油自实施资金集中管理以来，在降低资金成本、强化生产经营控制、提高资金运行效率和效益、提升风险抵御能力等方面取得显著效果，中国石油秉持资金集中管理的理念，通过引入内部资本市场机制对内部资金配置政策进行调整创新。

具体而言，以“收支两条线”为基本模式的资金集中管理原则，坚持存量资金全部集中至总部，继续发挥总部资金池的统筹调配作用，创新的配置原则为：效益优先、提升价值；量入为出、以收定支；融资集中、有偿使用；统筹兼顾、激励约束。对上述原则的详细解读见表 7－4。

中国石油公司总部根据创新的资金配置原则，设计更适合经营环境现状的资金配置方案，如图 7－8 所示。

表 7-4 创新的资金配置政策配置原则

配置原则	具体内容
效益优先、提升价值	内部资金配置要体现业绩驱动，坚持效益导向，资金优先流向投资回报高、效益好的项目；新增投资要聚焦主业，向高附加值、有竞争力的产品和业务倾斜；引导分公司自觉树立并落实“效益优先”和“现金为王”的经营理念，严控低效无效投资
量入为出、以收定支	以自由现金流为标准进行资金配置和安排，原则上各业务板块的自由现金流均要大于零，并逐年得到改善和提高；只有经营现金流为正的企业才能安排投资，资本金支出以企业自有资金为基础进行配置；建立负息资金上限额度，有效控制单纯依靠负债进行投资的行为
融资集中、有偿使用	坚持司库集约化、扁平化、资金池统一的原则，保持现有融资集中管理模式不变；同时，改变现行长期负息资金定期转资本金的机制，按照“谁受益，谁承担”的原则，建立各类支出由地区公司、项目、产品共同分摊的机制，减少总部支持投入和补贴，引导地区公司重视成本、效益，新建项目计算投资增效，纳入企业年度预算考核
统筹兼顾、激励约束	综合考虑内外部环境、国家政策和历史遗留等问题，总部在满足需要自身承担的基本支出的基础上，一定程度还原分公司对自有资金的支配权，增强分公司创造和节约现金流的积极性；建立与资本金配置相配套的激励约束机制，对实现减亏、自有现金流持续改善的企业，按照减亏额和自由现金流增加额的一定比例补充资金给予奖励；完善差异化的负息资金政策，通过设计不同的负息利率，将资金成本压力传递到分公司

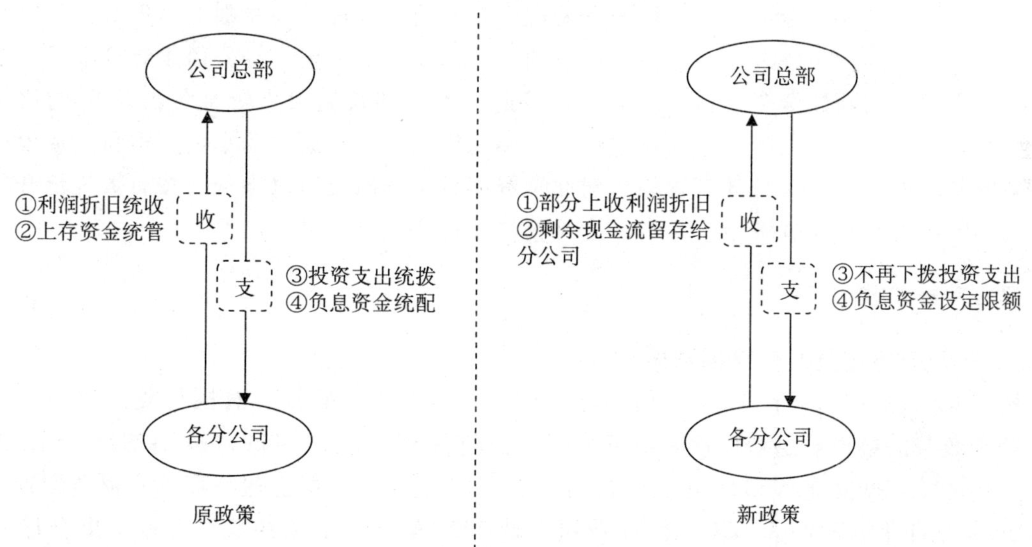

图 7-8 中国石油资金配置新、旧政策对比图

公司总部统收分公司资金方面，将现行的“利润折旧统收”政策调整为“部分上收利润折旧”，不再全额上收分公司利润、折旧等经营活动净现金流，而是按照一定比例上收，上收总额以能够满足公司总部须承担的派息、缴纳所得税、支付特别收益金、重大并购投资等资金支出需求为限。总体上收比例为上收税前利润 70%、折旧折耗 30%，总部根据资金

状况及使用需求，可对收取比例进行一定的调整。另外，改变现行的“上存资金统管”政策，不再上收分公司现金流，将剩余现金流留存在分公司，作为分公司自有资金进行支配。

公司总部下拨各分公司的资金支出方面，不再下拨投资支出，也不再弥补分公司亏损，长期负息资金到期后不再转为资本金，分公司须还本付息。此外，将“负息资金统配”政策调整为“负息资金设定限额”，改变现行对负息资金敞口供应的机制，对地方公司金融性负债规模进行控制，既包含总体金融性负债的控制，也包含短期负息资金规模控制、长期负息资金规模控制。设置企业负息资金占总资本之比上限，即资本负债率上限和短期负息资金占营运资金之比上限，根据资本负债率上限、短期负息资金之比上限及企业资本规模确定其负息资金总体规模、短期负息资金规模、长期负息资金规模。为强化“负息资金设定限额”政策的实施效果，中国石油执行差别化负息资金利率，将利率分为短期负息资金利率、长期负息资金利率和超限额负息资金利率三档，通过利率差异限制分公司“短借长用”现象，鼓励及时还款。总体上，各分公司资本负债率上限设为30%，短期金融性负债占营运资金之比上限设置为100%。

（二）中国石油创新资金配置政策的配套措施

中国石油创新的资金配置政策的配套措施如下：①新旧政策切换时，地区公司资金结余为上存资金的，继续由地区公司使用。资金结余是短期负息资金的，若未超过新政策下的短期负息资金上限，无须特殊处理；若超过上限，执行新政策的利率标准。历史形成的长期负息资金，继续支付利息，到期后由地区公司归还本金，不够归还的，转为短期负息资金，短期负息资金超过上限的按照相应机制执行。②分公司代管的股权项目，由分公司自行承担资金，总部不再拨付，资金不足的，可按有关规定开展项目融资。③原则上不再对分公司亏损弥补现金流，确实由于政策等特殊原因造成的亏损，须一事一报，经公司领导批准后给予弥补。④总部直管的新建全资项目，出资资金按照资本金和长期负息资金各占50%的比例配置，长期负息资金的期限应长于项目建设期，须承担利息并到期归还本金，项目建成投产后执行新的资金配置政策。总部直管的新建非全资项目，按出资协议出资或按有关规定开展项目融资，不配置长期负息资金，日常资金运行以委托贷款方式进行。

四、实施成效

（一）原资金配置政策模拟结果

根据股份公司2016年3、4月份国际准则汇总口径相关数据，对执行股份公司（非整体）资金政策的单位主要指标预测结果分别为：利润851亿元、折旧折耗1792亿元、勘探费用179亿元、投资支出1716亿元、自由现金流65亿元。根据上述测算，原资金配置政策下2016年全年上收利润、折旧、勘探费用合计2822亿元，下拨补亏和投资支出合计2463亿元，总部收拨资金净额359亿元，具体如表7-5所示。

（二）创新的资金配置政策模拟结果

按新政策测算，2016年总部上收利润、折旧合计1138亿元，地区公司经营剩余资金643亿元[①]，地区公司投资支出1716亿元由其剩余资金承担，总部不再拨付；剩余资金减去

① 剩余资金=剩余利润+剩余折旧+勘探费用-亏损。

表 7－5　原资金配置政策模拟结果一览表　单位：亿元

单位名称	上收				下拨			收拨净额	配置长期负息资金	短期负息资金增加	上存增加
	利润	折旧	勘探	合计	补亏	投资	合计				
合计	851	1792	179	2822	747	1716	2463	359	636	293	0
勘探	80	1491	179	1750	720	1174	1894	－144	420	53	0
炼化	581	181	0	762	13	332	345	417	114	19	0
销售	95	77	0	172	14	64	78	94	20	81	0
管道	95	43	0	138	0	138	138	0	82	140	0
科研	0	0	0	0	0	8	8	－8	0	0	0

投资支出，地区公司剩余自由现金流[①]为－1073 亿元，其中：为负值的单位导致负息资金增加 1184 亿元，为正值的单位上存资金增加 174 亿元。具体如表 7－6 所示。

表 7－6　创新的资金配置政策模拟结果一览表　单位：亿元

单位名称	总部上收资金			地区公司变化				
	利润（70%）	折旧（30%）	上收合计	剩余资金	投资支出	剩余自由现金流	负息资金增加	上存增加
合计	597	541	1138	643	1716	－1073	1247	174
勘探	56	446	502	474	1174	－700	712	12
炼化	408	56	464	266	332	－66	197	131
销售	66	26	92	－15	64	－79	100	21
管道	67	13	80	－82	138	－220	230	10
科研	0	0	0	0	8	－8	8	0

（三）两种政策模拟结果对比与分析

两种政策主要指标结果对比如表 7－7 所示。

表 7－7　新、旧政策模拟结果对比一览表　单位：亿元

项目		总部上收	总部下拨	总部收拨净额	地区负息资金增加	地区公司上存资金增加
合计	原政策	2822	2463	359	24	0
	新政策	1138	0	1138	1247	174
	差额	－1684	－2463	779	1223	174
勘探	原政策	1750	1894	－144	10	0
	新政策	502	0	502	712	12
	差额	－1248	－1894	646	702	12

① 剩余自由现金流＝自由现金流－总部上收金额。

续表

项目		总部上收	总部下拨	总部收拨净额	地区负息资金增加	地区公司上存资金增加
炼化	原政策	762	345	417	2	0
	新政策	464	0	464	197	131
	差额	-298	-345	47	195	131
销售	原政策	172	78	94	12	0
	新政策	92	0	92	100	21
	差额	-80	-78	-2	88	21
管道	原政策	138	138	0	0	0
	新政策	80	0	80	230	10
	差额	-58	-138	80	230	10
科研	原政策	0	8	-8	0	0
	新政策	0	0	0	8	0
	差额	0	-8	8	8	0

通过上述指标对比，结合集团公司全面深化改革要求，进一步提高地区公司自主经营积极性，树立“现金为王”的资金管理理念，新政策与原政策相比的优势总结如下：

1. 总部运筹资金能力更强，更能保障集团公司战略发展需求

在原政策下，根据测算，2016 年总部全年实现收拨款净额 359 亿元，无法满足总部资金支付需求；如果地区公司整体盈利能力进一步恶化，总部收拨款净额将为负值，导致总部不仅无法收到内部上收资金，还将承担地区公司现金流亏损。

在新政策下，根据测算，2016 年总部全年实现收拨款净额 1138 亿元，比原政策多 779 亿元，具备明显优势：能够满足总部战略发展需求；对政策性亏损较大、资金短缺严重的地区公司可酌情加大扶持力度；若地区公司实现整体自由现金流为正，总部可利用上收资金有效控减债务。

2. 地区公司债务合理增减，实现对外融资的向下分摊

在原政策下，只有当地区公司亏损超过折旧时，地区公司才形成新的短期负息资金，根据测算，2016 年地区公司产生短期负息资金 93 亿元；2016 年投资总额为 1716 亿元，地区公司形成长期负息资金 636 亿元，本年到期的长期负息资金应转资本金金额为 705 亿元，地区公司长期负息资金净额将减少 69 亿元。地区公司长、短期负息资金合计将增加 24 亿元，2016 年股份总部预计新增有息债务 500 亿元，超额 476 亿元无法分摊至地区公司。

在新政策下，根据测算，地区公司将增加长、短期负息资金 1247 亿元，比原政策多承担 1223 亿元，总部新增有息债务 500 亿元可以实现有效分摊。虽然自由现金流为正的单位实现了 174 亿元上存资金，总部须承担一定利息，但影响不大。

3. 总部掌握政策主动权，转被动接受结果为科学管控过程

在原统收统拨的资金配置政策下，地区公司创造的净现金流全部被总部收走，导致地区公司只关注支出是否足额拨付到位，弱化了对净现金流价值创造的关注，形成了“要钱机制”；并且，地区公司增量有息债务承担较少，也不用承担过高的资金成本，资金紧张压力

和有息债务全部积聚在总部，无法向下传递。同时，原政策相对僵化，导致总部只能被动地接受运行结果，总部对资金债务掌控能力有限。

在新政策下，总部不再对地区公司资金收支统收统拨，将剩余资金留给地区公司，引导资金管理贴近市场化运行。地区公司需要统筹考虑自身创现能力和偿债能力，自觉按照“量入为出”的理念合理安排支出；同时，总部有权调整利润和折旧上收比例，政策执行更具灵活性，改变总部只能被动接受结果的僵局。

4. 地区公司债务与现金流挂钩，激发降本增效积极性

在原政策下，地区公司负息资金与现金流没有直接关系，无法真实反映企业资金的盈余和亏损，无法提高地区公司创造现金流的积极性。

在新政策下，地区公司有息债务直接与现金流挂钩。剩余现金流为负值的地区公司将增加有息债务，同时需要还本付息；为正值的地区公司将增加上存资金，享受更高的存款利息，还可自由支配。新政策能够激发地区公司努力提高经营效益或减少投资支出、实现有息债务降低、改善资金运行状况。

五、结论启示

（一）结论

在国际原油价格大幅下跌、国际市场震荡调整的复杂宏观环境下，考虑到原统收统支的资金集中管理模式既缺乏对各业务板块和地区公司的有力约束，也无法对其进行有效激励，中国石油对原资金配置政策进行改革创新。本案例通过对中国石油新、旧资金集中管理政策的对比得出以下结论：

1. 资金集中管理有利于提高资金运作效率

由于传统财务会计手段难以解决大型企业信息不对称的问题，集团与下属子公司基于委托代理理论带来的目标不一致很容易使下属子公司管理者因利益诱导而作出不法行为。资金集中管理是连接公司治理与财务问题的重要手段，有效的资金集中管理有助于保证资金流动，从而在资金周转利用中为集团创造价值。

2. 最大化资金集约效率需激励、约束相容

推行集团公司资金集中管理的目的是提高资金的集约利用程度，最大化提高集团公司的整体利益。因此，集团公司应给予业务板块和地区公司相应的激励政策，提高各业务板块和地区公司资金集中的积极性，并要最大限度地避免侵犯地区公司经营自主权。但与此同时，也要增强业务板块和地区公司对资金占用的责任，增强各业务板块和地区公司的资金约束和资金成本意识，并避免因为业务板块和地区公司的不同情况造成资金分配方面的不公平。中国石油创新的配置政策通过设计内部资本市场资金集中管理模式，解决了各业务板块和地区公司的营运资金需求不设限制且短期负息资金利率单一化的问题，实现了激励和约束相容。

（二）启示建议

无论是中国石油原有的资金集中管理的资金配置政策，还是在新形势下中国石油调整后的资金配置政策，都为企业集团通过资金统筹管理提高资金配置效率带来了一定的启示作用。

1. 引入内部资本市场机制，提高资本配置效率

内部资本市场指将集团内部的资本聚集起来并配置到各家成员企业，并通过它们最终将资本投入具体投资项目的资本运行平台。内部资本市场具有“优胜者选拔”和“更优货币效应”两大优势，母公司作为组织者将聚集起来的内部资本按照一定的原则有效配置给缺乏资本但却拥有良好投资机会的有关子公司。在内部资本的整个流动过程中，尽管内部资本始终处于母公司的控制之下，但内部资本在各成员企业之间的转移仍然需要依据一定的价格来实施，合理有效的内部资本市场价格机制发挥着重要、积极的作用。

2. 引入银行信贷机制，防范财务风险

为了提高集团资金集中管理的水平与质量，可适度引入银行信贷机制，推行全面预算管理和风险管控，提升资金管理体系，完善内部控制系统。除了完善内、外部监督机制之外，集团还应重视对子公司的集权与分权，通过建立资金管理体制、建立完善信息系统、加强集中管理考核、强化资金监督控制来防范财务风险。

第三节　中国石油大票据池建设的案例

上海票据交易所成立后，我国票据市场进入快速发展阶段。与此同时，受国内外行业环境的影响，中国石油营业收入及净利润连年下跌，为通过企业集团资金集中管理提高资金运作效率，中国石油于2018年开展票据池业务。中国石油贯彻票据集中管理理念，通过加大票据支付力度，扭转收票开票倒挂的不利局面；通过盘活票据，改善票据资源冗余现象；通过产融结合创新票据融资手段，以多元化、低成本融资渠道降低财务费用；通过票据专业化管理，降低票据风险。本案例围绕中国石油以“顺转为主、错配为辅、交易为补”为思路开展票据池业务，探究企业集团如何运用市场化机制，搭建集约化、专业化、一体化票据池的模式。

一、案例背景

2016年上海票据交易所正式成立，标志着我国票据市场正在发展成为与资金市场、债券市场平行的金融市场。同年，央行发布《关于规范和促进电子商业汇票发展的通知》，电子票据的流通为票据产品的创新提供了条件。随着全国统一票据交易平台的建立和电子票据的高速发展，票据业务呈现出“融资票据化、票据电子化、交易集中化、流程一体化”的趋势。近年来，我国票据规模和交易量持续走高，融资成本稳中有降，市场管理规则趋于完善，票据市场呈现以下三个特点：

一是，票据承兑与融资规模稳步增长，交易价格低位波动。2019年，国内商业汇票承兑额20.4万亿元，同比增长11.6%，其中，银票占比85.9%，商票占比14.1%；商业汇票贴现额12.5万亿元，同比增长25.3%，其中，银票占比92.6%，商票占比7.4%。金融市场仍偏好银票融资，且票据贴现量增幅均高于票据承兑量，处于供小于求的状态，票据价格总体下降。

二是，票据交易风险有所降低，票据违约风险成为主流。随着上海票据交易所上线、电子票据全覆盖，假票、伪造票、变造票等传统票据交易风险得到有效控制。但是，随着大型

央企商票的认可度和品牌效应逐渐显现，不法分子开始利用电子票据系统漏洞伪造央企商票。另外，受经济下行、贸易摩擦、去杠杆影响，票据违约现象频发。

三是，票据市场强监管不改，票据"供给侧改革"深化。由于票据融资快速增长，票据价格持续走低，"票据套利"引起市场热议，监管层也对此高度关注。在金融防范风险大背景下，监管对可能存在的"套利"和"资金空转"等行为仍保持高度警惕，多家商业银行开展自查活动。监管层先后下发《关于规范银行业金融机构票据业务的监管意见》等政策办法，旨在解决目前国内票据市场开票环节面临的贸易背景不真实、资金"脱实向虚"等问题，目的是引导票据业务回归本源，支持实体经济，促进票据业务健康有序地发展。

概括而言，国内票据市场发展机遇与挑战并存。作为直接对接实体经济和金融市场的重要支付结算和融资工具，票据池业务的开展可以使中小供应商得以借用大型企业优质信用提升自身融资能力，从而有效解决传统的中小企业融资难题。中国石油、中国石化、宝钢集团等重视供应链金融的企业集团为有效盘活票据资源，降低财务成本，陆续开展票据池业务，我国票据池业务随企业经营集团化进程的加快而迅速发展。

二、企业现状与问题

（一）中国石油业务概况

中国石油是1998年7月根据国务院机构改革方案，在原中国石油天然气总公司的基础上，由国家出资持股组建而成的。2000年，中国石油在纽交所和港交所上市，并于2007年在上海证券交易所上市，是实行内外贸、上下游、产销一体化运作机制的跨地区、跨国经营的综合性石油企业。中国石油集团业务涉及勘探与生产、炼油与化工、销售、天然气与管道、国际油气业务、国际贸易、工程技术服务、石油工程建设、石油装备制造、科技创新十大板块。

2014年起，受国内外行业环境影响，中国石油营业收入及利润开始持续下滑。2014年7月，国际原油价格由200美元/桶断崖式跌至50美元/桶。2015年，国际市场供需不平衡进一步恶化，油价持续走低。2016年年初，国际原油价格跌至近十三年来的最低价26.05美元/桶。2016—2017年，随着市场能源消费结构转型升级，石油供不应求的现象发生逆转，成品油首次出现了滞销现象，"低油价时代"已然到来。直至2017年，随着全球经济逐步向好，主要发达国家稳定复苏，中国经济稳中向好，全球油气市场供需逐步趋向平衡，原油价格开始缓步提升，逐渐稳定在50美元/桶附近。与此同时，随着体制改革持续深化，中国石油在国家相关政策的支持下，坚持稳健发展方针，实施"资源、市场、国际化和创新"四大战略，稳步提升市场竞争力和公司价值。从销售收入看，2017年中石油排名世界第四，从油气储量、油气产量、炼油能力、炼制品销量看，排名世界第三。

由图7-9所示的中国石油收益情况可以看出，自2014年起，中石油营业收入及利润均持续下跌，直至2017年出现上涨趋势，这也是近五年来首次实现营业收入及利润的同步上涨，其中，营业收入涨幅为24.7%，净利润涨幅为25.07%。可见，中国石油作为"内外贸、产供销"的上市公司，既面对着国际环境变化、油气价格波动等风险，也面临着"一带一路"建设和国家油气体制改革的机遇，在这一过程中，尤其需要企业内部资金运营管理发挥作用。

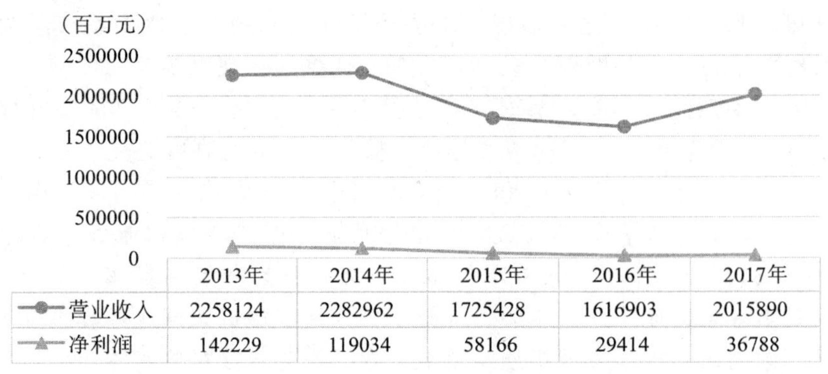

图 7－9 2013—2017 年中国石油收益情况

资料来源：中国石油 2013—2017 年年度财务报告。

（二）中国石油票据业务运营情况与问题分析

在国内票据市场快速发展的过程中，中国石油商业汇票收取、开具、余额迅速攀升。与此同时，随着油气勘探开发力度的持续加大，中国石油固定资产投资支出将继续保持快速增长，在油价低迷的宏观市场环境下，为降低资金占用，亟须创新票据业务。在实施票据池业务前，中国石油票据业务运营情况与面临的问题可以概括为以下 3 点：

1. 收票开票倒挂，资金占用高

部分地区公司习惯使用现金支付，未能充分利用集团公司信用在对外支付中合理采用商业汇票结算，导致公司商业汇票收取远大于开具，造成公司现金流短缺，财务费用增加。2014 年，中国石油开展全面推广票据的商信通业务，刚性要求各单位增加票据支付比例，改变了此前应收票据余额增加而应付票据余额减少，且二者差额逐年递增的趋势，如图 7－10 所示。但是，2016 年和 2017 年中国石油应收票据余额再次呈现上升之势，2017 年应收票据余额同比增长率达 70.27%，较 2016 年增加 33.20 个百分点；与此同时，应收票据与应付票据的差额也呈增大之势，2016 年达 13.52 亿元，同比增加 15.85%，2017 年剧增至 85.18 亿元，为 2016 年二者差额的 6.30 倍。这表明虽然 2014 年中国石油通过在集团范围内全面推广票据业务，短期内缩小了收票和开票的差距，但并未解决收票开票倒挂问题，而且 2016 年起收票开票倒挂现象出现反弹，亟须进一步采取措施缓解票据余额对现金流的占用问题。

2. 应收票据流转率低，融资作用未充分发挥

随着票据市场的发展，票据结算认可度提升，票据价格稳中有降，给中国石油带来贴现融资和票据运营的良好契机。但是，集团公司收取的票据分散于地区公司管理，由于集团公司的上、中、下游企业分别面对内、外部的不同结算主体，企业收到的票据在金额与期限存在错配的情况下，应收票据有效流转比例低，近半数票据持有至到期承兑，未能有效利用票据背书转让等加强流转，增加了持有票据的资金成本，并未发挥降低融资成本的作用。

3. 票据管理和违约风险高

随着交易市场和电子票据的应用，假票、伪造票、变造票等传统票据交易风险得到有效控制，但由于集团公司大型央企商票在票据市场中的认可度和品牌效应逐渐显现，一些不法

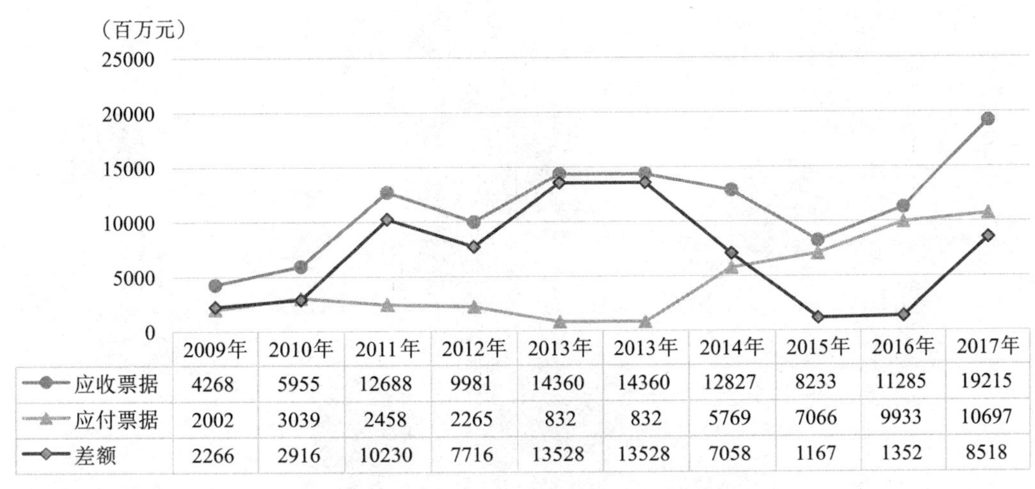

	2009年	2010年	2011年	2012年	2013年	2013年	2014年	2015年	2016年	2017年
应收票据	4268	5955	12688	9981	14360	14360	12827	8233	11285	19215
应付票据	2002	3039	2458	2265	832	832	5769	7066	9933	10697
差额	2266	2916	10230	7716	13528	13528	7058	1167	1352	8518

图 7 - 10　2009—2017 年中国石油应收票据及应付票据规模变化趋势图

资料来源：中国石油 2009—2017 年年度财务报告。

分子开始利用电子票据系统漏洞伪造中国石油商票。另外，近年来刚性兑付一再被打破，票据市场的主要风险从操作风险向信用风险转化，违规环节由交易端向承兑端转移。

三、创新理念和方案设计

票据作为企业变现水平较高的流动资产，是货币资金的一种特殊表现形式，可以在集团内部或市场流通，但票据的金额、期限不同也会影响其流动效率，造成票据闲置积压从而占用资金。针对票据业务运营过程中出现的问题，为通过多元化、低成本融资渠道补充资金池流动性，防范商业汇票风险，提高商业汇票使用效率和效益，中国石油于 2018 年开展票据池业务，成为国内第一家大力推进商票结算和构建集团总部直营票据池的央企。

（一）票据池运营模式简述

中国石油票据池以“盘活存量、保障融资、提升效益”为目的，按照“顺转为主、错配为辅、交易为补”的工作思路，实行市场化运行机制。作为对资金集中管理的补充，中国石油搭建的票据池具备顺转、错配、交易、融资四大功能，实现集团层面资金的统一调拨和监控。中国石油票据池业务功能及其相互之间的关系如图 7 - 11 所示。

1. 建立完善的司库系统票据池模块，全流程掌握票据业务

2017 年，中国石油完成司库系统票据池模块建设，建设与司库平台衔接的票据开立、顺转、交易等接口。中国石油票据池主要业务均在司库平台中操作，通过司库平台实现票据资源集中、计划配票、内部顺转、融资交易、效益共享。与此同时，中国石油通过司库系统实现全流程票据业务电子化管理，降低了企业对外收票风险，提高了总部对地区公司票据流量、流向的掌控能力，全面把控地区公司的资金收支计划，为集团公司降本增效提供有力支持。

2. 以差别化利率激励票据入池，提高票据顺转匹配度

票据闲置的主要原因在于没有合适的票据流转出口，总部通过票据池集中管理的功能整合票据总供应，要求所属企业收到票据后及时背书入池，保证了池内票据的开票行、票面面

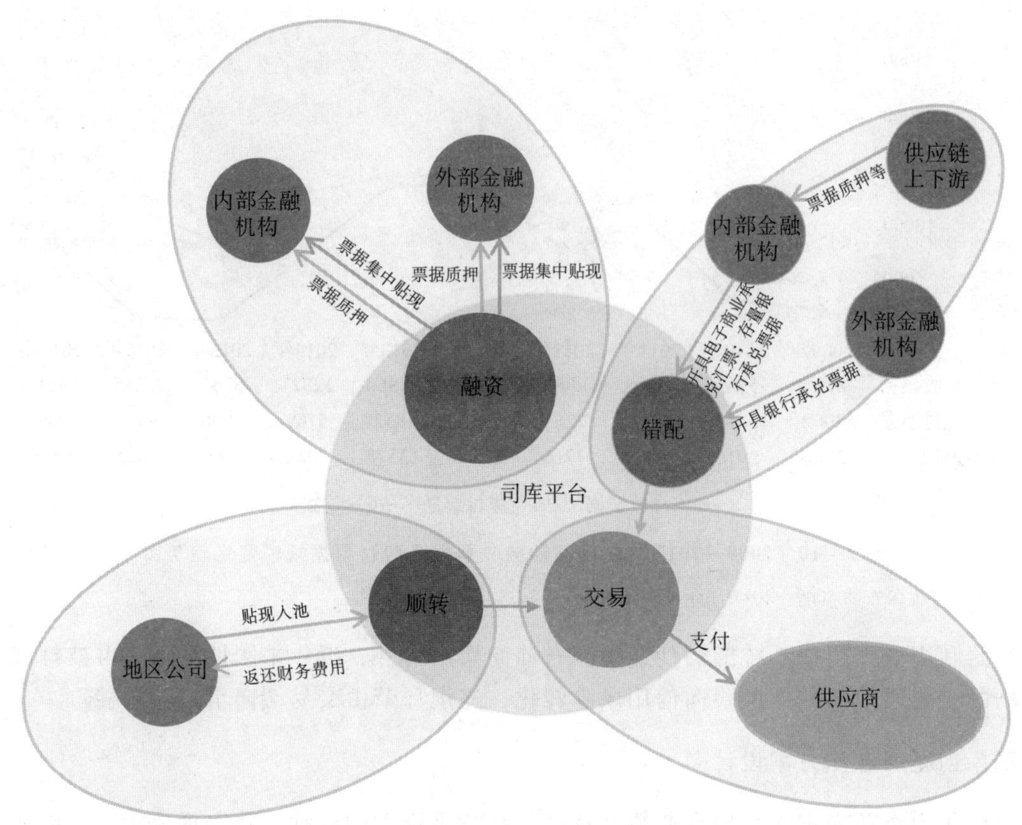

图 7-11 中国石油票据池功能示意图①

额和票面期限的多样性。同时，总部根据存量票据余额、对外支出金额、资金头寸等情况，利用其资金管理的资源与优势整合对外支付需求，安排票据进行顺转，所属企业根据票据安排在池内选择票据提交总部审核后进行顺转。票据池使中国石油能够从集团层面匹配票据金额、期限的流转供需，增加票据顺转机会。

地区公司收取票据背书入池时，可选择贴现入池的方式向总部支付贴现费用。贴现模式视同入池单位现款收回，按票面金额增加其上存资金，按入池日至票据到期日计算并收取财务费用。在地区公司有对外支付需求时，可自愿选择或计划配置池中票据进行顺转以完成对外支付，视同总部向顺转单位拨款对外支付，按照票面金额增加其短期负息资金（或减少其上存资金），按顺转日至票据到期日计算并返还财务费用。在业务具体实施过程中，涉及内部贴现率与财务费用返还率等利率。

为激励地区公司将收取的票据背书入池，中国石油通过利率管理手段，在维护票据池各项业务运营秩序的同时，对地区公司票据管理进行激励和约束。激励作用体现在通过利率优惠与财务费用返还，激励票据入池、顺转。一方面，票据池内部贴现利率低于短期负息资金利率，地区公司可通过贴现入池的方式减少负息资金的融资成本，激励地区公司票据入池的动机，更好实现集团总体票据资源整合，充实票据容量与多样性，增加票据顺转可选择性。另一方面，票据池以高于短期负息资金利率的财务费用返还率，增加地区公司票据顺转的经

① 运用票据池交易功能对外支付时，优先使用顺转的票据，错配票据次之。

济效益，增强地区公司顺转支付的积极性，盘活闲置票据存量，缓解资金备付压力，降低应收票据成本占用。约束作用体现在实行差别化管理政策，监督约束成员单位票据管理水平。地区公司收取票据背书入池时，在收票比例内执行正常的内部贴现利率，即一年期贷款基准利率下浮 20%；超过收票比例的执行超额贴现利率，即一年期贷款基准利率。差别化的内部贴现管理约束地区公司的收票比例，从源头上控制集团公司的收票规模，减少闲置票据存量。票据顺转时，财务费用的返还根据单位自愿顺转和计划配比顺转的情况，实行差别化返还利率政策。对自愿顺转的单位，按一年期贷款基准利率计算返还财务费用；对按计划配比顺转的单位，按一年期贷款基准利率下浮 10% 计算返还财务费用。财务费用返还的差别化管理能够在集团资金计划顺转要求的基础上，进一步提高顺转比例，减少票据持有至到期，加快票据流转效率。

3. 以票据错配为辅，产融结合实现共赢

对于池内票据不能满足顺转要求的情况，中国石油要求地区公司首先使用昆仑银行、中油财务公司等内部金融机构开具的电子商业承兑汇票对外支付；若供应商需要电子银行承兑汇票，可通过对内、外部金融机构授信或存量票据质押错配，完成对外支付。

与此同时，中国石油以低于市场的利率与高效率的服务优势吸引上、下游持有中石油商业承兑汇票的单位使用昆仑银行商信通金融特色服务，办理商票质押贷款、转开银行承兑汇票、大票换小票、开通电子商业承兑汇票等服务工作，提高中石油商业承兑汇票的经营便利水平，巩固中石油商业承兑汇票在供应链的流通能力，同时增加了昆仑银行票据经营收益，实现以产支融、以融促产。

4. 适时开展票据集中贴现，保障集团融资需求

中国石油借助票据池集中管理的优势，利用票据融资低成本、灵活性、高效性的特点，把握市场时机，适时开展集团公司票据池票据集中融资业务，缓解集团公司现金流紧张形势。

2017 年，票据池业务在 19 家单位试点，票据贴现在昆仑银行、财务公司和工商银行测试成功，在公司资金紧缺时可随时变现，丰富了公司对外融资手段，提升了现金保障能力。在贴现利率较低的情况下，总部根据需要向内、外部金融机构进行询价，综合贴现成本、合作关系等因素安排内、外部金融机构进行票据融资集中贴现；在集团公司整体资金紧张的情况下，总部根据实际需要将池内票据安排外部金融机构进行集中贴现或质押贷款。在与工行、中行开展票据贴现业务合作的基础上，引入平安、民生等股份制银行参与贴现报价竞争，完善票据运营竞价机制，进一步提升市场议价能力，更加灵活和高效地运营票据资产。后期将继续加强与工行、中行的票据直贴业务合作，利用有利时机，降低票据融资成本；开拓平安、民生等股份制银行票据增值运营合作渠道，利用票据池集中管理优势加大票据业务创新力度。

（二）票据池风险管控配套机制

随着国内票据市场发展形势总体向好，票据市场基础建设稳步推进，市场管理规则趋于完善，票据风险管理与防范意识也越来越强。自 2018 年年初起，国内纸质票据业务趋于萎缩，电子票据交易不断推进，票据风险逐渐从假票、伪造票、变造票等票据传统交易风险过渡至企业票据拒付风险成为主流。中国石油从票据交易流程、机制及人员等方面采取措施，加强票据池风险防控。

1. 规范票据交易流程，禁止风险票据收取

2014年以来，中国石油严格规范票据交易流程：一是，严格电子票据业务风险管理，要求各单位务必在已有开户银行办理电子票据业务，绝不允许通过中介代理接入。二是，全力维护公司商业信用，绝不允许电子票据到期后，因无合理理由拒绝承兑而影响公司信用的行为出现。三是，统筹规范票据业务管控，要求所有商业汇票业务均应在司库平台操作，不得擅自通过网上银行、柜面等线下非财企直连方式开展票据业务。四是，坚决禁止收取纸质银行承兑汇票；坚决禁止从外部单位收取商业承兑汇票和财务公司承兑汇票。

2. 建立票据风险防控机制，设计负面清单和准入清单机制

中国石油在规范票据收取流程以及票据收取类型的同时，逐步建立“票据风险岗位责任制”“票据案件及时办案制度”“票据案件逐级报告制度”“票据案件责任追究制度”等一系列票据业务风险防范内控机制。借助大司库企业信用平台信息资源，在集团公司范围内实施票据准入白名单、负面清单制度，加强承兑人和背书人资质审查力度，从票据操作、案件应对、业务培训、队伍管理等多角度切实采取具体措施防范票据风险。强化票据集中管理，各单位财务部门对所属企业的票据收取要逐步上移至本部实施统一管理，并派专人对所有票据的签收进行审核确认。将票据池运行业务移交至共享中心办理，实现票据池业务“管办分离”，强化共享中心作为“第三方”的票据服务与监督职能。

3. 组织票据业务培训，提高风险防范水平

中国石油组织多期票据业务研讨会或培训班，为共享中心、地区公司和内部金融机构培训票据专业知识、风控政策及要求。为及时发现包商银行商票兑付风险、集团公司商票假票风险，中国石油多次下发通知提示风险，并在集团公司网站发布假票免责声明，降低法律风险。在疫情期间，针对国内出现的多起电子商票假票现象，中国石油组织共享中心、昆仑银行、财务公司、地区公司等300余人，通过电话会议方式培训电子商票风险防范操作规定、要求和案例，坚决在收取与开具环节上防范假票出现，切实维护公司利益。

四、实施成效

中国石油搭建的票据池通过建立统一管理、统筹运营、多方受益的市场化运行与激励约束机制，盘活了分散在地区公司的存量票据，并实现了适应国内票据市场快速发展、应对现金流持续短缺问题、促进产融结合业务发展、严控票据风险的成效。

1. 通过鼓励票据入池，扭转收票开票倒挂的不利局面

中国石油差别化利率激励地区公司将收取的票据背书入池，有两个方面的作用：一方面，显著改变了过去地区公司使用现金对外支付的习惯，降低了对现金流的占用；另一方面，财务公司将统收的票据集中管理，在地区公司对外支付时直接顺转或质押于商业银行以开立新票据，可以解决地区公司背书支付时需支付金额与持有票据无法匹配的问题，有效提升了票据流转率。

如表7－8所示，2018年中国石油实施票据池业务后，应收票据余额及其与应付票据的差额近十年来首次出现下降，降幅分别为15.13%和4.0%。2019年应收票据余额降至70.16亿元，应付票据余额升至131.53亿元，二者差额为－61.37亿元，这是中国石油票据净额首次出现负值，意味着中国石油扭转了长期以来收票、开票倒挂的局面。

表 7 - 8　　2018—2019 年中国石油应收票据及应付票据规模　　单位：百万元

年度	2018	2019
应收票据	16308	7016
应付票据	8127	13153
差额	8181	-6137

资料来源：中国石油 2018—2019 年年度财务报告。

2. 通过拓展票据融资渠道，降低财务费用

2018 年以来，中国石油本着“顺转为主、错配为辅、交易为补”的工作思路，先后建立股份公司和集团公司票据池，累计入池票据 562 亿元，出池票据 425 亿元，节约财务费用 6 亿元。以票据池为依托，中国石油主动拓展多元化、低成本票据融资渠道，及时补充公司现金流动性。2019 年，两次抓住国内票据市场贴现价格低点时机，通过工行、中行办理票据池低息集中贴现 6.5 亿元，在补充流动性的同时，节约财务费用 600 万元，其中，第二期贴现率低于同期人民币平均融资成本 1.57 个百分点。

3. 通过票据专业化管理，降低票据风险

中国石油重视商业汇票风险管理，实施票据准入白名单、负面清单制度和全流程票据业务电子化管理，以“管办分离”强化共享中心作为“第三方”的票据服务与监督职能。多次组织培训票据专业知识、宣贯票据风控政策及要求，严防商票兑付风险和假票风险。从效果来看，上述措施已显成效，在收取与开具环节上，集团公司的假票、伪造票、变造票等传统票据交易风险得到有效控制，曾预防、杜绝了两笔合计金额 1500 万元假票贴现事件发生，保障商信通业务高效运行和风险可控，公司利益得到切实维护；同时，风险提示和假票免责声明的发布降低了公司法律风险。

五、结论启示

（一）结论

中国石油票据池上线之前，收取的票据全部分散在地区公司管理，不利于票据统筹高效统一调配与管理，且存在一定的管理风险。2018 年中国石油贯彻票据集中管理理念，依托集团公司司库平台，实现票据资源集中、计划配票、内部顺转、融资交易、效益共享，有效解决了现金流持续短缺的问题，促进了公司财务状况总体稳健，为公司高质量、可持续发展打牢根基。本案例通过对中石油票据池运营模式的探索及实施票据池前、后业务状况的对比，认为中国石油开展票据池业务的创新理念可概括为：通过加大票据支付力度，扭转收票、开票倒挂的不利局面；通过盘活票据，改善票据资源冗余现象；通过产融结合创新票据融资手段，以多元化、低成本融资渠道降低财务费用；通过票据专业化管理，降低票据风险。

（二）启示建议

中国石油以“顺转为主、错配为辅、交易为补”为工作思路，通过建设票据池达到了“盘活存量、保障融资、提升效益”的目的。国内票据市场起步较晚，中国石油建设票据池的经验可以为我国正在开展票据池业务的企业集团提供启示作用。

1. 灵活运用市场化机制

财务公司作为企业集团的内部金融机构，其地位和作用已经由单纯的服务性组织向营利性组织转变，其服务内容和业务领域由传统的结算业务逐步向证券、票据、股权、租赁、担保等投资类业务和中间业务方向延伸。在中国石油开展票据池业务的过程中，财务公司运用市场化手段对地区公司票据管理进行激励和约束，取得了两方面的效果：一方面，通过利率优惠与财务费用返还，激励地区公司将收取的票据入池、顺转；另一方面，通过对超过规定收票比例的票据执行超额贴现利率，在收票规模上监督、约束地区公司。对于企业集团财务公司而言，引入灵活的市场化机制可以使其建立统一管理、统筹运营的内部票据市场。

2. 创新票据产融结合方式

产融结合指产业与金融部门通过在资金、资本以及人事上的渗透，相互进入对方的活动领域，形成产融实体的经济现象。中国石油通过将非金融票据业务与金融票据业务一体化管理运作，有效推动了金融服务实体经济。鉴于企业集团成员企业众多、资金规模较大，通过内部金融机构实现产业资本向金融领域的延伸，可以在服务供应链上、下游企业的同时，为自身票据业务的发展谋得竞争优势。

第八章　资本管理前沿专题

第一节　财务基础信息扭曲与资本错配

金融是实体经济的血脉，为实体经济服务是金融的天职，是金融的宗旨（习近平，2017）。2008年全球金融危机以来，我国实体经济“融资难”“融资贵”和“脱实向虚”等问题逐渐显现并引起社会各界的广泛关注。这些问题的存在说明我国金融服务实体经济的效率和水平有待提高。众所周知，市场在资源配置中发挥着决定性作用，在发挥市场决定性作用的同时要更好地发挥政府作用。金融服务实体经济的效率和水平不高的原因究竟是市场的决定性作用没有很好地发挥，还是政府作用未能更好地发挥？已有研究多是对实体经济转型升级特殊时期货币政策和财政政策的有效性进行研究，少有对资本市场决定性作用是否充分发挥进行反思和检视。

资金效率与财务风险信息是外部资本市场和内部资本市场投资者决策的重要依据，对资本市场决定性作用的发挥举足轻重。但是，由于传统财务分析体系存在的系列缺陷，导致实体经济资金效率和财务风险的信息被严重扭曲（王竹泉，2016a）。这种严重扭曲的信息不仅会影响资本市场决定性作用的正确发挥，而且也会影响政府对实体经济实际发展状况的准确判断，进而误导政府的宏观经济调控。那么，传统财务分析体系对我国实体经济的资金效率和财务风险信息到底产生了多大程度的扭曲？实体经济资金效率与财务风险的真实水平究竟如何？在不同时期、不同行业以及不同企业之间信息扭曲程度是否存在差异？而这种不同扭曲程度的信息又会对外部资本市场和内部资本市场的资金配置产生怎样的影响？金融服务实体经济效率和水平不高究竟是实体经济艰难转型时期金融资本逐利避险的理性选择，还是实体经济资金效率与财务风险信息扭曲导致的资本错配的恶果？

一、财务基础信息与资本配置

企业对金融资源的需求能否得到满足决定了经济发展的程度。尽管金融具有清算支付、资金融通、资源配置、风险管理、价格发现等多方面的功能，但其最主要、最基本的功能当属有效引导资金配置或资金融通功能。资金是否从低效率的行业（企业）转移到高效率的行业（企业），是否能够以合理的资金成本、合适的期限结构满足实体经济的资金需求就成为衡量金融服务实体经济效率和水平的最重要的标志。市场和政府是影响资源配置的两大力量。金融能否有效引导资金配置既受市场的决定性作用能否充分发挥的影响，也会在很大程度上受到政府作用的影响。要提高金融服务实体经济的效率和水平，需要在充分发挥市场的决定性作用的同时更好地发挥政府的作用。

资金的本性是逐利避险。根据资源配置效率理论，金融资源应当流向经营效率最好的部门和企业，效率与金融资源分配相对应才能实现金融资源配置的帕累托最优。在同等的财务风险水平下，资金逐利避险的本性将驱使资金流向资金效率更高的企业、行业或部门；而在同等的资金效率水平下，资金逐利避险的本性又会驱使资金远离财务风险高的企业、行业或部门。

不论是市场还是政府，其在引导资金配置时都要依赖于资本市场发出的各类信息，而在众多的金融信息中，反映实体经济企业、行业或部门资金效率和财务风险的信息都是最为核心、最为基础的重要信息。这些重要信息如果扭曲势必会导致市场和政府对实体经济的基本形势产生误判，进而对金融引导资金配置过程中市场和政府作用的发挥产生误导，并最终影响金融引导资金配置功能的有效发挥。

二、资本错配概念及分类

（一）我国实体经济所面临的多层次资本错配问题

资本是重要的生产要素，经济的高质量发展离不开资本的科学配置，将稀缺的资本资源最大限度地配置到边际效率最高的经济区域、行业或企业等是资本配置的目标追求。然而，不论是从宏观和中观层面看，还是从微观层面看，目前我国资本配置效率仍有较大的提升空间，这种偏离最优资本配置的状态即资本错配，降低资本错配程度是推动我国经济高质量发展需破解的一个重大课题。为深化要素市场化配置改革、促进要素自主有序流动、提高要素配置效率，中共中央、国务院 2020 年 3 月发布了《关于构建更加完善的要素市场化配置体制机制的意见》，对推进资本要素市场化配置、增加有效金融服务供给提出了明确要求。

从宏观层面来看，金融是实体经济的“血脉”，为实体经济服务是金融的天职，是金融的宗旨（习近平，2017）。近年来困扰我国实体经济发展的“融资难”“融资贵”和“脱实向虚”等问题不仅说明我国金融服务实体经济的效率和水平有待提高，而且是宏观层面金融资本与实体经济资本之间错配的直接体现。

从中观层面来看，在新常态下，资本的稀缺性日益明显，资本应该被配置到效率高的行业和营业活动中，因此，如何实现帕累托最优、让稀缺资本创造最大价值，是极具意义的课题。近年来，我国供给侧结构性改革中暴露出的部分行业产能过剩、创新动能严重不足、实体经济行业金融化倾向严重等结构性问题，实质上是资本错配在中观层面的直接体现。

从微观层面来看，同宏观和中观层面一样，越来越多的实体企业资金配置偏离主业，在金融和投资活动的资金配比不断上升，微观企业的金融化倾向明显。通过对我国非金融类上市公司 2008—2017 年的调查结果显示，上市公司整体层面金融投资活动资金（含货币资金、交易性金融资产、委托理财、持有至到期投资及金融机构股权投资等）占总资金比重十年间呈上升趋势，由 2008 年的 24% 提升为 2017 年的 34%。部分实体企业货币性资金或非货币性投资活动资金占总资金比重超过 80%。社会普遍对实体企业过高配置金融资产表示担忧，认为企业这种“不务正业”的行为会加重实体经济的“空心化”。

（二）资本错配研究的新领域

经济活动分类的不同反映了人们对经济活动背后的资本运动的内在逻辑认识的不同，从而对反映资本运动的会计体系和管控资本运动的财务体系产生基础性、根本性的影响。企业的经济活动包括经营活动、投资活动和筹资活动三部分。随着资本市场的蓬勃发展和企业资本规模的扩张，投资活动在企业价值创造中的地位和作用迅速提高，在传统营业观念中实体经营活动与投资活动所存在的主从关系逐渐被瓦解，投资活动与实体经营活动并列成为企业价值创造的主要活动。

在新的经济活动分类下，虽然经营活动和投资活动均属于营业活动，但它们创造价值的方式却截然不同，在资金配置决策时二者也相对独立。从价值创造的方式来看，经营活动通过运用资金开展实体经营直接影响企业的营业收入、营业成本变化（资金退出时可能表现为资产处置损益）来直接影响企业价值创造；而投资活动则是运用资金影响被投资企业或项目，并通过投资收益、公允价值变动损益、利息收入等其他收益的变动间接为本企业创造价值。将资金留于企业内部进行实体经营，还是将资金投向企业外部进行投资活动（资本经营）是每一家企业面临的首要层次的资金配置决策。经营活动、投资活动是企业创造价值的两大营业活动，企业内部资本如何在其中分配关系到企业资本的运用效率。一般而言，企业应将更多的资本投入更有效创造价值的活动中去，然而，由于传统营业观念的根深蒂固及对营业活动间资本错配研究的缺失，企业对经营活动、投资活动的效率评价方式不了解或理解存在偏误，因此，营业活动内部经营活动与投资活动之间的资本错配成为资本错配研究的一个新领域。

（三）资本错配概念及分类

资本运动贯穿于一切经济活动的始终。资本的本性是“逐利避险”。从资本的本性出发，追求同等风险下的回报最大化和同等回报下的风险最小化，是资本配置的目标追求，因此资本应被配置到风险收益比更高的地区、行业、企业中，进而再被配置到不同的价值创造活动中。如若资本配置和风险收益出现背离，那么资本错配就会发生。

资本配置的分类逻辑如图 8 - 1 所示。资本配置首先要确定的是资本使用主体，即资本由谁使用，配置原则是总资本回报率与风险。资本应被“高效率、低风险”的地区、行业和企业所使用，否则就发生了第一类资本错配（主体错配），包括宏观层面的地区间错配、中观层面的行业间错配以及微观层面的企业间错配。资本创造价值的方式有直接创造价值和间接创造价值两种方式。从宏观层面来看，实体经济是直接创造价值的经济，虚拟经济是间接创造价值的经济，因此各地区的资本有实体经济和虚拟经济两个配置方向；从中观和微观层面来看，经营活动（产品经营）是直接运用资本创造价值的营业活动，投资活动（资本经营）是间接运用资本创造价值的营业活动，因此各行业、各企业的资本有经营活动和投资活动两个配置方向。也就是说，确定了资本使用主体后还要确定其使用方向，各层次资本应被配置到“高效率、低风险”的价值创造方式中，否则就发生了第二类资本错配（方向错配），包括宏观层面的地区内错配、中观层面的行业内错配以及微观层面的企业内错配。

三、资本错配的判别标准

（一）宏观层面的资本错配：地区间的资本错配和地区内实体经济与虚拟经济之间的资本错配

1. 地区间的资本错配：资本没有投入单位风险资本回报率最高的地区，而是投入“高风险、低回报”的地区，测度方法可有标准差法和损失率法等。

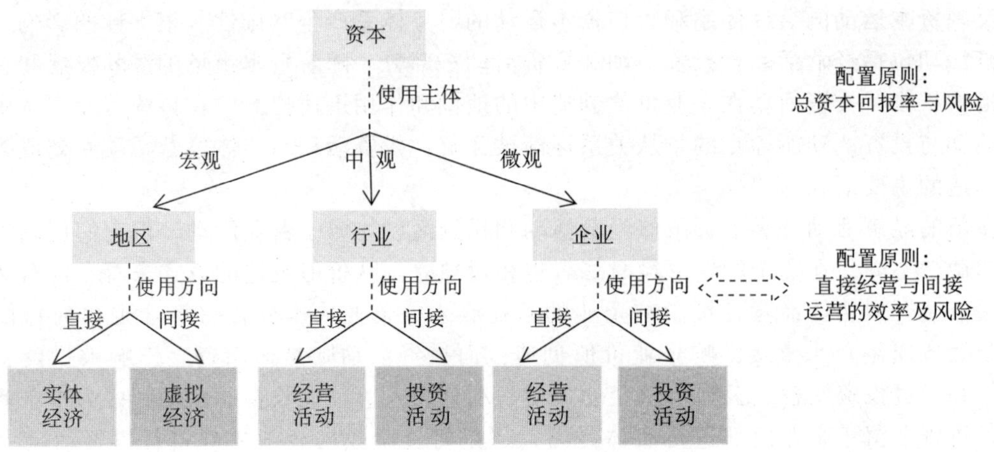

图 8-1 资本配置的分类逻辑

资本科学配置时会实现各地区的风险回报一致，因此资本错配可用各地区间单位风险回报率的标准差（*SD*）来得到，标准差越大，错配越严重；

$$SD = \sqrt{\frac{1}{N-1}\sum_{n=1}^{N}\left(\frac{r_{n,t}}{Risk_{n,t}} - \frac{1}{N}\sum_{n=1}^{N}\frac{r_{n,t}}{Risk_{n,t}}\right)^2}$$

损失率 LR 指的是，如若全部资本被投入“低风险、高回报”的地区所实现的单位风险回报率（数值上等于风险收益最高的行业的值）和当前配置状态下的单位风险回报率之差，损失越多，错配越严重。

$$LR = \max\left(\frac{r_{i,t}}{Risk_{i,t}}\right) - \frac{r_{w,t}}{Risk_{w,t}}$$

其中，是 $\max\left(\frac{r_{i,t}}{Risk_{i,t}}\right)$ 单位风险回报率最高的地区值，$\frac{r_{w,t}}{Risk_{w,t}}$ 是当前配置状态下的单位风险回报率。

2. 地区内资本错配：将每个地区视为一个整体，那么该地区应追求收益最大化和风险最小化，因此，该地区应按照单位风险资本回报率的高低来将资本配置到实体经济和虚拟经济中，否则就发生了地区内资本错配，可以王竹泉等（2017）提出的资本错配指数 *CMs* 为基础进行判断，或者使用损失率 *LR* 来测度。

$$CMs = \left(\frac{r_{i,t}}{Risk_{i,t}} - \frac{r_{j,t}}{Risk_{j,t}}\right) \times \left(\frac{c_{i,t} + c_{i,t-1}}{C_t + C_{t-1}} - \frac{c_{j,t} + c_{j,t-1}}{C_t + C_{t-1}}\right)$$

其中，i 和 j 分别代表实体经济和虚拟经济，$r_{i,t}$ 和 $r_{j,t}$ 分别代表实体经济总资本回报率和虚拟经济总资本回报率，$Risk_{i,t}$ 和 $Risk_{j,t}$ 分别代表实体经济和虚拟经济的风险，第一个因子代表实体经济和虚拟经济单位风险回报率的差异，而 C 代表资本占用额，即第二个因子代表实体经济和虚拟经济资本占比的差异，也就是说，*CMs* 越大，资本配置越正确。

$$LR = \left(\frac{r_{i,t}}{Risk_{i,t}} - \frac{r_{j,t}}{Risk_{j,t}}\right) \times \left[\frac{c_{\min\left(\frac{r}{R}\right),t} + c_{\min\left(\frac{r}{R}\right),t-1}}{C_t + C_{t-1}}\right]$$

其中，第一个因子代表实体经济和虚拟经济单位风险回报率的差异，第二个因子代表更低单位风险资本回报率的经济（实体经济或者虚拟经济）的资本占比，反映了由于宏观资本错配导致的单位风险资本回报率的损失。

（二）中观层面的资本错配：行业之间的资本错配和行业内经营活动和投资活动之间的资本错配

1. 行业间的资本错配：资本没有投入单位风险资本回报率最高的行业，而是投入“高风险、低回报”的行业，测度方法可有标准差法和损失率法等。

2. 行业内的资本错配：将每个行业视作一个整体，那么该行业应追求收益最大化和风险最小化，因此，在营业活动重新分类的视角下，行业内应按照单位风险资本回报率的高低来将资本配置到经营和投资活动中，否则就发生了行业内的资本错配，同样可以用 *CMs* 和 *LR* 来衡量（同宏观层面），此处不再详述。

（三）微观层面的资本错配：资本在企业间的资本错配以及企业内部经营活动和投资活动之间的资本错配

1. 企业间的资本错配：资本没有投入单位风险资本回报率最高的企业，而是投入“高风险、低回报”的企业，测度方法可有标准差法和损失率法等（同宏观、中观层面一样），此处不再详述。

2. 企业内的资本错配：将每家企业视作一个个体，那么企业应追求收益最大化和风险最小化，因此，在营业活动重新分类的视角下，企业内部应按照单位风险资本回报率的高低来将资本配置到经营和投资活动中，否则就发生了企业内资本错配，同样可以用 *CMs* 和 *LR* 来衡量（同宏观和中观层面），此处不再详述。

上述指标均以资本存量为标准进行判定，但增量资本配置效率也值得关注，更能动态反映各层次资本配置情况，因此，与存量资本错配指标相配合，我们拟建立增量资本错配判别标准，主要借鉴 Richardson 投资模型、C－D 函数及净现值原理进行指标构建：

例如，在研究 t 年新增总资本是否在地区间发生错配时，假设所有资本产出均在 n 年内产生，即需要判断 t 年新增资本在 $t+1$ 年，$t+2$ 年，…，$t+n$ 年产生的回报是否能覆盖初始投资。

为此，将 t 年的资本存量拆解为 $t-n$ 年年末的资本存量，$t-n+1$ 年到 t 年的总资本年度增量，将 t 年的回报值拆解为上述资本存量与资本收益率的乘积之和。$Return = a_1 Cap_{t-n} + a_2\Delta Cap_{t-n+1} + a_3\Delta Cap_{t-n+2} + \cdots + a_{n+1}\Delta Cap_t$

$Return$ 为 t 年回报，$a_1 \cdots a_{n+1}$ 为资本收益率，Cap 为资本存量，ΔCap 为资本年增量。

以地区对样本进行分组，以每一地区 t 年的回报值和总资本数据可以回归得到该地区的经验收益率（$a_1 \cdots a_{n+1}$），以 $a_1 \cdots a_{n+1}$ 和资本存量（增量）的乘积为权重，将实际回报分解为 $t-n$ 年年末的资本存量回报、$t-n+1$ 年到 t 年的年增量总资本回报。

同样地，将 $t+1$ 年的资本存量拆解为 $t-n+1$ 年年末的资本存量，$t-n+2$ 年到 $t+1$ 年的总资本年度增量，将 $t+1$ 年的回报值拆解为上述资本存量与资本收益率的乘积之和。进一步将实际回报分解为 $t-n+1$ 年年末的资本存量回报、$t-n+2$ 年到 $t+1$ 年的年增量总资本回报（同样得到了 t 年新增资本投入在 $t+1$ 年的回报）。

在考虑 t 年新增资本投入是否在未来 n 年内得到补偿时，利用逐年拆解的 t 年新增资本投入回报，以加权平均资本成本为折现率，计算 n 年回报的净现值，并与 t 年新增资本投入比较，若不能覆盖，则 t 年发生了增量资本错配。

与宏观地区层面一样，中观行业层面和微观企业层面均可仿照地区层面的测算方法对各层次资本错配进行度量。同样地，在判别方向错配时，可将上述回报值替换为经营回报（投资回报）和经营活动资本（投资活动资本），分别观测是否产生了经营错配或投资错配。

四、财务基础信息扭曲对资本错配的影响机理

王竹泉等（2019）对2008—2017年实体经济上市公司的分析表明：在实体经济上市公司整体层面，传统财务分析体系将实体经济上市公司的资本效率持续低估30%以上，同时将其财务风险持续高估40%以上，这让本来处于转型升级艰难时期的实体经济“雪上加霜”，趋利避险的本性驱使金融资本远离“低回报”“高风险”的实体经济，“脱实向虚”和金融服务实体经济效率和水平不高均可能是严重扭曲的效率及风险信息导致的资本错配恶果。在分行业的实体经济上市公司中观层面，2008—2017年，实体经济上市公司所有21个行业各年的总资金回报率全部被低估，低估幅度最低达14.52%，最高达56.49%；所有21个行业各年的总体财务风险全部被高估，其中20个行业被高估幅度超过20%，有些行业被高估的幅度甚至超过了100%，如此严重的扭曲势必造成行业间的资本错配。同时，各行业营业活动间资本效率信息被严重扭曲，十年间每年均有2/3以上的行业出现经营活动回报率与投资活动回报率的高低顺序被颠倒，许多行业十年中经营活动回报率与投资活动回报率的高低顺序全部被颠倒。这显然可能是中观层面的资本错配和行业内部的“脱实向虚”及金融化现象的幕后真凶。在实体经济上市公司微观层面，2008—2017年，每年均有3/4以上企业的总资金回报率被低估幅度超过10%，1/4以上企业的总资金回报率被低估幅度超过30%，每年均有80%以上企业财务风险被高估幅度超过10%，40%以上企业被高估幅度超过30%，这势必造成企业间资本错配的发生。另外，2008—2017年，实体经济上市公司层面每年均有20%以上的企业出现经营活动回报率与投资活动回报率的高低顺序被颠倒，且这一比例呈上升趋势，2017年已达到35%，从而助长了企业内部在产品经营和资本经营间的资本错配，加剧了实体企业“脱实向虚”和金融化等现象。

由此可见，在宏观、中观和微观各个层面，资本效率和财务风险等基础财务信息都发生了严重扭曲，严重扭曲的基础财务信息可能对政府和市场的资本配置决策产生了严重的误导，从而导致了多层次资本错配现象的发生，资本效率与财务风险信息扭曲极有可能是我国目前多层次资本错配的罪魁祸首。

资金的本性是逐利避险。根据资源配置效率理论，金融资源应当流向经营效率最好的部门和企业，效率与金融资源分配相对应才能实现金融资源配置的帕累托最优。不论是市场还是政府，其在引导资本配置时都要依赖于资本市场发出的各类信息，而在众多的金融信息中，反映各层面资本效率和财务风险的信息都是最为核心、最为基础的重要信息。在同等的财务风险水平下，资金逐利避险的本性将驱使资本流向资金效率更高的地区、行业、企业和价值创造方式。而在同等的资本效率水平下，资金逐利避险的本性又会驱使资本远离财务风险高的地区、行业、企业和价值创造方式。

资本效率和财务风险信息是由财务分析体系提供的。但是，传统的财务分析体系存在严重的缺陷，导致这些最基础的信息可能产生严重扭曲。最为重要的缺陷就是资本与资产的概念混淆、金融性负债与营业性负债不加区分。微观企业的应付账款对应另一家企业的应收账款，将资产与资本混淆就等于将应付账款也作为资本投入看待，那么当微观实体企业所拥有的资本逐渐向中观、宏观层面加总时，就会造成重复计算，虚增了各层次的资本存量，从而

低估了资本回报率；与此同时，营业性负债虚高了借入资金，从而也造成财务风险的高估。但是，由于不同的行业、地区、企业等的营业性负债的比例存在较大的差异，因此，其导致的资本效率、财务风险等基础性财务信息扭曲程度在行业、地区、企业之间可能存在差别，这就势必导致第一层次资本错配的发生。更进一步，由于营业性负债在经营活动和投资活动之间的分布并不均衡，因此，传统财务分析体系对经营活动和投资活动效率和风险信息的扭曲程度也存在差异，这就势必会导致第二层次资本错配的发生。

由此可见，资本流动的动力来自风险收益的差异，在理想状态下，当存在风险收益差异时，资本就会自发向优配置。具体来看，真实可靠的资本效率和财务风险信息有助于充分发挥信息引导资本配置的动力作用，优化资本配置；扭曲失真的资本效率和财务风险信息则误导资本流向，助长资本错配。如图 8－2 所示，由于营业性负债水平在各个地区、行业和企业间是不同的，导致地区间、行业间和企业间的效率及风险信息扭曲程度不同，致使资本配置主体决策被误导的可能性上升，从而增大了第一类资本错配发生的概率；由于营业性负债在实体经济和经营活动中广泛存在，而在虚拟经济和投资活动中存量较少，导致两类价值创造方式的效率及风险信息扭曲程度不同，致使资本配置方向决策被误导的可能性上升，从而增大了第二类错配发生的概率。

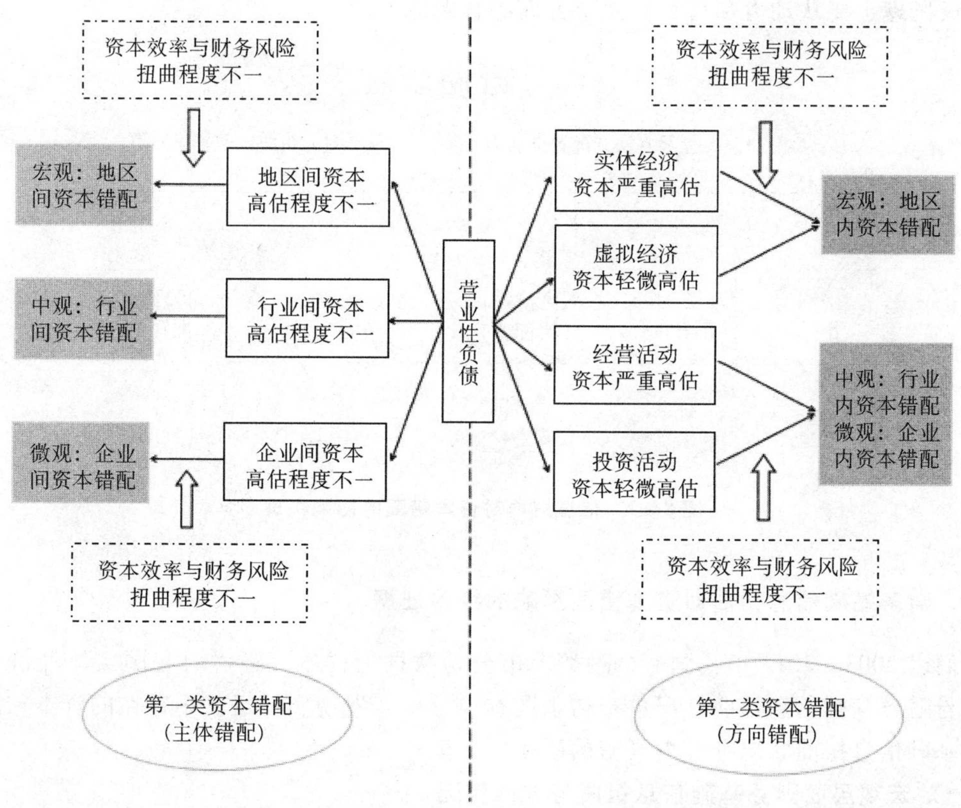

图 8－2　资本效率与财务风险信息扭曲与多层次资本错配的总体框架

当然，不论身处哪一层面，资本纯粹按照风险收益进行配置是很难实现的，宏观产业政策、政府补贴、市场化程度、微观资产专用性与退出壁垒等都是资本配置不可逃避的现实客观因素。以产业政策为例，即使基础财务信息扭曲程度较低，即资本配置的动机偏向有效，倘若产业政策扶持的是“低效率、高风险”的行业，即不具备使资本按照风险收益原则进行自由配置的环境，那么资本错配可能是严重的；相反地，即使基础财务信息扭曲程度较高，即对资本配置的误导性较强，然而产业政策恰好鼓励资本向真正优质的方向配置，那么资本错配可能会被缓解。可见，这些客观因素会影响信息扭曲到资本错配的传导效果，因此结合多种因素研究信息扭曲对资本错配的影响机理实有必要。唯有信息真实、调整可行两个条件同时被满足，才能实现资本的充分流动与科学配置。

综上所述，资本配置效率的提高取决于资本的自由有效流动。没有资本的自由有效流动，就不可能实现资本配置效率的提高。而资本自由有效流动取决于两个基本条件：一是风险收益率存在真实差异；二是存在着资本可自由流动的环境。只有风险收益率存在差异，而缺少资本可自由流动的体制，资本就流不动，更谈不上资本配置效率的改善。这两个条件对于提高资源配置的效率是缺一不可的。只关注效率和风险差异，而忽视资本可流动的环境，那就意味着没有找到提高资源配置效率的有效路径；只看到资本可流动的环境，而看不到效率和风险的真实差异，那么资源配置效率就失去了提高的动力。只有把这两个条件联系起来，才能更好地把握资源配置效率提高的完整内涵。因此，如图 8－3 所示，多层次资本错配的形成机理也要从动力和可行性两个方面综合考虑。

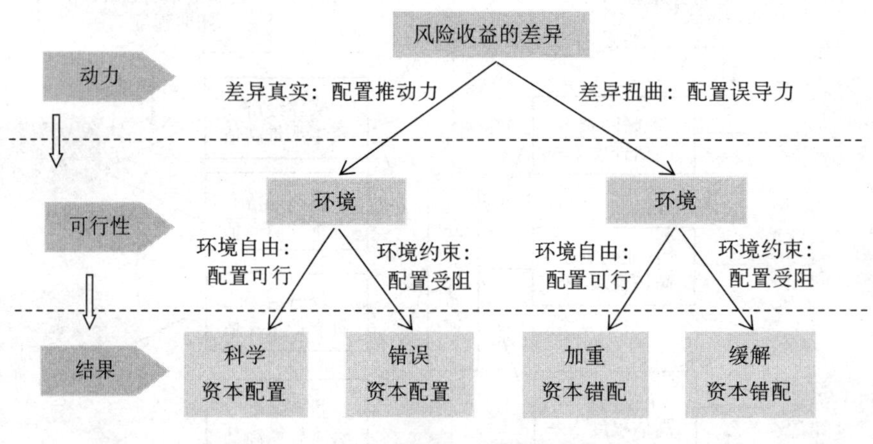

图 8－3　信息扭曲对资本错配的影响机理

五、财务基础信息扭曲对资本错配影响的经验证据

我们以 2008—2017 年我国非金融类上市公司数据为样本，通过对我国实体经济资本错配状况与财务基础信息扭曲状况进行初步调查与分析，发现实体经济中存在的资本错配问题与财务基础信息扭曲状况存在着紧密的联系。

（一）宏观层面财务基础信息扭曲与方向错配

实体经营与虚拟经营之间的方向错配是实体经济宏观层面资本错配的主要问题，如果财务基础信息真实可靠，并且资金具有自由流动的环境和条件，则宏观层面的实体经营活动与虚拟经营活动间的资金配置结构应该与二者的资金效率差异具有密切的联系，资金应该流向资金效率更高的经济类型，而财务基础信息扭曲效应的存在，则可能误导宏观层面的资本配置效率。为此，我们对宏观层面实体企业中实体经营与虚拟经营之间的资金回报率真实差异水平及信息扭曲程度、实体经营与虚拟经营之间的配置结构进行了调查及对比分析，我们用实体经营资金回报率减虚拟经营资金回报率代表两类经济活动的资金回报率差异，用传统财务分析体系得出的资金回报率差异减创新财务分析体系得出的资金回报率差异表示两类经济活动的资金回报率差异扭曲程度。详细调查数据如表 8－1、表 8－2、表 8－3 以及图 8－4、图 8－5、图 8－6 所示。

如图 8－4、图 8－5 所示，我国实体企业宏观层面实体经营与虚拟经营的资金配置结构与二者的效率水平基本吻合，表明财务基础信息对两类营业活动的资金配置具有显著的引导作用。宏观层面实体经营的资金回报率始终高于虚拟经营的资金回报率，同时实体经营的资金占比也始终处于主导地位。与此同时，从资金配置结构与资金效率水平的变化趋势可以看出，虚拟经营的地位呈现出上升的趋势，实体经营与虚拟经营之间的资本配置效率应是资本错配研究领域的重要问题。十年间两类经济活动的资金回报率差异总体呈现出下降的趋势，在 2015 年，二者的效率差异水平几乎接近于 0，这表明实体企业通过虚拟经营来创造价值的能力与通过实体经营来创造价值的能力差距在不断缩小，并且十年间虚拟经营的资金占比总体呈上升趋势，企业投向虚拟经营的资金不断增加。

然而，由于财务基础信息扭曲问题的存在，尽管实体经营与虚拟经营的资金配置结构与二者的效率水平基本吻合，二者的变化趋势仍然存在差异。如图 8－4、图 8－5、图 8－6 所示，2009—2012 年，虽然实体经营较虚拟经营的资金效率差异曲线呈现向上凸出的形状，然而在这期间的实体经营资金占比却呈向下凸出的形状，二者的变化趋势并不一致。与此同时，实体经营较虚拟经营的资金效率差异被低估程度也呈现出向下凸出的形状，2010 年当两类经济活动的资金效率差异最大时，同时也是资金效率差异被低估程度最严重的时期，这表明很可能是由于财务基础信息的扭曲效应抑制了经营活动资金占比的攀升。2013—2017 年，虽然实体经营较虚拟经营的资金效率差异曲线呈现向下凸出的形状，然而在这期间的实体经营资金占比却呈向上凸出的形状，二者的变化趋势也不一致。在这期间虽然两类经济活动的资金效率差异相对较低，但二者的资金效率差异被低估的程度较前五年也有所缓解，由此可见，财务基础信息扭曲程度的减轻可能是实体经营活动占比下调趋势较为平缓的主要原因。

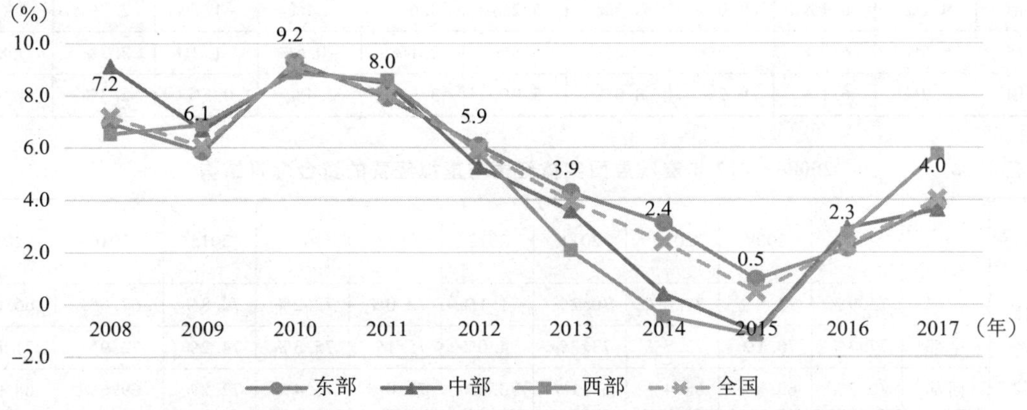

图 8－4　2008—2017 年宏观层面实体经营与虚拟经营间的资金回报率差异

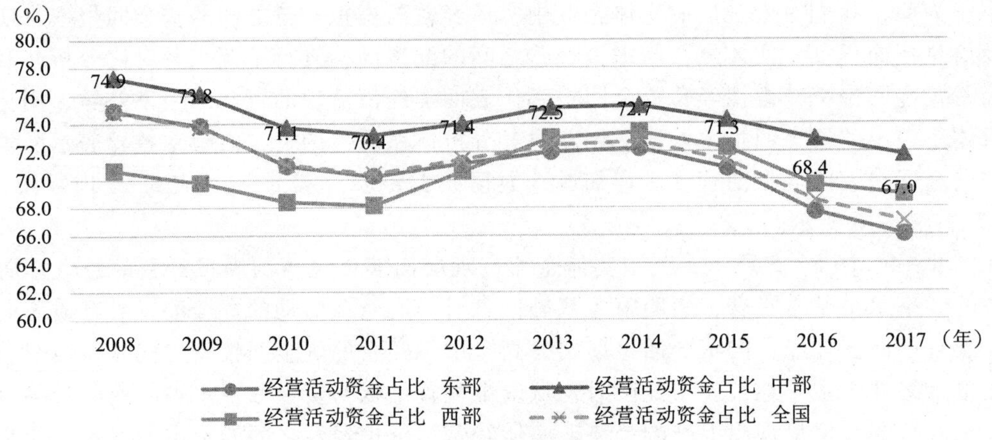

图 8－5 2008—2017 年宏观层面实体经营资金占比

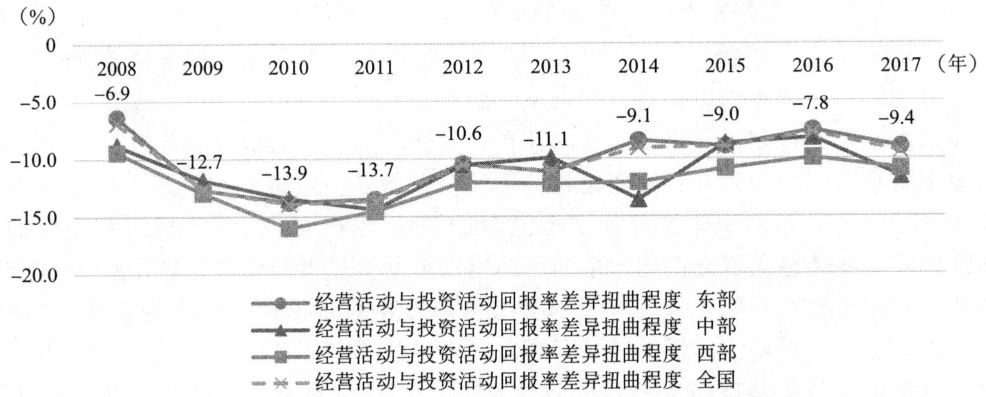

图 8－6 2008—2017 年宏观层面实体经营较虚拟经营的资金回报率差异被扭曲程度

表 8－1 2008—2017 年宏观层面实体经营与虚拟经营的资金回报率差异

地区＼年度	2008	2009	2010	2011	2012	2013	2014	2015	2016	2017
东部	6.9%	5.9%	9.3%	7.9%	6.1%	4.3%	3.1%	1.0%	2.2%	3.9%
中部	9.1%	6.7%	9.0%	8.5%	5.2%	3.6%	0.4%	－1.1%	2.9%	3.6%
西部	6.5%	6.9%	8.9%	8.6%	5.8%	2.1%	－0.5%	－1.2%	2.7%	5.8%
全国	7.2%	6.1%	9.2%	8.0%	5.9%	3.9%	2.4%	0.5%	2.3%	4.0%

表 8－2 2008—2017 年宏观层面实体经营与虚拟经营的资金配置结构

指标名称	地区＼年度	2008	2009	2010	2011	2012	2013	2014	2015	2016	2017
实体经营资金占比	东部	74.9%	73.8%	71.0%	70.2%	71.1%	72.0%	72.2%	70.8%	67.6%	66.0%
	中部	77.3%	76.1%	73.7%	73.2%	74.0%	75.1%	75.3%	74.2%	72.9%	71.8%
	西部	70.7%	69.8%	68.4%	68.1%	70.6%	73.0%	73.4%	72.2%	69.6%	68.9%
	全国	74.9%	73.8%	71.1%	70.4%	71.4%	72.5%	72.7%	71.3%	68.4%	67.0%

续表

指标名称	年度/地区	2008	2009	2010	2011	2012	2013	2014	2015	2016	2017
虚拟经营资金占比	东部	25.1%	26.2%	29.0%	29.8%	28.9%	28.0%	27.8%	29.2%	32.4%	34.0%
	中部	22.7%	23.9%	26.3%	26.8%	26.0%	24.9%	24.7%	25.8%	27.1%	28.2%
	西部	29.3%	30.2%	31.6%	31.9%	29.4%	27.0%	26.6%	27.8%	30.4%	31.1%
	全国	25.1%	26.2%	28.9%	29.6%	28.6%	27.5%	27.3%	28.7%	31.6%	33.0%

表 8-3　2008—2017 年宏观层面实体经营与虚拟经营资金回报率差异被扭曲程度

指标名称	年度/地区	2008	2009	2010	2011	2012	2013	2014	2015	2016	2017
实体经营与虚拟经营回报率差异扭曲程度	东部	-6.4%	-12.7%	-13.8%	-13.5%	-10.4%	-11.2%	-8.5%	-8.9%	-7.5%	-9.0%
	中部	-8.8%	-11.9%	-13.5%	-14.4%	-10.5%	-9.9%	-13.6%	-8.7%	-8.2%	-11.6%
	西部	-9.4%	-13.0%	-16.0%	-14.5%	-12.0%	-12.2%	-12.1%	-10.9%	-9.9%	-10.9%
	全国	-6.9%	-12.7%	-13.9%	-13.7%	-10.6%	-11.1%	-9.1%	-9.0%	-7.8%	-9.4%

（二）中观层面各行业财务基础信息扭曲与方向错配

由于不同行业中财务基础信息扭曲程度有所不同，各行业内部实体经营与虚拟经营之间的资本错配程度也可能存在差异。在对各行业财务基础信息扭曲程度与资本错配状况进行调查时，我们发现各行业经营活动资金回报率扭曲状况与各行业所存在的资金错配状况存在密切的联系。

我们将行业层面实体经营与虚拟经营间的资本错配程度与实体经营活动的资金效率被扭曲程度进行了对比分析。其中，我们运用资本错配损失率来表示行业层面实体经营与虚拟经营间的资本错配，即用行业层面资金回报率较低的经济活动资金占比乘以两类经济活动资金回报率之差的绝对值。同时，用行业层面实体经营活动资金被低估程度来表示行业层面实体经营活动的资金效率扭曲程度，及用传统财务分析体系计算的行业层面实体经营活动资产回报率减去用创新财务分析体系计算的实体经营活动资金回报率。详细调查结果如表 8-4、表 8-5 以及图 8-7、图 8-8 所示。

表 8-4　2008—2017 年各行业经营活动资金回报率扭曲程度

行业/年度	2008	2009	2010	2011	2012	2013	2014	2015	2016	2017	合计
农、林、牧、渔行业 A	-2.1%	-2.3%	-4.1%	-3.7%	-2.0%	-0.9%	-0.2%	-2.1%	-5.1%	-2.4%	-24.9%
采矿业 B	-4.9%	-5.2%	-6.4%	-6.1%	-4.7%	-3.7%	-2.7%	-1.0%	-0.9%	-2.6%	-38.3%
食品、饮料行业 C0	-7.9%	-13.5%	-16.1%	-19.8%	-22.1%	-16.6%	-11.3%	-10.4%	-12.3%	-14.9%	-144.8%
纺织、服装、皮毛行业 C1	-2.9%	-3.6%	-6.9%	-8.1%	-5.2%	-4.8%	-4.3%	-4.8%	-4.9%	-5.5%	-50.9%

续表

行业＼年度	2008	2009	2010	2011	2012	2013	2014	2015	2016	2017	合计
木材、家具行业 C2	-4.3%	-2.1%	-3.2%	-3.0%	-2.5%	-2.8%	-2.6%	-3.9%	-5.8%	-9.4%	-39.5%
造纸、印刷行业 C3	-2.5%	-2.7%	-2.3%	-2.2%	-1.9%	-1.6%	-1.4%	-2.2%	-2.7%	-4.1%	-23.6%
石油、化学、塑胶、塑料行业 C4	-2.0%	-2.5%	-4.0%	-3.9%	-2.3%	-2.0%	-1.9%	-1.9%	-3.3%	-4.3%	-28.1%
计算机、通信和其他电子设备制造业 C5	-5.4%	-5.1%	-8.3%	-6.0%	-3.8%	-4.5%	-5.8%	-4.6%	-4.3%	-4.7%	-52.5%
金属、非金属行业 C6	-2.3%	-1.5%	-2.8%	-2.7%	-1.1%	-1.5%	-1.5%	0.2%	-2.1%	-4.0%	-19.2%
机械、设备、仪表行业 C7	-10.6%	-14.9%	-22.3%	-16.7%	-9.6%	-7.7%	-7.6%	-6.4%	-6.3%	-7.1%	-109.3%
医药、生物制品行业 C8	-7.4%	-8.6%	-11.3%	-9.2%	-7.6%	-6.9%	-6.5%	-6.4%	-7.0%	-6.6%	-77.4%
其他制造业 C9	-1.0%	-5.4%	-8.6%	-7.3%	-5.7%	-5.0%	-5.3%	-4.4%	-4.0%	-2.9%	-49.7%
电力、热力、燃气及水生产和供应业 D	-0.5%	-1.0%	-1.0%	-1.0%	-1.6%	-1.9%	-2.0%	-1.9%	-1.7%	-1.1%	-13.6%
建筑行业 E	-12.7%	-15.6%	-13.6%	-11.5%	-8.4%	-9.5%	-8.7%	-8.0%	-8.3%	-9.0%	-105.5%
批发和零售行业 F	-11.7%	-13.4%	-17.7%	-16.5%	-12.2%	-10.3%	-7.9%	-5.5%	-7.2%	-7.7%	-110.0%
交通运输、仓储和邮政行业 G	-3.0%	-1.6%	-4.2%	-2.5%	-2.3%	-1.3%	-1.7%	-2.2%	-2.4%	-2.5%	-23.7%
信息传输、软件和信息技术服务业 I	-2.0%	-2.6%	-2.1%	-2.8%	-3.5%	-3.8%	-4.0%	-4.6%	-3.4%	-2.0%	-30.9%
房地产行业 K	-5.5%	-7.4%	-8.7%	-7.8%	-7.9%	-7.3%	-5.2%	-4.6%	-6.2%	-6.8%	-67.4%
社会服务业（H、L、M、N、O、Q）	-6.0%	-9.0%	-11.2%	-8.7%	-7.6%	-7.4%	-6.2%	-6.5%	-5.8%	-4.6%	-73.0%
传播与文化行业（P、R）	-4.7%	-6.8%	-12.7%	-11.0%	-9.5%	-12.3%	-13.0%	-11.6%	-10.4%	-9.2%	-101.1%
综合类行业 S	-0.7%	-4.8%	-6.1%	-5.7%	-3.5%	-1.8%	-2.2%	1.1%	-0.8%	-1.5%	-26.0%

表 8-5　　2008—2017 年各行业资本错配损失率

行业＼年度	2008	2009	2010	2011	2012	2013	2014	2015	2016	2017	合计
农、林、牧、渔行业 A	0.6%	1.0%	2.7%	2.7%	0.9%	1.7%	6.4%	0.8%	2.8%	0.8%	20.4%
采矿业 B	1.6%	1.9%	2.1%	1.7%	1.3%	0.8%	0.4%	4.9%	6.0%	0.5%	21.2%
食品、饮料行业 C0	4.3%	8.4%	10.4%	13.4%	15.5%	10.8%	6.8%	6.0%	7.8%	9.7%	93.1%
纺织、服装、皮毛行业 C1	1.6%	1.7%	4.1%	5.4%	3.1%	2.5%	1.6%	2.9%	2.8%	3.0%	28.9%
木材、家具行业 C2	2.8%	0.8%	1.9%	1.7%	1.1%	0.5%	0.1%	1.1%	2.8%	6.3%	19.1%
造纸、印刷行业 C3	1.4%	1.1%	0.7%	0.7%	0.5%	0.1%	0.1%	0.6%	1.1%	2.3%	8.6%
石油、化学、塑胶、塑料行业 C4	0.7%	0.6%	1.5%	1.7%	0.6%	0.3%	0.2%	0.6%	1.1%	1.8%	9.0%
计算机、通信和其他电子设备制造业 C5	2.8%	2.2%	4.9%	2.2%	1.6%	1.7%	2.4%	1.6%	1.2%	1.5%	22.1%
金属、非金属行业 C6	0.6%	0.1%	0.7%	0.6%	0.8%	2.1%	0.5%	4.9%	0.4%	1.4%	12.1%
机械、设备、仪表行业 C7	4.1%	6.9%	12.9%	9.1%	3.9%	1.5%	1.2%	0.3%	0.3%	1.3%	41.5%
医药、生物制品行业 C8	4.1%	3.0%	7.6%	5.1%	4.6%	3.5%	2.9%	2.9%	4.1%	2.8%	40.8%
其他制造业 C9	1.0%	2.6%	5.2%	4.2%	3.5%	1.5%	2.5%	1.9%	2.2%	0.8%	25.4%
电力、热力、燃气及水生产和供应业 D	1.7%	1.5%	2.3%	2.9%	0	0.2%	1.0%	0.8%	0	1.6%	12.1%
建筑行业 E	7.8%	9.7%	7.5%	6.0%	3.5%	4.2%	3.1%	3.1%	3.9%	4.1%	53.0%
批发和零售行业 F	6.6%	7.6%	11.3%	9.6%	7.1%	5.2%	2.7%	1.0%	3.0%	3.3%	57.4%
交通运输、仓储和邮政行业 G	3.5%	3.1%	1.2%	0.4%	0.4%	2.7%	1.7%	0.3%	0.6%	0.3%	14.1%
信息传输、软件和信息技术服务业 I	0.5%	0.9%	0.2%	0.5%	1.0%	1.2%	1.2%	1.6%	0.7%	0.6%	8.5%
房地产行业 K	2.0%	3.1%	4.3%	3.5%	3.5%	2.6%	0.8%	0.5%	1.9%	2.1%	24.5%

续表

行业＼年度	2008	2009	2010	2011	2012	2013	2014	2015	2016	2017	合计
社会服务业（H、L、M、N、O、Q）	3.3%	5.6%	7.4%	5.7%	4.5%	4.1%	3.1%	3.6%	3.0%	2.3%	42.8%
传播与文化行业（P、R）	2.6%	4.7%	7.9%	8.2%	6.9%	8.8%	9.0%	8.2%	6.8%	5.7%	68.8%
综合类行业 S	1.3%	0.8%	0.2%	0.4%	3.5%	3.5%	3.3%	6.3%	2.7%	0.3%	22.5%

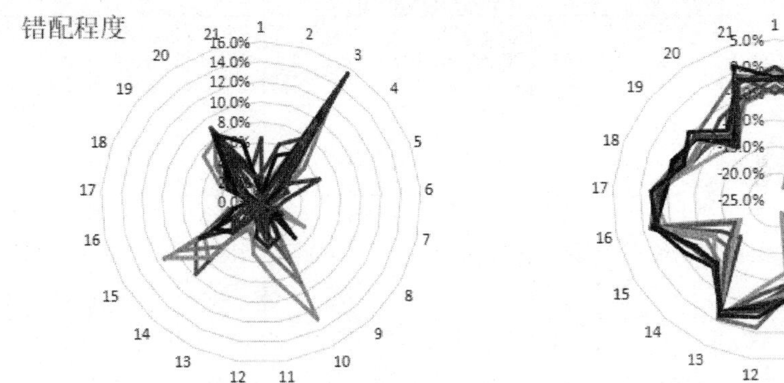

图 8－7　各行业经营活动资金效率扭曲程度与资本错配程度分年度对比①

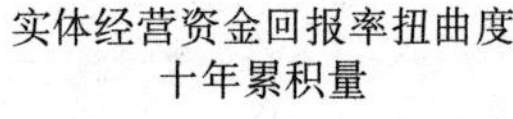

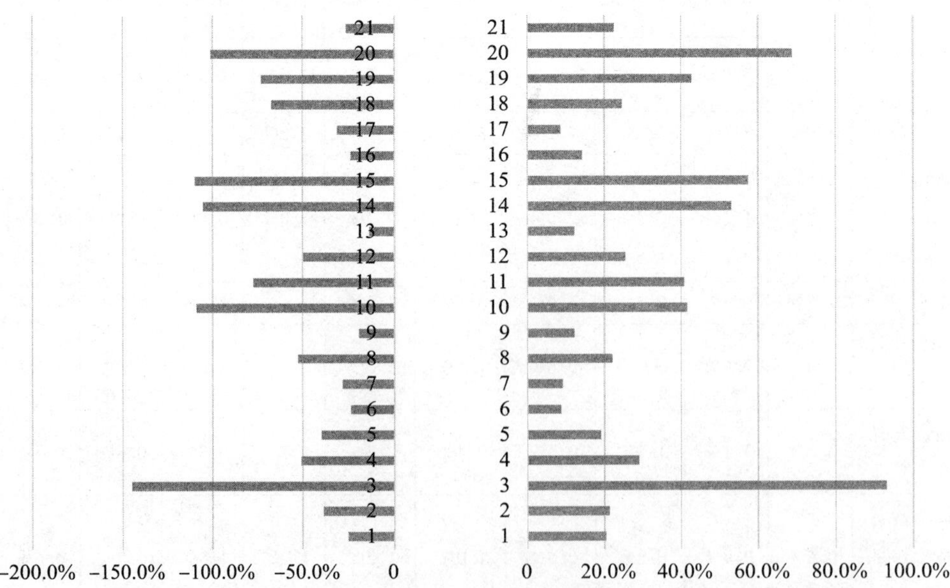

图 8－8　各行业经营活动资金回报率扭曲度与资本错配程度十年累计量对比

① 图 8－7 和图 8－8 中，1 表示农、林、牧、渔行业 A……21 表示综合类行业 S。

按年统计的调查数据表明不同行业的经营活动资金效率扭曲程度与其资本错配程度表现出较为明显的一致性。如图 8－7 所示，左侧雷达图代表不同行业各年份的资金错配程度，曲线向外凸出越明显，表示资本错配程度越严重，右侧雷达图代表不同行业各年的经营活动资金效率被低估程度，由于该指标多为负数，因此，曲线向内凸出越明显，表示实体经营活动资金效率扭曲程度越严重。通过对比左、右两张雷达图，可以清晰地看到经营活动资金效率扭曲程度较为严重的食品、饮料行业（3 号），机械、设备、仪表行业（10 号），建筑行业（14 号），批发和零售行业（15 号），综合类行业（20 号）等，其资本错配程度也较严重。

与此同时，不同行业十年累计的经营活动资金效率扭曲程度与其资本错配程度也表现出较为明显的一致性。随着时间的推移，持续的财务基础信息扭曲状况会对资本错配的影响逐年累加，运用十年的叠加数据来分析财务信息扭曲与资本错配之间的联系所得出的结果可能更为可靠。我们将 21 个行业十年间的实体经营活动资金效率扭曲程度以及资本错配损失率进行了累加，并将两组数据在行业间的分布进行了对比，如图 8－8 所示。经营活动资金效率扭曲程度与资本错配程度在各行业的分布条形图几乎呈对称分布，表明信息扭曲程度较大的行业资本错配程度也较严重。

（三）微观层面企业财务基础信息扭曲与方向错配

不同企业财务基础信息扭曲程度有所不同，企业内部实体经营与虚拟经营之间的资本错配程度也可能存在差异。在对企业财务基础信息扭曲程度与资本错配状况进行调查时，我们发现不同企业经营活动资金回报率扭曲状况与各企业所存在的资金错配状况存在密切的联系。不同企业总资金回报率扭曲状况也与企业间的资本错配程度存在密切联系。

不同企业内营业活动的资本效率信息扭曲程度不同，会导致不同程度的企业内部资本错配。当企业内部经营活动资金回报率信息扭曲程度越高时，可能会导致较为严重的企业内部资本错配。我们按照企业经营活动资金回报率被低估程度对企业进行了分组，并对不同企业组的营业活动间资本错配损失率平均值进行了统计，详细数据如表 8－6 所示。在各年统计数据中，经营活动资金回报率被低估 20 个百分点以上的企业组和经营活动资金回报率被高估 10 个百分点以上的企业组资本错配损失率平均值均较高，资本错配程度较高。具体而言，各年经营活动资金回报率被低估程度超过 20 个百分点的企业组资本错配损失率均值均在 0.6 以上，各年经营活动资金回报率被高估 10 个百分点以上的企业组资本错配损失率平均值均在 0.18 以上。经营活动资金回报率被低估程度低于 20 个百分点的两个企业组各年资本错配损失率均值均在 0.11 以下，资本错配程度较低。由此可见，在微观层面企业经营活动资金效率信息扭曲程度越高，企业内部资本错配程度也较大。

表 8－6　　不同经营活动资金回报率被低估程度企业组的资本错配损失率平均值

经营活动资金回报率被低估程度	2008 年	2009 年	2010 年	2011 年	2012 年	2013 年	2014 年	2015 年	2016 年	2017 年
（－∞，－20%）	11.11	1.47	0.77	2.24	0.85	1.84	0.62	0.64	1.48	0.73
（－20%，－10%）	0.09	0.09	0.10	0.10	0.11	0.10	0.10	0.11	0.10	0.09
（－10%，0）	0.03	0.03	0.05	0.04	0.03	0.05	0.03	0.03	0.03	0.03
（0，10%）	0.12	0.20	0.15	0.11	0.14	0.10	0.13	0.11	0.13	0.12
（10%，+∞）	0.68	0.44	0.37	0.46	1.59	0.35	0.52	0.23	0.18	0.26

不同企业总资金效率信息被扭曲程度不同，会导致企业之间的资本错配。当企业间总资金效率信息扭曲程度差异越大时，可能导致的企业之间资本错配程度也更严重。当行业内企业的总资金效率被扭曲程度差异性越大时，则可能引发更严重的企业间资本错配，因此我们运用不同行业内企业总资金回报率扭曲程度的方差来表示同一行业内企业总资金效率信息的扭曲差异程度。当同一行业内企业总资金回报率的差异越大时，代表该行业的资本错配越严重，因此我们用同一行业内企业的总资金回报率方差来表示各行业的资本错配程度，调查结果如图 8－9 所示。图 8－9 显示不同行业内企业总资金效率信息扭曲差异与资本错配程度存在明显的一致性，当行业内企业总资金效率信息扭曲差异较大时，该行业内企业间的资本错配程度也较大。

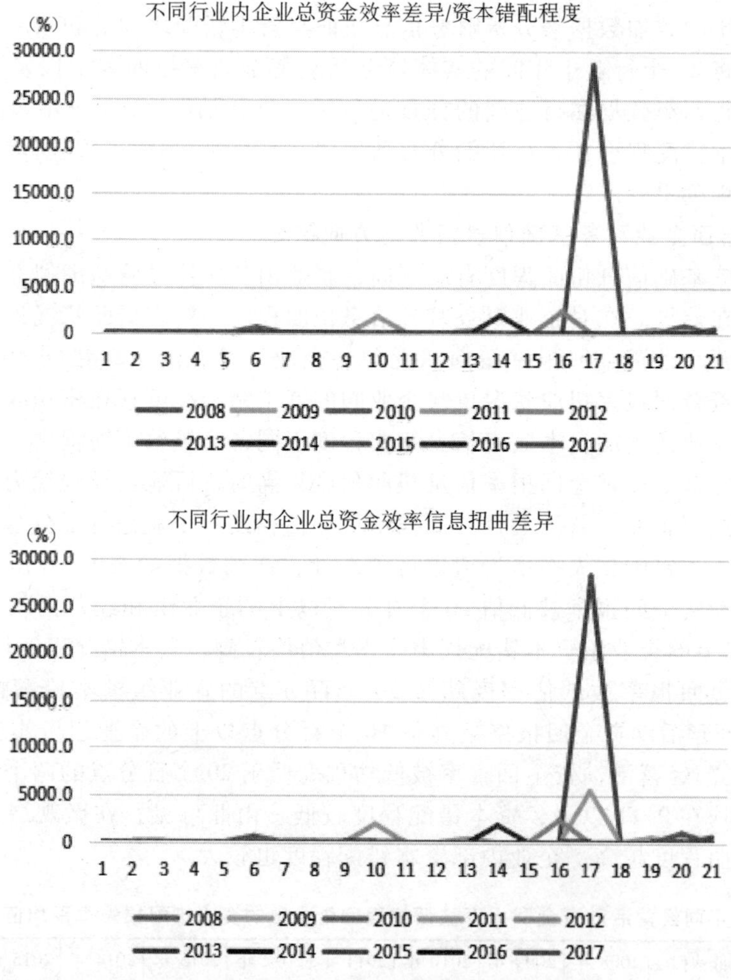

图 8－9　总资金效率扭曲差异与资本错配程度对比

六、资本错配研究的新视角

金融引导资本配置过程中市场和政府作用的发挥均有赖于科学、真实的资本效率和财务风险基础信息的支持。在宏观、中观和微观各个层面，资本效率和财务风险等基础财务信息都发生了严重扭曲，对政府和市场的资本配置决策产生了严重的误导，从而导致了多层次资本错配现象的发生，资本效率与财务风险信息扭曲极有可能是我国目前多层次资本错配的罪魁祸首。然而，目前在国内外各层次资本错配的研究中，鲜有基于基础财务信息扭曲的视角深入剖析资本错配形成机理的研究。因此，在未来资本错配领域的研究中，从基础财务信息扭曲的视角出发可以从以下几个方面进行深入的探究：（1）从宏观、中观、微观多层面对各地区、各行业、各企业资本效率与财务风险信息扭曲程度进行测度，对财务基础信息的扭曲状况进行大样本调查；（2）分类探究所处不同时间及空间状态的经济主体其财务基础信息的扭曲状况及变化趋势，分组检验财务基础信息扭曲对不同类型经济主体之间及各主体内部资本错配的影响程度；（3）通过实证检验及案例研究等多类研究方法论证财务基础信息扭曲与资本错配的因果关系，为财务基础信息扭曲对资本错配的影响机理提供经验证据；（4）以矫正资本效率与财务风险信息扭曲为切入点提出化解多层次资本错配的政策建议，应用创新财务分析体系，矫正传统财务分析体系对资本效率与财务风险等基础财务信息的扭曲，并构建专业化资本效率和财务风险信息平台，为政府有关部门和资本市场提供真实、准确、可靠的资本效率和财务风险的信息支持。

第二节　资本杠杆与金融风险

一、研究意义

2018 年，中央财经委员会首次提出结构性去杠杆，力求在总杠杆率相对平稳的情况下，实现局部去杠杆。从“去杠杆”到“结构性去杠杆”的升级，不仅体现出决策层对去杠杆问题认识的逐步深化，也揭示出去杠杆越来越精准的趋向。但是，目前各地区在确定其分部门及微观主体的杠杆率阈值时无所适从，结构性去杠杆缺乏科学的理论、方法和数据平台的支撑。“结构性去杠杆”要在准确测度杠杆率的基础上，分部门（包括政府、居民、非金融企业三类部门，下同）、分地区确立杠杆率阈值标准，并落实到微观主体的内部控制之中。由于各地区、各部门及微观主体的收益能力存在较大的差异，因此，杠杆率阈值标准不能“一刀切”地统一规定，这使各地区、各部门及各微观主体在确定其自身的杠杆率阈值时感到无从下手，也缺乏科学的理论、方法和数据平台的支撑。2019 年 2 月 22 日，习近平总书记在中共中央政治局第十三次集体学习时要求“平衡好稳增长和防风险的关系，精准有效处置重点领域风险”，并强调“要做好金融业综合统计，健全及时反映风险波动的信息系统”。本节以非金融上市公司为例，运用债务收益比和债务资本比双重杠杆率测度体系，准确揭示了非金融企业真实杠杆率风险的地区分布，并与每个地区非金融企业的收益能力相对应确定了各地区非金融企业杠杆率的合理阈值，进而确定了各地区非金融企业部门杠杆率的调控方向和调控力度，这种方法可以推广应用到政府部门、居民部门的杠杆率阈值的确定，从而为各级政府精准实施结构性去杠杆政策提供科学支撑。

本节首先从理论上分析了传统的微观、宏观杠杆率指标的测度原理及其局限，分别从微观、宏观两个层面构建了“债务资本比”和“债务收益比”形式的双重杠杆率测度体系，并按风险与收益相匹配的原则设计了宏观、微观杠杆率阈值的科学确定方法。然后，以

2008—2017 年中国沪深 A 股非金融上市公司数据为样本，揭示了微观杠杆率的信息扭曲及其产生的严重误导，并运用构建的宏观、微观“双重”杠杆率测度体系对各地区非金融企业的杠杆率真实水平进行了测度。最后，结合各地区各自的收益水平确定了各自的杠杆率合理阈值，并结合其经济发展特征和去杠杆承受能力分析了各地区结构性去杠杆的方向、着陆点和力度，提出了相关政策建议。

二、传统杠杆率指标的修正

1. 传统财务分析体系的缺陷

微观杠杆率是从单个经济主体出发，考察微观主体权益资本撬动总资本的倍数。以非金融企业为例，传统财务分析体系一般是通过资产负债率（负债总额/资产总额）或权益乘数（资产总额/净资产总额）衡量其杠杆率，资产负债率或权益乘数越高，则杠杆作用越强、财务风险越高。但由于传统财务分析体系将“总资产”等同于“总资本”，导致其使用资产负债结构测度的微观杠杆率与非金融企业的真实杠杆率之间存在差距。传统财务分析体系中总资产不仅包括企业从投资者获得的投资，而且也包括企业营业活动形成的应付账款、应付票据、预收账款、应付职工薪酬、未交税费等营业性负债。如果将应付账款、应付票据、预收账款等营业性负债也计入总资本中，相当于把供应商、客户、员工、政府等纳入投资者的行列，这无疑泛化了投资者和资本的概念。事实上，这些营业性负债是实体经济的微观主体之间在正常交易中形成的债权债务关系，并非金融与实体经济之间的债权债务，其不仅可以通过非金融企业的正常经营而得以无限存续，不需要提供抵押物，而且也不需要承担融资成本，相对于金融性负债的预算约束较“软”，将其与基于债权投资关系形成并具有“硬”约束的金融性负债混同难以反映非金融企业的真实财务风险。从实体经济整体来看，实体企业之间的营业性负债的增减变化，只是造成实体企业资本需求的此消彼长，并不会改变实体经济整体的资本需求和对金融性负债的依赖。因此，非金融企业真实杠杆率的统计应将营业性负债剔除在外。

2. 矫正后的杠杆率测度指标构建

真实的微观杠杆率水平应是微观主体金融性负债在其总资本中的比重，反映金融与实体经济之间的关系。为了真实反映微观主体的杠杆率水平，矫正传统财务分析体系对非金融企业杠杆率的错估，对基于总资产计量的传统微观杠杆率进行修正，将具有预算“软”约束性质的营业性负债从总资产中剔除，用基于总资本计量的资本结构杠杆率来测度我国真实的杠杆水平，即使用资本负债率或借入资本比率（金融性负债总额/总资本）衡量其微观杠杆率。

三、我国实体企业微观杠杆率测度

（一）样本数据

虽然在我国经济中房地产越来越呈现出金融衍生品的特征，但是这种特征在以房地产开发为主的房地产行业上市公司层面表现得并不突出。同时，房地产行业对金融资本的依赖程度要远远高于其他行业。因此，本节认为，将房地产行业上市公司也视为实体经济组成部分进行杠杆率的考察更有意义，即：除金融类上市公司之外的其他所有行业的上市公司都纳入实体经济的考察范围。2008—2017 年 A 股非金融类上市公司的样本量分布及 2017 年样本量的地区分布如表 8 - 7 和图 8 - 10 所示：

表 8 - 7 **2008—2017 年中国非金融类上市公司样本量分布** 单位：家

年度	2008	2009	2010	2011	2012	2013	2014	2015	2016	2017
样本量	1469	1524	1678	2029	2263	2392	2440	2595	2751	3382

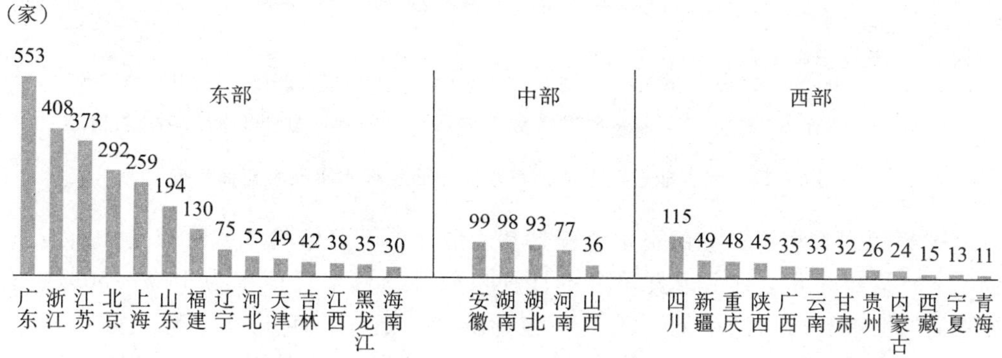

图 8 - 10 2017 年中国非金融类上市公司各省（市、自治区）样本量分布

（二）我国实体企业杠杆率被持续高估

非金融上市公司整体层面的资产负债率为 55%—61%，而反映其真实杠杆率水平的资本负债率却为 38%—43%，负债率持续被高估 40% 以上，2017 年被高估的幅度接近 50%，如图 8 - 11 所示。同样，如图 8 - 12 所示，各年的权益乘数为 2. 20—2. 55，但反映其真实杠杆率水平的资本杠杆（总资本/净资产）却只有 1. 61—1. 74，杠杆率被高估的程度除 2008 年略低于 40% 外，其余年份均超过了 40%。负债率或杠杆率持续被高估误导了政府对非金融企业真实风险水平的判断，进而给结构性去杠杆的政策制定产生误导。

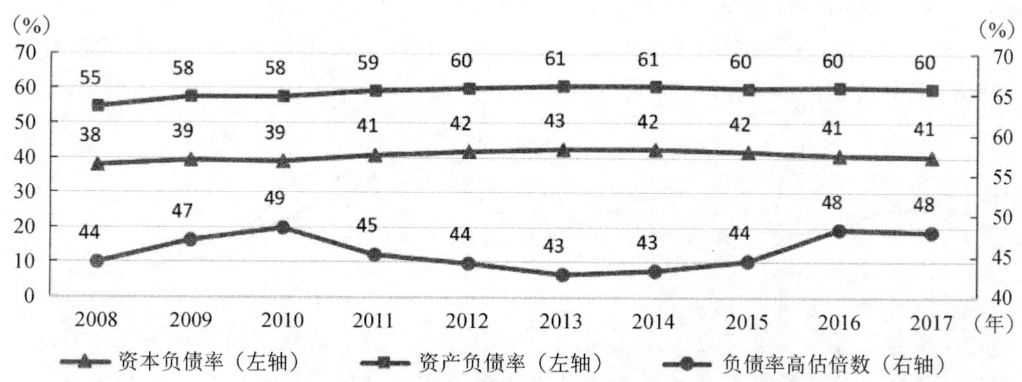

图 8 - 11 我国非金融上市公司整体层面负债率水平及其扭曲程度

（三）地区间微观杠杆率及扭曲程度的差异较大

我国地域辽阔，不同地区经济结构和发展水平差异较大，非金融企业杠杆率水平也必然存在较大差异。如图 8 - 13 所示，从非金融上市公司资本结构杠杆率的地区分布来看，在我国大陆 31 个地区中，绝大部分地区非金融上市公司整体的杠杆率低于 50%。新疆、青海和云南三个地区非金融上市公司的杠杆率较高，超过 50%，非金融上市公司杠杆率最高的为

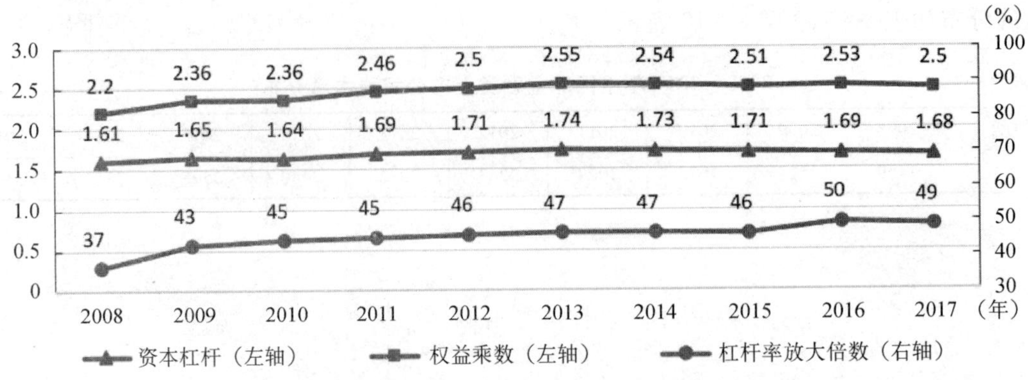

图 8 - 12　我国非金融上市公司整体层面杠杆水平及其扭曲程度

新疆的 61%，以自有资本撬动的资本总额是其两倍之多，总体财务风险较大。山西、河北、天津、辽宁、福建的非金融上市公司资本杠杆也较高，资本负债率为 45%—50%。有 7 个地区的非金融上市公司杠杆率低于 35%，包括陕西、浙江、四川、贵州、江西、安徽、江苏，其中非金融上市公司杠杆率最低的地区为陕西的 27%，总体财务风险较低。

传统的资产负债结构杠杆率严重扭曲了各地区非金融上市公司的真实杠杆率水平。如图 8 - 13 所示，在传统的以资产负债率衡量的杠杆率的地区分布中，90% 的地区非金融上市公司整体杠杆率超过了 50%，显著区别于前述资本负债率所测度的杠杆率水平。从杠杆率的错估水平来看，2017 年我国分地区的非金融类上市公司整体杠杆率错估的最大值为 80%，最小值为 15%，没有负值区，表明在我国不同地区之间，传统的资产负债结构杠杆率对资本结构杠杆率均存在正向扭曲，2017 年平均高估程度为 42%，在近十年平均被高估 39%。

地区之间非金融上市公司杠杆错估存在明显差异。具体来看，非金融上市公司整体杠杆率错估水平较高的地区主要分布在陕西、四川、重庆、贵州、广东、江苏、江西、浙江、安徽等地。其中，陕西和江苏的杠杆扭曲最为严重，传统杠杆率指标对真实杠杆率的错估水平高达 70% 之上。错估程度较低的地区分布在新疆、青海、云南、西藏等，传统杠杆率指标对真实杠杆水平的扭曲程度相对较小。

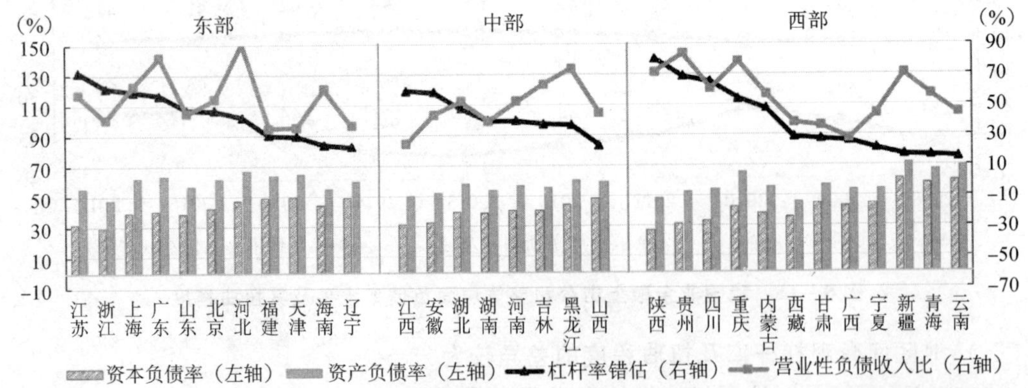

图 8 - 13　2017 年中国非金融上市公司资本负债率、资产负债率和杠杆率错估水平的地区分布

房地产业的杠杆高企，其风险已成为当前中国系统性金融风险的主要来源之一。2017 年房地产业的杠杆偏离度高达 93%，在实体行业中高居榜首。作为资本密集型行业，房地产业的资本回报率仅为低水平7.9%，资本的价值创造能力不能抵抗高杠杆带来的高风险。进一步，房地产业究竟对实体经济杠杆率的影响有多大？将房地产业从实体行业中剔除，发现2008—2017年实体经济杠杆率均呈现不同程度的下降，平均下降幅度为12%，2016年和2017年下降幅度达到15%以上。分地区来看，房地产业对实体经济影响较大的地区主要分布在贵州（剔除房地产业地区杠杆率下降61%，为-61%）、福建（-43%）、重庆（-40%）、广东（-18%）、西藏（-17%）、上海（-16%）、浙江（-15%）、河北（-14%）等地区。西北和东北地区的房地产公司数量较少，且上市公司主要呈现高风险特征，房地产业对这部分地区整体风险的影响较小。

四、宏观、微观“双重”杠杆率的测度与杠杆结构性的优化

（一）双重杠杆率测度体系的建立

1. 实体企业双重杠杆率的测度方法。为了使分部门杠杆率测度既能体现出各部门真实的风险水平，又能够建立其与微观杠杆率的内在联系并科学确定其阈值标准，本节建立了微观、宏观“债务资本比”和“债务收益比”的双重杠杆率测度体系。微观实体企业杠杆率和地区层面杠杆率虽然测度方法不同，但其本质内涵是相同的，即经济主体的债务负担。所不同的是，传统的微观实体企业杠杆率以资产负债结构衡量债务负担，而不同经济部门的杠杆率以债务收益比衡量债务负担。由于计算杠杆率主要是为了度量债务风险和债务负担，因此，债务统计的范围应是具有“硬约束”的金融性负债。为了建立地区层面杠杆率与微观实体企业杠杆率的纵向关联，并保证各层面杠杆率的纵向演进和横向可比，本节采用“资本结构杠杆率”和“债务收益比杠杆率”双重测度体系。在修正传统的资产负债结构微观杠杆率测度方法的同时，增加债务收益比的微观杠杆率测度方法。

对实体企业而言，对传统的资产负债结构微观杠杆率的修正主要体现在矫正非金融性负债对“资产”和“资本”的扭曲效应，使用“资本负债率=金融性负债/资本=（负债总额-非金融性负债）/（资产-非金融性负债）”取代传统的“资产负债率”，从而反映实体企业承受的真实债务风险。新增的“债务收益比”指标既反映每年收益对应付债务支出的覆盖程度，体现实际还款负担水平，同时与主流宏观杠杆率（负债/GDP）指标相衔接，为地区层面杠杆率测度提供微观支撑。其中，微观实体企业收益以“息税前利润+折旧+摊销（EBITDA）”进行计量。利息受企业管理层融资决策影响，企业前期损益会直接影响当年的纳税情况，折旧费和摊销费的计提则带有明显的个体专断色彩，使用EBITDA计量企业收益，剔除了资本结构、税收政策、折旧和摊销方法在实体企业之间的差异，使企业具有统一的收益计量口径，更能客观反映企业的盈利水平。

2. 地区层面双重杠杆率的测度方法。微观层面杠杆率的双重计量为地区层面杠杆率的测度提供了微观支撑，但是，从微观实体企业的杠杆率到地区层面的杠杆率，不是一个简单的累加过程，必须充分考虑微观实体企业之间的重要性差异，相应赋予其不同的权重。其中，使用资本结构测度的杠杆率应以各个微观实体企业的资本总额与对应地区的资本总额之比为权重，相应地，使用债务收益比测度的杠杆率则应以各个微观实体企业的收益总额与对应地区的收益总额之比为权重。假设D_{ij}代表第i个地区下第j个微观实体企业的金融性债务余额，C_{ij}代表第i个地区下第j个微观实体企业的资本或财富总额，R_{ij}代表第i个地区下第j

个微观实体企业的收益总额，则第 i 个地区的资本结构杠杆率 $CL_i = \sum D_{ij(j=1,2,\cdots)} / \sum C_{ij(j=1,2,\cdots)}$，债务收益比的杠杆率 $RL_i = \sum D_{ij(j=1,2,\cdots)} / \sum R_{ij(j=1,2,\cdots)}$。

3. 基于双重杠杆率界定杠杆率阈值标准。债务收益比杠杆率和资本结构杠杆率之间存在内在逻辑关联，即：资本结构杠杆率 = 金融性负债/总资金（总资本） = （金融性负债/EBITDA） × ［EBITDA/总资金（总资本）］ = 债务收益比杠杆率 × 资本收益率。资本收益率代表了实体企业的价值创造能力，该比值越高则表明价值创造能力越强。而实体企业之间以及地区之间的资本价值创造能力差异较大，这意味着在同等的债务收益比水平下，资本收益率越高的实体企业或地区，其资本结构杠杆率也越高。因此，可以按合理的债务收益比水平并根据不同实体企业或地区的资本收益率设置其资本结构杠杆率的基本标准，从而为杠杆率结构性优化提供科学依据。假设合理的债务收益比杠杆率水平为 Num_ year，第 i 个地区的资本收益率为 ROC_i，则 i 地区的杠杆率阈值 = Num_ year × ROC_i。当 i 地区的资本结构杠杆率超过阈值水平，说明 i 地区的杠杆率相对于其价值创造能力较高，需要下调到合理的杠杆率区间内。同理，第 i 个地区下第 j 个微观实体企业的杠杆率阈值 = Num_ year × ROC_{ij}。进一步地，参照实体企业和地区的杠杆率阈值、风险承受能力以及政策倾斜程度等，合理确定杠杆率的调整方向和力度。

（二）分地区双重杠杆率测度

2017 年各地区非金融上市公司的资本收益率和债务收益比水平如图 8 - 14 所示，从债务收益比杠杆率的地区分布来看，2017 年债务收益比杠杆率最高的地区为青海的 21.27，代表青海非金融上市公司以 2017 年的收益水平偿还完现有的金融性负债需要 21.27 年，杠杆率畸高主要归因于青海的资本价值创造能力过低，其 2017 年的资本收益率仅为 2.72%。债务收益比杠杆率最低的为贵州的 1.54，其资本收益率高达 20.39%，较高的资本价值创造能力化解了贵州非金融上市公司面临的偿债风险。

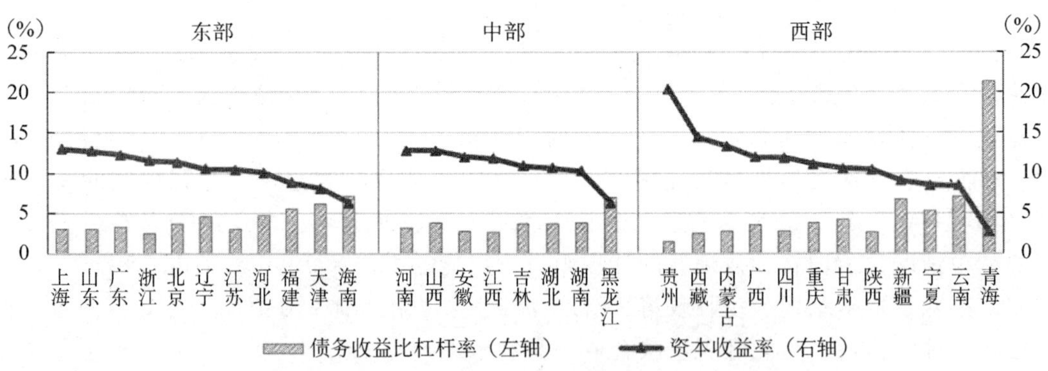

图 8 - 14　2017 年中国非金融上市公司债务收益比杠杆率、资本收益率地区分布

（三）分地区杠杆率偏离度测度

资本负债率 = 债务收益比 × 资本收益率，因此，在保持同等的债务收益比水平下，资本收益率越高的地区其债务资本比的阈值就可以更高。本节按债务收益比为 4 倍（略低于各地区的均值 4.17）测度了各地区非金融企业部门债务资本比的阈值，并以各地区的实际债务资本比与其阈值进行对比，计算其杠杆率的偏离度（实际债务资本比 - 债务资本比阈值）/

债务资本比阈值，偏离度为正数，说明实际杠杆率超过了阈值，则需要降杠杆，反之，则可以适当加杠杆。偏离幅度越大，则杠杆的调控力度也应越大。

分析结果如图 8－15 所示，总体来看，我国西北、东北和西南地区的杠杆偏离度多为正值，表明大多数区域处于“降杠杆”区域；东部地区以及华南地区的杠杆偏离度多为负值，表明这些地区存在一定的“加杠杆”空间；中部地区的杠杆偏离度较小，多为“稳杠杆”区域。具体来看，青海、云南、黑龙江和海南地区的杠杆偏离度高达 70% 之上，新疆和天津杠杆偏离度为 50%—70%，宁夏、河北、辽宁、福建的杠杆偏离度为 10%—20%，这些地区均是应该“去杠杆”的区域；贵州的杠杆偏离度为－62%，西藏、浙江、安徽、江西、四川、陕西的杠杆偏离度为－30%—－50%，内蒙古、上海、山东、江苏、河南、广东、广西的杠杆偏离度为－10%—－30%，这些地区属于可以适度“加杠杆”的区域。吉林、北京、湖北、湖南、山西、重庆、甘肃的杠杆率偏离度在±10%之间，风险水平适中，“稳杠杆”是这些地区杠杆调整的主导方向。

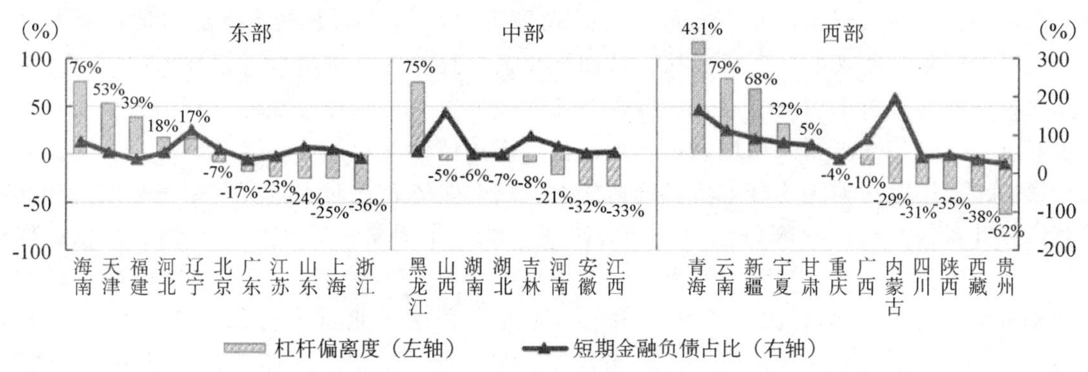

图 8－15　2017 年非金融上市公司杠杆偏离度和短期金融负债占比地区分布

（四）分地区去杠杆承受度测度

结构性去杠杆不仅要考虑杠杆率的地区差异、资本价值创造能力，更要充分考虑各地区对去杠杆的承受程度。超过企业承受能力的强制性去杠杆，会直接引发企业资金断流，在经济紧缩期的去杠杆更会带来一系列不良后果。因此，企业在去杠杆的过程中，要充分结合自身短期偿债能力对去杠杆的力度进行调整。为此，考察了各地区短期金融负债与流动资金（营运资金）的比例，该比值越大，则其面临的短期财务风险就越高，即其对降杠杆的承受能力越低，此时越要慎重对待降杠杆。

总体上，短期财务风险亦呈现出“东南低—西北高”的分布状态。分地区来看，短期财务风险较大的地区有新疆、青海、云南、江西、山西、内蒙古、辽宁和吉林等，其中，内蒙古、青海、山西、云南、辽宁地区的短期金融负债占比超过 100%，流动资金不足以覆盖短期金融负债，其面临的短期财务风险很高。而在长江中下游和华南沿海一带，短期金融负债占比较小，短期风险较低。综合杠杆偏离度和短期财务风险的考察，青海、云南、新疆和辽宁等地区高杠杆和高短期风险“双高”并行，去杠杆难度较大，应根据企业的营运情况合理控制去杠杆的进程，不可“过急”和“过猛”。内蒙古、山西、广西的短期财务风险较大，但总体财务风险适中，存在一定的加杠杆空间，可以通过杠杆率适度上调，减弱企业短期偿债压力。

五、几点建议

第一，明确“资产”和“资本”的差异，合理设计能反映真实风险水平的杠杆率，准确把握不同地区的杠杆水平。在传统的财务风险衡量指标中，将具有软约束性质的营业性负债纳入杠杆的计量会直接导致传统杠杆测度指标对真实杠杆错估，因此，在测度地区的资本杠杆时，首先要明确纳入杠杆率测度的债务口径。杠杆率的实质是对偿债风险的衡量，为了更精准和更稳健地评估实体企业对金融性负债的偿还能力，在杠杆率的测度中只纳入具有硬性约束的金融性负债。用总资产扣除营业性负债作为债权人和股东投入的真正资本，以金融性负债对总资本的撬动衡量地区的财务风险。矫正传统财务风险评估指标对真实财务风险的扭曲，对我国各地区的风险状况作出准确评估，为宏观经济调控奠定科学、合理、准确的风险信息基础。

第二，风险与回报相匹配是确定杠杆率阈值的基本原则。房地产业杠杆偏离度持续为正，高资本密度与低资本回报严重脱节，要在稳定房价的基础上逐步降低房地产业的杠杆率。宏观杠杆须与微观杠杆有机衔接，从而强化去杠杆的内在逻辑。建议在宏观国民经济核算和微观的财务分析中均同时设置债务收益比和债务资本比两种口径的杠杆率，从而存量与流量兼顾、宏观与微观相联系地确定合理的杠杆率阈值标准。

第三，根据所在地区的资本价值创造能力，结合实体企业对去杠杆的耐受程度，建立起具有地区针对性的杠杆率阈值标准。“降杠杆”地区主要集中在青海、云南、海南、黑龙江、新疆、天津、福建、河北、宁夏、辽宁地区；将杠杆偏差率在上下 10% 以内浮动的作为“稳杠杆”地区，则甘肃、重庆、山西、湖北、湖南、北京、吉林地区应做到“稳杠杆”；广西、广东、河南、江苏、山东、上海、内蒙古、四川、安徽、江西、陕西、浙江、西藏、贵州地区可以适当“加杠杆”。

第四，明确结构性去杠杆的“着陆点”。国家的区域经济战略是地区经济发展的主导，偏重型经济结构的西北、黄河流域一带以及东北地区依然处于一个利用杠杆发展经济的阶段，既要去杠杆、降风险，又要做到保稳定、促发展，在这个过程中就要区别高效绿色企业与低效高风险企业，将去杠杆的主要目标定位于产能过剩、技术含量低、不经济和不环保企业，而对顺应国家经济战略格局的产业、高新技术企业要给予一定的加杠杆空间，给予资金和政策支持，以达成经济增长和风险控制的双重目标。

第五，着重控制高风险企业的财务风险，防止因个别企业的财务失败导致风险集聚而引发区域性金融风险。高风险企业主导着一个地区整体的风险水平，因此，要促进资本密集型、资源依赖型的高风险企业转型。加强中西部地区的特色化产业模式和多元化融资渠道建设，推动偏重型经济向多元化产业转型。如新疆、甘肃、西藏等地区文化资源丰富，通过政策的引导带动社会资本和金融资本的投入，促进旅游业和相关产业链的协同发展。加快西北地区以及东北地区低效率的国有企业混合所有制改革，将国有企业的资源优势与非国有成分的效率优势充分结合，促进协同作用的发挥。在杠杆率快速增长的中西部地区，合理创新金融体制，使其与本土产业相结合从而在推行过程中更易落地实施，不仅以银行信贷作为主要资金来源，更要践行“大金融”理念，发展债转股、私募股权、基金股权等多元化融资方式。

六、边际贡献与未来拓展

本节所建立的非金融企业部门杠杆率阈值标准确定方法可以推广应用到金融企业、政府部门和居民部门，从而为中央和各地方政府有效把握杠杆结构性优化的方向和力度提供重要参考依据。

作为中国智库索引（CTTI）首批来源智库、高校智库百强（A），中国企业营运资金管理研究中心将与有关部门合作持续开展中国实体经济资金效率与财务风险指数调查和数据平台建设，为推动中国经济高质量发展提供全方位支撑。

第三节 短期财务风险预警

一、短期财务风险预警的必要性

当前，世界正面临百年未有之大变局：一方面，新冠肺炎疫情、贸易摩擦等内外部事件使企业身处严峻环境中；另一方面，"一带一路"、供给侧结构性改革等又给企业带来新的机遇。

近年来企业债务违约事件频发，涉事主体和金额不断攀升，从沸沸扬扬的"康得新"违约事件，到疫情期"新华联系"爆发的流动性危机，"刚性兑付"的神话一再被打破，债务违约或成为"新常态"，暴露了我国部分企业的短期财务风险早已暗藏凶机。发人深省的是，在系列债务违约事件中，信用评级机构的风险预警作用并没有很好地发挥，"吹哨人"遗憾地沦为"马后炮"。统计发现，大多数违约企业在违约前夕仍拥有很高的信用评级，在实质性违约发生后，评级机构才纷纷断崖式地下调其评级，这无疑十分讽刺。究其原因，这与部分企业通过财务造假粉饰报表脱不开关系，同时，短期财务风险评价指标单一、落后的重大缺陷也难辞其咎。

与此同时，金融服务实体进程的不断推进，要求金融有效发挥其媒介资源配置的功能（李扬，2017），然而仍有很多企业实际上得不到资金支持，我国金融资源在实体经济中的融资配置效率很低（刘小玄、周晓艳，2011），宋文娟、鲍静海（2017）提出金融和实体之间风险的联动性较强，实体经济萎靡将直接波及金融行业，而金融风险的加大，又将影响其支持实体经济能力的发挥。从中国的宏观杠杆水平上看，马建堂等（2016）指出，企业部门流动性风险和偿付性风险应值得关注，一些产能过剩行业的流动性风险很大；从微观层面看，王竹泉等（2019）发现，传统财务分析体系提供的基础性财务信息存在高估风险和低估效率问题，实体经济上市公司财务风险约被高估40%，财务分析体系缺陷或为金融服务实体质量不高的症结所在。因此，不论是在支持风险预警模型还是提高金融服务实体能力方面，传统财务分析体系恐怕都没有还原企业真实短期风险水平。

葛家澍、占美松（2008）提出反映企业财务状况的核心信息是流动性和财务适应性，短期财务风险评价，作为企业财务战略管理的重要内容，衡量的是企业资金的流动性，对企业的财务风险有着重要的影响（王福胜、宋海旭，2011）。在实务中，短期债务由于资金成本低、相对灵活等优点，而受到企业的青睐，实际上，企业发生风险的首要原因多是债务，很大一部分企业陷入财务困境的原因都指向资金链断裂。因此，短期财务风险评估对于企业来讲至关重要：一方面，可以配合企业生产经营决策；另一方面，则可以满足企业财务管理需求。

短期财务风险过高的直接后果之一就是债务违约，进而可能引发财务危机，金融机构当然是逐利避险的，短期财务风险评估则可满足金融机构等债权人和评级机构的风险评估需要，因此，诸多经典的破产指数模型和信用风险模型都将短期财务风险考虑在内。例如，Z - score 模型（Altman，1968）、改进后的 ZETA 模型（Altman et al.，1977）、吴世农和黄世忠（1987）提出的模型、F 模型（周首华等，1996）、Y 模型（杨淑娥、徐伟刚，2003）等。

二、短期财务风险预警主流模型

目前，企业财务风险预警模型包括：判别模型（一元判别模型和多元判别模型）、概率模型（逻辑回归模型和概率回归模型）和以人工神经网络模型（ANN）为代表的非参数模型等。

线性判别模型假定数据服从正态分布和等协方差。Beaver（1966）分别对 30 个财务比率进行单个检验，经研究发现：负债比率、资产收益率和现金流量比率这三个财务指标能够有效地为信息使用者预测财务危机。Altman（1968）突破了前人单变量的研究限制，采用多变量分析技术进行研究，并构建了 Z - Score 模型。Matin（1977）构建了 Logistic 模型，研究结果表明坏账/营业净利润、净利润/总资产、费用/营业收入、商业放款/总放款、总资产/风险性资产、总放款/总资产六个指标具有显著的风险预警能力。Ohlson（1980）运用条件逻辑模型（Conditional Logistic Model）建立了财务风险预测模型，得出结论：企业的规模大小、经营绩效、财务结构以及资产的流动性等四个因素与企业发生财务危机的概率具有高度的相关性。Zmijewski（1984）最早利用 Probit 模型来建构财务危机预警模型，其认为财务危机研究大多会产生两个问题：（1）选择性基础偏误；（2）样本选择偏误：人工神经网络模型具有较好的模式识别能力、纠错能力、处理资料缺失或错误能力。Odom 和 Sharda（1990）比较类神经网络和多变量区别分析模型之不同，选取 1975—1982 年 65 家财务危机公司并与 64 家正常公司进行配对，将样本划分为训练样本和保留样本，并以 Altaman（1968）所提出之 Z - Score 分析中之五项财务比率，撷取公司财务危机前一年之数据来建立类神经网络与多变量区别分析两个预警模型。实证结果显示，在训练样本中，多变量区别分析与类神经网络模型之正确区别率分别为 84.86% 和 100%；而保留样本之验证方面，其正确区别率分别为 81.18% 和 74.28%，整体而言，类神经网络模型在企业财务危机之预测较区别分析模式更佳。Gently（2010）等学者在研究过程中，对前人提出的现金流量理论进行了发展创新，并把多变量现金流量模型首次引入财务预警管理层面。

在国内，周首华等（1996）提出了 F 分数模型，对 Z - Score 模型指标进行了修正。陈晓和陈治鸿（2000）运用 Logistic 回归模型对中国上市公司的财务困境进行了预测，结果显示该应收账款周转比率、负债权益比、留存收益/总资产和主营利润/总资产对上市公司的财务困境有显著作用。吴世农、卢贤义（2001）运用三种财务风险预警模型进行实证研究，其中包括了 Fisher 线性判定分析、逻辑回归分析和多元线性回归分析。结果显示，财务比率中有 16 个指标在企业发生财务危机的前一年或二年时有着较强的预警能力；对同一个信息集，多元逻辑回归模型的判别准确率最高。杨淑娥、黄礼（2005）以120家上市公司的截面财务指标作为估计样本以及同时期的60家公司作为检验样本并运用BP人工神经网络工具，构建了财务危机预警模型。通过对样本的反复训练和学习最终分别取得了建模样本90.80%和检验样本90%的判别率。郑和明（2014）运用动态logit模型实证检验民营企业财务风险的主要影响因素。研究发现，企业现金流、负债结构（负债构成和期限结构）等对企业财务风险具有显著的解释能力。在较长预测区间内，持续预测变量例如企业经营活动产生的现金流更加重要。

三、传统短期财务风险分析指标的缺陷及其改进

在第五章中，本书对传统短期财务风险分析体系进行了重构，以短期金融性负债流动比率这一创新指标取代流动比率这一传统指标，解决了营业性负债与金融性负债不分的严重缺陷。纵观上文梳理的短期财务风险预警模型的发展历程，可以发现，现金流量信息的重要性日益凸显，这为短期财务风险评价指标的进一步改进指明了方向。实际上，除了将营业性负债和金融性负债混为一谈之外，传统短期财务风险分析体系还存在一系列问题，主要表现在：

（一）清算基础的单一性

以流动比率、速动比率、营运资本为代表的传统指标，均是以清算为基础，而非以持续经营为基础，除非走投无路，企业根本不会将流动资产全部变现来偿还债务。因此，这类指标对持续经营的企业参考性很低。

（二）重存量、轻流量的片面性

企业偿还短期债务的来源有很多，可以是资产变现，可以是经营活动产生的现金流量，甚至还包含新借入的短期资金。如果企业经营活动中产生的现金流量足够，则在没有太多投资性支出的情况下，根本不须过度依靠资产变现来保障债务偿还；反之，如果企业经营活动产生的现金流量已经为负，甚至为维持正常生产经营还须对外筹资，那么短期财务风险值得引起关注。而传统的静态指标对流量信息极度忽视，根本不能反映风险的动态变化。

（三）易于粉饰会计报表

以流动比率为例，一般企业该指标均大于1，推迟赊销货物、暂时偿付应付账款等人为操纵的行为，均会使得流动比率上升。而此时，企业实际财务状况并未得到改善，这也造成了传统指标不稳健的缺陷。

以流动比率为例，在第五章重构的“短期金融性负债流动比率”指标的基础上，针对上述缺陷，本章拟进一步完善传统指标。由于前述的“短期金融性负债流动比率”实质上仍是一个基于资产负债表信息的存量指标，为与本章新建的指标相区别，下文将其称为“短期金融性负债流动比率（存量）”。其实，未来一年经营活动现金净流量同营运资金一样，也是短期金融性负债偿还的可靠来源，在存量指标优化的基础上兼顾流量指标，本章提出“短期金融性负债流动比率（综合）”这一指标。

短期金融性负债流动比率（综合）＝短期金融性负债流动比率（存量）＋短期金融性负债流动比率（流量）

＝营运资金/短期金融性负债＋未来一年的经营活动现金净流量之和/短期金融性负债

上述公式将“短期金融性负债流动比率（综合）”这一指标拆解为存量指标和流量指标

两部分，其中，营运资金除以短期金融性负债为存量指标，反映营运资金变现后对短期金融性负债的保障作用；未来一年的经营活动现金净流量之和除以短期金融性负债这一指标体现了流量化解存量的思路，代表经营活动现金净流量对短期金融性负债的保障程度。该指标越大，短期财务风险越小，即使两家企业存量视角的短期财务风险完全相同，如果其中一家企业经营活动创现能力低下，则其综合短期财务风险评价的结果也可能差之千里。该指标不仅解决了清算基础的单一性、重存量轻流量的片面性等问题，降低了会计报表粉饰行为对短期财务风险评估的干扰，而且使用未来现金流量信息提高了该指标的前瞻性。

流动比率这一传统指标，一般以 1 和 2 为经验值将企业短期财务风险划分为较高、适中和较低三个层次。参照流动比率经验值，若短期金融性负债流动比率（存量）与短期金融性负债流动比率（流量）之和小于 1，则表示流量和存量合计也不能覆盖短期金融性负债，短期财务风险较高；考虑营运资金变现难度和未来现金流量预测误差，若两者之和大于 2，则表示流量和存量合计可以覆盖两倍的短期金融性负债，短期财务风险较低；若两者之和介于 1 到 2 之间，则表示流量和存量合计可以覆盖 1—2 倍的短期金融性负债，短期财务风险适中。

四、流量存量兼顾的短期财务风险分析指标应用——以制造业为例

在存量流量兼顾的短期财务风险综合评估体系的基础上，为细致描述我国实体经济上市公司短期财务风险水平，本节选用 2009 年第一季度至 2020 年第一季度我国制造业 A 股上市公司季报财务数据进行研究。由于流量指标需用未来一年数据，本节得到 2009 年第一季度至 2019 年第一季度（合计 41 个季末时点）的样本，以此测度我国实体经济上市公司短期财务风险水平。采用的具体公式如下：

T 季末短期金融性负债流动比率（综合）＝T 季末短期金融性负债流动比率（存量）＋T 季末短期金融性负债流动比率（流量）

＝T 季末营运资金余额/T 季末短期金融性负债余额＋（T＋1 季末、T＋2 季末、T＋3 季末与 T＋4 季末经营活动现金净流量之和）/T 季末短期金融性负债余额

（一）季度短期财务风险水平均值测度

制造业季度短期财务风险如图 8－16 所示，制造业流动比率行业总体均值为 1.26 且呈上升趋势，传统指标显示短期财务风险适中；制造业短期金融性负债流动比率（综合）行业总体均值为 2.10 且呈上升趋势，综合财务风险较低。其中，短期金融性负债流动比率（存量）行业总体均值为 1.72，较为稳健，但短期金融性负债流动比率（流量）行业总体均值仅为 0.38，流量短期财务风险较高。短期偿债能力主要靠营运资金的存量保障，未来一年经营活动现金流量的保障力度较为有限。总体来看，传统指标低估了制造业企业短期偿债能力，从而高估了企业短期财务风险。

（二）季度短期财务风险均值的波动性测度

风险意味着不确定性，从图 8－16 可以看到，传统的流动比率指标不论是十年间的波动情况，还是季节间的波动情况，都是非常平缓的。而多数行业实际上都存在自己的销售淡季或旺季，因此风险的季节波动必然存在，但流动比率未充分反映该变化，不能动态反映企业短期财务风险的波动，这也从侧面反映出流动比率的缺陷所在。但是，在本节创新的存量流量兼顾的短期财务风险综合评估体系中，不论是综合指标，还是存量指标，季节波动均非常

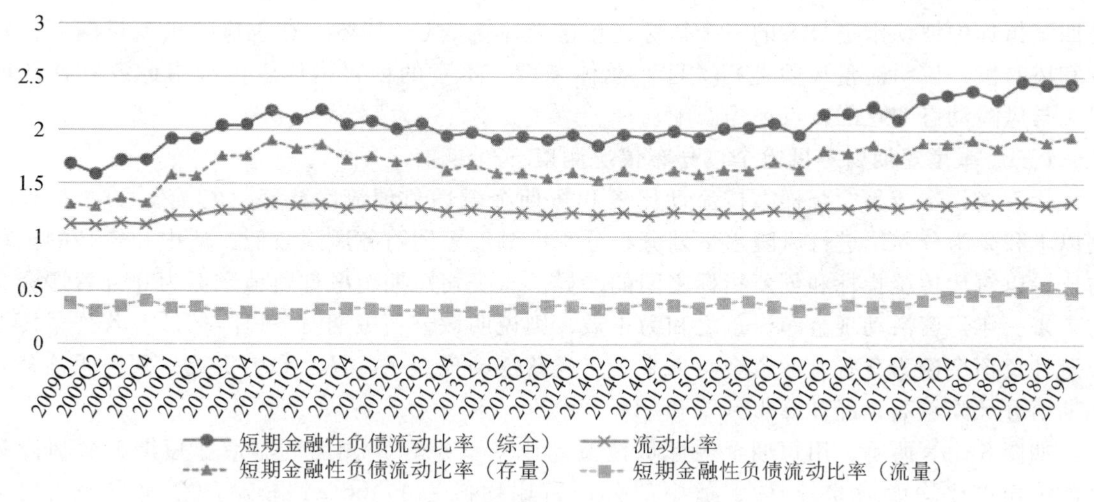

图 8－16　制造业季度短期财务风险图

明显，说明考虑了营业性负债和流量的影响后，综合指标相比传统指标更能够清晰地反映出短期财务风险动态多变的特征。另外，虽然流量指标衡量的是未来一年的流量偿债能力，少许季节因素被抵消，但其纵向的波动起伏也是较为明显的。

为细致观测不同指标的短期财务风险季节波动性，本章定义标准差率指标（标准差/平均值的绝对值）进行测算，在计算 T 季末的标准差率时，相关风险数据选取 T－1 季末、T 季末、T＋1 季末、T＋2 季末四个时点的数据，得到图 8－17。

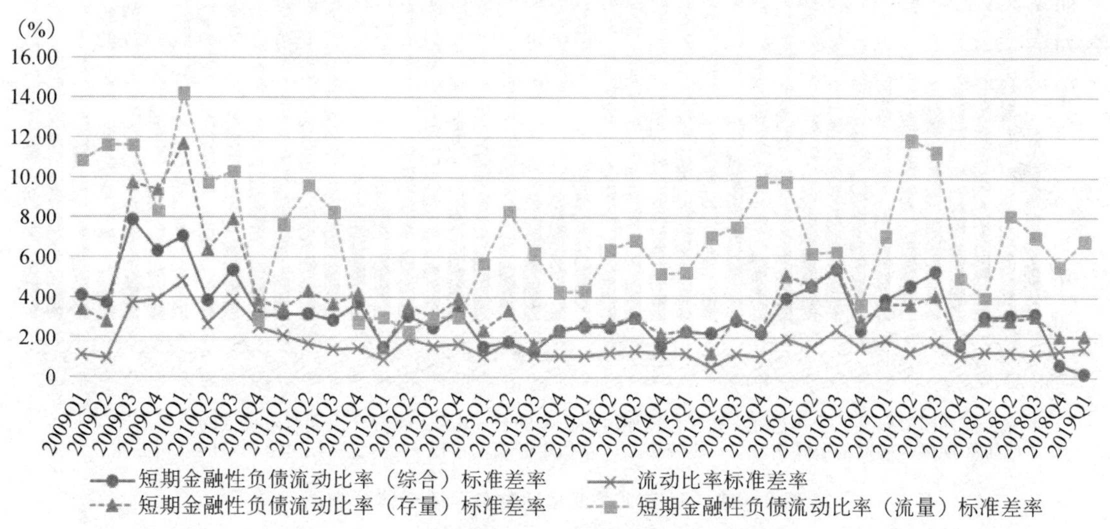

图 8－17　制造业季度短期财务风险波动率

从图 8－17 可以看到，制造业流动比率标准差率的最高点不足 5%，自 2010 年第三季度开始在 2% 上下摆动，观测期内流动比率的波动几乎均为最低。短期金融性负债流动比率（综合）的标准差率为 0—8%，波动幅度明显高于流动比率，在反映风险的动态变化方面更为及时。短期金融性负债流动比率（存量）的标准差率为 1%—12%，2009—2010 年出现较大波动，后逐渐平缓，但波动性仍显著高于流动比率。短期金融性负债流动比率（流量）

是四个指标中波动水平最大的一个指标，标准差率为3%—14%，这也反映出流量的不稳定性和风险性，说明流量风险值得关注。总体来看，本章的创新指标较传统指标波动性更明显，与风险动态变化的特点更为匹配。

（三）季度短期财务风险个体分布情况测度

接下来，本节将全部样本按流动比率和短期金融性负债流动比率（综合）两个指标分别以1和2为分界线进行风险水平划分，分季度测度短期财务风险较低、适中和较高的公司占比，以对比传统指标和创新指标之间的差异。若公司短期金融性负债余额为0且营运资金与未来一年经营活动现金净流量之和为正数，则说明该公司短期财务风险较低；若公司短期金融性负债余额为0且营运资金与未来一年经营活动现金净流量之和为负数，则说明该公司短期财务风险较高，经计算得到图8－18。

如图8－18所示，用短期金融性负债流动比率（综合）测度的制造业短期财务风险较低的公司占比均值为68.34%，适中的公司占比均值为17.66%，较高的公司占比均值为14.00%，而用流动比率测度的财务风险较低的公司占比均值仅为42.71%，适中的公司占比均值为40.23%，较高的公司占比均值为17.06%。在每一季度，均是综合指标衡量的低风险公司占比高于传统指标，高风险公司占比低于传统指标。一致的是，综合指标和传统指标的结果均显示，更多公司短期财务风险向低位积聚。

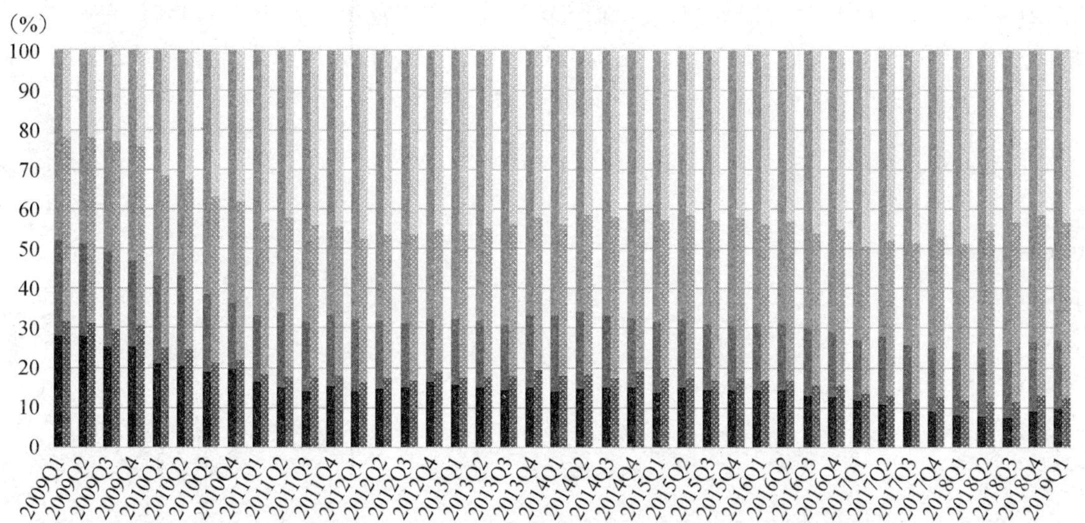

图8－18 制造业季度短期财务风险个体分布图

五、小结

本节回顾了短期财务风险预警相关研究，在第五章修正的存量短期财务风险分析指标的基础上，引入经营活动现金净流量，构建起存量流量兼顾的短期财务风险综合评估体系，设计包括短期金融性负债流动比率（综合）、短期金融性负债流动比率（存量）、短期金融性负债流动比率（流量）等指标在内的指标体系，进一步解决了现存指标重存量、轻流量的弊端。

运用上述综合评价体系，结合流动比率这一传统指标，测度2009年第一季度至2019年第一季度我国制造业A股上市公司季度短期财务风险水平。结果显示：（1）从短期财务风险均值上看，流动比率整体上高估了我国制造业上市公司季度短期财务风险，观测期内综合短期财务风险呈下降趋势，短期偿债能力主要靠营运资金的存量保障，未来一年经营活动现金流量的保障力度较为有限。（2）从短期财务风险的波动性来看，综合评价体系中的3个指标相比传统的流动比率指标，均能更好地反映风险的动态变化。（3）从个体分布情况上看，综合指标和传统指标的结果均显示越来越多的公司短期财务风险向低位积聚，综合指标在整体及行业层面中均识别出更多的低风险企业。因此，本节提出以下建议：

1. 正视传统财务会计基础理论的缺陷

资产、资金与资本、流动资产与流动资金、营运资金与营运资本等概念不仅在实践中而且在理论中被严重混淆都是不争的事实。金融机构、企业经营管理者和财会理论工作者应正视财务会计基础理论的缺陷，重构能够准确反映资金运动财务图景的基础概念，为财务分析体系的优化和重构奠定基础。

2. 重构存量流量兼顾的短期财务风险综合评价体系

流动比率、营运资本仅是存量视角的对全体债权人的平均财务风险测度指标，既没有实现对金融债权人和企业经营管理需求的有机衔接，而且根本没有考虑企业经营活动创造现金的能力，因此，其评估的结果与企业的实际的短期财务风险水平难免有较大的出入，重构存量与流量兼顾、金融债权人和企业经营管理者需求有机衔接的短期财务风险综合评价体系势在必行。

3. 重新评估实体经济的运行状况和风险水平

存量流量兼顾的综合评价指标能够更为准确地评估企业短期财务风险，从本节应用的情况来看，运用创新的评估体系有助于提振金融服务实体的信心，同时，精准定位短期财务风险真正较高的行业和个体，从而为金融机构精准识别短期财务风险重点领域、实体企业准确评估自身流动性并精准把握企业短期财务风险提供科学、可靠的信息支持。

第四节　资本与物流的分离

一、引言

马克思在《资本论》中指出："资本流通的时间可分成商品转化为货币所需要的时间与货币转化为商品所需要的时间"，前者是卖的过程，后者是买的过程。由于《资本论》中的货币指的是金属货币，并不包括信用货币，所以《资本论》默认在商品流通的出发点和复归点，货币由买方流向卖方的同时，商品由卖方流向买方，买、卖双方货币和商品的运动同步。但是，商业信用的出现和普及使货币和商品的运动已然发生了分离。具体而言，卖方的应收款项使其货币流入时间晚于商品流出时间，预收款项则反之；买方的应付款项使其货币流出时间晚于商品流入时间，预付款项亦反之（马克思，2016）。

马克思（2016）指出："流通时间和生产时间之间是相互排斥的……资本的流通时间会

限制资本的生产时间，也会限制其价值增值过程。限制的程度与流通时间持续的长短是成正比例的。”由于达成交易需要时间，所以商品的流通时间通常是大于零的。然而，商业信用的存在却可以缩短货币资本流通时间，即让同等资本价值的流通所需要的货币量减少。举一个极端的例子，假设企业利用预收款项和应付款项，使销售商品的收款时间点提前至其购买生产材料的付款时间点，那就意味着即使商品流通时间仍大于零，但商业信用的运用却可以使货币资本流通时间接近于零，在这种情况下，企业商品流通时间所耗费的流通费用完全由供应链上下游企业承担。同样地，应收款项和预付款项的存在可能导致企业的货币资本流通时间延长，承担供应链上其他企业的流通费用。

而今，资金中介提供的结算、担保、借贷服务以及起源于20世纪初的现代物流业所承担的商品运输服务，更加剧了商品流通过程中资金流（货币）、物流（商品）的分离程度。会计的基本功能在于描绘企业经济活动的财务图景，物流与资金流的运动周期及其相互关系是会计阐释企业经济活动基本状态和内在规律的重要工具。但是，目前尚未有研究明确探讨物流与资金流分离现状下的真实物流与资金流运动状况，及二者分离所导致的供应链资金压力。本节以描绘企业资金运动的基本特征及其内在规律为宗旨，构建了反映企业物流与资金流运动周期及其错位情况的指标，以2009—2018年我国非金融类上市公司为样本，首次测度了我国非金融类上市公司物流与资金流的运动周期及其起止点的错位期限①，首次描绘了我国非金融类上市公司物流与资金流的分离态势和基本特征。

本节可能的贡献有以下3点：（1）从理论上，首次提出反映物流与资金流分离态势和特征的指标，为会计阐释企业经济活动的基本状态和内在规律提供了新的工具。（2）突破仅从应收款项或应付款项角度研究商业信用的局限，从供应链整体的视角对企业的商业信用进行系统研究，综合评估企业占用的供应链资金和向供应链提供的资金，科学阐释商业信用在供应链中的实际作用。（3）统计并分析了我国非金融上市公司物流与资金流的分离状况及其基本特征，系统描绘了我国非金融上市公司经济活动和资金运动的财务图景。

本节后续结构安排如下：第二部分梳理相关文献，提出本节构建的核心指标；第三部分运用本节构建的指标对近十年来我国非金融上市公司物流与资金流的周转期及其错位态势进行统计分析；第四部分分析了地区之间、行业之间的物流与资金流的差异，并分析了不同特征企业的物流与资金流的错位程度；第五部分是本节的研究结论与启示建议。

二、理论分析与指标提出

（一）物流周转期与资金流周转期

1. 物流周转期

通俗来讲，物流就是物品从供应地向需求地的实体流动。对非金融企业来讲，企业日常开展的业务活动直接体现为周而复始的物流运动。每一次的物流运动始于采购，而止于销售。因此，物流周转期是指从取得存货开始到销售存货为止的时间间隔，也称之为“存货周转期”。物流周转期或存货周转期越短，则企业的业务运作效率越高。

尽管在很多财务分析特别是营运资金管理绩效评价中，我们都经常计算存货周转期，而

① 物流与资金流错位期限指物流周转期与真实的资金流周转期之间的差异，具体算法将在本节第二部分介绍。

且为了统一，通常在计算存货周转期时都以营业收入作为其周转额，但是，从更为准确地衡量物流周转期的角度来看，存货周转期计算应以营业成本作为周转额才更为合适。即：

$$存货周转期 = 360 \times 存货平均余额/营业成本 \tag{1}$$

显然，公式（1）中的营业成本是以权责发生制为核算基础，仅能反映存货实物的销售状态，而无法反映是现销抑或是赊销，也就无法反映销售存货的资金收回情况（杨雄胜等，2000）。同样，公式中的"存货"是以账面余额计量的，由于预付账款或应付账款的存在，以账面余额计量的存货也无法反映存货上实际占用的资金。因此，存货周转期仅反映物流运动的周期，而并非资金流周转期。孙建国（2005）指出，存货周转期反映的是存货的物流周转效率，具体而言，是指从企业取得存货开始，到售出存货为止所需要的时间。

2. 资金流周转期

与物流的周转期是从取得存货到销售存货为止的时间间隔不同，资金流的周转期是从为采购存货付出资金到销售存货收回资金的时间间隔。但由于商业信用的广泛应用，资金流的周转与物流的周转开始分离。商业信用是企业在正常的交易活动中由于延期付款或预收账款所形成的信贷形式，前者主要通过商品赊销、分期付款等方式融通资金，后者主要通过预付定金、预付货款等方式融通资金（汤莹玮，2018），无论哪一种方式都使得资金流脱离物流而动。在这种情况下，以存货流动为表现形式的物流周转速度仅能反映物流的运动，而无法反映资金流的周转效率（孙建国，2005）。企业若在采购环节采用先付款后发货的交易方式，则存货将以预付账款的形式占用资金；若在销售环节采用先发货再收款的交易方式，则存货将以应收账款的形式占用资金。Laughlin（1980）提出现金周转期指标（Cash Conversion Cycle，CCC）以衡量企业从采购材料支付资金到销售产品收回资金的周期，其表达式为：

$$现金周转期 = 360 \div \left(\frac{营业成本}{存货平均余额} + \frac{营业收入}{应收账款平均余额} - \frac{营业成本}{应付账款平均余额}\right) \tag{2}$$

之后，国内外学者陆续在现金周转期的基础上进行修正，Gentry 和 Lee（1990）认为，应按不同生产阶段流动资产占用营运资金的比重计算现金周转期，提出加权现金周转期的概念；1997 年，美国 REL 咨询公司和 CFO 杂志在现金周转期指标的基础上，提出营运资金周转期（Days of Working Capital，DWC），表达式为：

$$\begin{aligned} 营运资金周转期 &= 应收账款周转期 + 存货周转期 - 应付账款周转期 \\ &= 360 \times \frac{应收账款 + 存货 - 应付账款}{营业收入} \end{aligned} \tag{3}$$

目前，现金周转期、营运资金周转期等指标已成为反映企业营运资金管理绩效的通用指标。

Nobanee 等（2011）以日本上市公司为研究样本发现，企业现金周转期时长与盈利能力负相关；Zeidan 和 Shapir（2017）在 Nobanee 等（2011）研究结论之上，以巴西上市公司为案例进一步研究发现，缩短现金周转期不仅可以提高企业盈利能力，且能够提高上市公司股票价值；Chang（2018）以不同国家企业为样本进行实证研究发现，现金周转期与企业盈利能力和股票价值负相关的结论适用于全球企业。除探究营运资金管理绩效与企业业绩关系的研究，Dhole 等（2019）还运用实证研究发现，缩短现金周转期能够在一定程度上降低企业受到融资约束的可能性。从已有研究可以看出，企业资金周转情况与企业盈利能力、融资能力息息相关。在物流与资金流相分离的实际情况下，认清并评估出物流与资金流的错位情况，才能有效反映企业真实的资金周转效率，避免投资者的资金流向效率虚高的企业。

但是，公式（2）、公式（3）等指标仅考虑了物流与资金流差异中以应收账款和应付账款形式占用的资金，而对应收票据、应付票据、预付账款、预收账款等未作考虑。显然，上述指标可能忽略了应收票据、应付票据、预付账款和预收账款等形式的商业信用的存在，因而计算得出的资金流周转期并非资金流周转的实际周期。本节尝试在物流周转期指标的基础上，提出反映物流与资金流错位程度的“物流与资金流错位期限”指标，并在评估企业资金运作效率时，兼顾物流与资金流分离、物流与资金流同步两种相对运动情况，以物流周转期为基础，将物流与资金流的运动周期差异考虑在内，即以公式（4）计算企业资金流周转期。

$$资金流周转期 = 物流周转期 + 物流与资金流错位期限 \tag{4}$$

（二）物流与资金流错位期限指标

企业的营业活动包括经营活动和投资活动，前者是企业运用资金直接创造价值的过程，后者是企业将资金的直接使用权转移给被投资企业，间接创造价值的过程（王竹泉，2013）。商品的采购、生产、销售以及资金的支付和收回均发生于企业的经营活动中，企业通过对存货、应收账款、应付账款等经营活动营运资金的管理，提高资金周转效率，从而提高盈利能力（王竹泉等，2007）。在投资活动中，营运资金管理的目标是在保证企业经营活动营运资金需求的前提下，保障企业的资金流动性和偿债能力，由于在这一过程中，资金并非直接用于购买商品，也就不存在物流和资金流是否分离的问题。因此，本节对物流与资金流错位程度的研究仅基于企业经营活动。

企业经营活动业务流程包括采购、生产和销售三个主要环节，王竹泉等（2007）按供应链及渠道的关系将企业经营活动营运资金分为采购渠道营运资金、生产渠道营运资金和营销渠道营运资金，并基于该营运资金重分类，将经营活动营运资金周转期划分为采购渠道营运资金周转期、生产渠道营运资金周转期和营销渠道营运资金周转期。

同样，物流和资金流的分离，也将由于不同业务环节交易对象及交易行为各异而产生不同的影响。在生产环节，实际投入的资金可能还有生产工人和生产部门管理人员的薪酬以及其他的资金支出，但是，由于与之直接对应的是生产工人和生产部门管理人员的劳动投入，因此，不纳入物流与资金流错位期限的考察范畴。至于与经营活动的固定资产、无形资产相关的物流、资金流之间的差异也不在本节的考察范围。因此，本节对物流与资金流错位期限的研究将重点围绕采购环节和销售环节展开。

采购环节物流与资金流运动先后决定了企业物流与资金流运动起点差异，而销售环节物流与资金流运动先后决定了企业物流与资金流运动终点差异。下面本节将分别提出采购环节物流与资金流起点错位指标和销售环节物流与资金流终点错位指标，并在此基础上，提出企业物流与资金流错位期限指标。

1. 采购环节物流与资金流起点错位

众所周知，企业的物流及资金流起源于采购环节，应付账款、应付票据的存在意味着资金流的运动起点晚于物流，预付账款的存在意味着资金流的运动起点早于物流。由于企业在同一时间点对不同供应商或者对同一供应商在不同时间点所采取的采购政策不同，预付账款和应付账款、应付票据可能同时存在，因而，本节认为，可以用预付账款与应付账款、应付票据的差额反映企业采购环节资金流和物流起点的错位情况。具体而言，若二者的差额为正，即预付账款大于应付账款、应付票据，表明资金流早于物流而动；反之，则表明资金流晚于物流而动。

由于预付账款和应付账款、应付票据发生于采购环节，进一步地，本节结合采购环节应产生的现金流出，提出反映采购环节物流与资金流运动起点错位期限的指标，其计算公式如下所示。

$$\text{采购环节物流与资金流起点错位期限} = 360 \times \frac{\text{期末预付款项} - (\text{期末应付账款} + \text{期末应付票据})}{\text{本期采购环节物流周转额}} \tag{5}$$

其中，采购环节物流周转额 = 购买商品、接受劳务支付的现金 + （期末应付账款 + 期末应付票据） − （期初应付账款 + 期初应付票据） − （期末预付款项 − 期初预付款项）。购买商品、接受劳务支付的现金为企业本期采购材料已支付的资金，之所以用该科目而非“营业收入”，是因为“购买商品、接受劳务支付的现金”以收付实现制为核算基础，可以计量实际发生的资金流入；期末应付账款、应付票据为企业采购材料但期末尚未支付的资金，期初应付账款、应付票据为企业期初尚未支付的资金，二者的差额反映了企业本期新增的采购材料但尚未支付的资金；同理，期末预付款项和期初预付款项分别为企业期末和期初尚未收到材料但已支付给供应商的资金，二者的差额反映了企业本期新增的未收到材料但已支付给供应商的资金。企业本期实际支付的资金，加回企业采购材料应付但实际尚未支付的资金，减去尚未收货但已支付的资金，即为企业本期采购环节应支付的资金总额，即公式5中的本期采购环节物流周转额。

2. 销售环节物流与资金流终点错位

在销售环节，应收账款、应收票据的存在意味着企业资金流的运动终点晚于物流，预收账款的存在意味着资金流的运动终点早于物流。在应收账款、应收票据和预收账款同时存在的情况下，若应收账款、应收票据与预收账款的差额为正，说明在销售环节企业资金流晚于物流结束，从企业整个业务流程看，资金流的运动终点晚于物流；若应收账款、应收票据与预收账款的差额为负，则说明企业销售环节资金流早于物流而结束，从企业整个业务流程看，资金流的运动终点先于物流。结合企业销售环节物流总周转额或本期销售环节应收取的资金总额，本节提出反映销售环节物流与资金流运动终点错位期限的指标，其计算公式如下所示。

$$\text{销售环节物流与资金流错位期限} = 360 \times \frac{\text{期末应收账款} + \text{期末应收票据} - \text{期末预收款项}}{\text{本期销售环节物流周转额}} \tag{6}$$

其中，销售环节物流周转额 = 销售商品、提供劳务收到的现金 + （期末应收账款 + 期末应收票据） − （期初应收账款 + 期初应收票据） − （期末预收款项 − 期初预收款项）。销售商品、提供劳务收到的现金为企业本期已收回的资金；期末应收账款、应收票据为企业销售商品但期末尚未收回的资金，期初应收账款、应收票据为企业期初未收回的资金，二者的差额表示企业本期新增的销售商品但未收回的资金；期末预收款项和期初预收款项分别为企业期末和期初尚未发出商品但已收到的货款，二者的差额反映了企业本期新增的未发货但已收到的客户货款。企业本期实际收回的资金，加回销售商品应收但实际尚未收回的资金，减去尚未发货但提前收到的货款，即为企业本期销售环节物流总周转额或销售环节应收到的总资金。

3. 物流与资金流错位期限

由上文分析可知，采购环节物流与资金流起点错位期限指标反映了企业物流与资金流运动起点的错位情况，若该指标为正值，表明从企业整个经营过程看，资金流的运动起点早于物流，采购环节物流与资金流起点错位期限指标的大小反映了资金流早于物流进行运动的时间长短。销售环节物流与资金流终点错位期限指标反映了企业物流与资金流运动终点的错位情况，若该指标为正值，表明从企业整个经营过程看资金流的运动终点晚于物流，销售环节物流与资金流终点错位期限指标的大小反映了资金流晚于物流进行运动的时间长短。

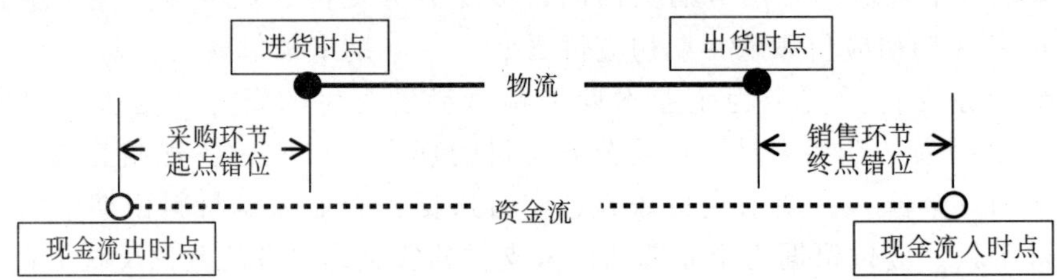

图 8-19　物流与资金流错位程度关系示意图

如图 8-19 所示，由于采购环节起点错位指标反映了资金流早于物流开始运动的天数，销售环节终点错位指标反映了资金流晚于物流结束运动的天数，因而二者之和反映了企业资金流运动周期超出物流运动周期的天数，本节将其定义为物流与资金流错位期限，即：

物流与资金流错位期限 = 采购环节物流与资金流起点错位期限 + 销售环节物流与资金流终点错位期限　(7)

若该指标为正值，表明在企业整个经营活动过程中，资金流周转期长于物流周转期，企业须向供应链上下游提供资金；若该指标为负值，表明企业资金流周转期短于物流周转期，企业在供应链中处于占用上下游资金的地位。同理，物流与资金流错位期限指标值的大小，反映了企业资金流周转期与物流周转期相差的天数。

（三）物流与资金流错位程度指标

鉴于"物流与资金流错位期限 = 资金流周转期 - 物流周转期"，而不同年份的信息技术水平等外部因素以及不同行业、地区、企业的自身特点均会影响物流与资金流错位期限的变化，为能够纵向或横向对比不同年份、地区、行业、企业之间物流与资金流错位幅度的差异，本节将物流与资金流运动周期差异占物流周转期的相对比例定义为物流与资金流错位程度，即：

$$\text{物流与资金流错位程度} = \frac{\text{物流与资金流错位期限}}{\text{物流周转期}} \tag{8}$$

由于物流周转期始终为正值，物流与资金流错位期限指标的正负决定了物流与资金流错位程度指标的正负，所以，物流与资金流错位程度反映了资金流周转期超出物流周转期的幅度。若该指标为正值，则说明资金流周转期长于物流周转期，该值的大小反映了企业须向供应链上下游提供资金的程度；若该指标为负值，则说明资金流周转期短于物流周转期，该值绝对值的大小反映了企业占用供应链上下游资金的程度。

相应地，本节将采购环节物流与资金流起点错位程度定义为采购环节物流与资金流错位期限占物流周转期的比重，反映了采购环节资金流早于物流的程度；将销售环节物流与资金流终点错位程度定义为销售环节物流与资金流错位期限占物流周转期的比重，反映了销售环节资金流晚于物流的程度。

三、物流与资金流分离态势分析

（一）样本选取与数据来源

本节以2009—2018年我国非金融类A股上市公司为初始研究样本，并对初始数据进行以下筛选，获得18929家上市公司样本：①剔除ST及当年上市的公司样本；②剔除存在缺失数据的样本；③依据证监会发布的《上市公司行业分类指引》（2012年修订）对样本进行行业分类，并沿用王竹泉等的行业分类方法，将H住宿和餐饮业、L租赁和商务服务业、M科学研究和技术服务业、N水利、环境和公共设施管理业、Q卫生和社会工作5个行业合并为"社会服务业"，将P教育业、R文化、体育和娱乐业两个行业合并为"传播与文化行业"。为降低极端值对研究结论可能造成的影响，本节对所有连续变量在1%和99%分位进行了缩尾处理。本节所有财务数据均来源于CSMAR数据库。

（二）物流与资金流分离态势

1. 2009—2018年上市公司物流与资金流分离态势数据分析

为明晰物流与资金流的分离情况，本部分运用上文所提出的物流与资金流错位期限指标统计了2009—2018年我国A股非金融类上市公司在采购环节和销售环节的物流与资金流运动起止点错位情况及在整个经营过程中产生的物流与资金流周转期差异，具体如图8-20所示。

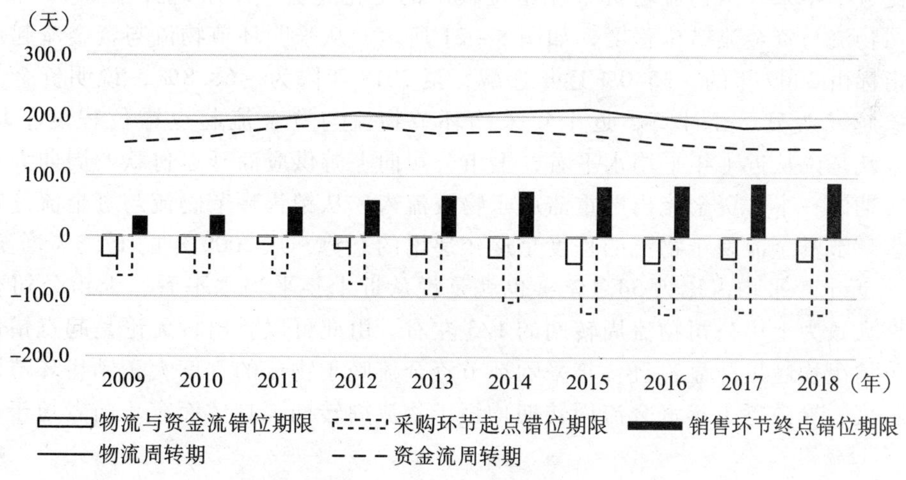

图8-20　2009—2018年我国A股非金融类上市公司的物流与资金流错位情况

资料来源：作者根据2009—2018年A股上市公司年度财务报告计算整理。

由图8-20所示的我国上市公司物流周转期与资金流周转期的平均值①看，近十年来，我国上市公司物流与资金流呈明显分离态势，且始终表现为资金流周转期短于物流周转期，

① 如无特殊说明，本节中的平均值均指算术平均值。

这也导致了历年物流与资金流错位期限均为负值。其中，2011 年资金流周转期较物流周转期的差异最小，为 -13.3 天；2015 年资金流周转期短于物流周转期达 -43.3 天，二者差异最大。对比采购环节起点错位指标和销售环节终点错位指标可以看出，2009—2018 年我国上市公司采购环节物流与资金流起点错位指标的平均值均为负值，说明总体上我国上市公司应付款项大于预付款项，也就是说，企业的赊购行为使其资金流运动起点晚于物流。与之相对，2009—2018 年我国上市公司销售环节物流与资金流终点错位指标的平均值均为正值，表明与赊购行为相对应的赊销行为使我国上市公司应收款项大于预收款项，即企业资金流运动终点亦晚于物流。这也解释了近年来我国上市公司物流与资金流错位期限均为负值的原因：我国上市公司资金流运动起点与终点均晚于物流，但资金流缓于物流开始运动的天数超出了资金流延迟结束的天数，导致资金流周转期短于物流周转期。

本节分析认为，出现上述现象的原因在于受获取数据的局限，图 8 -20 仅统计了我国上市公司的物流与资金流错位情况，而总体而言上市公司市场竞争力远高于未被统计在内的非上市公司。根据 Porter 提出的五力模型，供应商议价能力和客户议价能力体现着企业的市场竞争力，企业将应付账款视作成本较低的融资来源，当供应商市场地位相对较低时，企业会通过延期付款等方式向供应商要求更多的商业信用，张新民等（2012）研究发现商业信用和银行借款的替代性融资关系在市场地位高的企业中更显著，而在市场地位低的企业中则几乎不存在二者之间的替代关系。因此，在采购环节，上市公司在供应链上相对较高的议价能力使其应付款项还款周期相对长于非上市公司。而在销售环节，应收账款作为企业对下游客户的专用性投资，在企业并非处于垄断地位时，这种专用性投资的净现值将严格大于零，所以处于非垄断地位的上市公司仍会出于扩大交易规模的目的选择向下游客户提供应收账款。

为对比近十年来我国物流与资金流错位程度的变化趋势，本节统计了 2009—2018 年我国上市公司物流与资金流错位程度，如图 8 -21 所示。从采购环节物流与资金流起点错位程度看，该指标由 2009 年的 -35.0% 逐年递减，至 2018 年降为 -68.8%，说明资金流运动起点滞后现象越发明显。经计算，近十年采购环节物流与资金流起点错位程度平均值接近 -50%，也就是说从近十年平均水平看，上市公司向上游供应商延迟付款的周期大致相当于其物流周转期的一半，资金流出严重滞后于物资流入；从销售环节物流与资金流终点错位程度看，销售环节资金流晚于物流的程度呈逐年递增的态势，从 2009 年的 17.3% 增至 2018 年的 49.0%，近十年平均占比为 34.1%，也就是说从近十年平均水平看，上市公司客户的付款延迟周期大致为上市公司物流周转期的 1/3 左右。由此可以看出，无论是起点错位情况抑或终点错位情况均越发凸显，且各年采购环节资金流晚于物流的程度大于销售环节资金流早于物流的程度，导致近十年资金流周转期均短于物流周转期，具体而言，前者短于后者的平均幅度超过 15%。

2. 2009—2018 年上市公司物流与资金流分离态势样本分布

由图 8 -22 所示的 2009—2018 年我国上市公司物流与资金流错位期限样本分布箱形图可以看出，我国历年均有超过半数的上市公司物流与资金流错位期限为负值，说明绝大多数上市公司的资金流周转期短于物流周转期。近十年来由于物流与资金流错位期限最大值的逐年提升以及最小值的逐年下降，错位期限分布区间基本呈现逐年递增的趋势，这表明我国企业物流与资金流分离的态势愈演愈烈。将图 8 -22 的样本中位数与图 8 -20 的平均值对比可以看出，历年物流与资金流错位期限平均值均小于中位数，说明绝大部分上市公司物流与资

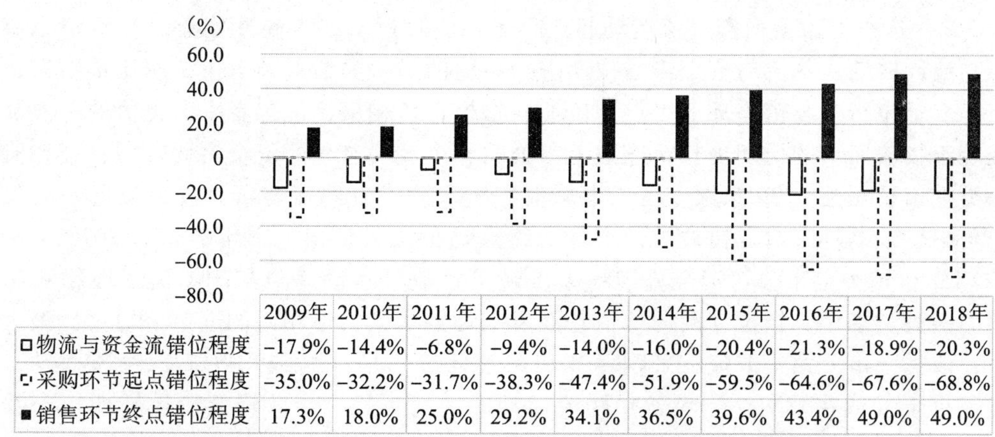

	2009年	2010年	2011年	2012年	2013年	2014年	2015年	2016年	2017年	2018年
□物流与资金流错位程度	-17.9%	-14.4%	-6.8%	-9.4%	-14.0%	-16.0%	-20.4%	-21.3%	-18.9%	-20.3%
⁞采购环节起点错位程度	-35.0%	-32.2%	-31.7%	-38.3%	-47.4%	-51.9%	-59.5%	-64.6%	-67.6%	-68.8%
■销售环节终点错位程度	17.3%	18.0%	25.0%	29.2%	34.1%	36.5%	39.6%	43.4%	49.0%	49.0%

图 8－21　2009—2018 年我国 A 股非金融类上市公司的错位程度[①]

资料来源：作者根据 2009—2018 年 A 股上市公司年度财务报告计算整理。

金流错位期限在平均值之上，事实上，2009—2018 年物流与资金流错位期限大于平均值的企业数占比均在 56.0% 以上，说明错位期限较长的企业分布较为密集。

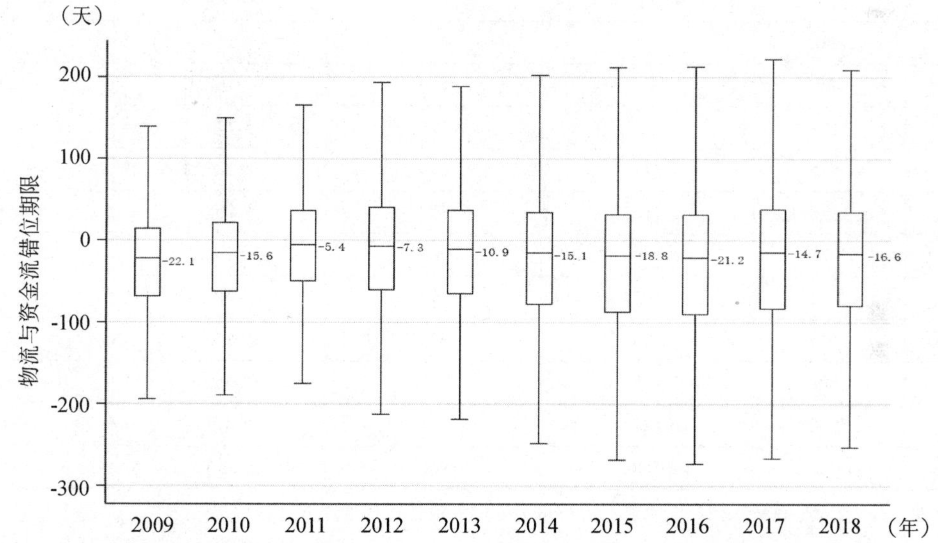

图 8－22　2009—2018 年我国 A 股非金融类上市公司物流与资金流错位期限样本分布箱形图

资料来源：作者根据 2009—2018 年 A 股上市公司年度财务报告计算整理。

由于“物流与资金流错位期限 = 采购环节物流与资金流起点错位期限 + 销售环节物流与资金流终点错位期限”，本节按物流与资金流起点及终点错位情况，将 2009—2018 年我国上市公司分为四类进行统计，以期探究我国上市公司物流与资金流错位的四种情形，具体如表 8－8 所示。可以看出，近十年来采购环节起点错位期限及销售环节终点错位期限均为正值而表现为物流与资金流错位期限为正值的上市公司数量最少，仅为 1086 家次，占样本总

① 为避免极端样本影响结果，本节对物流与资金流错位期限、采购环节起点错位期限、销售环节终点错位期限三个变量分别在 1% 和 99% 分位进行了缩尾处理，导致样本起点和终点错位程度平均值之和与总错位程度平均值略有差异。

数的5.7%，这类上市公司资金流运动起点早于物流且运动终点晚于物流，导致资金流周转期长于物流周转期。物流与资金流错位期限为正值的另一类情形的上市公司比重更大，其采购环节起点错位指标与销售环节终点错位期限指标正负相反，但二者中为正值的一方资金流早于或晚于物流而动的周期更长，导致上市公司整个经营过程的资金流周转期长于物流周转期，该类上市公司为6725家次，占样本总数的35.5%。在物流与资金流错位期限为负值的上市公司中，采购环节起点错位与销售环节终点错位均为负值的上市公司为2671家次，占比为14.1%，这类上市公司资金流运动起点晚于物流且运动终点早于物流。在物流与资金流分离的四种类别中，错位期限为负值且起点与终点错位情形相同的上市公司占比最大，为44.6%，该类上市公司资金流在采购环节和销售环节均早于（或均晚于）物流而动，但在销售环节早于（或在采购环节晚于）物流而动的周期更长，导致资金流周转期短于物流周转期。

表8-8　2009—2018年我国A股非金融类上市公司物流与资金流错位情形样本分布[①]　单位：个

年度	样本数	物流与资金流错位期限为正值		物流与资金流错位期限为负值	
		起点错位与终点错位均为正值	起点错位与终点错位异号	起点错位与终点错位均为负值	起点错位与终点错位异号
2009	930	74	246	166	442
2010	980	86	299	167	427
2011	1193	121	426	172	474
2012	1656	141	614	235	666
2013	1776	112	652	257	753
2014	2078	106	768	296	906
2015	2212	102	786	300	1024
2016	2422	115	821	352	1134
2017	2682	108	1021	355	1198
2018	3000	121	1092	371	1416
合计	18922	1086	6725	2671	8440

资料来源：作者根据2009—2018年A股上市公司年度财务报告计算整理。

四、物流与资金流分离差异与特征

（一）行业层面的物流与资金流分离差异

为探究我国不同行业上市公司物流与资金流分离情况，本节以2018年为例，将除金融业以外的21个行业上市公司物流与资金流错位期限统计如图8-23所示。

① 2009—2018年采购环节起点未发生错位的3家上市公司、销售环节终点未发生错位的3家上市公司以及起点终点均未发生错位的1家上市公司未列入表8-8统计范围内。

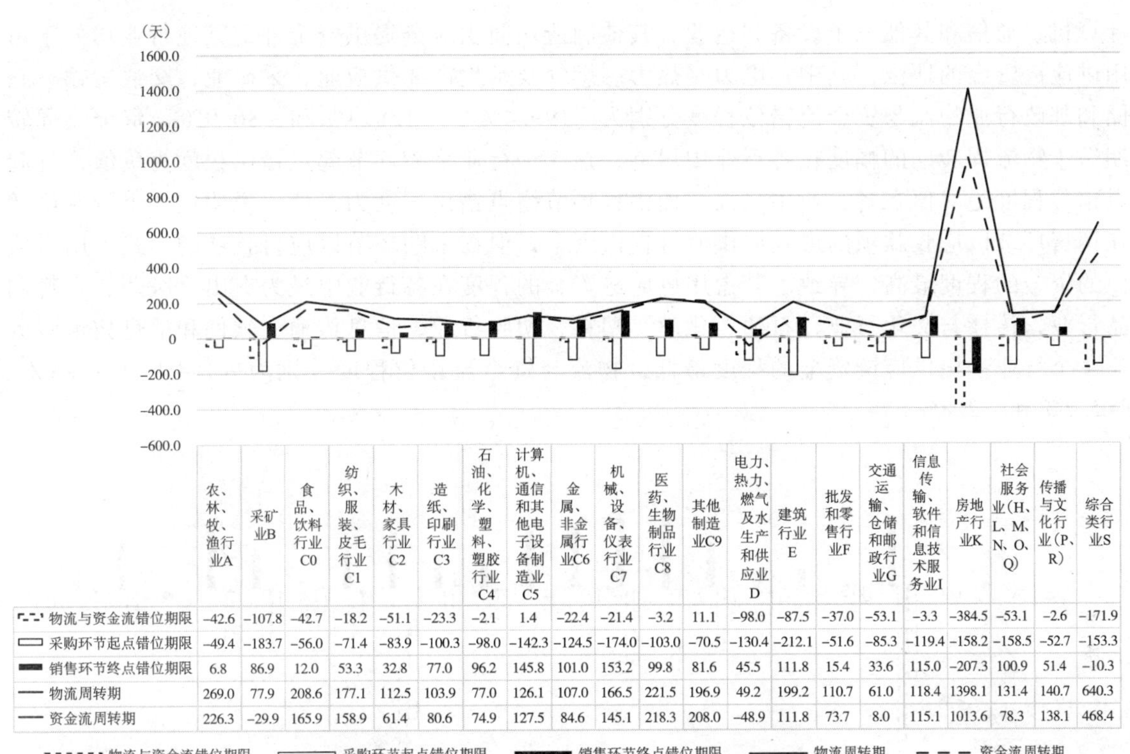

	农、林、牧、渔行业A	采矿业B	食品、饮料行业C0	纺织、服装、皮毛行业C1	木材、家具行业C2	造纸、印刷行业C3	石油、化学、塑料、塑胶行业C4	计算机、通信和其他电子设备制造业C5	金属、非金属行业C6	机械、设备、仪表行业C7	医药、生物制品行业C8	其他制造业C9	电力、热力、燃气及水生产和供应业D	建筑行业E	批发和零售行业F	交通运输、仓储和邮政行业G	信息传输、软件和信息技术服务业I	房地产行业K	社会服务业(H、L、M、N、O、Q)	传播与文化行业(P、R)	综合类行业S
物流与资金流错位期限	-42.6	-107.8	-42.7	-18.2	-51.1	-23.3	-2.1	1.4	-22.4	-21.4	-3.2	11.1	-98.0	-87.5	-37.0	-53.1	-3.3	-384.5	-53.1	-2.6	-171.9
采购环节起点错位期限	-49.4	-183.7	-56.0	-71.4	-83.9	-100.3	-98.0	-142.3	-124.5	-174.0	-103.0	-70.5	-130.4	-212.1	-51.6	-85.3	-119.4	-158.2	-158.5	-52.7	-153.3
销售环节终点错位期限	6.8	86.9	12.0	53.3	32.8	77.0	96.2	145.8	101.0	153.2	99.8	81.6	45.5	111.8	15.4	33.6	115.0	-207.3	100.9	51.4	-10.3
物流周转期	269.0	77.9	208.6	177.1	112.5	103.9	77.0	126.1	107.0	166.5	221.5	196.9	49.2	199.2	110.7	61.0	118.4	1398.1	131.4	140.7	640.3
资金流周转期	226.3	-29.9	165.9	158.9	61.4	80.6	74.9	127.5	84.6	145.1	218.3	208.0	-48.9	111.8	73.7	8.0	115.1	1013.6	78.3	138.1	468.4

图 8-23　2018 年我国各行业上市公司的物流与资金流错位情况

资料来源：作者根据 2018 年 A 股上市公司年度财务报告计算整理。

由图 8-23 可以看出，除计算机、通信和其他电子设备制造业，其他制造业之外，我国各行业上市公司资金流周转期均值都短于物流周转期均值。物流与资金流错位期限呈现出明显的行业差异，按 2018 年物流与资金流起点及终点错位情况，可将各行业分为三类，其中，房地产行业、综合类行业 2 个行业起点错位指标和终点错位指标均为负值，且物流与资金流错位期限分别为 -384.5 天和 -171.9 天，该类行业资金流运动起点晚于物流，而资金流运动终点早于物流，起点和终点资金流运动周期的相对缩短共同导致了整个业务流程资金流周转期短于物流周转期；计算机、通信和其他电子设备制造业，其他制造业 2 个行业物流与资金流错位期限为正值，并表现为起点错位指标为负值，终点错位指标为正值，该类行业资金流运动起点和运动终点均晚于物流，但后者晚于物流的周期相对较长，导致从整个业务流程看，资金流周转期长于物流周转期，具体而言，计算机、通信和其他电子设备制造业资金流周转期超出物流周转期 1.4 天，其他制造业资金流周转期超出物流周转期 11.1 天；采矿业、电力、热力、燃气及水生产和供应业等其余 17 个行业物流与资金流错位期限为负值，并表现为起点错位指标为负值、终点错位指标为正值，该类行业资金流运动起点和运动终点均晚于物流，但前者晚于物流的周期相对较长，导致整个业务流程的资金流周转期短于物流周转期，其中，错位周期最长的采矿业为 -107.8 天，错位周期最短的石油、化学、塑料、塑胶行业为 -2.1 天。

本节进一步统计了 2018 年我国除金融业以外的 21 个行业物流与资金流错位程度、起点错位程度、终点错位程度，以比较各行业的错位幅度大小，如图 8-24 所示。可以看出，除计算机、通信和其他电子设备制造业，其他制造业向供应链提供资金外，其他行业均处于占用供应链资金的地位，其中，电力、热力、燃气及水生产和供应业，采矿业，交通运输、仓储和邮政行业物流与资金流错位程度分别为 -199.4%、-138.4% 和 -86.9%，资金流周转期短于物流周转期的幅度在各行业中居首，这 3 个行业采购环节起点错位程度为负值，且起点错位程度绝对值在各行业中最高，而销售环节终点错位程度为正值，说明这 3 个行业虽然在销售环节以应收款项的形式向供应链提供资金，但在采购环节以应付款项的形式占用供应商的资金的程度最高，导致了其占用供应链资金的程度在各行业中最为突出。医药、生物制品行业，传播与文化行业，石油、化学、塑料、塑胶行业，信息传输、软件和信息技术服务业 4 个行业占用供应链资金的程度最低，物流与资金流错位程度分别为 -1.4%、-1.8%、-2.7% 和 -2.8%。

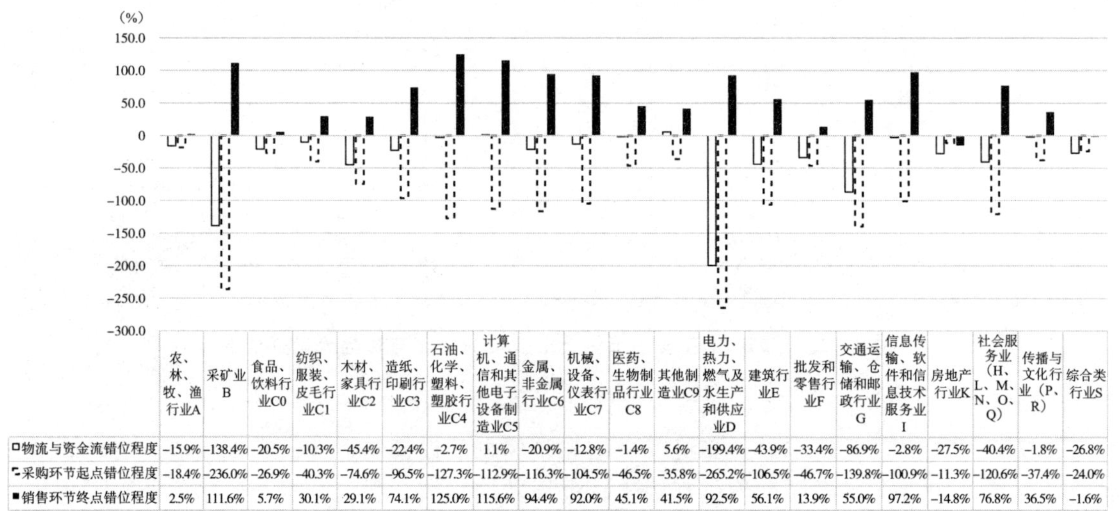

	农、林、牧、渔行业A	采矿业B	食品、饮料行业C0	纺织、服装、皮毛行业C1	木材、家具行业C2	造纸、印刷行业C3	石油、化学、塑料、塑胶行业C4	计算机、通信和其他电子设备制造业C5	金属、非金属行业C6	机械、设备、仪表行业C7
□物流与资金流错位程度	-15.9%	-138.4%	-20.5%	-10.3%	-45.4%	-22.4%	-2.7%	1.1%	-20.9%	-12.8%
⁻采购环节起点错位程度	-18.4%	-236.0%	-26.9%	-40.3%	-74.6%	-96.5%	-127.3%	-112.9%	-116.3%	-104.5%
■销售环节终点错位程度	2.5%	111.6%	5.7%	30.1%	29.1%	74.1%	125.0%	115.6%	94.4%	92.0%

	医药、生物制品行业C8	其他制造业C9	电力、热力、燃气及水生产和供应业D	建筑行业E	批发和零售行业F	交通运输、仓储和邮政行业G	信息传输、软件和信息技术服务业I	房地产行业K	社会服务业（H、L、M、N、O、Q）	传播与文化行业（P、R）	综合类行业S
□物流与资金流错位程度	-1.4%	5.6%	-199.4%	-43.9%	-33.4%	-86.9%	-2.8%	-27.5%	-40.4%	-1.8%	-26.8%
⁻采购环节起点错位程度	-46.5%	-35.8%	-265.2%	-106.5%	-46.7%	-139.8%	-100.9%	-11.3%	-120.6%	-37.4%	-24.0%
■销售环节终点错位程度	45.1%	41.5%	92.5%	56.1%	13.9%	55.0%	97.2%	-14.8%	76.8%	36.5%	-1.6%

图 8-24　2018 年我国各行业上市公司的错位程度

资料来源：作者根据 2018 年 A 股上市公司年度财务报告计算整理。

为明确各行业样本分布情况，本节绘制了 2018 年我国各行业上市公司物流与资金流错位期限样本分布箱形图，如图 8-25 所示。可以看出，房地产行业，综合类行业，采矿业，电力、热力、燃气及水生产和供应业，建筑行业，交通运输、仓储和邮政行业，木材、家具行业，食品、饮料行业，农、林、牧、渔行业，批发和零售行业 10 个行业均有 3/4 以上上市公司物流与资金流错位期限小于 0，社会服务业，造纸、印刷行业，金属、非金属行业，机械、设备、仪表行业，纺织、服装、皮毛行业，传播与文化行业，石油、化学、塑料、塑胶行业 7 个行业有 1/2 以上上市公司物流与资金流错位期限小于 0，这表明上述 17 个行业绝大多数上市公司资金流周转期短于物流周转期，处于占用供应链资金的状态。而信息传输、软件和信息技术服务业，医药、生物制品行业，计算机、通信和其他电子设备制造业，其他制造业 4 个行业该比例不足 1/2，说明这 4 个行业中大部分企业资金流周转期超过了物流周转期，在供应链中发挥着向上、下游企业提供资金的作用。

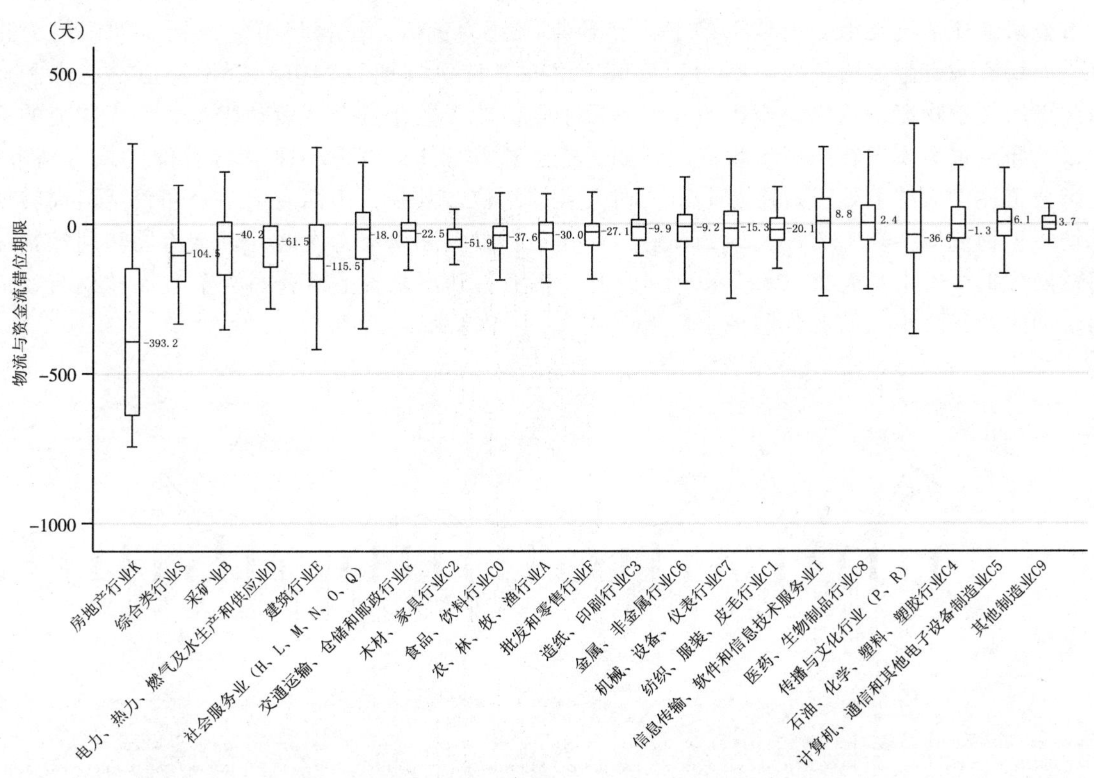

图 8－25　2018 年我国各行业上市公司物流与资金流错位程度期限分布箱形图

资料来源：作者根据 2018 年 A 股上市公司年度财务报告计算整理。

Fisman 和 Raturi（2004）发现行业竞争强度越大，越倾向于对外提供更多的商业信用以获取交易优势，本节分析认为，电力、热力、燃气及水生产和供应业，采矿业，交通运输、仓储和邮政行业占用供应链资金的程度较大且样本数量占比较高的原因在于这三个行业都属于自然垄断行业，通过提供商业信用争取客户资源的交易动机相对较弱。

（二）地区层面的物流与资金流分离差异

为明确我国各地区物流与资金流分离情况的现状及差异，本节采用《第四次全国经济普查公报（第七号）》对中国地区的划分标准，将我国地区分为东部、中部和西部，分别统计我国各地区及其对应省份（或直辖市）的物流与资金错位期限、采购环节起点错位期限、销售环节终点错位期限，如图 8－26 和表 8－9 所示。由于中国 A 股上市公司数据未涵盖中国香港、中国澳门、中国台湾，因此，本节未统计中国香港、中国澳门、中国台湾的样本数据。

由图 8－26 所统计的我国大陆各省份上市公司物流周转期和资金流周转期可以看出，除未纳入统计的中国香港、中国澳门、中国台湾外，2018 年我国 31 个省份（或直辖市）资金流周转期均短于物流周转期，其中，吉林省物流周转期和资金流周转期均在各省份居首，平均值分别为 417.2 天和 352.6 天；山西省物流周转期和资金流周转期均最短，平均值分别为 96.3 天和 －41.2 天，资金流周转期为负值，说明从资金运动的视角看，山西省上市公司营运资金管理绩效较高，可在不发生经营活动资金流出的前提下维持公司运营。从物流与资金流错位指标的均值可以看出，2018 年我国各省份（或直辖市）的物流与资金流错位情况与上市公司整体情况类似，采购环节起点错位期限均为负值，销售环节终点错位期限均为正值，而物流与资金流错位期限则均为负值，说明各省份（或直辖市）资金流运动起点和运动终点均晚于物流，且资金流运动起点延后于物流的天数比资金流运动终点延后于物流的天数多，导致资金流周转期短于物流周转期，这意味着总体而言，2018 年各省份（或直辖市）上市公司在供应链上处于占用非上市公司资金的地位。其中，山西省上市公司资金流周转期平均短于物流周转期 137.5 天，二者差异最大；甘肃省和海南省次之，资金流周转期较物流周转期分别少 111.5 天和 108.7 天。湖南省、青海省和广东省上市公司资金流周转期与物流周转期的差异最小，前者分别短于后者 2.4 天、9.9 天和 16.1 天。

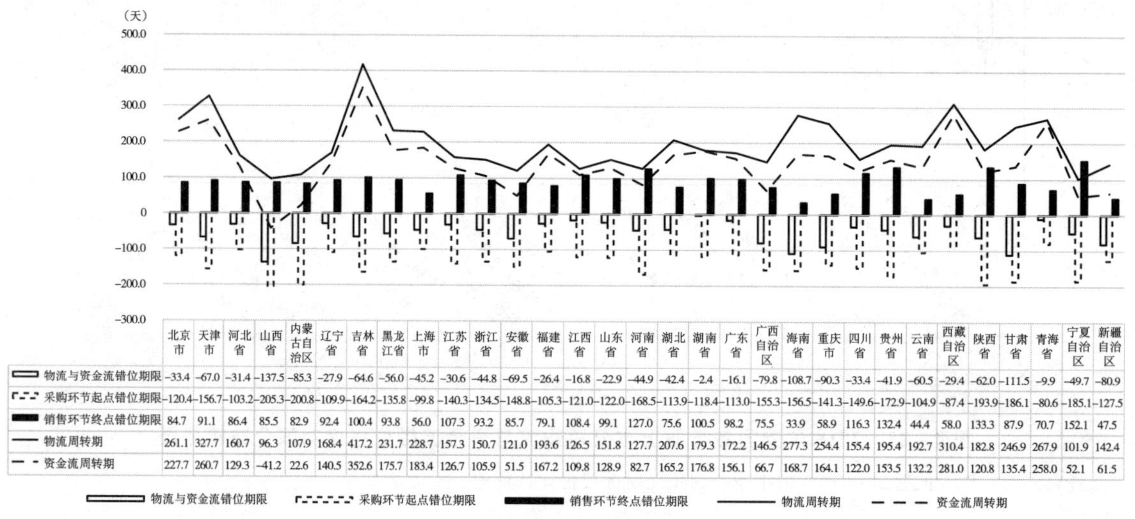

	北京市	天津市	河北省	山西省	内蒙古自治区	辽宁省	吉林省	黑龙江省	上海市	江苏省	浙江省	安徽省	福建省	江西省	山东省
物流与资金流错位期限	-33.4	-67.0	-31.4	-137.5	-85.3	-27.9	-64.6	-56.0	-45.2	-30.6	-44.8	-69.5	-26.4	-16.8	-22.9
采购环节起点错位期限	-120.4	-156.7	-103.2	-205.3	-200.8	-109.9	-164.2	-135.8	-99.8	-140.3	-134.5	-148.8	-105.3	-121.0	-122.0
销售环节终点错位期限	84.7	91.1	86.4	85.5	82.9	92.4	100.4	93.8	56.0	107.3	93.2	85.7	79.1	108.4	99.1
物流周转期	261.1	327.7	160.7	96.3	107.9	168.4	417.2	231.7	228.7	157.3	150.7	121.0	193.6	126.5	151.8
资金流周转期	227.7	260.7	129.3	-41.2	22.6	140.5	352.6	175.7	183.4	126.7	105.9	51.5	167.2	109.8	128.9

	河南省	湖北省	湖南省	广东省	广西自治区	海南省	重庆市	四川省	贵州省	云南省	西藏自治区	陕西省	甘肃省	青海省	宁夏自治区	新疆自治区
物流与资金流错位期限	-44.9	-42.4	-2.4	-16.1	-79.8	-108.7	-90.3	-33.4	-41.9	-60.5	-29.4	-62.0	-111.5	-9.9	-49.7	-80.9
采购环节起点错位期限	-168.5	-113.9	-118.4	-113.0	-155.3	-156.5	-141.3	-149.6	-172.9	-104.9	-87.4	-193.9	-186.1	-80.6	-185.1	-127.5
销售环节终点错位期限	127.0	75.6	100.5	98.2	75.5	33.9	58.9	116.3	132.4	44.4	58.0	133.3	87.9	70.7	152.1	47.5
物流周转期	127.7	207.6	179.3	172.2	146.5	277.3	254.4	155.4	195.4	192.7	310.4	182.8	246.9	267.9	101.9	142.4
资金流周转期	82.7	165.2	176.8	156.1	66.7	168.7	164.1	122.0	153.5	132.2	281.0	120.8	135.4	258.0	52.1	61.5

图 8-26 2018 年我国大陆各省份上市公司的物流与资金流错位情况

资料来源：作者根据 2018 年 A 股上市公司年度财务报告计算整理。

为对比我国东部、中部、西部地区及各省份（或直辖市）的物流与资金流错位情况的差异，表 8-9 统计了整个业务过程中的物流与资金流错位程度、采购环节起点错位程度和销售环节终点错位程度。从地区层面看，我国东部地区、中部地区、西部地区均表现为资金流在起点和终点的运动延迟于物流，但起点延迟运动的周期长于终点延迟运动的周期导致整个业务流程的资金流周转期短于物流周转期，我国各地区物流与资金流错位程度由大到小依次是东部地区、中部地区和西部地区，其占比分别为 -17.1%、-27.2% 和 -33.3%，可见，我国西部地区资金流周转期短于物流周转期 33.3%，即西部地区占用供应链上、下游资金的程度最大。从省份层面看，我国山西省、内蒙古自治区、安徽省物流与资金流错位程度最小，分别为 -142.8%、-79.0% 和 -57.4%，说明上述三个省份上市公司占用供应链上、下游资金的现象最为明显。湖南省、青海省、广东省三个省份占用供应链上、下游资金的程度相对较低，物流与资金流错位程度分别为 -1.3%、-3.7% 和 -9.4%。

由于西部地区以自然资源垄断行业之一的采矿业为主要经济支柱产业，为避免行业差异的影响，本节进一步统计了 19 个行业东部、中部、西部地区的物流与资金流错位程度，如图 8-27 所示。通过对比可以看出，我国除农、林、牧、渔行业，采矿业，食品、饮料行业，木材、家具行业，机械、设备、仪表行业，批发和零售行业，传播与文化行业 7 个行业

表 8-9　2018 年我国各地区及省份（或直辖市）错位程度

地区	物流与资金流错位程度	采购环节起点错位程度	销售环节终点错位程度	省份	物流与资金流错位程度	采购环节起点错位程度	销售环节终点错位程度
东部地区	-17.1%	-64.2%	47.6%	北京市	-12.8%	-46.1%	32.4%
				天津市	-20.4%	-47.8%	27.8%
				河北省	-19.5%	-64.2%	53.7%
				辽宁省	-16.6%	-65.2%	54.9%
				上海市	-19.8%	-43.6%	24.5%
				江苏省	-19.5%	-89.2%	68.2%
				浙江省	-29.8%	-89.3%	61.8%
				福建省	-13.6%	-54.4%	40.9%
				山东省	-15.1%	-80.4%	65.3%
				广东省	-9.4%	-65.6%	57.0%
				海南省	-39.2%	-56.4%	12.2%
中部地区	-27.2%	-81.9%	55.7%	山西省	-142.8%	-213.2%	88.7%
				吉林省	-15.5%	-39.4%	24.1%
				黑龙江省	-24.2%	-58.6%	40.5%
				安徽省	-57.4%	-122.9%	70.8%
				江西省	-13.3%	-95.7%	85.7%
				河南省	-35.2%	-132.0%	99.5%
				湖北省	-20.4%	-54.9%	36.4%
				湖南省	-1.3%	-66.0%	56.0%
西部地区	-33.3%	-83.6%	51.0%	内蒙古自治区	-79.0%	-186.2%	76.8%
				广西壮族自治区	-54.4%	-106.0%	51.5%
				重庆市	-35.5%	-55.6%	23.1%
				四川省	-21.5%	-96.3%	74.8%
				贵州省	-21.5%	-88.5%	67.8%
				云南省	-31.4%	-54.5%	23.1%
				西藏自治区	-9.5%	-28.1%	18.7%
				陕西省	-33.9%	-106.0%	72.9%
				甘肃省	-45.2%	-75.4%	35.6%
				青海省	-3.7%	-30.1%	26.4%
				宁夏回族自治区	-48.8%	-181.7%	149.3%
				新疆维吾尔自治区	-56.8%	-89.6%	33.4%

资料来源：作者根据 2018 年 A 股上市公司年度财务报告统计整理。

以外，其他 12 个行业均是西部地区占用供应链上下游资金的程度最大。其中，造纸、印刷行业，石油、化学、塑料、塑胶行业，电力、热力、燃气及水生产和供应业，建筑行业，交通运输、仓储和邮政行业，信息传输、软件和信息技术服务业，房地产行业，社会服务业8个行业东部、中部、西部地区占用供应链资金的程度由低到高排列。

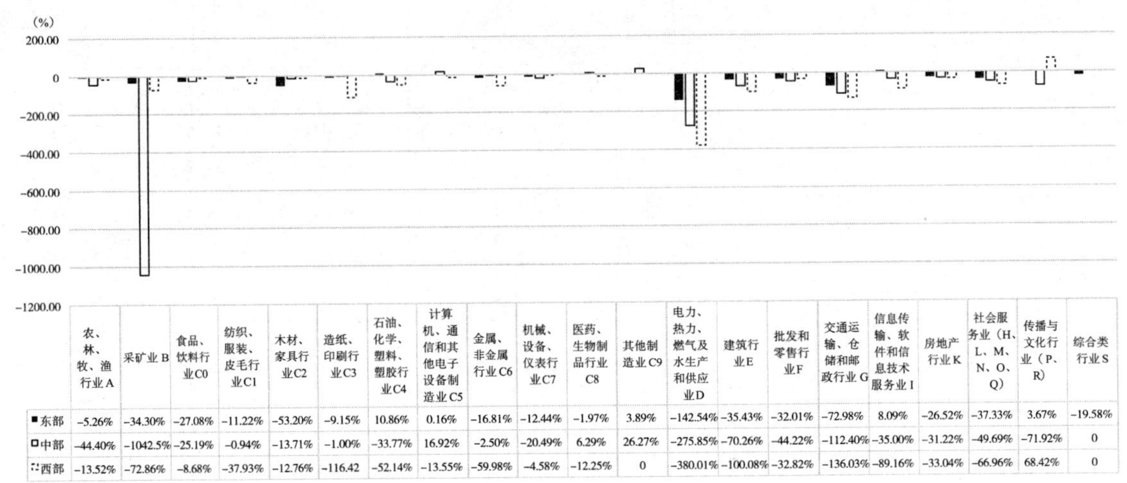

	农、林、牧、渔行业A	采矿业B	食品、饮料行业C0	纺织、服装、皮毛行业C1	木材、家具行业C2	造纸、印刷行业C3	石油、化学、塑料、塑胶行业C4	计算机、通信和其他电子设备制造业C5	金属、非金属行业C6	机械、设备、仪表行业C7	医药、生物制品行业C8	其他制造业C9	电力、热力、燃气及水生产和供应业D	建筑行业E	批发和零售行业F	交通运输、仓储和邮政行业G	信息传输、软件和信息技术服务业I	房地产行业K	社会服务业（H、L、M、N、O、Q）	传播与文化行业（P、R）	综合类行业S
■东部	-5.26%	-34.30%	-27.08%	-11.22%	-53.20%	-9.15%	10.86%	0.16%	-16.81%	-12.44%	-1.97%	3.89%	-142.54%	-35.43%	-32.01%	-72.98%	8.09%	-26.52%	-37.33%	3.67%	-19.58%
□中部	-44.40%	-1042.5%	-25.19%	-0.94%	-13.71%	-1.00%	-33.77%	16.92%	-2.50%	-20.49%	6.29%	26.27%	-275.85%	-70.26%	-44.22%	-112.40%	-35.00%	-31.22%	-49.69%	-71.92%	0
∷西部	-13.52%	-72.86%	-8.68%	-37.93%	-12.76%	-116.42	-52.14%	-13.55%	-59.98%	-4.58%	-12.25%	0	-380.01%	-100.08%	-32.82%	-136.03%	-89.16%	-33.04%	-66.96%	68.42%	0

图8-27 2018年我国不同行业内各地区错位程度①

本节认为上述现象可以从两方面解释：一方面，Schwartz（1974）指出金融环境较差的地区信贷双方信息不对称程度较高，在银行贷款难以满足企业融资需求的情况下，商业信用更易作为替代性融资方式而被运用，依据中国社会科学院金融研究所发布的《中国地区金融生态环境评价（2008—2009）》可知，我国东部地区金融生态环境综合评分最高，中部地区次之，西部地区最低，因而融资渠道相对单调的西部地区占用供应链资金的现象更为明显；另一方面，西部地区企业主注重私人关系的培育，更愿意选择低成本的商业信用融资，东部地区注重合同关系，对商业信用的运用较为谨慎。

如图8-28所示，本节绘制了2018年我国内地各省份物流与资金流错位期限样本分布箱形图，可以看出，河北省和青海省2个省份超过半数的上市公司物流与资金流错位期限为正值，即半数以上的上市公司资金流周转期超出了物流周转期，处于向供应链提供资金的状态；北京市、天津市、内蒙古自治区等其余29个省份（或直辖市）均以物流与资金流错位期限为负值的上市公司为主，且占比均超过1/2，其中，上海市、浙江省、安徽省、广西壮族自治区、云南省、甘肃省、新疆维吾尔自治区、山西省8个省份（或直辖市）该占比达3/4左右，说明我国大陆绝大多数省份（或直辖市）有较大比例的上市公司资金流周转期短于物流周转期，而在供应链中占用客户和供应商的资金。

（三）企业层面的物流与资金流分离特征

1. 按企业规模，呈逆序分布

本节依据企业资产进行三分位数分组，将我国上市公司划分为小规模企业、中规模企业和大规模企业，运用物流与资金流错位期限指标，统计了2009—2018年我国不同规模上市公司在整个经营活动业务流程中占用供应链资金的情况，如图8-29所示。可以看出，近十

① 由于C9其他制造业的西部地区样本缺失，S综合类行业的中部地区和西部地区样本缺失，图8-27剔除了上述两个行业。

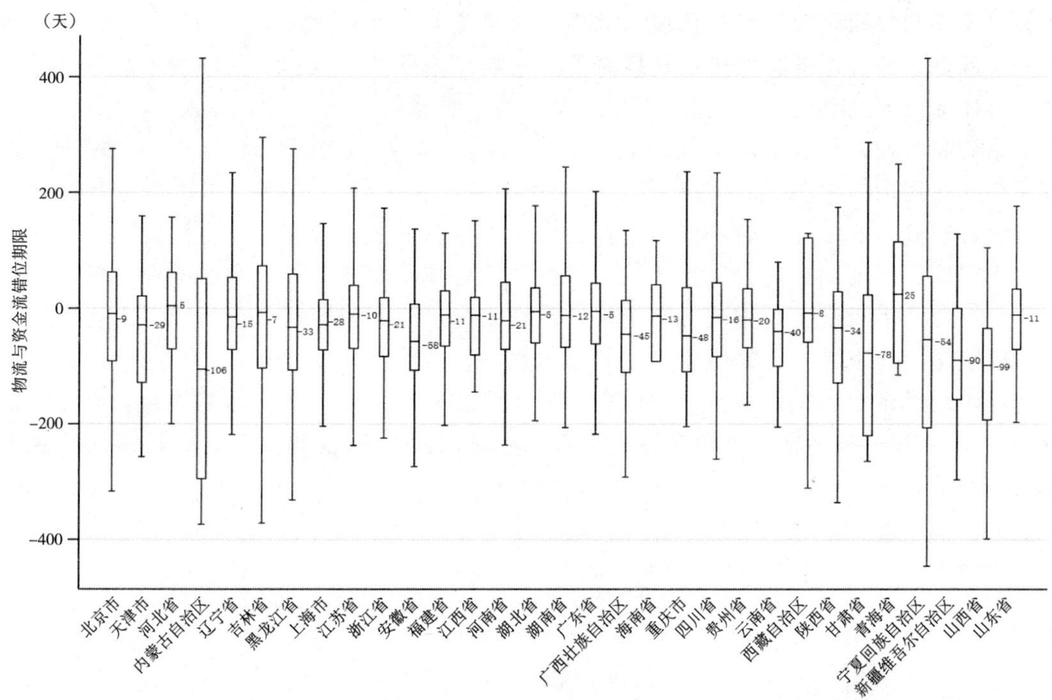

图 8－28　2018 年我国内地各省份上市公司物流与资金流错位期限样本分布箱形图

资料来源：作者根据 2018 年 A 股上市公司年度财务报告计算整理。

年来我国上市公司错位情况按企业规模呈现明显的差异。具体而言，大规模企业和中规模企业物流与资金流错位期限均为负值，说明大规模企业和中规模企业资金流周转期均短于物流周转期，在供应链中处于占用上、下游企业资金的地位。小规模企业的物流与资金流错位期限均值几乎均为正值，即资金流周转期均超出物流周转期，这表明小规模企业在供应链上基本处于提供资金的地位。

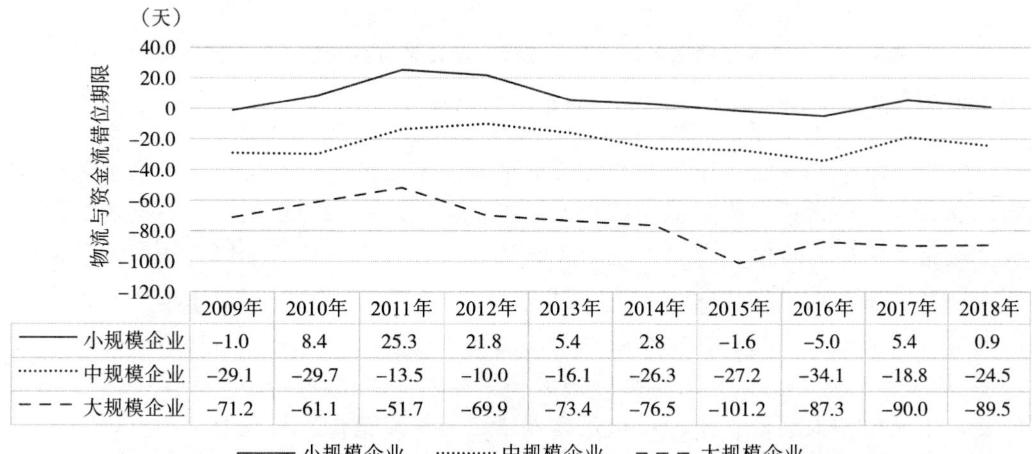

	2009年	2010年	2011年	2012年	2013年	2014年	2015年	2016年	2017年	2018年
—— 小规模企业	−1.0	8.4	25.3	21.8	5.4	2.8	−1.6	−5.0	5.4	0.9
………… 中规模企业	−29.1	−29.7	−13.5	−10.0	−16.1	−26.3	−27.2	−34.1	−18.8	−24.5
－－－ 大规模企业	−71.2	−61.1	−51.7	−69.9	−73.4	−76.5	−101.2	−87.3	−90.0	−89.5

图 8－29　2009—2018 年我国不同规模上市公司的物流与资金流错位期限

资料来源：作者根据 2009—2018 年 A 股上市公司年度财务报告计算整理。

为对比不同规模企业的错位程度，并避免行业差异影响对比结果，本节选取 2018 年的上市公司数据，统计了各行业内小规模企业、中规模企业及大规模企业的物流与资金流错位程度，具体如图 8-30 所示。可以看出，除纺织、服装、皮毛行业，木材、家具行业，医药、生物制品行业，综合类行业 4 个行业以外，我国其余 17 个非金融类行业均表现出中、大规模企业占用供应链资金的比重高于小规模企业的特征，且造纸、印刷行业，石油、化学、塑料、塑胶行业，计算机、通信和其他电子设备制造业，金属、非金属行业，机械、设备、仪表行业，其他制造业，信息传输、软件和信息技术服务业，社会服务业，传播与文化行业 9 个行业的小规模企业物流与资金流错位程度为正值，说明这 9 个行业的小规模企业总体呈向供应链上、下游企业提供资金的状态，其中，石油、化学、塑料、塑胶行业，传播与文化行业小规模企业向供应链上、下游企业提供资金的现象最为明显，物流与资金流错位程度分别为 49.6% 和 47.9%，也就是说，这 2 个行业的小规模企业资金流周转期几乎超出了物流周转期的一半。

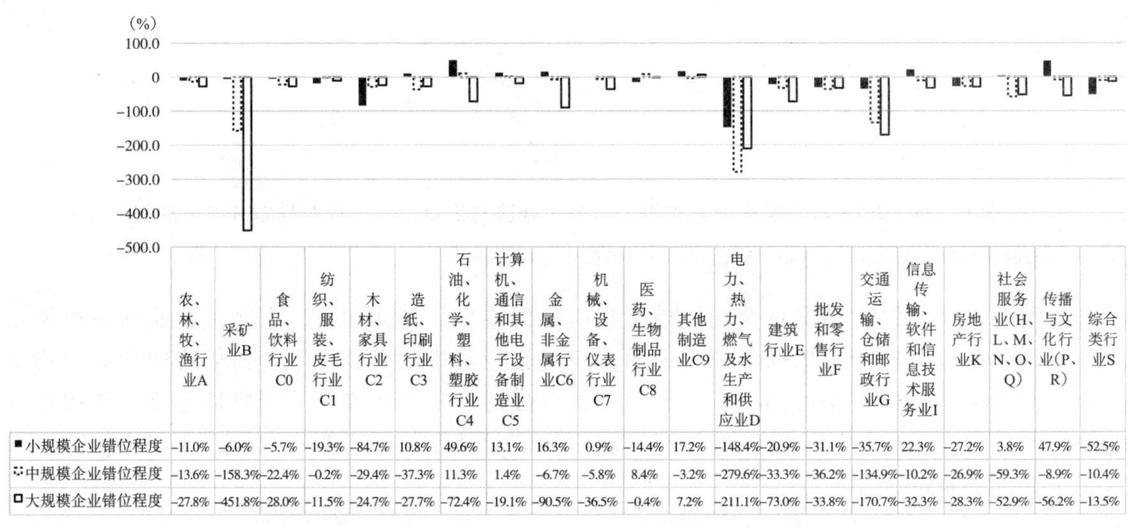

	农、林、牧、渔行业A	采矿业B	食品、饮料行业C0	纺织、服装、皮毛行业C1	木材、家具行业C2	造纸、印刷行业C3	石油、化学、塑料、塑胶行业C4	计算机、通信和其他电子设备制造业C5	金属、非金属行业C6	机械、设备、仪表行业C7	医药、生物制品行业C8	其他制造业C9	电力、热力、燃气及水生产和供应业D	建筑行业E	批发和零售行业F	交通运输、仓储和邮政行业G	信息传输、软件和信息技术服务业I	房地产行业K	社会服务业(H、L、M、N、O、Q)	传播与文化行业(P、R)	综合类行业S
■小规模企业错位程度	-11.0%	-6.0%	-5.7%	-19.3%	-84.7%	10.8%	49.6%	13.1%	16.3%	0.9%	-14.4%	17.2%	-148.4%	-20.9%	-31.1%	-35.7%	22.3%	-27.2%	3.8%	47.9%	-52.5%
⁘中规模企业错位程度	-13.6%	-158.3%	-22.4%	-0.2%	-29.4%	-37.3%	11.3%	1.4%	-6.7%	-5.8%	8.4%	-3.2%	-279.6%	-33.3%	-36.2%	-134.9%	-10.2%	-26.9%	-59.3%	-8.9%	-10.4%
□大规模企业错位程度	-27.8%	-451.8%	-28.0%	-11.5%	-24.7%	-27.7%	-72.4%	-19.1%	-90.5%	-36.5%	-0.4%	7.2%	-211.1%	-73.0%	-33.8%	-170.7%	-32.3%	-28.3%	-52.9%	-56.2%	-13.5%

图 8-30　2018 年我国各行业不同规模上市公司的物流与资金流错位程度

资料来源：作者根据 2018 年 A 股上市公司年度财务报告计算整理。

为进一步厘清不同规模上市公司物流与资金流的错位差异，本节按错位情形统计了起点错位指标和终点错位指标均为正值导致物流与资金流错位期限为正值、二者均为负值导致物流与资金流错位期限为负值、二者一正一负导致物流与资金流错位期限为正值或负值的四种样本在不同规模区间内的分布差异，如表 8-10 所示。可以看出，2009—2018 年我国不同规模的上市公司均表现为起点错位和终点错位指标为异号的样本类别占比最大，该占比约为 70%，即 70% 左右的上市公司资金流与物流在采购环节和销售环节的运动先后次序相同。不同的是，中规模和大规模上市公司均是起点错位与终点错位异号且物流与资金流错位期限为负值的情况居多，占比分别约为 40% 和 50%，即近半数中规模和大规模上市公司资金流在采购环节先于物流而动的周期短于其在销售环节先于物流而动的周期，抑或资金流在采购环节延迟于物流而动的周期长于其在销售环节延迟于物流而动的周期，导致从整个业务流程看，这类企业的资金流周转期短于物流周转期。致使资金流周转期短于物流周转期的另一错位情形是起点错位和终点错位均为负值，该类企业资金流在采购环节晚于物流而动，在销售环节早于物流而动，这一类企业在中规模和大规模企业中的占比分别为15%和20%左右，因此中规模和大规模企业中分别有55%和70%的企业资金流周转期短于物流周转期，它们在供应链上处于占用上、下游企业资金的地位。反观小规模上市公司，除2009年和2016年以外，其余年份均是起点错位与终点错位异号且物流与资金流错位期限为正值的情况居多，占比在45%左右，说明约45%的小规模上市公司资金流与物流在采购环节和销售环节的运动先后次序相同，且资金流周转期超出了物流周转期，加之约10%的小规模上市公司资金流在采购环节早于物流而动，而在销售环节晚于物流而动，同样导致了资金流周转期超出物流周转期，因此，从整个业务流程看，约55%的小规模企业处于向供应链上、下游企业提供资金的地位。

表8-10　2009—2018年我国不同规模上市公司物流与资金流错位情形样本分布[①]　单位：个

年度	公司规模	样本数	物流与资金流错位期限为正值		物流与资金流错位期限为负值	
			起点错位与终点错位均为正值	起点错位与终点错位异号	起点错位与终点错位均为负值	起点错位与终点错位异号
2009	小规模	308	33	111	31	133
	中规模	310	25	84	56	145
	大规模	310	16	51	79	164
2010	小规模	326	34	141	34	117
	中规模	327	34	83	57	153
	大规模	326	18	75	76	157
2011	小规模	398	60	182	36	120
	中规模	398	39	142	59	158
	大规模	397	22	102	77	196
2012	小规模	552	65	277	39	171
	中规模	552	56	203	81	212
	大规模	552	20	134	115	283
2013	小规模	590	51	279	53	207
	中规模	592	41	233	81	237
	大规模	592	20	140	123	309
2014	小规模	691	49	324	68	250
	中规模	693	31	284	84	294
	大规模	692	26	160	144	362

① 2009—2018年采购环节起点未发生错位的3家上市公司、销售环节终点未发生错位的3家上市公司以及起点终点均未发生错位的1家上市公司未列入表8-10的统计范围内。

续表

年度	公司规模	样本数	物流与资金流错位期限为正值		物流与资金流错位期限为负值	
			起点错位与终点错位均为正值	起点错位与终点错位异号	起点错位与终点错位均为负值	起点错位与终点错位异号
2015	小规模	738	50	329	57	302
	中规模	737	29	298	89	321
	大规模	737	23	159	154	401
2016	小规模	808	52	340	66	350
	中规模	807	33	313	108	353
	大规模	807	30	168	178	431
2017	小规模	894	43	421	79	351
	中规模	894	43	373	102	376
	大规模	894	22	227	174	471
2018	小规模	1000	55	470	74	401
	中规模	1000	40	387	107	466
	大规模	1000	26	235	190	549
合计		18922	1086	6725	2671	8440

资料来源：作者根据2009—2018年A股上市公司年度财务报告计算整理。

综上所述，从各类别样本数量占比的角度与从不同规模上市公司总体均值的角度得出的结论一致，均表明相较于中规模和大规模企业，小规模企业更倾向于向供应链提供资金，而导致物流与资金流分离。这一研究结论与形成商业信用的买方市场理论吻合，即在买方强势的情况下，供应商为了促进商品的销售而向客户提供商业信用。徐晓萍和李猛（2009）也通过实证研究发现，商业信用在一定程度上反映了企业间的竞争力，企业规模越小，谈判力越弱，所以在供应链中处于优势地位的核心企业往往会挤占上、下游中小企业的资金。

2. 按产权性质，非国有企业物流与资金流错位程度高于国有企业

本节按产权性质对我国2009—2018年上市公司物流与资金流错位期限统计如图8－31所示，从中可以看出，虽然国有上市公司和非国有上市公司的物流与资金流错位期限几乎均为负值，但非国有上市公司错位期限明显高于国有上市公司。换言之，国有上市公司和非国有上市公司的资金流周转期均短于物流周转期，然而相较于国有企业，非国有企业资金周转期短于物流周转期的时间更少。此外，2011年和2012年非国有上市公司物流与资金流错位期限为正值，说明资金流周转期长于物流周转期，非国有上市公司在供应链上处于占用上、下游企业资金的状态。

如图8－32所示，本节选取2018年的上市公司数据统计了各行业内国有企业和非国有企业的物流与资金流错位程度，以对比国有企业和非国有企业占用供应链资金的程度差异。可以看出，除房地产行业，木材、家具行业，农、林、牧、渔行业，纺织、服装、皮毛行业，其他制造业之外，我国其余16个非金融行业均呈非国有企业物流与资金流错位程度大于国有企业的特点，说明非国有企业资金流周转期短于物流周转期的幅度小于国有企业，即这16个行业非国有企业占用供应链资金的程度低于国有企业。其中，信息传输、软件和信

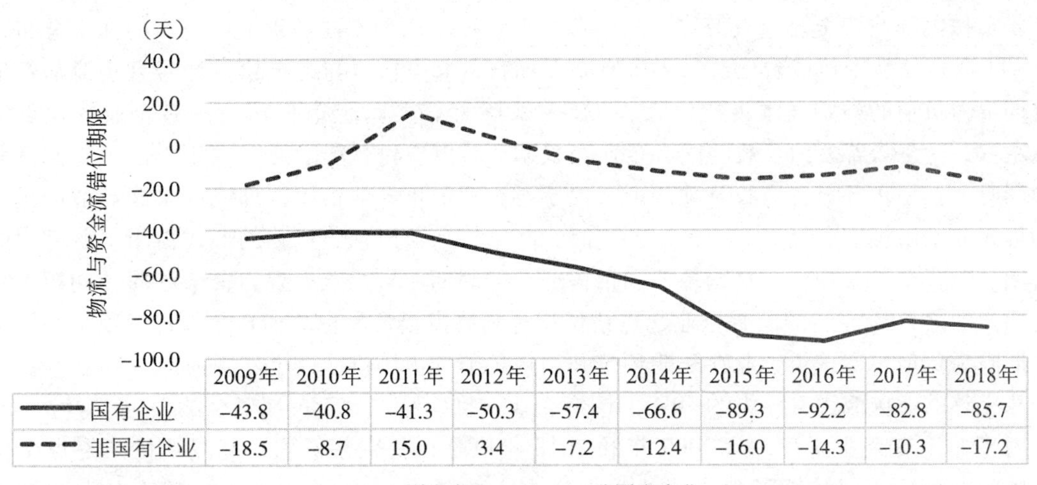

	2009年	2010年	2011年	2012年	2013年	2014年	2015年	2016年	2017年	2018年
国有企业	-43.8	-40.8	-41.3	-50.3	-57.4	-66.6	-89.3	-92.2	-82.8	-85.7
非国有企业	-18.5	-8.7	15.0	3.4	-7.2	-12.4	-16.0	-14.3	-10.3	-17.2

图 8－31　2009—2018 年我国不同产权性质上市公司物流与资金流错位程度趋势图

资料来源：作者根据 2009—2018 年 A 股上市公司年度财务报告计算整理。

息技术服务业，医药、生物制品行业，传播与文化行业，石油、化学、塑料、塑胶行业，计算机、通信和其他电子设备制造业 5 个行业表现出非国有企业物流与资金流错位程度为正值，而国有企业物流与资金流错位程度为负值的状态，即非国有企业向供应链上、下游提供资金，国有企业占用供应链上、下游资金；其他制造业国有企业和非国有企业的物流与资金流错位程度均为正值，且国有企业错位程度大于非国有企业，说明该行业国有企业和非国有企业均表现为占用供应链资金的状态，国有企业占用供应链资金的程度更为明显。

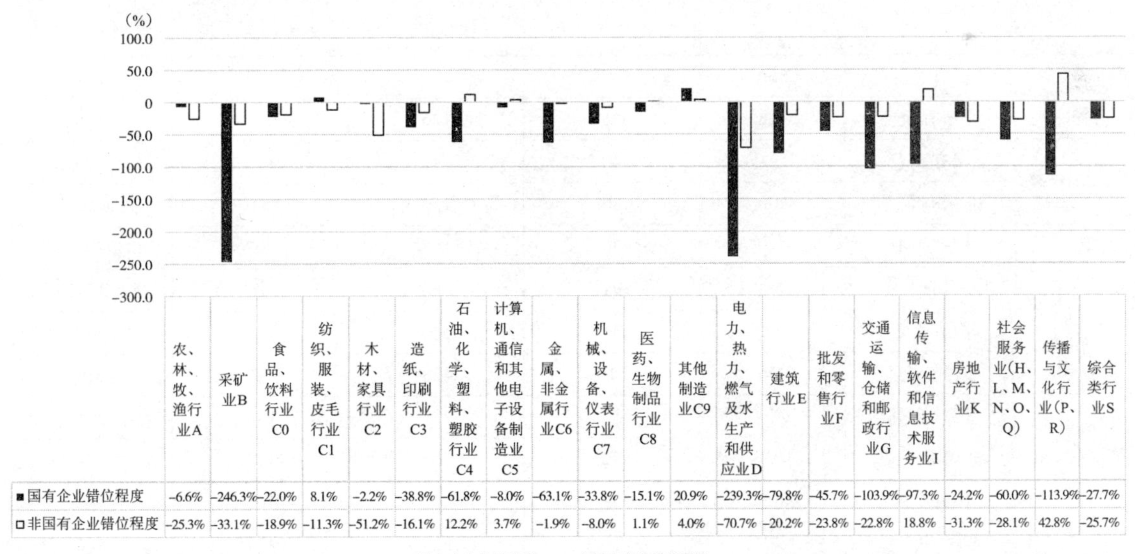

	农、林、牧、渔行业A	采矿业B	食品、饮料行业C0	纺织、服装、皮毛行业C1	木材、家具行业C2	造纸、印刷行业C3	石油、化学、塑料、塑胶行业C4	计算机、通信和其他电子设备制造业C5	金属、非金属行业C6	机械、设备、仪表行业C7	医药、生物制品行业C8	其他制造业C9	电力、热力、燃气及水生产和供应业D	建筑行业E	批发和零售行业F	交通运输、仓储和邮政行业G	信息传输、软件和信息技术服务业I	房地产行业K	社会服务业（H、L、M、N、O、Q）	传播与文化行业（P、R）	综合类行业S
■国有企业错位程度	-6.6%	-246.3%	-22.0%	8.1%	-2.2%	-38.8%	-61.8%	-8.0%	-63.1%	-33.8%	-15.1%	20.9%	-239.3%	-79.8%	-45.7%	-103.9%	-97.3%	-24.2%	-60.0%	-113.9%	-27.7%
□非国有企业错位程度	-25.3%	-33.1%	-18.9%	-11.3%	-51.2%	-16.1%	12.2%	3.7%	-1.9%	-8.0%	1.1%	4.0%	-70.7%	-20.2%	-23.8%	-22.8%	18.8%	-31.3%	-28.1%	42.8%	-25.7%

图 8－32　2018 年我国各行业不同产权性质上市公司的物流与资金流错位程度

资料来源：作者根据 2018 年 A 股上市公司年度财务报告计算整理。

本节按物流与资金流起点及终点的错位情形统计了四种不同类别上市公司的样本分布，如表 8 - 11 所示。从中可以看出，对于国有企业而言，起点错位与终点错位异号且物流与资金流错位期限为负值的类别样本占比最大，2009—2018 年该类型上市公司占国有企业的比重均在 50% 左右，这意味着大约半数的国有企业在采购环节以应付款项的形式占用上游供应商商业信用的同时，在销售环节以应收款项的形式向下游客户提供商业信用，抑或在采购环节以预付账款的形式向上游供应商提供商业信用的同时，在销售环节以预收账款的形式占用下游客户的商业信用，但资金流与物流在采购环节和销售环节的周期差异之差表现为资金流周转期短于物流周转期。加之 20% 左右的国有企业起点错位指标和终点错位指标均为负值，导致物流与资金流错位期限为负值，即该类企业在采购环节和销售环节均占用供应链上、下游企业商业信用，因此，从完整的业务流程看，大约 70% 的国有企业在供应链中处于占用资金的地位。

对于非国有企业而言，除 2009 年和 2018 年以外，其余年份均是起点错位与终点错位异号且物流与资金流错位期限为正值的类别样本占比最大，占比几乎均在 40% 以上，该类企业在采购环节（或销售环节）占用供应链企业商业信用的同时，在销售环节（或采购环节）向供应链上的企业提供商业信用，但从整个业务流程看，该类企业向供应链上、下游企业提供资金。物流与资金流错位期限为正值的另一种类别是起点错位指标和终点错位指标均为正值，即在采购环节向上游供应商提供商业信用的同时，在销售环节向下游客户提供商业信用，该类企业在非国有企业的历年占比均在 10% 左右。因此，约有 50% 的非国有企业在供应链中处于向上、下游企业提供资金的地位，该比例远超于国有企业约为 30% 的占比。

表 8 - 11　2009—2018 年我国不同产权性质上市公司物流与资金流错位情形样本分布[①]　单位：个

年度	产权性质	样本数	物流与资金流错位期限为正值		物流与资金流错位期限为负值	
			起点错位与终点错位均为正值	起点错位与终点错位异号	起点错位与终点错位均为负值	起点错位与终点错位异号
2009	国有企业	560	38	120	115	287
	非国有企业	368	36	126	51	155
2010	国有企业	571	40	143	113	275
	非国有企业	408	46	156	54	152
2011	国有企业	600	30	166	107	297
	非国有企业	593	91	260	65	177
2012	国有企业	700	31	186	136	347
	非国有企业	956	110	428	99	319
2013	国有企业	736	30	187	144	375
	非国有企业	1038	82	465	113	378
2014	国有企业	803	29	209	165	400
	非国有企业	1273	77	559	131	506

① 2009—2018 年采购环节起点未发生错位的 3 家上市公司、销售环节终点未发生错位的 3 家上市公司以及起点终点均未发生错位的 1 家上市公司未列入表 8 - 11 统计范围内。

续表

年度	产权性质	样本数	物流与资金流错位期限为正值		物流与资金流错位期限为负值	
			起点错位与终点错位均为正值	起点错位与终点错位异号	起点错位与终点错位均为负值	起点错位与终点错位异号
2015	国有企业	823	27	167	160	469
	非国有企业	1389	75	619	140	555
2016	国有企业	864	26	162	179	497
	非国有企业	1558	89	659	173	637
2017	国有企业	895	23	219	184	469
	非国有企业	1787	85	802	171	729
2018	国有企业	896	19	211	173	493
	非国有企业	2104	102	881	198	923
合计		18922	1086	6725	2671	8440

资料来源：作者根据 2009—2018 年 A 股上市公司年度财务报告计算整理。

我国银行对不同产权性质的企业存在明显的“信贷歧视”，考虑到当公司陷入财务困境时，国有企业易得到政府援助，银行出于政治目的更有意愿向国有企业提供融资支持，因此，陆正飞和杨德明（2011）、阳丹和赫然（2014）等学者认为，商业信用作为银行贷款等正式金融融资方式的替代性融资方式，相应地表现出非国有企业显著高于国有企业的特点。但本节基于企业完整的业务流程中对商业信用的运用情况发现，从物流与资金流错位程度的对比看，2018 年我国有 16 个行业非国有企业占用供应链资金的程度低于国有企业；从错位情形样本分布看，近十年来非国有企业向供应链提供资金的样本占比高出国有企业约 20 个百分点。本节的研究结论与余明桂和潘红波（2010）以应收账款与应付账款之差作为企业对外提供的商业信用净额进行实证研究得出的结论一致，即获得较少银行贷款的非国有企业反而对外提供了更多的商业信用净额。

3. 按企业市场竞争程度，呈顺序分布

市场竞争可以通过影响企业的市场行为和经营绩效，影响企业对商业信用的占用。本节借鉴 Nickell（1996）、李青原等（2007）的研究方法，采用垄断租金（PMC）作为衡量企业产品竞争程度的指标。垄断租金（PMC）的计算公式为：

垄断租金 =（息税折旧摊销前利润 - 加权平均资本成本 × 资本总额）/营业收入　　(9)

其中，资本总额 = 权益资本 + 短期负债 + 长期负债；加权平均资本成本 = 权益资本成本 ×（权益资本/资本总额）+ 短期债务成本 ×（短期金融性负债/资本总额）+ 长期债务成本 ×（长期金融性负债/资本总额）；权益资本成本采用 CAPM 模型进行估计，权益资本 = 无风险收益 + 系统风险 β × 市场组合风险溢价，无风险收益为央行一年期存款利率，市场组合风险溢价参照韩忠雪和周婷婷（2011）、孙烨和许艳的取值设定为 4%；短期债务成本和长期债务成本分别为当年央行一年期贷款基准利率和三至五年期贷款基准利率，若借款期间利率发生变动，则将基准利率按月进行加权平均。由公式（9）可以看出，垄断租金反映的是企业的市场势力，垄断租金的值越大，表明进入成本越高，企业产品所面临的市场竞争程度也就越低；垄断租金越小，则表明企业产品市场竞争程度越高。

本节依据垄断租金规模将我国上市公司进行三分位数分组，按面临市场竞争程度由高到低的顺序划分为高竞争性企业、一般性竞争企业和低竞争性企业，分别统计2009—2018年我国处于不同市场竞争环境中的上市公司物流与资金流错位情况。由图8-33所示的统计结果可以看出，2011年高竞争性企业的物流与资金流错位期限为正值，资金流周转期超出物流周转期7.2天，其余年份资金流周转期均短于物流周转期。一般性竞争企业和低竞争性企业近十年来物流与资金流错位期限均为负值，其中，一般性竞争企业资金流周转期短于物流周转期的最长时间为52.3天，最短时间为17.3天；低竞争性企业资金流周转期短于物流周转期的天数逐年增加，由2009年的29.5天增至2018年的66.6天。

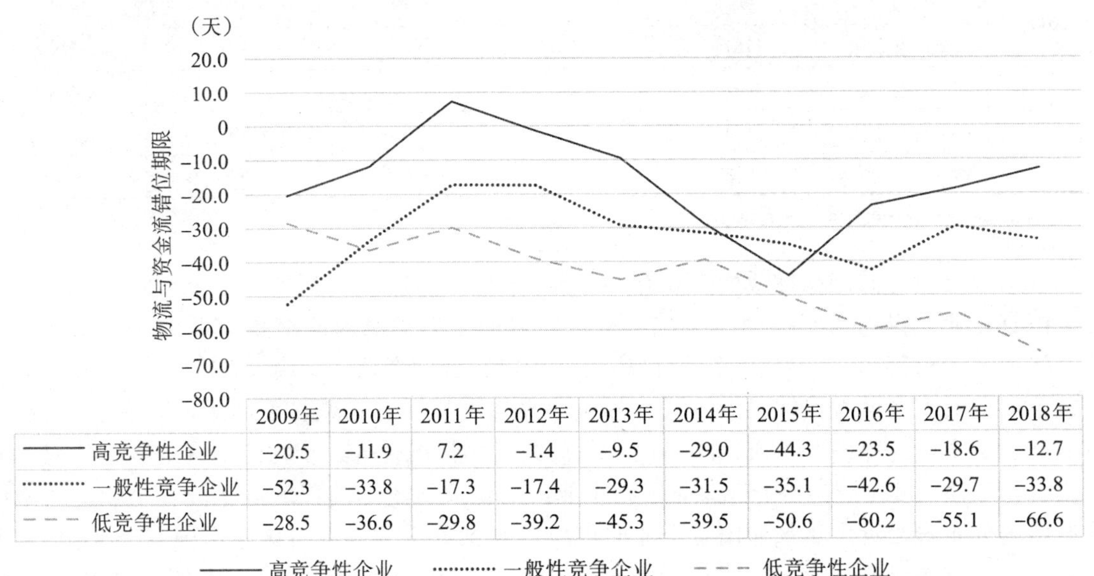

	2009年	2010年	2011年	2012年	2013年	2014年	2015年	2016年	2017年	2018年
高竞争性企业	-20.5	-11.9	7.2	-1.4	-9.5	-29.0	-44.3	-23.5	-18.6	-12.7
一般性竞争企业	-52.3	-33.8	-17.3	-17.4	-29.3	-31.5	-35.1	-42.6	-29.7	-33.8
低竞争性企业	-28.5	-36.6	-29.8	-39.2	-45.3	-39.5	-50.6	-60.2	-55.1	-66.6

图8-33　2009—2018年我国不同市场竞争程度上市公司的物流与资金流错位期限

资料来源：作者根据2009—2018年A股上市公司年度财务报告计算整理。

为进一步对比高竞争性企业、一般性竞争企业和低竞争性企业的错位程度，图8-34列示了2018年我国各行业不同市场竞争程度上市公司的物流与资金流错位程度，从中可以看出，除医药、生物制品业，其他制造业2个行业以外，我国其余19个非金融类行业的高竞争性企业物流与资金流错位程度明显大于低竞争性企业。其中，采矿业，农、林、牧、渔行业，造纸、印刷行业，金属、非金属行业，机械、设备、仪表行业，信息传输、软件和信息技术服务业，传播与文化行业，石油、化学、塑料、塑胶行业8个行业的高竞争性企业物流与资金流错位程度为正值，而低竞争性企业为负值，说明这8个行业高竞争性企业须向供应链提供资金，而低竞争性企业则处于占用供应链资金的状态。由此可见，多数行业内市场竞争越激烈的企业占用供应链资金的程度越低，甚至须向供应链上下游提供资金。

按物流与资金流起点及终点的错位情形统计的不同市场竞争程度上市公司四种类别的样本分布如表8-12所示。可以看出，对于低竞争性企业和一般性竞争企业而言，起点错位与终点错位异号且物流与资金流错位期限为负值的类别样本占比最大，2009—2018年该类上市公司占比几乎均为45%左右；物流与资金流错位期限同样为负值，而起点错位和终点错

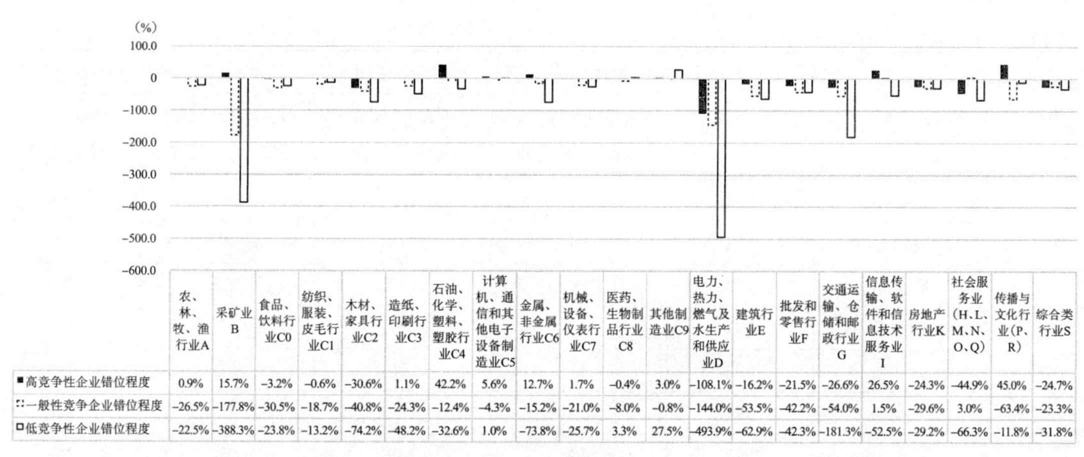

	农、林、牧、渔行业A	采矿业B	食品、饮料行业C0	纺织、服装、皮毛行业C1	木材、家具行业C2	造纸、印刷行业C3	石油、化学、塑料、塑胶行业C4	计算机、通信和其他电子设备制造业C5	金属、非金属行业C6	机械、设备、仪表行业C7	医药、生物制品行业C8	其他制造业C9	电力、热力、燃气及水生产和供应业D	建筑行业E	批发和零售行业F	交通运输、仓储和邮政行业G	信息传输、软件和信息技术服务业I	房地产行业K	社会服务业（H、L、M、N、O、Q）	传播与文化行业（P、R）	综合类行业S
■高竞争性企业错位程度	0.9%	15.7%	-3.2%	-0.6%	-30.6%	1.1%	42.2%	5.6%	12.7%	1.7%	-0.4%	3.0%	-108.1%	-16.2%	-21.5%	-26.6%	26.5%	-24.3%	-44.9%	45.0%	-24.7%
⸬一般性竞争企业错位程度	-26.5%	-177.8%	-30.5%	-18.7%	-40.8%	-24.3%	-12.4%	-4.3%	-15.2%	-21.0%	-8.0%	-0.8%	-144.0%	-53.5%	-42.2%	-54.0%	1.5%	-29.6%	3.0%	-63.4%	-23.3%
□低竞争性企业错位程度	-22.5%	-388.3%	-23.8%	-13.2%	-74.2%	-48.2%	-32.6%	1.0%	-73.8%	-25.7%	3.3%	27.5%	-493.9%	-62.9%	-42.3%	-181.3%	-52.5%	-29.2%	-66.3%	-11.8%	-31.8%

图 8－34　2018 年我国各行业不同市场竞争程度上市公司的物流与资金流错位程度

资料来源：作者根据 2018 年 A 股上市公司年度财务报告计算整理。

位也均为负值的类别样本占比为 15% 左右。因此，低竞争性企业和一般性竞争企业资金流周转期短于物流周转期的企业占比约合为 60%，这表明绝大多数低竞争性企业和一般性竞争企业在供应链中处于占用上、下游企业资金的地位，且其中约 3/4 的企业表现为占用供应商商业信用的同时，向客户提供商业信用，抑或向供应商提供商业信用的同时，占用客户的商业信用。高竞争性企业绝大多数年份是起点错位与终点错位异号且物流与资金流错位期限为正值的类别样本占比最大，约占高竞争性企业样本总数的 45%，共计约 50% 的高竞争性企业物流与资金流错位期限为正值，即在供应链中处于向上、下游企业提供资金的地位，该比例高出低竞争性企业和一般性竞争企业 10 个百分点。

表 8－12　2009—2018 年我国不同市场竞争程度上市公司物流与资金流错位期限样本分布①　单位：个

年份	市场竞争程度	样本数	物流与资金流错位期限为正值		物流与资金流错位期限为负值	
			起点错位与终点错位均为正值	起点错位与终点错位异号	起点错位与终点错位均为负值	起点错位与终点错位异号
2009	高竞争	310	32	76	48	154
	一般性竞争	310	15	66	71	158
	低竞争	308	27	104	47	130
2010	高竞争	327	32	97	59	139
	一般性竞争	327	24	93	60	150
	低竞争	325	30	109	48	138
2011	高竞争	398	50	170	40	138
	一般性竞争	398	26	125	72	175
	低竞争	397	45	131	60	161

① 2009—2018 年采购环节起点未发生错位的 3 家上市公司、销售环节终点未发生错位的 3 家上市公司以及起点终点均未发生错位的 1 家上市公司未列入表 8－12 统计范围内。

续表

年份	市场竞争程度	样本数	物流与资金流错位期限为正值		物流与资金流错位期限为负值	
			起点错位与终点错位均为正值	起点错位与终点错位异号	起点错位与终点错位均为负值	起点错位与终点错位异号
2012	高竞争	552	54	228	64	206
	一般性竞争	552	35	213	68	236
	低竞争	552	52	173	103	224
2013	高竞争	591	42	251	65	233
	一般性竞争	592	35	199	84	274
	低竞争	591	35	202	108	246
2014	高竞争	692	44	289	91	268
	一般性竞争	693	23	238	96	336
	低竞争	691	39	241	109	302
2015	高竞争	738	38	294	91	315
	一般性竞争	737	26	249	101	361
	低竞争	737	38	243	108	348
2016	高竞争	808	46	332	93	337
	一般性竞争	807	25	273	119	390
	低竞争	807	44	216	140	407
2017	高竞争	894	39	409	103	343
	一般性竞争	894	31	325	112	426
	低竞争	894	38	287	140	429
2018	高竞争	1000	64	444	96	396
	一般性竞争	1000	21	354	118	507
	低竞争	1000	36	294	157	513
合计		18922	1086	6725	2671	8440

资料来源：作者根据 2009—2018 年 A 股上市公司年度财务报告计算整理。

因此，无论从不同市场竞争程度上市公司的错位程度，还是样本分布均可以看出，相较于低竞争性企业和一般性竞争企业，高竞争性企业更倾向于表现出资金流周转期超出物流周转期的特征。本节分析认为，物流与资金流呈现这一分离特征的原因在于处于激烈市场竞争中的买方企业出于促进交易达成的目的，会在采购环节主动降低自身应付账款，甚至可能向供应商提前付款，从而导致采购环节的资金流运动起点早于物流。与此同时，市场竞争对企业应收账款产生的影响与其对应付账款的影响则相反，商业信用是供应商企业的竞争手段，市场竞争激烈的行业产品市场化差异程度低，客户较容易找到替代性供应商，为避免失去客户，甚至是争取同行的客户，供应商企业会通过提供商业信用形成行业壁垒，在市场行为上表现为企业作为供应商允许下游客户延期付款，而在自身账目上形成“应收账款”，使得企业销售环节的资金流运动终点晚于物流。从企业经营活动的整个过程看，资金流运动起点的提前和运动终点的延后共同导致了企业资金流周转期超出物流周转期，市场竞争越激烈，前者超出后者的幅度可能越大。

五、研究结论与启示建议

（一）研究结论与局限

1. 研究结论

在现代市场上，传统现销现付交易方式的退出与赊销赊购交易方式的普及此消彼长，物流与资金流的运动状态也随着交易方式的变革而发生变化。本节基于资金运动的视角，首次构建了反映企业销售环节和采购环节物流与资金流运动状态差异的起点和终点错位指标，以及反映企业整个经营活动过程中物流与资金流周转期长短差异的错位期限指标，并运用构建的指标统计了我国物流与资金流错位现状及其分布特征。

本节以2009—2018年我国A股非金融类上市公司为样本研究发现，物流与资金流相分离已成为普适现象，且近十年以来我国上市公司资金流周转期普遍短于物流周转期，在上市公司总体层面表现为资金流运动起点与运动终点均晚于物流。在行业层面，从错位指标平均值看，2018年我国房地产行业、综合类行业2个行业资金流运动起点晚于物流，而资金流运动终点早于物流，导致资金流周转期超出了物流周转期；计算机、通信和其他电子设备制造业，其他制造业2个行业资金流运动起点和运动终点均晚于物流，资金流在销售环节晚于物流的周期相对较长，导致从整个业务流程看，资金流周转期长于物流周转期；采矿业，电力、热力、燃气及水生产和供应业等其余17个行业同样是资金流运动起点和运动终点均晚于物流，但资金流在采购环节晚于物流的周期相对较长，导致整个业务流转的资金流周转期短于物流周转期，其中，电力、热力、燃气及水生产和供应业，采矿业，交通运输、仓储和邮政行业3个行业资金流周转期短于物流周转期的天数占物流周转期的比重最大，即占用供应链资金的程度在各行业中最为突出；从不同错位类别的样本分布看，房地产行业、综合类行业、采矿业等17个行业超过1/2的上市公司资金流周转期短于物流周转期，而信息传输、软件和信息技术服务业，医药、生物制品行业，计算机、通信和其他电子设备制造业，其他制造业4个行业超过1/2的上市公司资金流周转期超过了物流周转期。在地区层面，从错位指标平均值看，2018年，除未纳入统计的中国香港、中国澳门、中国台湾以外，我国东部地区、中部地区、西部地区的31个省份（或直辖市）均表现为资金流周转期平均值短于物流周转期平均值，且资金流在起点和终点的运动延迟于物流，其中，山西省、内蒙古自治区、安徽省3个省份上市公司资金流周转期短于物流周转期的天数占物流周转期的比重最大，即占用供应链上、下游资金的现象最为明显；从不同错位类别的样本分布看，河北省和青海省2个省份超过半数的上市公司资金流周转期大于物流周转期，其余29个省份（或直辖市）则以资金流周转期短于物流周转期的上市公司居多。

本节进一步在企业层面分析了我国上市公司近十年物流与资金流错位程度的分布特征，本节基于企业规模研究发现，小规模、中规模和大规模企业物流与资金流错位程度占物流周转期的比重依次从大到小排列，大规模和中规模企业资金流周转期短于物流周转期的样本占比分别约为70%和55%，而小规模企业中约有55%的样本资金流周转期超过了物流周转期，说明大多数小规模企业在供应链上处于被占用资金的地位。基于企业产权性质研究发现，非国有企业物流与资金流错位程度大于国有企业，约50%的非国有企业资金流周转期超出物流周转期，而约70%的国有企业资金流周转期短于物流周转期，表明约半数非国有企业在供应链上处于向上、下游企业提供资金的地位，而绝大多数国有企业处于占用供应链资金的地位。基于企业市场竞争程度研究发现，高竞争性企业的物流与资金流错位程度明显大于低竞争性企业，一般性竞争企业物流与资金流错位程度基本处于二者之间，50%左右的高竞争性企业资金流周转期超过了物流周转期，而约60%的低竞争性企业和一般性竞争企业资金流周转期短于物流周转期，表明企业所处的市场环境越激烈，越有可能向供应链上、下游企业提供资金。

2. 研究局限

由于财务数据的获取限制，本节未能分析我国非上市公司物流与资金流分离状况。上市公司虽然在销售环节仍须通过赊销行为争取客户，但是在采购环节，上市公司在供应链上相对较高的议价能力可能使其应付款项还款周期相对长于非上市公司。考虑到上市公司、非上市公司共存于供应链网络，本节预测上市公司资金流周转期短于物流周转期的天数应与非上市公司资金流周转期超出物流周转期的天数相对应。

在后续研究中将尝试通过调研的方式，获取我国非上市公司财务数据，对非上市公司的物流与资金流分离情况展开统计与分析，描绘我国完整的物流与资金流分离图谱。

（二）启示建议

1. 区分资金与资产的概念

传统财务分析体系将企业营业活动形成的应付账款、应付票据、预收账款等营业性负债归至总资金中，而上述指标对应的投资者是供应商、客户，泛化了投资者（股权投资者和债权投资者）及资金的概念。本节在对企业经营活动和投资活动重分类的基础上，厘清了资产和资金的概念，将资金界定为企业在营业活动中所运用或垫支的投资者所投入的资源，在数值上等于资产减去经营活动产生的营业性负债。

传统财务分析理论认为资金投入企业后即进入循环周转过程，实现营业收入应视作完成一次循环周转、实现资金回收的标志，并以公式“资金周转率 = 本期主营业务收入/［（期初占用资金 + 期末占用资金）/2］”计算资金周转率。事实上，确认营业收入并不等同于实现资金的回收，在物流与资金流发生分离的情况下，确认营业收入仅意味着完成了商品流的循环，而资金流周转期可能长于或是短于物流周转期。本节的研究结论启示我们应以现金流计算资金周转率，即“资金周转率 = （经营活动现金流入小计 + 投资活动现金流入小计）/总资金”。

2. 重新评估我国实体企业运作效率

物流周转期和资金周转期是评估企业运作效率的基本指标，在物流与资金流相分离的实际情况下，认清并评估出物流与资金流的错位情况，才能有效反映企业真实的运作效率，避免投资者的资金流向效率虚高的企业。建议在评估企业运作效率时，以存货周转期衡量企业物流周转期，以本节所提出的基于资金运动的资金周转期指标衡量企业资金周转期，从而兼顾物流与资金流分离、物流与资金流同步两种运动情况，准确评估实体企业运作效率。

3. 注重物流与资金流错位导致的企业资金压力

对实体企业而言，资金流周转期超出物流周转期意味着企业的经营活动须向供应链上、下游客户及供应商提供资金，这一现象集中出现在小规模企业、非国有企业和市场竞争程度较为激烈的企业中，而上述企业通常面临着融资压力，因此，政府应引导金融机构适当缓解资金流周转期超出物流周转期企业的资金压力。

第九章　研究价值与研究展望

第一节　研究价值

综合本书的研究，其价值主要体现在以下方面：

一、为统一资本存量测度、资本效率与财务风险评价奠定了科学的概念基础

资本配置结构和资本运用效率评价的前提是对资本存量的测度。虽然资本存量测度在经济学、统计学和会计学、财务学中都有涉及，但是，无论是在学科之间还是学科之内，资本存量测算的口径、方法和结果都很不统一，缺乏官方和权威的标准。在其之上的资本配置结构和资本运用效率的评价就更是五花八门，这势必导致资本效率和财务风险等资本运动的基础信息的混乱，从而误导政府和市场的资本配置功能的正确发挥，并严重影响经济发展质量的科学评价。因此，建立科学、统一的资本存量、结构与效率的测度和评价体系势在必行。本书对资产、资本与资金、营运资金与营运资本等系列基础概念混淆的澄清，并在澄清混淆的基础上重新进行科学分类，为统一资本存量测度、资本效率与财务风险评价奠定科学的概念基础。

二、建立了经济活动分类、资本运动逻辑和财务报告列报三者之间清晰的对照关系

虽然财务报告是企业经济活动和资本运动的写照，但是现有的财务报告在对企业资本运动的反映方面却难以给出一个清晰的图景。财务报告并没有直接提供企业运用的总资本是多少、这些总资本的分布是怎样的、其运用效率又是怎样的等基本信息。究其原因，是传统经济管理理论中缺乏对经济活动的科学分类。本书将企业的全部经济活动划分为经营活动和理财活动的传统分类进行分析，指出这种分类的历史背景及蕴藏在其背后的营业观念和业务与财务关系。在此基础上，提出将经济活动分为营业活动和筹资活动两大类，营业活动包括经营活动和投资活动，体现拓展的营业观念，并根据这种分类建立起财务报告与资本运动之间的清晰的对照关系，不仅对资本效率与财务风险等基础财务信息的获取及其理解分析提供了理论指导，而且为政府和市场的资本配置以及企业的资本管理提供了科学的理念。

三、重构了衔接内部、外部资本市场投资者和政府宏观经济决策信息需求的资本效率与财务风险分析体系

资本（资金）的本性是逐利避险。资本效率与财务风险信息不仅是资本市场引导资本

配置和资本流动的基本依据，而且也是各级政府判断经济运行态势和制定宏观调控政策的重要依据。由于传统财务分析体系存在的资本（资金）与资产概念相混淆、营业性负债与金融性负债不加区分以及经济活动分类不当等理论缺陷，导致传统财务分析体系提供的资本效率与财务风险信息被严重扭曲，表现为资本效率被严重低估，财务风险则被严重高估。本书在经济活动重新分类和概念重新界定的基础上重建的资本效率与财务风险分析体系不仅为阐释我国近年来出现的"金融脱实向虚""实体企业融资难、融资贵"以及"实体企业金融化"等金融服务实体经济效率和水平不高问题的原因提供了一个新的解释，更可以为未来政府和市场对资本效率和财务风险等基础性财务信息的需求提供一个统一的、规范的标准体系。

四、为营运资金管理和资本错配研究的创新发展提供了新方向

从20世纪80年代到21世纪初，国内外对于营运资金管理的研究基本上处于停滞状态，仍然停留在对企业营运资金各个要素（存货、应收账款、应付账款、有价证券等）的孤立研究上，其理论框架基本没有变化，缺乏将营运资金管理与业务流程相结合从而体现财务、业务一体化理念的营运资金管理理论。这种状况不仅与营运资金管理的重要地位极不相称，而且也与日新月异的企业管理实践严重脱节。本书提出的"基于渠道管理的营运资金管理"不仅顺应了业财融合的现代财务理念的发展，更是为营运资金管理理论的创新发展提供了动力，引领了我国营运资金管理理论研究的方向，从"国内外营运资金管理研究的回顾与展望"成为我国营运资金管理领域被引率最高的论文就可以看出这一点。同样，本书在经济活动重新分类的基础上提出的企业内部资本市场中经营活动与投资活动之间资金的错配不仅建立了企业战略性资金配置的解释框架，更为资本错配研究的开拓和创新发展指明了方向，必将引领未来的资本错配研究的发展。

五、为财务风险和金融风险预警研究提供了新的方法和路径

本书所提出的财务风险和金融风险的本质、矫正扭曲的财务风险评估指标无疑对准确评估财务风险和金融风险提供了可靠的依据和科学的指导。特别有前瞻性的是本书所建立的运用债务收益比和债务资本比双重杠杆率测度体系确立风险警戒水平的方法将为政府、市场、投资者和企业的财务风险、金融风险预警的判别标准的建立提供科学的依据，而且为基于微观实体企业财务风险预警宏观系统性金融风险的预警体系的建立提供了新的途径。

第二节　研究展望

在现代经济理论中，资本不仅包括物质资本、土地资本、金融资本，还包括人力资本、社会资本、数据资本等要素资本。从这一意义上来说，资本存量在广义上指一定经济主体所拥有的、可投入社会再生产过程并能为其所有者带来利益的全部有形与无形价值的总和。但是，现有研究由于在理论和技术上将资本存量界定为狭义的概念，即将资本存量定义为物质资本的总量，而且还存在以"资产存量"代替资本存量的缺陷。资本存量及其结构、资本效率与财务风险等基础信息不仅可以反映经济运行的基础、效率和活力，更可以为政府和资

本市场的资源配置和投资人的投资决策提供支持。党的十九届四中全会公告明确提出“优化经济治理基础数据库”，中共中央、国务院2020年3月发布的《关于构建更加完善的要素市场化配置体制机制的意见》更对“资本管理”的创新发展提出了新的要求。展望未来，资本管理的研究需要在以下方面继续深化和拓展：

一、资本效率及财务风险信息扭曲视角的多层次资本错配研究

将稀缺资本资源最大限度地配置到边际效率最高的经济区域、行业或企业等是资本配置的目标追求，偏离最优资本配置的状态即资本错配。我国近年来实体经济领域出现的宏观层面“脱实向虚”，中观层面部分行业产能过剩、创新动能不足以及微观层面“金融化、空心化”等问题的实质都是资本错配。资本效率和财务风险信息是市场和政府进行资本配置的重要依据。由于传统财务分析体系的缺陷，宏观、中观和微观各个层面的资本效率和财务风险等基础财务信息都发生了严重扭曲，严重扭曲的信息势必对资本配置决策产生严重误导。资本管理的进一步创新应在构建逻辑贯通、内在一致的多层次资本错配判定标准的基础上，从财务信息扭曲视角深入剖析资本错配的形成机理，建立财务信息扭曲对资本错配影响的理论解释框架，提出通过矫正财务信息扭曲以降低各层次资本错配程度、提高资本配置效率的全新路径，为提高金融服务实体经济质量提供理论支持。

二、基于微观实体财务风险的金融风险评估和预警体系构建

目前的金融监管主要是对金融市场和金融机构的监管，系统性金融风险的预警明显滞后，且与实体经济的运行明显脱节。宏观经济的正常运行有赖于各个微观主体的有序运作，系统性金融风险的形成固然有其宏观因素，然而这种风险首先在微观层面积累，进而逐步形成系统性金融风险。目前，大部分研究都是在金融系统和金融机构之间探讨金融风险，而没有将系统性金融风险与实体经济中微观企业的财务风险有机联系起来；事实上，实体经济与虚拟经济密切相连，抛开实体经济而片面地从纯粹的虚拟经济中测度系统性金融风险本身就是不科学的。大多数研究都是利用宏观数据进行预警，不仅及时性和前瞻性不足，而且基于宏观数据的压力测试难以考虑各行业、各地区不同的压力情形，容易造成预警结果与微观经济之间的严重脱节。

微观实体财务风险向系统性金融风险的传导，使得我国的金融风险产生于微观、集中于宏观。防范金融风险必须深入微观层面，从源头上抓住引发系统性金融风险的原因。因此，有必要将系统性金融风险预警前置到微观实体，基于非金融企业、政府、居民和金融机构的资产负债关联和风险传递机制，以创新的资本存量和流量指标构建金融风险评估和超前预警模型。

资本管理的进一步创新应在厘清财务风险与金融风险的概念和本质的基础上，以资本供求失衡作为核心内涵，以实体经济中的微观（非金融公司）层次、中观（行业、地区）层次和宏观经济整体（实体经济和虚拟经济）层次资本供求失衡为研究对象，同时考虑金融公司与非金融公司之间的资本流动和信息传递产生的双重关联关系对资本供求失衡的影响，建立全新的金融风险识别、测度、预警、调控的理论体系，并揭示非金融企业、政府、居民的财务风险（微观层次资本供求失衡）演变为系统性金融风险（经济整体的资本供求失衡）的机理和规律，为系统性金融风险防控提供理论、方法和数据支持。

三、区分政府公共资源配置的不同属性，开辟政府社会资本管理研究新领域

企业作为一种资本配置的社会建构，必然随着资本形态的演变而呈现鲜明的时代特征。与之同时，作为一种社会建构，每一家企业又都会有其鲜明的社会特征，深刻地刻上了其所处的社会制度的烙印。中国特色的社会主义市场经济体制不仅在宏观的经济体制层面具有鲜明的特色，表现出鲜明的政府与市场关系的特征，从而对国家治理（国家对包括企业在内的社会成员的管理）产生深刻的影响，而且政府所拥有的较强的资源配置功能也会深深影响到微观企业的资本配置，从而在公司治理的层面体现出不同于市场经济国家的特征。

从公司治理的层面来看，每一家企业都是资源配置的产物。在每一家企业形成的资源配置过程中，政府都实实在在地投入了具有个性化的基础设施的无偿或廉价使用权、企业名号、经营许可以及特别政策等，这些投入并非真正的公共产品，而更具有资本的属性，我们将其称为“政府社会资本”。政府社会资本是每一家企业都必不可少的关键资源，其不同于一般意义上的公共产品，而具有“资本”的特征。

与物质资本、智力资本等其他的投入要素一样，“政府社会资本”对每一家企业的价值创造来说都是不可或缺的，理应赋予作为该类资本投资者的政府以相应的资本所有权。但是，不论是公共管理理论，还是企业理论，都未认可政府作为政府社会资本出资者的身份，对每一家企业中均必不可少并由政府投入的社会资本视而不见，忽视了政府作为企业当然所有者的地位，而是将政府作为社会管理者超然存在于企业组织之外，政府在企业形成的资源配置过程中的所有投入都被视为公共产品。

资本管理的进一步创新应将政府公共资源配置划分为政府公共产品和政府社会资本，并将具有政府社会资本禀赋的政府作为企业利益相关者纳入企业制度分析框架，确认政府对每一家企业所投入的个性化政府社会资本的所有权，将每一家企业都视为具有政府社会资本禀赋的政府与其他资本投资者的集体选择所形成的混合所有制企业。与之同时，资本管理创新应将政府作为具有社会公共管理权和政府社会资本所有权的双重权力主体对政企关系进行解构，并对双重政企关系的协调机制和评价标准进行研究，形成中国特色政企关系的话语体系，为中国特色社会主义基本经济制度和国家治理现代化体系构建提供系统完备、科学规范、运行有效的制度支撑。

四、服务国家治理的资本效率与财务风险基础信息平台以及宏观会计信息质量指数构建

党的十九大以来，提高经济发展质量、推进国家治理现代化已成为我国经济社会发展的主旋律，作为经济发展质量评价和国家治理重要依据的会计信息的质量也因此受到前所未有的关注。虽然自 1999 年以来，财政部每年都发布会计信息质量检查公告，但是，公告内容只是对抽查的微观个体的会计信息质量的简单罗列和汇总，而缺乏对宏观会计信息质量的测度和评价，更缺少像 GDP、CPI 等那样能家喻户晓的指标，导致全社会对宏观会计信息质量的水平及其分布差异仍然缺乏准确、客观的认识，这显然难以满足经济高质量发展和国家治理现代化的需求。

会计信息形成并作用于社会经济的每一个细胞，是资本市场资源配置和宏观经济调控的基础。不论是市场还是政府，其在引导资本配置时都依赖于反映实体经济企业、行业或部门资本效率和财务风险等的基础信息。这些基础信息一旦扭曲，势必会导致市场和政府对实体

经济基本形势的误判，进而对金融引导资本配置过程中市场和政府作用的发挥产生误导，并最终影响金融服务实体经济能力的高低。此外，会计信息具有定价和治理作用，是保护投资者利益的信息基础。投资者根据会计信息评估企业价值、作出投资决策、实现资源的有效合理配置，进而影响整个资本市场资本配置。构建科学、有效的宏观会计信息质量指数对提高投资者对会计信息的鉴别能力和利用效果，进而降低委托代理成本、减少由于错误的定价和决策带来的损失、抑制企业的非效率投资等具有积极作用。不仅如此，宏观会计信息质量指数还有助于引起全社会的关注，增强宏观会计信息的透明度和可信度，从而有效遏制会计信息造假和舞弊，并对经济违法行为和腐败行为形成有力的约束，提升国家治理水平。由此可见，会计信息质量特别是宏观会计信息质量事关经济高质量发展和国家治理大局，直接影响资本市场健康发展和社会诚信体系建设，但是会计基础理论少有对会计信息质量的系统测度方法研究，而对宏观会计信息质量的研究则基本处于空白。同时，会计基础理论中存在资产、资金与资本概念混淆，资本运动分类的理念和逻辑落后的缺陷，导致会计信息中最核心的资本效率与财务风险等基础信息被严重扭曲，严重误导了国家宏观调控政策的制定以及资本市场投资者的决策。因此，宏观会计信息质量指数的构建与应用研究既是矫正资本效率与财务风险等基础会计信息扭曲并提高会计信息质量的现实需求，也是推动会计基础理论创新发展的必然要求。

面对国家治理现代化、推动经济高质量发展的重大需求，资本管理的进一步创新应以真实、可靠的资本存量与结构、资本效率与财务风险等基础信息平台为支撑，建立一套与微观、中观（行业、地区）会计信息质量有机衔接的宏观会计信息质量的测度体系、发布体系和分析体系，引导全社会关注会计信息质量，充分发挥会计信息引导资本配置和促进国家治理的功能。此外，针对传统资本存量测度的局限，开拓政府社会资本的测度和评价研究，开发建设“中国政府社会资本指数数据库”，为政府和市场的资源配置以及国家治理现代化建设提供经济治理基础数据库的坚实支撑，更好地服务于国家经济发展质量的提升。

附录A　2019年中国上市公司总资金回报率排行榜

中国企业营运资金管理研究中心

股票代码	公司简称	总资金回报率 行业前五名	股票代码	公司简称	总资金回报率 行业后五名
农、林、牧、渔行业 A					
002458	益生股份	77.32%	300313	天山生物	-8.62%
002234	民和股份	65.87%	600257	大湖股份	-8.81%
300761	立华股份	35.16%	300094	国联水产	-9.00%
002746	仙坛股份	33.87%	002086	ST东海洋	-21.92%
002299	圣农发展	33.14%	300189	神农科技	-24.47%
行业平均		15.15%			
采矿业 B					
002629	*ST仁智	28.63%	600714	金瑞矿业	-2.44%
002207	ST准油	28.45%	000780	平庄能源	-2.60%
603505	金石资源	23.75%	000758	中色股份	-3.49%
000603	盛达资源	23.19%	600121	郑州煤电	-4.03%
600338	西藏珠峰	22.23%	600311	荣华实业	-11.94%
行业平均		8.68%			
制造业——食品、饮料行业 C0					
002604	*ST龙力	339.83%	000639	西王食品	-12.83%
000995	*ST皇台	68.03%	600238	ST椰岛	-25.64%
600779	水井坊	53.77%	000752	*ST西发	-29.66%
600519	贵州茅台	45.36%	600189	吉林森工	-37.05%
603288	海天味业	41.77%	002220	ST天宝	-38.70%
行业平均		19.53%			
制造业——纺织、服装、皮毛行业 C1					
300577	开润股份	31.85%	002269	美邦服饰	-16.88%
002832	比音勒芬	25.85%	603555	贵人鸟	-21.16%
603587	地素时尚	25.84%	603157	拉夏贝尔	-37.43%
600398	海澜之家	25.03%	000982	*ST中绒	-49.28%
600987	航民股份	19.51%	002656	摩登大道	-56.11%
行业平均		5.38%			

续表

股票代码	公司简称	总资金回报率行业前五名	股票代码	公司简称	总资金回报率行业后五名
制造业——木材、家具行业 C2					
603833	欧派家居	22.53%	600321	ST 正源	1.92%
603208	江山欧派	22.17%	600978	宜华生活	1.39%
002572	索菲亚	22.17%	002240	威华股份	0.28%
603816	顾家家居	21.41%	000663	永安林业	-5.44%
603180	金牌厨柜	21.30%	603389	亚振家居	-18.47%
行业平均		12.17%			
制造业——造纸、印刷行业 C3					
603899	晨光文具	30.47%	002862	实丰文化	1.85%
002803	吉宏股份	27.61%	600836	界龙实业	-2.96%
603429	集友股份	24.95%	002565	顺灏股份	-6.13%
603165	荣晟环保	19.20%	600069	银鸽投资	-18.66%
002117	东港股份	18.67%	002348	高乐股份	-20.46%
行业平均		7.92%			
制造业——石油、化学、塑料、塑胶行业 C4					
000953	*ST 河化	475.03%	300325	德威新材	-17.75%
603360	百傲化学	38.96%	300478	杭州高新	-29.20%
002372	伟星新材	31.32%	002319	乐通股份	-36.72%
603983	丸美股份	30.21%	000792	*ST 盐湖	-72.21%
300725	药石科技	23.96%	600423	ST 柳化	-117.96%
行业平均		6.14%			
制造业——计算机、通信和其他电子设备制造业 C5					
002869	金溢科技	65.88%	603996	ST 中新	-58.69%
300782	卓胜微	49.71%	002681	奋达科技	-60.23%
603160	汇顶科技	46.42%	600734	实达集团	-61.31%
002161	远望谷	41.76%	600485	*ST 信威	-147.82%
002841	视源股份	37.83%	002188	*ST 巴士	-269.73%
行业平均		5.39%			
制造业——金属、非金属行业 C6					
000672	上峰水泥	54.02%	000890	法尔胜	-29.42%
600768	宁波富邦	44.62%	600255	梦舟股份	-32.28%
002032	苏泊尔	34.83%	002716	ST 金贵	-47.50%
600801	华新水泥	32.86%	300064	豫金刚石	-69.78%
600585	海螺水泥	31.80%	002501	*ST 利源	-122.78%
行业平均		8.21%			

续表

股票代码	公司简称	总资金回报率行业前五名	股票代码	公司简称	总资金回报率行业后五名
制造业——机械、设备、仪表行业 C7					
300417	南华仪器	55.12%	300090	盛运环保	-52.27%
300776	帝尔激光	39.31%	000980	众泰汽车	-54.47%
002677	浙江美大	37.03%	300278	华昌达	-55.02%
002901	大博医疗	34.64%	600290	ST 华仪	-63.67%
603868	飞科电器	34.58%	000927	一汽夏利	-87.41%
行业平均		6.97%			
制造业——医药、生物制品行业 C8					
300122	智飞生物	43.13%	002437	誉衡药业	-31.87%
002755	奥赛康	40.18%	000766	通化金马	-32.60%
000661	长春高新	35.19%	002219	恒康医疗	-33.01%
300702	天宇股份	33.51%	300108	吉药控股	-39.87%
603658	安图生物	32.84%	002370	亚太药业	-69.25%
行业平均		8.33%			
制造业——其他制造业 C9					
600612	老凤祥	18.92%	600891	*ST 秋林	-7.77%
600217	中再资环	15.58%	600086	东方金钰	-11.71%
688196	卓越新能	15.52%	600614	*ST 鹏起	-13.26%
603059	倍加洁	14.35%	600687	*ST 刚泰	-27.67%
603038	华立股份	9.78%	000820	*ST 节能	-189.60%
行业平均		2.23%			
电力、热力、燃气及水生产和供应业 D					
600167	联美控股	27.55%	000040	东旭蓝天	-0.60%
603053	成都燃气	18.27%	000669	金鸿控股	-10.84%
600995	文山电力	17.54%	002499	*ST 科林	-14.30%
600681	百川能源	17.26%	600856	ST 中天	-35.43%
603393	新天然气	17.13%	002259	*ST 升达	-46.45%
行业平均		6.46%			
建筑行业 E					
600846	同济科技	24.45%	002713	东易日盛	-11.47%
002963	豪尔赛	21.04%	002663	普邦股份	-14.56%
600512	腾达建设	15.92%	002586	ST 围海	-14.91%
002081	金螳螂	15.64%	002323	ST 百特	-17.55%
603359	东珠生态	15.05%	002504	弘高创意	-18.96%
行业平均		7.59%			

续表

股票代码	公司简称	总资金回报率 行业前五名	股票代码	公司简称	总资金回报率 行业后五名
批发和零售行业 F					
002867	周大生	28.01%	600241	时代万恒	-23.31%
000963	华东医药	25.31%	000409	ST 地矿	-24.38%
603233	大参林	23.86%	002640	跨境通	-28.35%
603214	爱婴室	22.19%	002264	新华都	-33.28%
002697	红旗连锁	21.86%	002356	*ST 赫美	-59.69%
行业平均		8.57%			
交通运输、仓储和邮政行业 G					
002120	韵达股份	26.67%	002077	大港股份	-5.31%
603871	嘉友国际	23.19%	603329	上海雅仕	-11.77%
600009	上海机场	23.07%	300013	新宁物流	-23.71%
002468	申通快递	19.65%	002711	*ST 欧浦	-26.05%
603967	中创物流	19.30%	600179	ST 安通	-51.81%
行业平均		8.64%			
信息传输、软件和信息技术服务业 I					
600289	*ST 信通	146.64%	002447	晨鑫科技	-50.11%
300552	万集科技	73.23%	000662	天夏智慧	-78.52%
603444	吉比特	35.79%	002113	ST 天润	-81.63%
002555	三七互娱	34.34%	600701	*ST 工新	-428.74%
300792	壹网壹创	34.19%	300104	乐视网	-665.31%
行业平均		2.65%			
房地产行业 K					
000048	康达尔	68.09%	000691	亚太实业	-3.73%
600173	卧龙地产	25.67%	600638	新黄浦	-4.61%
002016	世荣兆业	25.66%	600247	ST 成城	-10.28%
603506	南都物业	24.71%	002147	ST 新光	-46.60%
000011	深物业 A	24.38%	000803	金宇车城	-52.20%
行业平均		9.41%			
社会服务业（H、L、M、N、O、Q）					
601888	中国国旅	35.57%	002173	创新医疗	-28.95%
600763	通策医疗	30.96%	603959	百利科技	-30.18%
002127	南极电商	28.71%	002306	ST 云网	-41.17%
603127	昭衍新药	27.02%	000509	华塑控股	-126.39%
603776	永安行	26.61%	002210	*ST 飞马	-149.00%
行业平均		6.33%			

续表

股票代码	公司简称	总资金回报率 行业前五名	股票代码	公司简称	总资金回报率 行业后五名
传播与文化行业（P、R）					
002607	中公教育	41.82%	300338	开元股份	-23.98%
600052	浙江广厦	40.17%	002502	鼎龙文化	-24.73%
300788	中信出版	17.96%	002071	长城影视	-31.95%
603103	横店影视	17.94%	600576	祥源文化	-39.81%
603096	新经典	17.17%	000802	北京文化	-48.24%
行业平均		1.76%			
综合类行业 S					
600673	东阳光	18.56%	000833	粤桂股份	2.66%
600455	博通股份	14.83%	600805	悦达投资	1.97%
600603	广汇物流	12.85%	600175	美都能源	-6.12%
000532	华金资本	8.10%	000571	*ST 大洲	-16.25%
000551	创元科技	7.42%	600212	江泉实业	-49.75%
行业平均		5.55%			

附录 B　2019 年中国上市公司经营活动资金回报率排行榜

中国企业营运资金管理研究中心

股票代码	公司简称	经营活动资金回报率 行业前五名	股票代码	公司简称	经营活动资金回报率 行业后五名
农、林、牧、渔行业 A					
002458	益生股份	115.66%	002069	獐子岛	-10.10%
002234	民和股份	93.16%	600354	敦煌种业	-10.67%
002746	仙坛股份	64.03%	300313	天山生物	-13.05%
300761	立华股份	47.94%	002086	ST 东海洋	-25.33%
600371	万向德农	40.95%	300189	神农科技	-38.71%
行业平均		18.61%			
采矿业 B					
002207	ST 准油	45.28%	000762	西藏矿业	-8.35%
000603	盛达资源	33.32%	600121	郑州煤电	-8.75%
601225	陕西煤业	27.61%	600339	中油工程	-17.92%
603505	金石资源	26.85%	600311	荣华实业	-28.39%
600338	西藏珠峰	25.49%	002629	*ST 仁智	-45.50%
行业平均		9.48%			
制造业——食品、饮料行业 C0					
603288	海天味业	427.26%	600186	*ST 莲花	-39.93%
600519	贵州茅台	284.63%	002220	ST 天宝	-40.04%
002604	*ST 龙力	182.43%	600238	ST 椰岛	-40.36%
000858	五粮液	166.00%	000752	*ST 西发	-410.25%
603755	日辰股份	133.56%	000848	承德露露	-850.55%
行业平均		32.27%			

续表

股票代码	公司简称	经营活动资金回报率行业前五名	股票代码	公司简称	经营活动资金回报率行业后五名
制造业——纺织、服装、皮毛行业 C1					
603587	地素时尚	111.40%	603555	贵人鸟	-26.04%
600398	海澜之家	73.19%	002269	美邦服饰	-26.76%
300577	开润股份	55.11%	603157	拉夏贝尔	-48.02%
002832	比音勒芬	35.02%	000982	*ST 中绒	-52.11%
600735	新华锦	32.42%	002656	摩登大道	-71.96%
行业平均		5.62%			
制造业——木材、家具行业 C2					
300616	尚品宅配	49.13%	600321	ST 正源	2.01%
603180	金牌厨柜	47.64%	600978	宜华生活	1.44%
603610	麒盛科技	45.89%	002240	威华股份	0.40%
603208	江山欧派	40.80%	000663	永安林业	-6.07%
603816	顾家家居	36.82%	603389	亚振家居	-24.06%
行业平均		15.46%			
制造业——造纸、印刷行业 C3					
300756	中山金马	56.59%	002862	实丰文化	1.31%
603899	晨光文具	54.83%	600836	界龙实业	-5.19%
002803	吉宏股份	42.48%	002565	顺灏股份	-10.65%
002117	东港股份	36.61%	600069	银鸽投资	-15.82%
603429	集友股份	35.44%	002348	高乐股份	-22.73%
行业平均		9.56%			
制造业——石油、化学、塑料、塑胶行业 C4					
000953	*ST 河化	84.74%	000936	华西股份	-43.34%
603605	珀莱雅	58.75%	300478	杭州高新	-46.05%
002372	伟星新材	51.16%	000792	*ST 盐湖	-110.27%
300741	华宝股份	50.62%	600423	ST 柳化	-177.29%
002749	国光股份	47.27%	603983	丸美股份	-276.07%
行业平均		5.59%			
制造业——计算机、通信和其他电子设备制造业 C5					
688008	澜起科技	1176.63%	600677	航天通信	-86.61%
002841	视源股份	535.00%	002681	奋达科技	-87.33%
002869	金溢科技	260.03%	002188	*ST 巴士	-209.61%
300782	卓胜微	115.76%	688036	传音控股	-243.02%
688123	聚辰股份	105.66%	600485	*ST 信威	-293.15%
行业平均		5.89%			

续表

股票代码	公司简称	经营活动资金回报率行业前五名	股票代码	公司简称	经营活动资金回报率行业后五名
制造业——金属、非金属行业 C6					
603848	好太太	100.85%	600883	博闻科技	-53.33%
000672	上峰水泥	87.66%	002716	ST 金贵	-53.55%
600507	方大特钢	58.95%	000890	法尔胜	-79.60%
000055	方大集团	54.25%	300064	豫金刚石	-81.42%
002032	苏泊尔	50.66%	002501	*ST 利源	-174.89%
行业平均		9.31%			
制造业——机械、设备、仪表行业 C7					
300572	安车检测	842.06%	000410	*ST 沈机	-132.58%
600760	中航沈飞	224.76%	688015	交控科技	-140.55%
603489	八方股份	196.06%	000651	格力电器	-171.30%
002959	小熊电器	127.07%	600835	上海机电	-194.75%
300776	帝尔激光	118.29%	000927	一汽夏利	-1323.50%
行业平均		6.63%			
制造业——医药、生物制品行业 C8					
002755	奥赛康	86.65%	600227	圣济堂	-30.52%
600436	片仔廣	60.55%	002370	亚太药业	-37.15%
688399	硕世生物	58.49%	000766	通化金马	-37.26%
300357	我武生物	58.14%	002437	誉衡药业	-42.37%
000661	长春高新	57.52%	300108	吉药控股	-42.76%
行业平均		9.76%			
制造业——其他制造业 C9					
688196	卓越新能	35.94%	600086	东方金钰	-12.81%
600612	老凤祥	27.56%	600614	*ST 鹏起	-13.77%
603059	倍加洁	19.65%	600817	ST 宏盛	-23.73%
600217	中再资环	18.92%	600687	*ST 刚泰	-27.91%
300722	新余国科	12.67%	000820	*ST 节能	-201.35%
行业平均		2.10%			
电力、热力、燃气及水生产和供应业 D					
600167	联美控股	94.81%	600187	国中水务	-2.34%
603053	成都燃气	34.36%	000669	金鸿控股	-11.34%
603393	新天然气	24.51%	002499	*ST 科林	-16.92%
600149	ST 坊展	21.77%	600856	ST 中天	-37.46%
600681	百川能源	20.87%	002259	*ST 升达	-49.81%
行业平均		6.30%			

续表

股票代码	公司简称	经营活动资金回报率行业前五名	股票代码	公司简称	经营活动资金回报率行业后五名
建筑行业 E					
600846	同济科技	97.28%	002504	弘高创意	-20.03%
002963	豪尔赛	46.39%	002586	ST 围海	-21.72%
000928	中钢国际	36.08%	002830	名雕股份	-22.85%
600170	上海建工	35.30%	002713	东易日盛	-54.42%
000065	北方国际	28.76%	000628	高新发展	-385.29%
行业平均		10.83%			
批发和零售行业 F					
002419	天虹股份	495.61%	002264	新华都	-45.58%
000626	远大控股	173.26%	600083	博信股份	-62.75%
600729	重庆百货	124.54%	600821	津劝业	-79.81%
600738	兰州民百	96.83%	002356	*ST 赫美	-96.45%
000785	居然之家	68.28%	600814	杭州解百	-572.02%
行业平均		9.73%			
交通运输、仓储和邮政行业 G					
603871	嘉友国际	45.10%	002711	*ST 欧浦	-11.15%
002120	韵达股份	44.74%	002077	大港股份	-14.38%
002468	申通快递	33.90%	603329	上海雅仕	-21.22%
603967	中创物流	33.14%	300013	新宁物流	-27.48%
600009	上海机场	30.49%	600179	ST 安通	-55.29%
行业平均		8.57%			
信息传输、软件和信息技术服务业 I					
300768	迪普科技	776.54%	002113	ST 天润	-88.34%
300104	乐视网	557.55%	688088	虹软科技	-305.35%
600556	ST 慧球	262.73%	600289	*ST 信通	-553.46%
300579	数字认证	213.78%	600701	*ST 工新	-1131.35%
600570	恒生电子	201.30%	300033	同花顺	-1155.80%
行业平均		0.81%			
房地产行业 K					
000048	康达尔	1260.95%	000631	顺发恒业	-81.89%
000011	深物业 A	164.06%	002147	ST 新光	-82.61%
002968	新大正	128.87%	000803	金宇车城	-131.69%
000036	华联控股	108.60%	600173	卧龙地产	-132.69%
000029	深深房 A	97.81%	601155	新城控股	-276.90%
行业平均		13.37%			

续表

股票代码	公司简称	经营活动资金回报率行业前五名	股票代码	公司简称	经营活动资金回报率行业后五名
社会服务业（H、L、M、N、O、Q）					
300795	米奥兰特	408.43%	002306	ST 云网	-63.12%
300778	新城市	224.16%	300736	百邦科技	-78.79%
300564	筑博设计	144.64%	002210	*ST 飞马	-231.36%
000779	甘咨询	139.05%	002344	海宁皮城	-593.67%
603637	镇海股份	123.57%	000509	华塑控股	-1286.91%
行业平均		7.59%			
传播与文化行业（P、R）					
300788	中信出版	196.36%	002071	长城影视	-32.77%
002607	中公教育	186.05%	300336	新文化	-36.58%
601098	中南传媒	124.72%	600576	祥源文化	-45.27%
601858	中国科传	104.96%	300027	华谊兄弟	-52.09%
603466	风语筑	51.92%	000802	北京文化	-55.34%
行业平均		-0.64%			
综合类行业 S					
600455	博通股份	258899.77%	600770	综艺股份	-4.01%
600603	广汇物流	233.12%	600805	悦达投资	-4.23%
600673	东阳光	22.05%	600175	美都能源	-6.91%
000551	创元科技	10.42%	000571	*ST 大洲	-12.42%
000532	华金资本	10.09%	600212	江泉实业	-37.02%
行业平均		7.10%			

附录 C 2019 年中国上市公司总资金周转率排行榜

中国企业营运资金管理研究中心

股票代码	公司简称	总资金周转率 行业前五名	股票代码	公司简称	总资金周转率 行业后五名
农、林、牧、渔行业 A					
002746	仙坛股份	2.71%	000998	隆平高科	0.26%
300087	荃银高科	2.69%	600467	好当家	0.26%
300761	立华股份	2.33%	002086	ST 东海洋	0.14%
600313	农发种业	2.18%	600506	香梨股份	0.09%
002041	登海种业	2.09%	002679	福建金森	0.08%
行业平均		1.16%			
采矿业 B					
600711	盛屯矿业	3.81%	600777	新潮能源	0.28%
600028	中国石化	3.07%	600759	洲际油气	0.26%
600547	山东黄金	3.04%	600157	永泰能源	0.25%
600339	中油工程	2.84%	000611	*ST 天首	0.21%
002155	湖南黄金	2.36%	000426	兴业矿业	0.15%
行业平均		1.56%			
制造业——食品、饮料行业 C0					
002726	龙大肉食	5.16%	600191	华资实业	0.14%
600811	东方集团	3.84%	600275	ST 昌鱼	0.12%
000895	双汇发展	3.81%	600084	*ST 中葡	0.11%
002311	海大集团	3.80%	002220	ST 天宝	0.07%
002840	华统股份	3.72%	002604	*ST 龙力	-9.24%
行业平均		1.60%			
制造业——纺织、服装、皮毛行业 C1					
002394	联发股份	3.84%	002144	宏达高科	0.49%
603877	太平鸟	3.56%	000850	华茂股份	0.45%
300577	开润股份	3.40%	600439	瑞贝卡	0.43%
600689	上海三毛	3.27%	002494	华斯股份	0.34%
603908	牧高笛	2.90%	000982	*ST 中绒	0.33%
行业平均		1.22%			

续表

股票代码	公司简称	总资金周转率行业前五名	股票代码	公司简称	总资金周转率行业后五名
制造业——木材、家具行业 C2					
300616	尚品宅配	6.02%	002240	威华股份	0.62%
603600	永艺股份	4.40%	600076	康欣新材	0.55%
603326	我乐家居	3.37%	600321	ST 正源	0.47%
603180	金牌厨柜	3.35%	600978	宜华生活	0.40%
603709	中源家居	3.31%	000663	永安林业	0.23%
行业平均		1.58%			
制造业——造纸、印刷行业 C3					
603899	晨光文具	2.18%	002292	奥飞娱乐	0.52%
002117	东港股份	2.12%	002348	高乐股份	0.51%
002951	金时科技	2.12%	000488	晨鸣纸业	0.50%
300703	创源文化	1.91%	000812	陕西金叶	0.45%
002228	合兴包装	1.87%	600963	岳阳林纸	0.45%
行业平均		0.90%			
制造业——石油、化学、塑料、塑胶行业 C4					
000637	茂化实华	7.79%	600165	新日恒力	0.21%
600725	ST 云维	6.12%	000408	藏格控股	0.20%
000985	大庆华科	3.94%	002256	兆新股份	0.17%
000523	广州浪奇	3.79%	600091	ST 明科	0.10%
600688	上海石化	3.67%	000953	*ST 河化	-20.26%
行业平均		1.08%			
制造业——计算机、通信和其他电子设备制造业 C5					
000977	浪潮信息	9.29%	600485	*ST 信威	0.11%
002475	立讯精密	5.45%	000670	*ST 盈方	0.08%
688036	传音控股	5.25%	300028	金亚科技	0.07%
300628	亿联网络	4.64%	600074	*ST 保千	0.03%
601231	环旭电子	4.28%	002188	*ST 巴士	-0.37%
行业平均		1.31%			
制造业——金属、非金属行业 C6					
600206	有研新材	7.11%	600783	鲁信创投	0.25%
603995	甬金股份	6.14%	002167	东方锆业	0.22%
600459	贵研铂业	4.30%	002466	天齐锂业	0.18%
600768	宁波富邦	3.82%	300700	岱勒新材	0.08%
002075	沙钢股份	3.80%	002501	*ST 利源	0.05%
行业平均		1.24%			

续表

股票代码	公司简称	总资金周转率 行业前五名	股票代码	公司简称	总资金周转率 行业后五名
制造业——机械、设备、仪表行业 C7					
002177	御银股份	16.73%	000633	合金投资	0.10%
000049	德赛电池	6.74%	300116	坚瑞沃能	0.06%
002959	小熊电器	4.95%	300216	千山药机	0.04%
300772	运达股份	4.34%	300029	天龙光电	0.04%
603129	春风动力	4.16%	000760	*ST 斯太	0.02%
行业平均		1.31%			
制造业——医药、生物制品行业 C8					
600329	中新药业	13.55%	002370	亚太药业	0.28%
000650	仁和药业	3.87%	600518	ST 康美	0.25%
002102	ST 冠福	3.62%	002252	上海莱士	0.24%
002750	龙津药业	3.24%	300199	翰宇药业	0.20%
603676	卫信康	2.74%	002118	紫鑫药业	0.10%
行业平均		1.02%			
制造业——其他制造业 C9					
600612	老凤祥	425.32%	600614	*ST 鹏起	30.41%
603059	倍加洁	172.91%	600008	首创股份	26.07%
603038	华立股份	163.81%	600687	*ST 刚泰	25.14%
002098	浔兴股份	133.49%	000820	*ST 节能	2.15%
002345	潮宏基	133.36%	600086	东方金钰	0.77%
行业平均		0.85%			
电力、热力、燃气及水生产和供应业 D					
603706	东方环宇	4.65%	000791	甘肃电投	0.13%
600310	桂东电力	2.62%	600674	川投能源	0.12%
000155	川能动力	2.22%	000862	银星能源	0.12%
002911	佛燃股份	1.88%	601016	节能风电	0.11%
600917	重庆燃气	1.72%	601619	嘉泽新能	0.09%
行业平均		0.43%			
建筑行业 E					
002713	东易日盛	5.12%	002310	东方园林	0.28%
002761	多喜爱	3.11%	002374	丽鹏股份	0.27%
002830	名雕股份	3.01%	300055	万邦达	0.24%
601789	宁波建工	2.71%	000711	京蓝科技	0.23%
002081	金螳螂	2.45%	002323	ST 百特	0.14%
行业平均		1.41%			

续表

股票代码	公司简称	总资金周转率行业前五名	股票代码	公司简称	总资金周转率行业后五名
批发和零售行业 F					
000626	远大控股	24.35%	600082	海泰发展	0.28%
000701	厦门信达	13.49%	000996	中国中期	0.23%
000829	天音控股	10.27%	000159	国际实业	0.22%
600822	上海物贸	9.59%	600821	津劝业	0.17%
002416	爱施德	9.34%	600838	上海九百	0.13%
行业平均		2.91%			
交通运输、仓储和邮政行业 G					
603056	德邦股份	9.87%	000557	西部创业	0.16%
603871	嘉友国际	6.89%	001965	招商公路	0.15%
603223	恒通股份	6.26%	000755	山西路桥	0.13%
603167	渤海轮渡	4.82%	600620	天宸股份	0.08%
002120	韵达股份	4.18%	002711	*ST 欧浦	-1.06%
行业平均		0.75%			
信息传输、软件和信息技术服务业 I					
300226	上海钢联	34.15%	600892	大晟文化	0.13%
603613	国联股份	6.36%	300799	左江科技	0.13%
603039	泛微网络	5.42%	000662	天夏智慧	0.10%
603825	华扬联众	3.98%	000835	长城动漫	0.07%
603533	掌阅科技	3.62%	002359	*ST 北讯	0.06%
行业平均		1.00%			
房地产行业 K					
000048	康达尔	4.00%	000502	绿景控股	0.10%
000560	我爱我家	3.96%	600649	城投控股	0.09%
000517	荣安地产	3.40%	000965	天保基建	0.08%
603506	南都物业	3.27%	600247	ST 成城	0.08%
002016	世荣兆业	3.01%	600604	市北高新	0.06%
行业平均		0.79%			
社会服务业（H、L、M、N、O、Q）					
000906	浙商中拓	12.82%	300495	美尚生态	0.15%
002889	东方嘉盛	8.14%	000809	铁岭新城	0.09%
600057	厦门象屿	7.97%	002210	*ST 飞马	0.08%
002949	华阳国际	5.21%	600896	览海投资	0.07%
300736	百邦科技	5.18%	600555	海航创新	0.02%
行业平均		1.04%			

续表

股票代码	公司简称	总资金周转率 行业前五名	股票代码	公司简称	总资金周转率 行业后五名
传播与文化行业（P、R）					
002607	中公教育	6.89%	300182	捷成股份	0.26%
300640	德艺文创	3.45%	002659	凯文教育	0.26%
300788	中信出版	2.80%	600715	文投控股	0.25%
603103	横店影视	2.63%	000673	当代东方	0.22%
600661	昂立教育	2.63%	600880	博瑞传播	0.17%
行业平均		0.99%			
综合类行业 S					
000833	粤桂股份	1.49%	600175	美都能源	0.50%
600200	江苏吴中	1.19%	600805	悦达投资	0.45%
600603	广汇物流	1.13%	600770	综艺股份	0.29%
000551	创元科技	1.00%	000532	华金资本	0.25%
600455	博通股份	0.89%	600212	江泉实业	0.23%
行业平均		0.68%			

附录D 2019年中国上市公司经营活动资金周转率排行榜

中国企业营运资金管理研究中心

股票代码	公司简称	经营活动资金周转率行业前五名	股票代码	公司简称	经营活动资金周转率行业后五名
农、林、牧、渔行业 A					
600371	万向德农	2.61%	600467	好当家	0.30%
002746	仙坛股份	2.51%	002086	ST 东海洋	0.16%
300761	立华股份	2.49%	300189	神农科技	0.16%
300087	荃银高科	2.40%	600506	香梨股份	0.14%
600313	农发种业	2.14%	002679	福建金森	0.09%
行业平均		1.20%			
采矿业 B					
600711	盛屯矿业	4.66%	000426	兴业矿业	0.14%
600028	中国石化	4.07%	300191	潜能恒信	0.12%
600532	宏达矿业	3.10%	000611	*ST 天首	0.11%
600547	山东黄金	2.50%	002629	*ST 仁智	-3.62%
600871	石化油服	2.35%	600339	中油工程	-11.77%
行业平均		1.87%			
制造业——食品、饮料行业 C0					
603288	海天味业	17.28%	000893	东凌国际	0.13%
000529	广弘控股	12.13%	600084	*ST 中葡	0.12%
603886	元祖股份	7.24%	002220	ST 天宝	0.07%
600186	*ST 莲花	7.06%	002604	*ST 龙力	-4.96%
600600	青岛啤酒	6.91%	000848	承德露露	-36.48%
行业平均		2.31%			

续表

股票代码	公司简称	经营活动资金周转率行业前五名	股票代码	公司简称	经营活动资金周转率行业后五名
制造业——纺织、服装、皮毛行业 C1					
600689	上海三毛	39.29%	600146	商赢环球	0.47%
300577	开润股份	5.68%	002516	旷达科技	0.41%
600398	海澜之家	4.46%	002494	华斯股份	0.40%
603587	地素时尚	4.12%	002193	如意集团	0.29%
600735	新华锦	3.24%	000982	*ST 中绒	0.22%
行业平均		1.36%			
制造业——木材、家具行业 C2					
300616	尚品宅配	7.28%	002240	威华股份	0.68%
603180	金牌厨柜	4.64%	600076	康欣新材	0.58%
603816	顾家家居	3.34%	600321	ST 正源	0.48%
603709	中源家居	3.17%	600978	宜华生活	0.44%
603600	永艺股份	3.15%	000663	永安林业	0.24%
行业平均		1.56%			
制造业——造纸、印刷行业 C3					
603899	晨光文具	5.65%	002348	高乐股份	0.53%
002301	齐心集团	5.47%	603058	永吉股份	0.48%
300756	中山金马	3.41%	600963	岳阳林纸	0.45%
002803	吉宏股份	3.34%	000576	广东甘化	0.43%
002117	东港股份	2.53%	000815	美利云	0.40%
行业平均		1.04%			
制造业——石油、化学、塑料、塑胶行业 C4					
000936	华西股份	52.03%	600226	瀚叶股份	0.19%
600688	上海石化	7.69%	600165	新日恒力	0.14%
000819	岳阳兴长	6.68%	600091	ST 明科	0.13%
600725	ST 云维	6.64%	000953	*ST 河化	-3.61%
000985	大庆华科	5.75%	603983	丸美股份	-10.56%
行业平均		1.22%			
制造业——计算机、通信和其他电子设备制造业 C5					
002841	视源股份	61.11%	000068	华控赛格	0.11%
688008	澜起科技	29.86%	000670	*ST 盈方	0.08%
601138	工业富联	9.92%	600074	*ST 保千	0.05%
002869	金溢科技	9.09%	002188	*ST 巴士	-0.29%
000977	浪潮信息	8.58%	688036	传音控股	-33.02%
行业平均		1.57%			

续表

股票代码	公司简称	经营活动资金周转率行业前五名	股票代码	公司简称	经营活动资金周转率行业后五名
制造业——金属、非金属行业 C6					
600768	宁波富邦	9.92%	002297	博云新材	0.15%
603995	甬金股份	8.28%	600783	鲁信创投	0.15%
002203	海亮股份	5.39%	600615	丰华股份	0.14%
601003	柳钢股份	5.30%	300700	岱勒新材	0.11%
603848	好太太	5.29%	002501	*ST 利源	0.06%
行业平均		1.46%			
制造业——机械、设备、仪表行业 C7					
600760	中航沈飞	46.03%	000651	格力电器	-12.16%
300572	安车检测	43.05%	600967	内蒙一机	-14.42%
603129	春风动力	14.03%	688015	交控科技	-22.72%
000550	江铃汽车	13.54%	000880	潍柴重机	-24.87%
600875	东方电气	13.03%	600835	上海机电	-32.76%
行业平均		1.72%			
制造业——医药、生物制品行业 C8					
600332	白云山	5.22%	600381	青海春天	0.26%
002940	昂利康	4.98%	300199	翰宇药业	0.26%
002755	奥赛康	4.76%	688321	微芯生物	0.22%
002102	ST 冠福	4.48%	000004	国农科技	0.17%
600385	*ST 金泰	4.08%	002118	紫鑫药业	0.09%
行业平均		1.07%			
制造业——其他制造业 C9					
600612	老凤祥	591.39%	600008	首创股份	28.21%
688196	卓越新能	265.47%	600687	*ST 刚泰	24.92%
002574	明牌珠宝	196.41%	000820	*ST 节能	2.29%
603059	倍加洁	154.03%	600086	东方金钰	0.84%
603038	华立股份	132.41%	600817	ST 宏盛	-302.25%
行业平均		0.94%			
电力、热力、燃气及水生产和供应业 D					
603053	成都燃气	3.64%	000791	甘肃电投	0.14%
600310	桂东电力	3.37%	000591	太阳能	0.12%
600917	重庆燃气	3.17%	000862	银星能源	0.12%
002911	佛燃股份	2.16%	601016	节能风电	0.12%
000407	胜利股份	2.00%	601619	嘉泽新能	0.09%
行业平均		0.44%			

续表

股票代码	公司简称	经营活动资金周转率行业前五名	股票代码	公司简称	经营活动资金周转率行业后五名
建筑行业 E					
600170	上海建工	11.94%	300055	万邦达	0.23%
002713	东易日盛	8.95%	600209	ST 罗顿	0.22%
601117	中国化学	5.75%	002323	ST 百特	0.14%
002761	多喜爱	4.90%	002830	名雕股份	-13.55%
600846	同济科技	4.45%	000628	高新发展	-70.11%
行业平均		2.37%			
批发和零售行业 F					
000626	远大控股	571.57%	000587	金洲慈航	0.13%
002419	天虹股份	112.35%	600647	同达创业	-0.58%
600729	重庆百货	51.96%	000996	中国中期	-2.71%
600180	瑞茂通	35.77%	600361	华联综超	-16.57%
000829	天音控股	33.28%	600814	杭州解百	-78.20%
行业平均		4.77%			
交通运输、仓储和邮政行业 G					
603056	德邦股份	10.26%	000755	山西路桥	0.14%
603223	恒通股份	7.86%	000886	海南高速	0.14%
603967	中创物流	6.70%	600106	重庆路桥	0.14%
603871	嘉友国际	6.27%	600620	天宸股份	0.05%
600787	中储股份	5.25%	002711	*ST 欧浦	-0.36%
行业平均		0.89%			
信息传输、软件和信息技术服务业 I					
300226	上海钢联	40.72%	002401	中远海科	-7.46%
300768	迪普科技	38.75%	688088	虹软科技	-8.48%
601519	大智慧	32.99%	603927	中科软	-9.16%
603613	国联股份	26.33%	603533	掌阅科技	-20.06%
300579	数字认证	18.17%	300033	同花顺	-31.70%
行业平均		1.25%			
房地产行业 K					
000048	康达尔	83.20%	600247	ST 成城	-0.03%
002968	新大正	11.37%	000631	顺发恒业	-1.50%
000011	深物业 A	7.61%	600064	南京高科	-8.75%
603506	南都物业	6.80%	600173	卧龙地产	-9.27%
000517	荣安地产	5.61%	601155	新城控股	-35.27%
行业平均		1.26%			

续表

股票代码	公司简称	经营活动资金周转率行业前五名	股票代码	公司简称	经营活动资金周转率行业后五名
社会服务业（H、L、M、N、O、Q）					
603637	镇海股份	37.40%	600790	轻纺城	-0.32%
002769	普路通	30.43%	600234	*ST 山水	-0.72%
002116	中国海诚	27.93%	601828	美凯龙	-1.53%
300795	米奥兰特	22.62%	000585	ST 东电	-2.99%
000524	岭南控股	20.83%	002344	海宁皮城	-41.88%
行业平均		1.38%			
传播与文化行业（P、R）					
600661	昂立教育	126.29%	000665	湖北广电	0.30%
300788	中信出版	19.65%	300182	捷成股份	0.30%
601098	中南传媒	12.56%	600880	博瑞传播	0.29%
601858	中国科传	9.35%	000673	当代东方	0.22%
002607	中公教育	9.33%	600730	中国高科	0.19%
行业平均		1.17%			
综合类行业 S					
600455	博通股份	16568.83%	000009	中国宝安	0.70%
600603	广汇物流	11.54%	600175	美都能源	0.60%
000833	粤桂股份	1.81%	000532	华金资本	0.42%
000551	创元科技	1.57%	600212	江泉实业	0.31%
600200	江苏吴中	1.41%	600770	综艺股份	0.22%
行业平均		0.93%			

附录E 2019年中国上市公司经营活动营运资金管理绩效排行榜（按渠道）

中国企业营运资金管理研究中心

股票代码	公司简称	采购渠道营运资金周转期	生产渠道营运资金周转期	营销渠道营运资金周转期	经营活动营运资金周转期（按渠道）
农、林、牧、渔行业 A					
300313	天山生物	-18.32	-872.54	-39.60	-930.46
600371	万向德农	69.36	-2.48	-160.91	-94.03
002714	牧原股份	-69.90	49.90	-14.44	-34.44
300511	雪榕生物	-13.14	-5.18	8.89	-9.43
002458	益生股份	-10.88	0.27	6.35	-4.27
300189	神农科技	31.32	53.91	607.05	692.28
000592	平潭发展	-13.31	791.25	112.28	890.22
600506	香梨股份	56.56	679.94	188.55	925.05
002086	ST东海洋	-46.86	947.43	342.48	1243.04
002679	福建金森	116.84	3562.54	106.39	3785.77
行业平均		-11.93	29.87	55.80	73.74
采矿业 B					
000611	*ST天首	-76.59	-7059.01	490.68	-6644.93
002629	*ST仁智	-686.09	2.86	247.96	-435.27
300483	沃施股份	-127.01	-177.85	29.63	-275.23
601699	潞安环能	-244.27	-109.96	117.56	-236.66
600121	郑州煤电	-419.35	-101.98	288.95	-232.38
600714	金瑞矿业	102.67	-32.02	299.87	370.52
000506	中润资源	-107.86	517.15	-6.95	402.34
300084	海默科技	-37.04	-12.85	566.90	517.00
300191	潜能恒信	-197.38	-16.21	781.50	567.92
600766	园城黄金	-324.95	-382.90	1312.10	604.25
行业平均		-25.11	-6.52	15.93	-15.71

续表

股票代码	公司简称	采购渠道营运资金周转期	生产渠道营运资金周转期	营销渠道营运资金周转期	经营活动营运资金周转期（按渠道）
制造业——食品、饮料行业 C0					
002604	＊ST 龙力	-101.61	-2011.15	238.31	-1874.45
000995	＊ST 皇台	-48.54	-231.78	-15.19	-295.50
600275	ST 昌鱼	1.03	-51.17	-221.85	-271.99
002910	庄园牧场	-114.46	-14.30	4.09	-124.67
600186	＊ST 莲花	-35.81	-223.69	147.65	-111.86
600811	东方集团	-17.60	395.86	90.60	468.87
600191	华资实业	126.67	275.93	462.39	864.98
002515	金字火腿	156.84	867.15	80.31	1104.29
600084	＊ST 中葡	137.62	1980.81	271.48	2389.91
002220	ST 天宝	824.37	-28.93	1611.66	2407.09
行业平均		-8.73	12.92	23.01	27.19
制造业——纺织、服装、皮毛行业 C1					
603238	诺邦股份	-87.91	-14.64	78.79	-23.76
600398	海澜之家	-117.95	-29.70	139.12	-8.53
600689	上海三毛	21.45	-7.03	-15.02	-0.60
603587	地素时尚	-8.18	2.74	11.19	5.75
300577	开润股份	-69.16	-7.97	104.84	27.71
002740	爱迪尔	5.34	1.18	420.47	426.99
002494	华斯股份	61.26	191.38	179.49	432.13
002193	如意集团	-41.05	35.16	464.90	459.01
600439	瑞贝卡	263.83	120.64	277.39	661.86
000982	＊ST 中绒	55.67	-14.59	629.62	670.69
行业平均		-22.98	4.56	145.43	127.01
制造业——木材、家具行业 C2					
603180	金牌厨柜	-61.34	-11.85	-1.33	-74.52
300616	尚品宅配	-20.33	-7.24	-14.89	-42.45
603816	顾家家居	-19.52	-25.46	24.40	-20.57
603833	欧派家居	-7.25	-20.27	12.98	-14.54
2572	索菲亚	-21.77	-11.72	19.27	-14.21
603326	我乐家居	-35.24	-26.68	53.27	-8.65
603226	菲林格尔	3.70	-28.82	22.79	-2.33
603801	志邦家居	-33.58	-18.23	51.26	-0.55
603208	江山欧派	-99.99	-18.23	118.87	0.65
603898	好莱客	-30.87	-13.08	58.31	14.36
行业平均		-24.37	5.22	72.03	52.88

续表

股票代码	公司简称	采购渠道营运资金周转期	生产渠道营运资金周转期	营销渠道营运资金周转期	经营活动营运资金周转期（按渠道）
制造业——造纸、印刷行业 C3					
600793	宜宾纸业	-52.96	-53.06	58.34	-47.68
300756	中山金马	46.81	149.12	-231.33	-35.39
002117	东港股份	-66.99	-4.94	44.92	-27.01
002836	新宏泽	-67.67	-31.85	88.10	-11.42
603429	集友股份	-149.01	-0.09	144.86	-4.24
600356	恒丰纸业	56.96	-2.87	155.39	209.48
002012	凯恩股份	14.98	-11.29	242.02	245.71
002348	高乐股份	20.61	1.61	227.21	249.43
002521	齐峰新材	-10.64	-3.14	275.35	261.57
600963	岳阳林纸	-23.15	257.46	86.21	320.51
行业平均		-38.89	11.94	113.33	86.38
制造业——石油、化学、塑料、塑胶行业 C4					
000953	*ST 河化	-15.29	-1067.30	45.62	-1036.96
600740	山西焦化	-241.18	-23.46	41.70	-222.94
000420	吉林化纤	-167.76	-36.72	66.46	-138.02
600277	亿利洁能	-144.50	-16.99	34.00	-127.49
603983	丸美股份	-41.90	-32.40	-24.19	-98.49
002591	恒大高新	18.02	35.63	394.95	448.59
600165	新日恒力	-200.17	-131.17	801.16	469.83
300530	达志科技	10.12	-18.02	522.48	514.57
600226	瀚叶股份	78.49	253.04	227.83	559.36
600091	ST 明科	-102.42	29.15	5805.62	5732.34
行业平均		-36.43	6.20	75.63	45.39
制造业——计算机、通信和其他电子设备制造业 C5					
002387	维信诺	-524.19	81.07	-62.60	-505.71
000068	华控赛格	-1100.52	33.23	835.66	-231.63
600707	彩虹股份	-292.90	13.59	137.28	-142.04
000727	华东科技	-103.72	10.57	34.01	-59.14
300708	聚灿光电	-263.02	-45.84	276.65	-32.22
300028	金亚科技	-1207.92	-370.30	4031.23	2453.01
300367	东方网力	-287.31	-30.17	3281.89	2964.41
600074	*ST 保千	-694.97	1195.83	4590.52	5091.38
600485	*ST 信威	-142.36	-1271.21	7393.35	5979.78
000670	*ST 盈方	-3121.38	-886.86	18350.47	14342.24
行业平均		-62.91	-6.99	137.51	67.60

续表

股票代码	公司简称	采购渠道营运资金周转期	生产渠道营运资金周转期	营销渠道营运资金周转期	经营活动营运资金周转期（按渠道）
制造业——金属、非金属行业 C6					
300089	文化长城	-38.70	-775.29	513.12	-300.87
600595	*ST 中孚	-296.80	61.85	2.45	-232.50
000933	神火股份	-210.11	13.43	21.42	-175.26
600010	包钢股份	-156.33	-9.02	46.54	-118.81
600331	宏达股份	11.00	-152.93	34.98	-106.95
600783	鲁信创投	-4.19	-83.68	738.84	650.97
002297	博云新材	-64.23	211.25	616.37	763.38
300345	红宇新材	37.50	157.35	613.03	807.88
300064	豫金刚石	-92.05	283.67	824.82	1016.44
600615	丰华股份	-32.90	1213.28	337.09	1517.47
行业平均		-36.23	17.70	50.99	32.45
制造业——机械、设备、仪表行业 C7					
000927	一汽夏利	-443.86	-854.85	555.44	-743.27
600520	文一科技	-551.90	65.31	203.35	-283.25
600421	*ST 仰帆	-6.15	-388.12	112.40	-281.87
300772	运达股份	-295.82	12.92	75.07	-207.82
000880	潍柴重机	-244.18	-22.76	60.31	-206.63
300116	坚瑞沃能	-2072.01	210.09	3861.05	1999.13
002366	台海核电	-38.95	117.60	2070.30	2148.95
300216	千山药机	-91.70	1099.96	2541.175994	3549.44
300029	天龙光电	829.01	837.46	6188.04	7854.51
000760	*ST 斯太	2186.08	78315764.22	3729.31	8813.32
行业平均		-93.89	7.69	138.81	52.60
制造业——医药、生物制品行业 C8					
600385	*ST 金泰	0.80	-492.35	241.22	-250.33
603718	海利生物	-8.70	-639.10	465.93	-181.87
002653	海思科	-48.33	-18.45	20.75	-46.03
300436	广生堂	-24.41	-69.47	65.02	-28.87
688399	硕世生物	-20.80	-36.75	31.06	-26.49
002566	益盛药业	505.08	48.42	136.38	689.88
600568	中珠医疗	-57.10	633.68	393.16	969.74
600518	ST 康美	-73.88	396.25	871.24	1193.60
600381	青海春天	858.02	4.83	709.78	1572.64
002118	紫鑫药业	153.18	1945.96	904.73	3003.88
行业平均		-22.03	-4.19	147.81	121.59

续表

股票代码	公司简称	采购渠道营运资金周转期	生产渠道营运资金周转期	营销渠道营运资金周转期	经营活动营运资金周转期（按渠道）
制造业——其他制造业 C9					
600008	首创股份	-172.36	0.04	67.79	-104.53
600817	ST 宏盛	-91.44	-91.65	153.75	-29.34
300779	惠城环保	-79.48	-50.73	143.47	13.26
603038	华立股份	-28.93	-10.47	98.28	58.87
688196	卓越新能	18.08	21.35	23.01	62.44
600614	*ST 鹏起	66.74	321.92	135.73	524.38
600687	*ST 刚泰	717.25	-31.78	2030.20	2715.67
600891	*ST 秋林	-113.24	3907.49	387.52	4181.77
000820	*ST 节能	458.55	6342.10	17594.60	24395.24
600086	东方金钰	822.83	-15063.57	61431.18	47190.44
行业平均		-6.22	14.99	158.38	167.15
电力、热力、燃气及水生产和供应业 D					
600452	涪陵电力	-232.26	-22.94	-2.90	-258.10
601199	江南水务	-170.06	-28.68	-35.41	-234.14
600674	川投能源	-49.72	-83.46	-84.68	-217.87
601368	绿城水务	-33.46	-194.71	17.45	-210.72
600900	长江电力	1.52	-144.48	-41.90	-184.87
000862	银星能源	-29.99	7.14	414.18	391.32
600856	ST 中天	19.50	178.06	248.71	446.27
002259	*ST 升达	-1.75	287.22	178.43	463.89
000993	闽东电力	-54.75	373.62	185.26	504.12
002499	*ST 科林	-1835.22	1678.04	4926.78	4769.60
行业平均		-35.49	-20.30	34.19	-21.61
建筑行业 E					
600769	祥龙电业	-641.87	-174.18	398.37	-417.69
002830	名雕股份	-8.40	-13.17	-111.23	-132.79
002205	国统股份	-274.92	-29.19	208.40	-95.71
002713	东易日盛	-54.15	-26.09	-13.82	-94.06
601800	中国交建	-148.69	14.34	72.58	-61.77
000711	京蓝科技	-294.77	2.83	917.93	625.99
002431	棕榈股份	-522.67	216.09	945.74	639.17
002504	弘高创意	-1096.64	-53.70	1795.65	645.30
603778	乾景园林	-163.47	-19.36	852.58	669.74
002323	ST 百特	-1004.68	-474.25	5259.79	3780.86
行业平均		-128.26	59.18	82.58	13.50

续表

股票代码	公司简称	采购渠道营运资金周转期	生产渠道营运资金周转期	营销渠道营运资金周转期	经营活动营运资金周转期（按渠道）
批发和零售行业 F					
600821	津劝业	-406.66	-1999.44	162.60	-2243.50
600647	同达创业	732.22	-2101.42	-281.63	-1650.83
000785	居然之家	27.02	-142.68	-59.92	-175.58
600306	商业城	-72.39	-77.10	-4.46	-153.95
600774	汉商集团	-55.35	-69.86	-12.62	-137.83
000159	国际实业	140.88	334.62	188.99	664.50
600122	宏图高科	380.89	167.18	118.77	666.84
000679	大连友谊	516.47	-203.19	482.68	795.96
600696	ST岩石	-15.36	244.90	807.60	1037.14
600082	海泰发展	601.99	72.53	595.99	1270.52
行业平均		-18.46	12.91	34.21	28.67
交通运输、仓储和邮政行业 G					
000755	山西路桥	-157.06	-683.99	19.91	-821.14
000828	东莞控股	-37.23	-163.72	-112.62	-313.58
600004	白云机场	-24.19	-283.06	3.43	-303.82
000885	城发环境	-161.49	-20.40	-19.98	-201.87
000088	盐田港	-246.49	-0.01	49.26	-197.24
002077	大港股份	-222.39	394.23	672.59	844.44
600106	重庆路桥	-9.53	815.53	150.95	956.95
002711	*ST欧浦	60.20	43.96	1634.00	1738.16
000886	海南高速	56.37	179.35	1907.84	2143.56
600620	天宸股份	3403.95	250.04	448.93	4102.92
行业平均		-30.88	-9.13	13.11	-26.90
信息传输、软件和信息技术服务业 I					
300104	乐视网	-1978.73	-1589.68	1382.97	-2185.44
002359	*ST北讯	-1881.08	-1979.79	2366.73	-1494.13
000835	长城动漫	-71.10	-1068.57	521.45	-618.22
002354	天神娱乐	-21.96	-69.45	-522.15	-613.56
600701	*ST工新	-213.88	-600.08	300.02	-513.94
002093	国脉科技	-68.56	98.37	1050.71	1080.52
002447	晨鑫科技	318.17	331.83	809.64	1459.64
002072	*ST凯瑞	-1369.30	3083.06	673.47	2387.22
300312	邦讯技术	-1260.06	1377.96	3413.61	3531.51
000662	天夏智慧	888.21	-3504.12	29883.77	27267.86
行业平均		-72.01	-7.13	88.14	9.00

续表

股票代码	公司简称	采购渠道营运资金周转期	生产渠道营运资金周转期	营销渠道营运资金周转期	经营活动营运资金周转期（按渠道）
房地产行业 K					
600247	ST 成城	-312.36	-9090.67	-3522.81	-12925.85
000803	金宇车城	-3740.35	-1846.62	3339.00	-2247.98
000631	顺发恒业	-69.32	-73.23	-67.29	-209.83
600064	南京高科	-344.52	422.88	-209.35	-130.99
600007	中国国贸	-0.05	-134.91	25.95	-109.01
600791	京能置业	-84.96	2147.47	-32.72	2029.79
000691	亚太实业	-398.41	2250.12	401.49	2253.20
600215	长春经开	-211.85	1468.03	1072.03	2328.21
600604	市北高新	-209.19	2380.96	204.98	2376.76
000007	全新好	-48.86	2820.63	709.05	3480.83
行业平均		-64.51	691.89	-272.82	354.56
社会服务业（H、L、M、N、O、Q）					
600896	览海投资	-1223.90	-3993.75	8.69	-5208.95
600790	轻纺城	-29.77	-13.07	-1094.73	-1137.56
000585	ST 东电	-27.87	-1003.49	104.40	-926.96
600234	*ST 山水	-47.33	-383.45	48.61	-382.17
600593	大连圣亚	69.06	-428.51	26.20	-333.25
300125	易世达	-109.93	189.94	1346.62	1426.63
002575	群兴玩具	-1.94	774.51	1087.04	1859.61
002210	*ST 飞马	6589.63	-3476.05	2071.38	5184.96
000809	铁岭新城	-483.44	7866.24	221.79	7604.58
600555	海航创新	-1451.70	10723.85	5579.59	14851.74
行业平均		-44.44	-5.18	94.62	44.99
传播与文化行业（P、R）					
300426	唐德影视	-1054.88	1213.66	-3267.23	-3108.45
002621	美吉姆	10.04	-1038.10	-20.99	-1049.04
000526	紫光学大	6.32	-33.61	-139.31	-166.61
000665	湖北广电	-220.72	-46.56	130.62	-136.67
601595	上海电影	-136.46	-31.88	54.73	-113.61
300336	新文化	51.17	382.50	468.96	902.64
000673	当代东方	383.19	171.58	578.98	1133.74
300291	华录百纳	192.57	12.65	1381.65	1586.87
000892	欢瑞世纪	65.71	234.18	1739.64	2039.53
600730	中国高科	-13.42	-100.16	2490.66	2377.09
行业平均		-50.62	2.40	119.17	70.95

续表

股票代码	公司简称	采购渠道营运资金周转期	生产渠道营运资金周转期	营销渠道营运资金周转期	经营活动营运资金周转期（按渠道）
综合类行业 S					
600455	博通股份	-81.17	-664.84	-203.05	-949.06
000571	＊ST 大洲	-69.61	2.85	38.81	-27.94
000833	粤桂股份	-25.97	-19.75	63.59	17.87
600673	东阳光	-46.98	-11.29	118.42	60.15
000532	华金资本	-35.42	-51.24	159.02	72.37
600624	复旦复华	-34.57	-1.44	191.73	155.73
600200	江苏吴中	-46.05	21.23	184.44	159.62
000009	中国宝安	-61.43	170.22	146.15	254.94
600212	江泉实业	-8.50	-4.73	332.86	319.63
600770	综艺股份	-43.96	25.40	394.45	375.89
行业平均		-53.24	73.68	98.08	118.52

附录F　2019年中国上市公司经营活动营运资金管理绩效排行榜（按要素）

中国企业营运资金管理研究中心

股票代码	公司简称	存货周转期	应收账款周转期	应付账款周转期	经营活动营运资金周转期（按要素）
农、林、牧、渔行业 A					
002458	益生股份	14.43	7.52	24.97	46.92
002234	民和股份	46.19	4.27	9.55	60.00
002746	仙坛股份	36.39	6.80	17.48	60.67
300761	立华股份	44.77	0.08	18.52	63.37
600313	农发种业	31.58	33.97	8.46	74.00
300189	神农科技	240.56	477.07	68.42	786.05
000592	平潭发展	819.91	60.23	70.97	951.11
002086	ST 东海洋	700.73	275.18	90.39	1066.30
002200	*ST 云投	688.50	307.99	342.30	1338.80
002679	福建金森	3663.18	107.23	69.63	3840.04
行业平均		92.29	20.41	35.17	77.53
采矿业 B					
002629	*ST 仁智	91.65	290.40	751.48	-369.43
000426	兴业矿业	83.44	48.22	304.85	-173.19
600121	郑州煤电	33.12	270.93	436.59	-132.54
601666	平煤股份	20.29	37.04	185.53	-128.20
601699	潞安环能	12.29	117.91	252.72	-122.52
000762	西藏矿业	107.17	91.01	20.07	178.11
600714	金瑞矿业	243.18	47.03	32.42	257.79
603979	金诚信	81.64	271.13	81.14	271.63
300084	海默科技	218.30	415.95	93.24	541.01
600766	园城黄金	1389.96	32.26	331.46	1090.76
行业平均		26.26	15.32	37.76	3.82

续表

股票代码	公司简称	存货周转期	应收账款周转期	应付账款周转期	经营活动营运资金周转期（按要素）
制造业——食品、饮料行业 C0					
002910	庄园牧场	40.66	15.05	156.36	-100.66
002770	科迪乳业	39.45	5.25	134.51	-89.81
000893	东凌国际	44.75	22.56	112.85	-45.54
600419	天润乳业	42.23	11.78	89.99	-35.99
603711	香飘飘	14.80	4.42	52.81	-33.59
600059	古越龙山	396.10	33.92	84.81	345.21
603779	ST 威龙	448.63	88.55	83.06	454.12
000972	ST 中基	239.09	431.12	74.96	595.24
002220	ST 天宝	97.95	1567.91	45.79	1620.07
600084	*ST 中葡	2107.19	211.39	53.63	2264.96
行业平均		71.47	22.25	30.40	63.32
制造业——纺织、服装、皮毛行业 C1					
603238	诺邦股份	53.24	45.43	111.83	-13.17
600400	红豆股份	37.95	53.88	81.00	10.83
600689	上海三毛	3.83	16.77	5.12	15.48
300577	开润股份	64.44	46.39	85.26	25.56
002634	棒杰股份	55.99	47.29	66.33	36.96
600107	美尔雅	364.88	51.46	21.28	395.06
002740	爱迪尔	270.93	240.49	49.11	462.31
002494	华斯股份	468.55	86.31	49.82	505.04
600439	瑞贝卡	631.15	43.36	7.21	667.30
000982	*ST 中绒	476.21	333.95	91.49	718.67
行业平均		121.61	58.67	61.34	118.94
制造业——木材、家具行业 C2					
603180	金牌厨柜	35.49	10.65	86.55	-40.41
603709	中源家居	33.22	39.24	99.94	-27.48
603898	好莱客	17.12	4.71	44.19	-22.36
002043	兔宝宝	26.25	9.27	33.73	1.79
300616	尚品宅配	34.20	2.21	34.28	2.14
603833	欧派家居	19.83	14.12	24.17	9.78
002572	索菲亚	15.39	39.58	35.29	19.68
603801	志邦家居	23.58	46.19	47.25	22.52
300729	乐歌股份	69.25	32.58	72.81	29.02
603600	永艺股份	40.60	59.91	70.19	30.31
行业平均		68.16	55.37	57.03	66.50

续表

股票代码	公司简称	存货周转期	应收账款周转期	应付账款周转期	经营活动营运资金周转期（按要素）
制造业——造纸、印刷行业 C3					
600069	银鸽投资	35.18	227.20	309.17	-46.78
600966	博汇纸业	56.39	51.91	134.15	-25.84
002301	齐心集团	16.35	89.63	110.94	-4.96
603429	集友股份	57.81	111.85	170.95	-1.29
603687	大胜达	50.75	97.23	135.82	12.17
300651	金陵体育	82.48	148.69	51.47	179.70
002348	高乐股份	74.26	190.21	41.48	222.98
600963	岳阳林纸	298.74	60.05	77.44	281.35
300756	中山金马	203.14	118.79	21.39	300.54
600836	界龙实业	480.53	73.82	113.35	441.00
行业平均		64.18	71.76	70.91	65.03
制造业——石油、化学、塑料、塑胶行业 C4					
600740	山西焦化	26.32	40.53	258.91	-192.06
000683	远兴能源	22.19	25.57	175.77	-128.01
600277	亿利洁能	13.84	27.60	165.91	-124.47
601015	陕西黑猫	27.88	34.38	161.04	-98.78
000420	吉林化纤	69.78	53.86	221.61	-97.97
300767	震安科技	99.60	293.15	49.76	342.98
300072	三聚环保	93.43	484.00	222.26	355.18
002591	恒大高新	44.85	376.54	30.15	391.24
300325	德威新材	51.36	547.23	173.43	425.16
600352	浙江龙盛	393.83	94.38	48.42	439.79
行业平均		51.75	49.14	67.20	33.70
制造业——计算机、通信和其他电子设备制造业 C5					
000068	华控赛格	40.70	460.35	1113.76	-612.71
002387	维信诺	99.91	65.34	562.75	-397.49
600707	彩虹股份	55.24	61.83	315.19	-198.12
300708	聚灿光电	63.35	164.22	299.25	-71.69
688036	传音控股	41.38	9.88	77.03	-25.76
300367	东方网力	367.74	2866.33	647.92	2586.15
300028	金亚科技	241.99	3995.58	1327.65	2909.92
600074	*ST 保千	1183.92	5841.11	1630.75	5394.284
600485	*ST 信威	1532.23	7334.48	398.73	8467.98
000670	*ST 盈方	4281.88	14518.40	3216.40	15583.88
行业平均		63.34	102.74	88.35	77.72

续表

股票代码	公司简称	存货周转期	应收账款周转期	应付账款周转期	经营活动营运资金周转期（按要素）
制造业——金属、非金属行业 C6					
600595	＊ST 中孚	66.99	36.21	335.77	-232.57
000933	神火股份	81.81	22.58	256.95	-152.55
002501	＊ST 利源	200.39	184.90	502.09	-116.81
600586	金晶科技	53.29	50.49	188.12	-84.34
600569	安阳钢铁	83.16	18.92	181.25	-79.18
300064	豫金刚石	401.05	223.27	188.36	435.95
601992	金隅集团	466.26	71.37	78.63	459.00
002297	博云新材	411.48	232.90	158.41	485.98
300345	红宇新材	210.48	375.83	59.60	526.71
300629	新劲刚	217.52	455.21	137.93	534.79
行业平均		63.42	38.64	63.30	38.76
制造业——机械、设备、仪表行业 C7					
600520	文一科技	152.77	154.05	586.47	-279.64
000927	一汽夏利	300.09	57.80	565.17	-207.28
000880	潍柴重机	63.82	20.51	267.23	-182.89
601127	小康股份	40.87	74.06	215.77	-100.84
002535	林州重机	204.30	349.18	649.11	-95.63
300116	坚瑞沃能	849.01	3722.43	2253.80	2317.64
002366	台海核电	1612.34	908.34	193.88	2326.80
300216	千山药机	805.86	2328.31	307.08	2827.09
000760	＊ST 斯太	3501.96	1176.11	934.78	3743.28
300029	天龙光电	2586.23	5123.01	428.38	7280.87
行业平均		72.29	108.73	120.96	60.06
制造业——医药、生物制品行业 C8					
002562	兄弟科技	95.63	70.12	206.97	-41.22
300452	山河药辅	32.17	51.75	92.60	-8.69
000566	海南海药	71.21	110.68	180.02	1.88
600252	中恒集团	41.38	26.89	63.49	4.78
002102	ST 冠福	30.94	10.61	34.66	6.89
002566	益盛药业	618.37	93.89	8.35	703.91
300199	翰宇药业	93.83	675.57	59.94	709.45
600381	青海春天	678.35	296.79	6.80	968.34
600518	ST 康美	1036.74	186.23	110.45	1112.51
002118	紫鑫药业	2694.92	472.73	179.08	2988.58
行业平均		86.01	93.88	49.55	130.35

续表

股票代码	公司简称	存货周转期	应收账款周转期	应付账款周转期	经营活动营运资金周转期（按要素）
制造业——其他制造业 C9					
600008	首创股份	23.05	86.29	178.54	-69.20
002672	东江环保	31.34	81.85	77.79	35.41
603038	华立股份	39.08	54.84	54.74	39.19
002718	友邦吊顶	53.09	101.43	109.20	45.33
603059	倍加洁	50.53	59.25	58.91	50.87
600614	*ST 鹏起	444.92	115.41	167.53	392.80
600891	*ST 秋林	390.05	287.12	197.61	479.56
600687	*ST 刚泰	1792.51	1119.34	69.11	2842.74
000820	*ST 节能	7109.47	12060.64	5640.48	13529.62
600086	东方金钰	58910.87	4102.24	410.28	62602.83
行业平均		140.20	75.01	50.68	164.53
电力、热力、燃气及水生产和供应业 D					
600452	涪陵电力	0.08	4.68	234.17	-229.42
000767	漳泽电力	24.45	109.70	260.63	-126.48
601199	江南水务	12.54	77.61	179.83	-89.67
000598	兴蓉环境	49.35	93.74	232.46	-89.36
600719	大连热电	31.32	48.37	160.59	-80.90
601619	嘉泽新能	0.07	431.14	131.17	300.04
000862	银星能源	30.42	360.54	57.96	333.00
000591	太阳能	9.18	499.13	167.12	341.18
000993	闽东电力	361.48	113.16	80.88	393.76
002499	*ST 科林	21.20	5419.03	1971.22	3469.01
行业平均		27.40	56.95	60.44	23.91
建筑行业 E					
601800	中国交建	35.41	67.83	168.69	-65.44
000065	北方国际	16.29	132.67	185.49	-36.53
601186	中国铁建	77.66	52.19	156.23	-26.38
600284	浦东建设	165.45	49.28	237.16	-22.44
601390	中国中铁	77.95	48.18	147.88	-21.76
002431	棕榈股份	925.06	345.37	547.25	723.19
000711	京蓝科技	860.40	283.37	343.15	800.62
002504	弘高创意	117.24	1908.25	1151.06	874.43
603778	乾景园林	788.42	417.39	201.13	1004.68
002323	ST 百特	728.57	4475.87	1257.18	3947.25
行业平均		110.62	74.66	148.70	36.59

续表

股票代码	公司简称	存货周转期	应收账款周转期	应付账款周转期	经营活动营运资金周转期（按要素）
批发和零售行业 F					
600821	津劝业	126.57	123.21	471.48	-221.70
000419	通程控股	33.03	1.22	104.83	-70.58
600712	南宁百货	24.24	1.74	92.89	-66.91
600306	商业城	25.20	0.35	88.05	-62.50
603101	汇嘉时代	18.30	8.97	88.13	-60.86
002356	*ST 赫美	377.00	217.81	85.58	509.23
000159	国际实业	619.81	51.43	63.60	607.64
600082	海泰发展	1465.18	6.55	86.21	1385.52
600647	同达创业	1500.74	31.73	23.68	1508.79
000679	大连友谊	1828.76	6.22	126.00	1708.98
行业平均		54.74	35.56	49.63	40.67
交通运输、仓储和邮政行业 G					
000088	盐田港	1.06	28.15	247.33	-218.11
000885	城发环境	2.03	17.09	162.47	-143.35
000755	山西路桥	0.27	33.51	158.16	-124.38
600012	皖通高速	0.66	0	112.42	-111.76
600350	山东高速	78.28	1.66	163.59	-83.65
002077	大港股份	360.29	407.67	254.13	513.82
000548	湖南投资	723.30	20.82	209.86	534.26
600106	重庆路桥	528.98	157.21	10.68	675.51
000886	海南高速	1119.11	35.85	254.31	900.65
002711	*ST 欧浦	26.52	1594.40	54.54	1566.38
行业平均		16.49	27.44	41.48	2.45
信息传输、软件和信息技术服务业 I					
002359	*ST 北讯	311.25	1401.36	2104.68	-392.07
002072	*ST 凯瑞	0	1249.47	1485.09	-235.63
300295	三六五网	0	52.89	216.89	-164.00
601929	吉视传媒	165.01	80.18	407.14	-161.95
603881	数据港	9.42	113.00	234.32	-111.90
002093	国脉科技	744.30	197.69	89.82	852.17
600225	天津松江	1614.47	305.65	700.98	1219.14
300104	乐视网	438.63	3942.93	2367.55	2014.01
300312	邦讯技术	1976.57	3129.17	1358.61	3747.13
000662	天夏智慧	763.15	36037.51	4026.75	32773.91
行业平均		36.43	98.53	88.18	46.78

续表

股票代码	公司简称	存货周转期	应收账款周转期	应付账款周转期	经营活动营运资金周转期（按要素）
房地产行业 K					
000007	全新好	1.03	0	50.15	-49.12
600890	中房股份	1.96	4.42	10.12	-3.74
002377	国创高新	13.30	50.40	39.37	24.34
603506	南都物业	1.98	76.17	48.87	29.28
002968	新大正	0.18	37.87	8.04	30.01
000732	泰禾集团	2452.08	21.54	120.59	2353.03
600239	云南城投	2890.70	28.23	486.97	2431.95
600791	京能置业	2555.55	1.00	106.57	2449.99
600604	市北高新	2760.70	80.26	209.89	2631.07
000691	亚太实业	3829.22	0	404.36	3424.85
行业平均		859.55	28.82	145.64	742.74
社会服务业（H、L、M、N、O、Q）					
002210	*ST 飞马	43.76	2143.65	3478.21	-1290.80
600896	览海投资	15.44	66.86	1231.86	-1149.57
000516	国际医学	14.28	36.41	339.06	-288.37
603797	联泰环保	3.56	33.14	311.69	-274.99
601330	绿色动力	5.05	75.81	217.11	-136.24
000861	海印股份	625.66	48.48	58.84	615.30
300266	兴源环境	861.35	283.33	469.33	675.36
300125	易世达	42.04	835.76	119.97	757.83
600555	海航创新	8865.45	42.83	1477.16	7431.12
000809	铁岭新城	7997.98	251.61	487.67	7761.92
行业平均		42.51	75.15	62.49	55.17
传播与文化行业（P、R）					
300426	唐德影视	-3978.77	-2479.41	-508.66	-5949.52
000665	湖北广电	1.12	84.38	233.72	-148.22
002659	凯文教育	0.05	30.67	103.17	-72.45
601595	上海电影	1.96	89.00	142.45	-51.49
600825	新华传媒	97.57	41.69	178.14	-38.87
600052	浙江广厦	193.60	601.18	143.55	651.23
002071	长城影视	112.45	743.61	58.58	797.48
000673	当代东方	466.40	474.82	131.79	809.42
300291	华录百纳	192.31	987.16	37.12	1142.35
000892	欢瑞世纪	791.14	1583.76	194.32	2180.58
行业平均		79.92	88.82	87.34	81.40

续表

股票代码	公司简称	存货周转期	应收账款周转期	应付账款周转期	经营活动营运资金周转期（按要素）
综合类行业 S					
600455	博通股份	9. 84	33. 38	81. 42	-38. 19
000571	＊ST 大洲	35. 38	78. 08	102. 49	10. 97
000833	粤桂股份	47. 64	19. 95	37. 72	29. 87
600805	悦达投资	94. 01	61. 52	99. 17	56. 36
600784	鲁银投资	80. 75	129. 48	145. 46	64. 78
600770	综艺股份	79. 49	225. 55	78. 97	226. 07
600624	复旦复华	247. 57	31. 93	42. 39	237. 11
000009	中国宝安	287. 91	99. 38	80. 57	306. 72
600212	江泉实业	7. 82	344. 09	20. 87	331. 04
600603	广汇物流	607. 69	103. 78	145. 67	565. 80
行业平均		155. 62	88. 92	84. 72	159. 83

附录G　2019年中国上市公司分地区总资金回报率排行榜

中国企业营运资金管理研究中心

股票代码	公司简称	总资金回报率地区前五名	股票代码	公司简称	总资金回报率地区后五名
东部地区					
002604	*ST龙力	339.83%	600485	*ST信威	-147.82%
002458	益生股份	77.32%	002210	*ST飞马	-149.00%
300552	万集科技	73.23%	000820	*ST节能	-189.60%
000048	康达尔	68.09%	002188	*ST巴士	-269.73%
002869	金溢科技	65.88%	300104	乐视网	-665.31%
地区平均		7.93%			
中部地区					
600289	*ST信通	146.64%	300278	华昌达	-55.02%
002607	中公教育	41.82%	300064	豫金刚石	-69.78%
600809	山西汾酒	39.37%	002113	ST天润	-81.63%
300776	帝尔激光	39.31%	002501	*ST利源	-122.78%
000895	双汇发展	36.87%	600701	*ST工新	-428.74%
地区平均		7.47%			
西部地区					
000953	*ST河化	475.03%	000803	金宇车城	-52.20%
000995	*ST皇台	68.03%	000792	*ST盐湖	-72.21%
000672	上峰水泥	54.02%	000662	天夏智慧	-78.52%
600779	水井坊	53.77%	600423	ST柳化	-117.96%
600519	贵州茅台	45.36%	000509	华塑控股	-126.39%
地区平均		6.83%			
全国总体					
000953	*ST河化	475.03%	002210	*ST飞马	-149.00%
002604	*ST龙力	339.83%	000820	*ST节能	-189.60%
600289	*ST信通	146.64%	002188	*ST巴士	-269.73%
002458	益生股份	77.32%	600701	*ST工新	-428.74%
300552	万集科技	73.23%	300104	乐视网	-665.31%
地区平均		6.20%			

附录H 2019年中国上市公司分地区经营活动资金回报率排行榜

中国企业营运资金管理研究中心

股票代码	公司简称	经营活动资金 回报率 地区前五名	股票代码	公司简称	经营活动资金 回报率 地区后五名
东部地区					
000048	康达尔	1260.95%	600814	杭州解百	-572.02%
688008	澜起科技	1176.63%	002344	海宁皮城	-593.67%
300572	安车检测	842.06%	000848	承德露露	-850.55%
300768	迪普科技	776.54%	300033	同花顺	-1155.80%
300104	乐视网	557.55%	000927	一汽夏利	-1323.50%
地区平均		9.06%			
中部地区					
002607	中公教育	186.05%	002113	ST天润	-88.34%
601098	中南传媒	124.72%	600173	卧龙地产	-132.69%
300776	帝尔激光	118.29%	002501	*ST利源	-174.89%
300800	力合科技	81.61%	600289	*ST信通	-553.46%
002555	三七互娱	68.58%	600701	*ST工新	-1131.35%
地区平均		8.25%			
西部地区					
600455	博通股份	258899.77%	000803	金宇车城	-131.69%
600519	贵州茅台	284.63%	600423	ST柳化	-177.29%
600556	ST慧球	262.73%	000628	高新发展	-385.29%
000858	五粮液	166.00%	000752	*ST西发	-410.25%
300564	筑博设计	144.64%	000509	华塑控股	-1286.91%
地区平均		9.56%			
全国总体					
600455	博通股份	258899.77%	000848	承德露露	-850.55%
000048	康达尔	1260.95%	600701	*ST工新	-1131.35%
688008	澜起科技	1176.63%	300033	同花顺	-1155.80%
300572	安车检测	842.06%	000509	华塑控股	-1286.91%
300768	迪普科技	776.54%	000927	一汽夏利	-1323.50%
地区平均		8.79%			

附录I 2019年中国上市公司分地区总资金周转率排行榜

中国企业营运资金管理研究中心

股票代码	公司简称	总资金周转率地区前五名	股票代码	公司简称	总资金周转率地区后五名
东部地区					
300226	上海钢联	34.15%	000820	*ST 节能	0.02%
000626	远大控股	24.35%	600555	海航创新	0.02%
002177	御银股份	16.73%	002188	*ST 巴士	-0.37%
600329	中新药业	13.55%	002711	*ST 欧浦	-1.06%
000701	厦门信达	13.49%	002604	*ST 龙力	-9.24%
地区平均		1.24%			
中部地区					
000906	浙商中拓	12.82%	000670	*ST 盈方	0.08%
000829	天音控股	10.27%	002501	*ST 利源	0.05%
600753	东方银星	9.01%	300216	千山药机	0.04%
300783	三只松鼠	7.84%	000760	*ST 斯太	0.02%
002607	中公教育	6.89%	600086	东方金钰	0.01%
地区平均		1.15%			
西部地区					
600725	ST 云维	6.12%	000809	铁岭新城	0.09%
600729	重庆百货	6.04%	601619	嘉泽新能	0.09%
603706	东方环宇	4.65%	300028	金亚科技	0.07%
600459	贵研铂业	4.30%	300116	坚瑞沃能	0.06%
000560	我爱我家	3.96%	000953	*ST 河化	-20.26%
地区平均		0.88%			
全国总体					
300226	上海钢联	34.15%	600086	东方金钰	0.01%
000626	远大控股	24.35%	002188	*ST 巴士	-0.37%
002177	御银股份	16.73%	002711	*ST 欧浦	-1.06%
600329	中新药业	13.55%	002604	*ST 龙力	-9.24%
000701	厦门信达	13.49%	000953	*ST 河化	-20.26%
地区平均		1.21%			

附录J 2019年中国上市公司分地区经营活动资金周转率排行榜

中国企业营运资金管理研究中心

股票代码	公司简称	经营活动资金周转率地区前五名	股票代码	公司简称	经营活动资金周转率地区后五名
东部地区					
000626	远大控股	571.57%	688036	传音控股	-33.02%
600661	昂立教育	126.29%	601155	新城控股	-35.27%
002419	天虹股份	112.35%	000848	承德露露	-36.48%
002841	视源股份	61.11%	002344	海宁皮城	-41.88%
000936	华西股份	52.03%	600814	杭州解百	-78.20%
地区平均		1.62%			
中部地区					
000829	天音控股	33.28%	600234	*ST山水	-0.72%
000906	浙商中拓	20.57%	000631	顺发恒业	-1.50%
600753	东方银星	13.76%	000996	中国中期	-2.71%
000550	江铃汽车	13.54%	600289	*ST信通	-3.65%
300783	三只松鼠	12.59%	600173	卧龙地产	-9.27%
地区平均		1.34%			
西部地区					
600455	博通股份	16568.83%	000953	*ST河化	-3.61%
600729	重庆百货	51.96%	002629	*ST仁智	-3.62%
600556	ST慧球	16.12%	600339	中油工程	-11.77%
600875	东方电气	13.03%	600967	内蒙一机	-14.42%
000779	甘咨询	12.26%	000628	高新发展	-70.11%
地区平均		1.13%			
全国总体					
600455	博通股份	16568.83%	601155	新城控股	-35.27%
000626	远大控股	571.57%	000848	承德露露	-36.48%
600661	昂立教育	126.29%	002344	海宁皮城	-41.88%
002419	天虹股份	112.35%	000628	高新发展	-70.11%
002841	视源股份	61.11%	600814	杭州解百	-78.20%
地区平均		1.53%			

附录K 2019年中国上市公司分地区经营活动营运资金管理绩效排行榜（按渠道）

中国企业营运资金管理研究中心

股票代码	公司简称	采购渠道营运资金周转期	生产渠道营运资金周转期	营销渠道营运资金周转期	经营活动营运资金周转期（按渠道）
东部地区					
600896	览海投资	-1223.89	-3993.75	8.69	-5208.95
300426	唐德影视	-1054.88	1213.66	-3267.23	-3108.45
600821	津劝业	-406.66	-1999.44	162.60	-2243.50
300104	乐视网	-1978.73	-1589.68	1382.97	-2185.44
002604	*ST龙力	-101.61	-2011.15	238.31	-1874.45
002210	*ST飞马	6589.63	-3476.05	2071.38	5184.96
600485	*ST信威	-142.36	-1271.21	7393.35	5979.78
300029	天龙光电	829.01	837.46	6188.04	7854.51
600555	海航创新	-1451.70	10723.85	5579.59	14851.74
000820	*ST节能	458.55	6342.10	17594.60	24395.24
地区平均		-55.55	55.18	43.28	42.91
中部地区					
600247	ST成城	-312.36	-9090.67	-3522.81	-12925.85
000755	山西路桥	-157.06	-683.99	19.91	-821.14
600701	*ST工新	-213.88	-600.08	300.02	-513.94
600769	祥龙电业	-641.87	-174.18	398.37	-417.69
600234	*ST山水	-47.33	-383.45	48.61	-382.17
300216	千山药机	-91.70	1099.96	2541.18	3549.44
600891	*ST秋林	-113.24	3907.49	387.52	4181.77
000760	*ST斯太	2186.08	2897.93	3729.31	8813.32
000670	*ST盈方	-3121.38	-886.86	18350.47	14342.24
600086	东方金钰	822.83	-15063.57	61431.18	47190.44
地区平均		-54.27	16.36	86.67	48.76

续表

股票代码	公司简称	采购渠道营运资金周转期	生产渠道营运资金周转期	营销渠道营运资金周转期	经营活动营运资金周转期（按渠道）
西部地区					
000611	＊ST 天首	-76.59	-7059.01	490.68	-6644.93
000803	金宇车城	-3740.35	-1846.62	3339.00	-2247.98
000953	＊ST 河化	-15.29	-1067.30	45.62	-1036.96
600455	博通股份	-81.17	-664.84	-203.05	-949.06
300313	天山生物	-18.32	-872.54	-39.60	-930.46
600084	＊ST 中葡	137.62	1980.81	271.48	2389.91
300028	金亚科技	-1207.92	-370.30	4031.23	2453.01
600091	ST 明科	-102.42	29.15	5805.62	5732.34
000809	铁岭新城	-483.44	7866.24	221.79	7604.58
000662	天夏智慧	888.21	-3504.12	29883.77	27267.86
地区平均		-62.29	58.62	65.86	62.19
全国总体					
600247	ST 成城	-312.36	-9090.67	-3522.81	-12925.85
000611	＊ST 天首	-76.59	-7059.01	490.68	-6644.93
600896	览海投资	-1223.89	-3993.75	8.69	-5208.95
300426	唐德影视	-1054.88	1213.66	-3267.23	-3108.45
000803	金宇车城	-3740.35	-1846.62	3339.00	-2247.98
000670	＊ST 盈方	-3121.38	-886.86	18350.47	14342.24
600555	海航创新	-1451.70	10723.85	5579.59	14851.74
000820	＊ST 节能	458.55	6342.10	17594.60	24395.24
000662	天夏智慧	888.21	-3504.12	29883.77	27267.86
600086	东方金钰	822.83	-15063.57	61431.18	47190.44
地区平均		-55.97	51.25	49.87	45.15

附录L 2019年中国上市公司分地区经营活动营运资金管理绩效排行榜（按要素）

中国企业营运资金管理研究中心

股票代码	公司简称	存货周转期	应收账款周转期	应付账款周转期	经营活动营运资金周转期（按要素）
东部地区					
300426	唐德影视	-3978.77	-2479.41	-508.66	-5949.52
002210	*ST飞马	43.76	2143.65	3478.21	-1290.80
600896	览海投资	15.44	66.86	1231.86	-1149.57
000068	华控赛格	40.70	460.35	1113.76	-612.71
002387	维信诺	99.91	65.34	562.75	-397.49
600074	*ST保千	1183.92	5841.11	1630.75	5394.28
300029	天龙光电	2586.23	5123.01	428.38	7280.87
600555	海航创新	8865.45	42.83	1477.16	7431.12
600485	*ST信威	1532.23	7334.48	398.73	8467.98
000820	*ST节能	7109.47	12060.64	5640.48	13529.62
地区平均		110.49	53.74	81.32	82.91
中部地区					
600520	文一科技	152.77	154.05	586.47	-279.64
600595	*ST中孚	66.99	36.21	335.77	-232.57
600740	山西焦化	26.32	40.53	258.91	-192.06
601929	吉视传媒	165.01	80.18	407.14	-161.95
000933	神火股份	81.81	22.58	256.95	-152.55
300216	千山药机	805.86	2328.31	307.08	2827.09
002118	紫鑫药业	2694.92	472.73	179.08	2988.58
000760	*ST斯太	3501.96	1176.11	934.78	3743.28
000670	*ST盈方	4281.88	14518.40	3216.40	15583.88
600086	东方金钰	58910.87	4102.24	410.28	62602.83
地区平均		76.39	68.70	81.96	63.13

续表

股票代码	公司简称	存货周转期	应收账款周转期	应付账款周转期	经营活动营运资金周转期（按要素）
西部地区					
002629	*ST 仁智	91.65	290.40	751.48	-369.43
000516	国际医学	14.28	36.41	339.06	-288.37
600452	涪陵电力	0.08	4.68	234.17	-229.42
600707	彩虹股份	55.24	61.83	315.19	-198.12
000426	兴业矿业	83.44	48.22	304.85	-173.19
600239	云南城投	2890.70	28.23	486.97	2431.95
600791	京能置业	2555.55	1.00	106.57	2449.99
300028	金亚科技	241.99	3995.58	1327.65	2909.92
000809	铁岭新城	7997.98	251.61	487.67	7761.92
000662	天夏智慧	763.15	36037.51	4026.75	32773.91
地区平均		125.62	69.95	91.39	104.17
全国总体					
300426	唐德影视	-3978.77	-2479.41	-508.66	-5949.52
002210	*ST 飞马	43.76	2143.65	3478.21	-1290.80
600896	览海投资	15.44	66.86	1231.86	-1149.57
000068	华控赛格	40.70	460.35	1113.76	-612.71
002387	维信诺	99.91	65.34	562.75	-397.49
600485	*ST 信威	1532.23	7334.48	398.73	8467.98
000820	*ST 节能	7109.47	12060.64	5640.48	13529.62
000670	*ST 盈方	4281.88	14518.40	3216.40	15583.88
000662	天夏智慧	763.15	36037.51	4026.75	32773.91
600086	东方金钰	58910.87	4102.24	410.28	62602.83
全国平均		108.04	56.71	82.22	82.53

附录 M　2019 年中国上市公司借入资金比率排行榜

中国企业营运资金管理研究中心

股票代码	公司简称	借入资金比率行业前五名	股票代码	公司简称	借入资金比率行业后五名
农、林、牧、渔行业 A					
002069	獐子岛	93.18%	002041	登海种业	0.15%
600265	ST 景谷	78.46%	600598	北大荒	0.06%
002200	*ST 云投	72.18%	600506	香梨股份	0.03%
002679	福建金森	53.15%	300189	神农科技	0.01%
600359	新农开发	52.09%	600371	万向德农	0
行业平均		23.44%			
采矿业 B					
600397	安源煤业	67.68%	600311	荣华实业	0
600157	永泰能源	67.51%	000688	国城矿业	0
600871	石化油服	66.06%	601958	金钼股份	0
601918	新集能源	61.46%	000655	金岭矿业	0
600256	广汇能源	57.28%	600766	园城黄金	0
行业平均		25.14%			
制造业——食品、饮料行业 C0					
300268	佳沃股份	88.41%	000893	东凌国际	0
000911	*ST 南糖	88.36%	002702	海欣食品	0
600300	维维股份	58.09%	600084	*ST 中葡	0
600189	吉林森工	56.75%	600199	金种子酒	0
300138	晨光生物	55.53%	002604	*ST 龙力	-617.30%
行业平均		19.02%			
制造业——纺织、服装、皮毛行业 C1					
603555	贵人鸟	61.72%	300005	探路者	0
002042	华孚时尚	58.01%	603001	奥康国际	0
002083	孚日股份	57.19%	002516	旷达科技	0
603157	拉夏贝尔	52.70%	002762	金发拉比	0
603518	锦泓集团	52.04%	000982	*ST 中绒	0
行业平均		22.90%			

续表

股票代码	公司简称	借入资金比率行业前五名	股票代码	公司简称	借入资金比率行业后五名
制造业——木材、家具行业 C2					
603818	曲美家居	67.16%	603709	中源家居	0
600978	宜华生活	43.90%	300616	尚品宅配	0
000663	永安林业	37.77%	603226	菲林格尔	0
603313	梦百合	37.36%	603326	我乐家居	0
603008	喜临门	34.48%	603389	亚振家居	0
行业平均		23.52%			
制造业——造纸、印刷行业 C3					
600793	宜宾纸业	74.01%	002951	金时科技	0
000488	晨鸣纸业	67.03%	603607	京华激光	0
600966	博汇纸业	65.66%	603499	翔港科技	0
600567	山鹰纸业	58.72%	603058	永吉股份	0
002078	太阳纸业	46.51%	300756	中山金马	0
行业平均		41.32%			
制造业——石油、化学、塑料、塑胶行业 C4					
600319	ST 亚星	89.71%	300741	华宝股份	0
000422	ST 宜化	89.34%	002585	双星新材	0
000707	ST 双环	86.32%	600618	氯碱化工	0
600096	云天化	83.26%	603379	三美股份	0
600691	阳煤化工	77.90%	002372	伟星新材	0
行业平均		38.14%			
制造业——计算机、通信和其他电子设备制造业 C5					
600485	*ST 信威	206.78%	300581	晨曦航空	0
600898	国美通讯	83.18%	600800	天津磁卡	0
603996	ST 中新	65.71%	002188	*ST 巴士	0
000016	深康佳 A	64.43%	300028	金亚科技	0
002766	*ST 索菱	59.01%	000670	*ST 盈方	0
行业平均		31.39%			
制造业——金属、非金属行业 C6					
000890	法尔胜	83.76%	300690	双一科技	0
002716	ST 金贵	80.25%	002026	山东威达	0
600595	*ST 中孚	75.98%	300179	四方达	0
002466	天齐锂业	70.10%	600539	ST 狮头	0
600117	西宁特钢	70.02%	600615	丰华股份	0
行业平均		37.02%			

续表

股票代码	公司简称	借入资金比率行业前五名	股票代码	公司简称	借入资金比率行业后五名
制造业——机械、设备、仪表行业 C7					
000927	一汽夏利	162.55%	002213	特尔佳	0
300362	天翔环境	117.08%	002058	威尔泰	0
300090	盛运环保	107.97%	002035	华帝股份	0
300216	千山药机	92.11%	000541	佛山照明	0
600651	飞乐音响	87.09%	000017	深中华 A	0
行业平均		25.46%			
制造业——医药、生物制品行业 C8					
603520	司太立	66.04%	603963	大理药业	0
600129	太极集团	58.73%	603976	正川股份	0
600518	ST 康美	58.69%	688166	博瑞医药	0
600812	华北制药	58.14%	688363	华熙生物	0
002219	恒康医疗	57.39%	688399	硕世生物	0
行业平均		21.55%			
制造业——其他制造业 C9					
000820	*ST 节能	261.21%	300722	新余国科	3.93%
600086	东方金钰	88.69%	603059	倍加洁	0.56%
600217	中再资环	59.55%	002574	明牌珠宝	0.41%
002721	金一文化	57.43%	688196	卓越新能	0
600008	首创股份	54.92%	600817	ST 宏盛	0
行业平均		48.43%			
电力、热力、燃气及水生产和供应业 D					
600726	*ST 华源	87.12%	600167	联美控股	4.44%
600396	*ST 金山	83.25%	000722	湖南发展	4.16%
600617	国新能源	82.88%	600149	ST 坊展	2.99%
000767	漳泽电力	79.28%	002700	新疆浩源	0.44%
600744	华银电力	76.15%	600868	梅雁吉祥	0
行业平均		55.99%			
建筑行业 E					
600477	杭萧钢构	79.24%	600248	延长化建	0
002140	东华科技	77.14%	603929	亚翔集成	0
002620	瑞和股份	75.46%	603359	东珠生态	0
002856	美芝股份	69.33%	002963	豪尔赛	0
300621	维业股份	69.20%	600209	ST 罗顿	0
行业平均		48.08%			

续表

股票代码	公司简称	借入资金比率行业前五名	股票代码	公司简称	借入资金比率行业后五名
批发和零售行业 F					
600306	商业城	107.04%	000096	广聚能源	0
600280	中央商场	83.52%	002561	徐家汇	0
000587	金洲慈航	81.90%	600857	宁波中百	0
000034	神州数码	71.08%	600865	百大集团	0
000652	泰达股份	67.94%	000622	恒立实业	0
行业平均		38.41%			
交通运输、仓储和邮政行业 G					
600179	ST 安通	83.48%	601188	龙江交通	0
000755	山西路桥	81.75%	600620	天宸股份	0
601866	中远海发	81.14%	000548	湖南投资	0
600020	中原高速	71.27%	000886	海南高速	0
002928	华夏航空	67.02%	002711	*ST 欧浦	-135.05%
行业平均		40.48%			
信息传输、软件和信息技术服务业 I					
600225	天津松江	87.99%	300074	华平股份	0
603881	数据港	63.88%	300597	吉大通信	0
000835	长城动漫	63.67%	300810	中科海讯	0
002359	*ST 北讯	63.50%	300104	乐视网	-18.87%
300212	易华录	54.01%	600701	*ST 工新	-34.74%
行业平均		13.32%			
房地产行业 K					
000803	金宇车城	106.84%	000007	全新好	0
600683	京投发展	88.22%	002968	新大正	0
600239	云南城投	86.11%	600605	汇通能源	0
600665	天地源	76.07%	600215	长春经开	0
600743	华远地产	75.21%	603506	南都物业	0
行业平均		56.52%			
社会服务业（H、L、M、N、O、Q）					
002210	*ST 飞马	113.93%	603860	中公高科	0
002889	东方嘉盛	79.06%	002033	丽江旅游	0
000415	渤海租赁	77.10%	603199	九华旅游	0
002183	怡亚通	71.20%	000509	华塑控股	0
002769	普路通	71.00%	300736	百邦科技	0
行业平均		42.81%			

续表

股票代码	公司简称	借入资金比率 行业前五名	股票代码	公司简称	借入资金比率 行业后五名
传播与文化行业（P、R）					
000526	紫光学大	92.00%	300640	德艺文创	0
300426	唐德影视	67.76%	300654	世纪天鸿	0
002071	长城影视	45.23%	600088	中视传媒	0
002607	中公教育	45.08%	601999	出版传媒	0
600136	当代明诚	43.18%	002502	鼎龙文化	0
行业平均		12.77%			
综合类行业 S					
600784	鲁银投资	54.31%	000551	创元科技	17.95%
000532	华金资本	53.75%	600175	美都能源	15.75%
000009	中国宝安	50.86%	600770	综艺股份	11.87%
600673	东阳光	50.52%	600455	博通股份	0
600200	江苏吴中	26.63%	600212	江泉实业	0
行业平均		34.88%			

附录N 2019年中国上市公司资本杠杆排行榜

中国企业营运资金管理研究中心

股票代码	公司简称	资本杠杆指标 行业前五名	股票代码	公司简称	资本杠杆指标 行业后五名
农、林、牧、渔行业 A					
002069	獐子岛	14.67%	002041	登海种业	1.00%
600265	ST 景谷	4.64%	600598	北大荒	1.00%
002200	*ST 云投	3.59%	600506	香梨股份	1.00%
002679	福建金森	2.13%	300189	神农科技	1.00%
600359	新农开发	2.09%	600371	万向德农	1.00%
行业平均		1.31%			
采矿业 B					
600397	安源煤业	3.09%	600311	荣华实业	1.00%
600157	永泰能源	3.08%	000688	国城矿业	1.00%
600871	石化油服	2.95%	601958	金钼股份	1.00%
601918	新集能源	2.59%	000655	金岭矿业	1.00%
600256	广汇能源	2.34%	600766	园城黄金	1.00%
行业平均		1.34%			
制造业——食品、饮料行业 C0					
300268	佳沃股份	8.63%	002702	海欣食品	1.00%
000911	*ST 南糖	8.59%	600084	*ST 中葡	1.00%
600300	维维股份	2.39%	600199	金种子酒	1.00%
600189	吉林森工	2.31%	002604	*ST 龙力	1.00%
300138	晨光生物	2.25%	002702	海欣食品	0.14%
行业平均		1.23%			
制造业——纺织、服装、皮毛行业 C1					
603555	贵人鸟	2.61%	300005	探路者	1.00%
002042	华孚时尚	2.38%	603001	奥康国际	1.00%
002083	孚日股份	2.34%	002516	旷达科技	1.00%
603157	拉夏贝尔	2.11%	002762	金发拉比	1.00%
603518	锦泓集团	2.09%	000982	*ST 中绒	1.00%
行业平均		1.30%			

续表

股票代码	公司简称	资本杠杆指标行业前五名	股票代码	公司简称	资本杠杆指标行业后五名
制造业——木材、家具行业 C2					
603818	曲美家居	3.04%	603709	中源家居	1.00%
600978	宜华生活	1.78%	300616	尚品宅配	1.00%
000663	永安林业	1.61%	603226	菲林格尔	1.00%
603313	梦百合	1.60%	603326	我乐家居	1.00%
603008	喜临门	1.53%	603389	亚振家居	1.00%
行业平均	1.31%				
制造业——造纸、印刷行业 C3					
600793	宜宾纸业	3.85%	002951	金时科技	1.00%
000488	晨鸣纸业	3.03%	603607	京华激光	1.00%
600966	博汇纸业	2.91%	603499	翔港科技	1.00%
600567	山鹰纸业	2.42%	603058	永吉股份	1.00%
002078	太阳纸业	1.87%	300756	中山金马	1.00%
行业平均	1.70%				
制造业——石油、化学、塑料、塑胶行业 C4					
600319	ST 亚星	9.71%	300741	华宝股份	1.00%
000422	ST 宜化	9.38%	002585	双星新材	1.00%
000707	ST 双环	7.31%	600618	氯碱化工	1.00%
600096	云天化	5.97%	603379	三美股份	1.00%
600691	阳煤化工	4.52%	002372	伟星新材	1.00%
行业平均	1.62%				
制造业——计算机、通信和其他电子设备制造业 C5					
600898	国美通讯	5.95%	600800	天津磁卡	1.00%
603996	ST 中新	2.92%	002188	*ST 巴士	1.00%
000016	深康佳 A	2.81%	300028	金亚科技	1.00%
002766	*ST 索菱	2.44%	000670	*ST 盈方	1.00%
002384	东山精密	2.42%	600485	*ST 信威	-0.94%
行业平均	1.46%				
制造业——金属、非金属行业 C6					
000890	法尔胜	6.16%	600768	宁波富邦	1.00%
002716	ST 金贵	5.06%	600529	山东药玻	1.00%
600595	*ST 中孚	4.16%	600883	博闻科技	1.00%
002466	天齐锂业	3.35%	300179	四方达	1.00%
600117	西宁特钢	3.34%	600615	丰华股份	1.00%
行业平均	1.59%				

续表

股票代码	公司简称	资本杠杆指标行业前五名	股票代码	公司简称	资本杠杆指标行业后五名
制造业——机械、设备、仪表行业 C7					
300216	千山药机	12.68%	300116	坚瑞沃能	1.00%
600651	飞乐音响	7.74%	300029	天龙光电	1.00%
000633	合金投资	5.34%	000927	一汽夏利	-1.60%
002684	*ST 猛狮	4.81%	300362	天翔环境	-5.85%
600213	亚星客车	4.17%	300090	盛运环保	-12.55%
行业平均		1.34%			
制造业——医药、生物制品行业 C8					
603520	司太立	2.94%	603963	大理药业	1.00%
600129	太极集团	2.42%	603976	正川股份	1.00%
600518	ST 康美	2.42%	688166	博瑞医药	1.00%
600812	华北制药	2.39%	688363	华熙生物	1.00%
002219	恒康医疗	2.35%	688399	硕世生物	1.00%
行业平均		1.27%			
制造业——其他制造业 C9					
600086	东方金钰	8.84%	603059	倍加洁	1.01%
600217	中再资环	2.47%	002574	明牌珠宝	1.00%
002721	金一文化	2.35%	688196	卓越新能	1.00%
600008	首创股份	2.22%	600817	ST 宏盛	1.00%
002340	格林美	1.97%	000820	*ST 节能	-0.62%
行业平均		1.94%			
电力、热力、燃气及水生产和供应业 D					
600726	*ST 华源	7.77%	600167	联美控股	1.05%
600396	*ST 金山	5.97%	000722	湖南发展	1.04%
600617	国新能源	5.84%	600149	ST 坊展	1.03%
000767	漳泽电力	4.83%	002700	新疆浩源	1.00%
600744	华银电力	4.19%	600868	梅雁吉祥	1.00%
行业平均		2.27%			
建筑行业 E					
600853	龙建股份	4.82%	600248	延长化建	1.00%
002060	粤水电	4.37%	603929	亚翔集成	1.00%
002307	北新路桥	4.08%	603359	东珠生态	1.00%
002761	多喜爱	3.26%	002963	豪尔赛	1.00%
600039	四川路桥	3.25%	600209	ST 罗顿	1.00%
行业平均		1.93%			

续表

股票代码	公司简称	资本杠杆指标行业前五名	股票代码	公司简称	资本杠杆指标行业后五名
批发和零售行业 F					
600280	中央商场	6.07%	002561	徐家汇	1.00%
000587	金洲慈航	5.52%	600857	宁波中百	1.00%
000034	神州数码	3.46%	600865	百大集团	1.00%
000652	泰达股份	3.12%	000622	恒立实业	1.00%
600751	海航科技	3.10%	600306	商业城	-14.20%
行业平均		1.62%			
交通运输、仓储和邮政行业 G					
600179	ST 安通	6.05%	601188	龙江交通	1.00%
000755	山西路桥	5.48%	600620	天宸股份	1.00%
601866	中远海发	5.30%	000548	湖南投资	1.00%
600020	中原高速	3.48%	000886	海南高速	1.00%
002928	华夏航空	3.03%	002711	*ST 欧浦	0.43%
行业平均		1.68%			
信息传输、软件和信息技术服务业 I					
600225	天津松江	8.33%	300074	华平股份	1.00%
603881	数据港	2.77%	300597	吉大通信	1.00%
000835	长城动漫	2.75%	300810	中科海讯	1.00%
002359	*ST 北讯	2.74%	300104	乐视网	0.84%
300212	易华录	2.17%	600701	*ST 工新	0.74%
行业平均		1.15%			
房地产行业 K					
600683	京投发展	8.49%	002968	新大正	1.00%
600239	云南城投	7.20%	600605	汇通能源	1.00%
600665	天地源	4.18%	600215	长春经开	1.00%
600743	华远地产	4.03%	603506	南都物业	1.00%
000732	泰禾集团	3.74%	000803	金宇车城	-14.63%
行业平均		2.30%			
社会服务业（H、L、M、N、O、Q）					
002889	东方嘉盛	4.78%	000613	大东海 A	1.00%
000415	渤海租赁	4.37%	600790	轻纺城	1.00%
002183	怡亚通	3.47%	000509	华塑控股	1.00%
002769	普路通	3.45%	600234	*ST 山水	1.00%
601330	绿色动力	3.39%	002210	*ST 飞马	-7.18%
行业平均		1.75%			

续表

股票代码	公司简称	资本杠杆指标行业前五名	股票代码	公司简称	资本杠杆指标行业后五名
传播与文化行业（P、R）					
000526	紫光学大	12.50%	300640	德艺文创	1.00%
300426	唐德影视	3.10%	300654	世纪天鸿	1.00%
002071	长城影视	1.83%	600088	中视传媒	1.00%
002607	中公教育	1.82%	601999	出版传媒	1.00%
600136	当代明诚	1.76%	002502	鼎龙文化	1.00%
行业平均		1.15%			
综合类行业 S					
600784	鲁银投资	2.19%	000551	创元科技	1.22%
000532	华金资本	2.16%	600175	美都能源	1.19%
000009	中国宝安	2.04%	600770	综艺股份	1.13%
600673	东阳光	2.02%	600212	江泉实业	1.00%
600200	江苏吴中	1.36%	600455	博通股份	1.00%
行业平均		1.54%			

附录O　2019年中国上市公司短期金融性负债流动比率排行榜

中国企业营运资金管理研究中心

股票代码	公司简称	短期金融性负债流动比率行业前五名	股票代码	公司简称	短期金融性负债流动比率行业后五名
农、林、牧、渔行业 A					
600598	北大荒	极大	600467	好当家	0.68%
600371	万向德农	极大	600359	新农开发	0.65%
300189	神农科技	2246.37%	002069	獐子岛	0.65%
600506	香梨股份	1525.95%	300511	雪榕生物	0.25%
300761	立华股份	713.44%	300313	天山生物	-2.75%
行业平均		2.10%			
采矿业 B					
600583	海油工程	极大	002629	*ST仁智	-0.73%
601958	金钼股份	极大	600547	山东黄金	-1.36%
000780	平庄能源	极大	300483	沃施股份	-1.45%
000655	金岭矿业	极大	600508	上海能源	-1.80%
600777	新潮能源	极大	000611	*ST天首	-147.26%
行业平均		0.44%			
制造业——食品、饮料行业 C0					
600519	贵州茅台	极大	600887	伊利股份	-0.11%
000858	五粮液	极大	603363	傲农生物	-0.17%
002304	洋河股份	极大	002604	*ST龙力	-0.71%
603156	养元饮品	极大	600419	天润乳业	-0.93%
000568	泸州老窖	极大	000995	*ST皇台	-1.99%
行业平均		3.75%			

续表

股票代码	公司简称	短期金融性负债流动比率行业前五名	股票代码	公司简称	短期金融性负债流动比率行业后五名
制造业——纺织、服装、皮毛行业 C1					
603587	地素时尚	极大	600220	江苏阳光	1.06%
603001	奥康国际	极大	002083	孚日股份	1.05%
603116	红蜻蜓	极大	603518	锦泓集团	0.81%
300005	探路者	极大	603555	贵人鸟	0.69%
002516	旷达科技	极大	603157	拉夏贝尔	0.21%
行业平均		2.98%			
制造业——木材、家具行业 C2					
600321	ST 正源	极大	300749	顶固集创	1.33%
603818	曲美家居	极大	601996	丰林集团	1.16%
603600	永艺股份	极大	002853	皮阿诺	1.15%
603661	恒林股份	极大	603801	志邦家居	0.87%
603389	亚振家居	极大	002240	威华股份	0.61%
行业平均		2.55%			
制造业——造纸、印刷行业 C3					
002191	劲嘉股份	极大	600567	山鹰纸业	0.70%
002951	金时科技	极大	000812	陕西金叶	0.68%
603607	京华激光	极大	600836	界龙实业	0.51%
603499	翔港科技	极大	600966	博汇纸业	0.33%
603058	永吉股份	极大	600793	宜宾纸业	0.30%
行业平均		1.27%			
制造业——石油、化学、塑料、塑胶行业 C4					
300741	华宝股份	极大	600989	宝丰能源	-0.14%
603379	三美股份	极大	000830	鲁西化工	-0.27%
002585	双星新材	极大	600328	兰太实业	-0.43%
603983	丸美股份	极大	600746	江苏索普	-2.67%
300699	光威复材	极大	000953	*ST 河化	-36.45%
行业平均		1.26%			
制造业——计算机、通信和其他电子设备制造业 C5					
603023	威帝股份	极大	000050	深天马 A	0.40%
002308	威创股份	极大	600584	长电科技	0.29%
688036	传音控股	极大	300476	胜宏科技	0.28%
600171	上海贝岭	极大	002387	维信诺	0.18%
300114	中航电测	极大	603386	广东骏亚	0.07%
行业平均		2.59%			

续表

股票代码	公司简称	短期金融性负债流动比率行业前五名	股票代码	公司简称	短期金融性负债流动比率行业后五名
制造业——金属、非金属行业 C6					
002032	苏泊尔	极大	000959	首钢股份	-0.25%
002233	塔牌集团	极大	600331	宏达股份	-0.46%
600206	有研新材	极大	600022	山东钢铁	-0.53%
600529	山东药玻	极大	600581	八一钢铁	-0.68%
002026	山东威达	极大	000708	中信特钢	-1.95%
行业平均		1.12%			
制造业——机械、设备、仪表行业 C7					
603218	日月股份	极大	600732	ST 爱旭	-0.83%
603897	长城科技	极大	000633	合金投资	-0.93%
300400	劲拓股份	极大	000572	*ST 海马	-1.50%
603050	科林电气	极大	300772	运达股份	-21.89%
603355	莱克电气	极大	000800	一汽轿车	-501.81%
行业平均		2.91%			
制造业——医药、生物制品行业 C8					
000538	云南白药	极大	600129	太极集团	0.63%
600276	恒瑞医药	极大	002653	海思科	0.59%
000423	东阿阿胶	极大	002437	誉衡药业	0.50%
002007	华兰生物	极大	000153	丰原药业	0.47%
000813	德展健康	极大	002219	恒康医疗	0.20%
行业平均		3.32%			
制造业——其他制造业 C9					
300722	新余国科	极大	600086	东方金钰	1.10%
688196	卓越新能	极大	000820	*ST 节能	0.91%
600817	ST 宏盛	极大	002098	浔兴股份	0.88%
002574	明牌珠宝	146.49%	002672	东江环保	0.56%
603059	倍加洁	89.68%	600008	首创股份	-0.04%
行业平均		1.57%			
电力、热力、燃气及水生产和供应业 D					
601199	江南水务	极大	2267	陕天然气	-0.44%
600101	明星电力	极大	600644	乐山电力	-0.55%
603706	东方环宇	极大	600025	华能水电	-0.79%
600868	梅雁吉祥	极大	600900	长江电力	-0.87%
000722	湖南发展	266.91%	600452	涪陵电力	-3.22%
行业平均		0.32%			

续表

股票代码	公司简称	短期金融性负债流动比率行业前五名	股票代码	公司简称	短期金融性负债流动比率行业后五名
建筑行业 E					
600248	延长化建	极大	002060	粤水电	0.77%
603359	东珠生态	极大	600491	龙元建设	0.60%
002963	豪尔赛	极大	002163	中航三鑫	0.55%
603929	亚翔集成	极大	002205	国统股份	-0.29%
300536	农尚环境	极大	002713	东易日盛	-13.72%
行业平均		2.31%			
批发和零售行业 F					
002867	周大生	极大	600778	友好集团	-1.77%
600826	兰生股份	极大	000759	中百集团	-1.95%
601028	玉龙股份	极大	603101	汇嘉时代	-2.23%
601116	三江购物	极大	603708	家家悦	-4.13%
600814	杭州解百	极大	000996	中国中期	极小
行业平均		1.85%			
交通运输、仓储和邮政行业 G					
600009	上海机场	极大	601111	中国国航	-0.81%
000886	海南高速	极大	600029	南方航空	-1.24%
601188	龙江交通	极大	002930	宏川智慧	-1.33%
000089	深圳机场	极大	600115	东方航空	-1.49%
603967	中创物流	极大	000755	山西路桥	-4.42%
行业平均		0.52%			
信息传输、软件和信息技术服务业 I					
601360	三六零	极大	002354	天神娱乐	-5.43%
688111	金山办公	极大	600050	中国联通	-5.83%
002153	石基信息	极大	300104	乐视网	-8.47%
601698	中国卫通	极大	600959	江苏有线	-12.40%
600602	云赛智联	极大	600701	*ST工新	-60.14%
行业平均		3.02%			
房地产行业 K					
600215	长春经开	极大	600663	陆家嘴	0.75%
600159	大龙地产	极大	600807	ST天业	0.70%
600173	卧龙地产	极大	600177	雅戈尔	0.61%
600605	汇通能源	极大	000803	金宇车城	-0.68%
002968	新大正	极大	600247	ST成城	-5.06%
行业平均		3.37%			

续表

股票代码	公司简称	短期金融性负债流动比率行业前五名	股票代码	公司简称	短期金融性负债流动比率行业后五名
社会服务业（H、L、M、N、O、Q）					
603357	设计总院	极大	600593	大连圣亚	-0.55%
002181	粤传媒	极大	600323	瀚蓝环境	-0.56%
002887	绿茵生态	极大	601200	上海环境	-0.88%
603698	航天工程	极大	000585	ST 东电	-6.40%
000038	深大通	极大	600896	览海投资	-72.18%
行业平均		1.72%			
传播与文化行业（P、R）					
601098	中南传媒	极大	002071	长城影视	0.16%
601801	皖新传媒	极大	000665	湖北广电	-0.18%
601949	中国出版	极大	000526	紫光学大	-0.22%
000156	华数传媒	极大	600661	昂立教育	-3.39%
000719	中原传媒	极大	002621	美吉姆	-32.31%
行业平均		5.69%			
综合类行业 S					
600212	江泉实业	极大	600175	美都能源	1.37%
600455	博通股份	极大	600805	悦达投资	0.92%
600603	广汇物流	12.84%	600784	鲁银投资	0.44%
600770	综艺股份	3.27%	000532	华金资本	0.43%
000551	创元科技	2.69%	000571	*ST 大洲	-0.37%
行业平均		1.73%			

附录 P　2019 年中国上市公司短期金融性负债占比排行榜

中国企业营运资金管理研究中心

股票代码	公司简称	短期金融性负债占比行业前五名	股票代码	公司简称	短期金融性负债占比行业后五名
农、林、牧、渔行业 A					
300511	雪榕生物	395.44%	600506	香梨股份	0.07%
002069	獐子岛	154.12%	300189	神农科技	0.04%
600359	新农开发	153.15%	600598	北大荒	0
600467	好当家	146.80%	600371	万向德农	0
002321	华英农业	126.59%	300313	天山生物	-36.36%
行业平均		47.55%			
采矿业 B					
600759	洲际油气	2803.45%	600028	中国石化	-421.88%
600497	驰宏锌锗	898.83%	000426	兴业矿业	-467.47%
600871	石化油服	874.39%	000983	西山煤电	-470.23%
600256	广汇能源	800.62%	601857	中国石油	-666.84%
601020	华钰矿业	727.99%	601666	平煤股份	-5663.56%
行业平均		225.31%			
制造业——食品、饮料行业 C0					
002910	庄园牧场	1539.71%	000995	*ST 皇台	-50.29%
002946	新乳业	1416.07%	600419	天润乳业	-107.20%
002124	天邦股份	561.96%	002604	*ST 龙力	-141.83%
600438	通威股份	559.97%	603363	傲农生物	-583.03%
002157	正邦科技	436.15%	600887	伊利股份	-925.28%
行业平均		26.66%			

续表

股票代码	公司简称	短期金融性负债占比行业前五名	股票代码	公司简称	短期金融性负债占比行业后五名
制造业——纺织、服装、皮毛行业 C1					
603157	拉夏贝尔	480.78%	603958	哈森股份	0
603555	贵人鸟	144.77%	300005	探路者	0
603518	锦泓集团	123.67%	603001	奥康国际	0
002083	孚日股份	95.08%	002569	*ST 步森	0
600220	江苏阳光	94.57%	000982	*ST 中绒	0
行业平均	33.56%				
制造业——木材、家具行业 C2					
603818	曲美家居	164.46%	603226	菲林格尔	0
000663	永安林业	114.49%	603610	麒盛科技	0
002240	威华股份	87.10%	603326	我乐家居	0
600978	宜华生活	86.41%	002853	皮阿诺	0
603008	喜临门	74.96%	603389	亚振家居	0
行业平均	39.21%				
制造业——造纸、印刷行业 C3					
600793	宜宾纸业	334.21%	002951	金时科技	0
600966	博汇纸业	299.60%	603607	京华激光	0
600836	界龙实业	194.97%	603499	翔港科技	0
000812	陕西金叶	145.99%	603058	永吉股份	0
600567	山鹰纸业	143.88%	300756	中山金马	0
行业平均	78.53%				
制造业——石油、化学、塑料、塑胶行业 C4					
603260	合盛硅业	2494.53%	600328	兰太实业	-232.21%
601011	宝泰隆	2321.25%	000830	鲁西化工	-376.11%
000422	ST 宜化	2023.48%	600989	宝丰能源	-730.33%
601216	君正集团	1641.28%	000420	吉林化纤	-1273.01%
601015	陕西黑猫	1619.21%	002319	乐通股份	-1420.74%
行业平均	79.35%				
制造业——计算机、通信和其他电子设备制造业 C5					
603386	广东骏亚	1380.97%	600800	天津磁卡	0
002387	维信诺	566.74%	002188	*ST 巴士	0
300476	胜宏科技	357.72%	300028	金亚科技	0
600584	长电科技	348.13%	000670	*ST 盈方	0
000050	深天马 A	252.33%	000727	华东科技	-183.89%
行业平均	38.63%				

续表

股票代码	公司简称	短期金融性负债占比行业前五名	股票代码	公司简称	短期金融性负债占比行业后五名
制造业——金属、非金属行业 C6					
600678	四川金顶	3703.15%	000959	首钢股份	-395.11%
600802	福建水泥	2940.23%	600010	包钢股份	-553.45%
000709	河钢股份	2326.48%	300089	文化长城	-600.80%
000933	神火股份	1046.78%	000717	韶钢松山	-973.30%
000807	云铝股份	1027.64%	600595	*ST 中孚	-10309.70%
行业平均		89.14%			
制造业——机械、设备、仪表行业 C7					
300318	博晖创新	632.88%	600732	ST 爱旭	-120.28%
601777	力帆股份	556.01%	000927	一汽夏利	-544.95%
600166	福田汽车	332.16%	600818	中路股份	-989.92%
002684	*ST 猛狮	326.62%	002260	*ST 德奥	-1058.81%
002616	长青集团	296.58%	601127	小康股份	-2269.68%
行业平均		34.34%			
制造业——医药、生物制品行业 C8					
002219	恒康医疗	492.38%	603963	大理药业	0
000153	丰原药业	211.15%	603976	正川股份	0
002437	誉衡药业	199.67%	688166	博瑞医药	0
002653	海思科	168.63%	688363	华熙生物	0
600129	太极集团	159.36%	688399	硕世生物	0
行业平均		30.11%			
制造业——其他制造业 C9					
002672	东江环保	179.56%	002574	明牌珠宝	0.68%
002098	浔兴股份	113.09%	300722	新余国科	0
000820	*ST 节能	109.43%	688196	卓越新能	0
600086	东方金钰	90.73%	600817	ST 宏盛	0
600614	*ST 鹏起	86.62%	600008	首创股份	-2602.69%
行业平均		63.68%			
电力、热力、燃气及水生产和供应业 D					
600795	国电电力	128558.78%	600283	钱江水利	-480.26%
600396	*ST 金山	5455.26%	600021	上海电力	-725.52%
600726	*ST 华源	2149.53%	600027	华电国际	-1238.90%
000027	深圳能源	1933.30%	002039	黔源电力	-1919.36%
000767	漳泽电力	1888.72%	600578	京能电力	-54497.01%
行业平均		312.44%			

续表

股票代码	公司简称	短期金融性负债占比行业前五名	股票代码	公司简称	短期金融性负债占比行业后五名
建筑行业 E					
002163	中航三鑫	180.30%	002830	名雕股份	0
600491	龙元建设	167.47%	002963	豪尔赛	0
002060	粤水电	129.54%	600209	ST 罗顿	0
002761	多喜爱	104.20%	002713	东易日盛	-7.29%
603007	花王股份	94.33%	002205	国统股份	-341.33%
行业平均		43.36%			
批发和零售行业 F					
000417	合肥百货	981.19%	600712	南宁百货	-437.09%
600361	华联综超	171.95%	600785	新华百货	-449.01%
600280	中央商场	168.70%	002251	步步高	-503.90%
000587	金洲慈航	152.64%	601366	利群股份	-1130.37%
002277	友阿股份	144.62%	603031	安德利	-1589.11%
行业平均		54.13%			
交通运输、仓储和邮政行业 G					
600428	中远海特	806.05%	601008	连云港	-184.25%
600017	日照港	747.54%	000885	城发环境	-228.18%
600561	江西长运	744.59%	600377	宁沪高速	-264.22%
600020	中原高速	699.32%	600190	锦州港	-831.10%
603885	吉祥航空	644.30%	601018	宁波港	-1575.48%
行业平均		191.99%			
信息传输、软件和信息技术服务业 I					
000839	中信国安	808.10%	002359	*ST 北讯	-240.96%
300418	昆仑万维	311.13%	600936	广西广电	-288.08%
300738	奥飞数据	209.69%	601929	吉视传媒	-373.36%
002072	*ST 凯瑞	199.71%	000835	长城动漫	-624.29%
600654	*ST 中安	179.68%	603881	数据港	-1196.46%
行业平均		33.15%			
房地产行业 K					
600177	雅戈尔	163.46%	600159	大龙地产	0
600807	ST 天业	143.85%	600215	长春经开	0
600663	陆家嘴	132.48%	000007	全新好	0
600239	云南城投	97.99%	600247	ST 成城	-19.76%
000540	中天金融	89.39%	000803	金宇车城	-147.00%
行业平均		29.69%			

续表

股票代码	公司简称	短期金融性负债占比行业前五名	股票代码	公司简称	短期金融性负债占比行业后五名
社会服务业（H、L、M、N、O、Q）					
300008	天海防务	2342.78%	600323	瀚蓝环境	-179.74%
601330	绿色动力	1872.49%	600593	大连圣亚	-181.95%
601828	美凯龙	1504.14%	603797	联泰环保	-212.47%
000978	桂林旅游	920.61%	600258	首旅酒店	-346.66%
000516	国际医学	600.75%	603603	博天环境	-430.99%
行业平均		58.13%			
传播与文化行业（P、R）					
002071	长城影视	623.10%	002502	鼎龙文化	0
300043	星辉娱乐	224.49%	002621	美吉姆	-3.10%
002607	中公教育	223.66%	600661	昂立教育	-29.53%
603377	东方时尚	193.65%	000526	紫光学大	-447.59%
300027	华谊兄弟	147.05%	000665	湖北广电	-562.46%
行业平均		17.56%			
综合类行业 S					
000532	华金资本	231.56%	600770	综艺股份	30.57%
600784	鲁银投资	228.68%	600603	广汇物流	7.79%
600805	悦达投资	109.01%	600212	江泉实业	0
600175	美都能源	72.75%	600455	博通股份	0
600673	东阳光	72.73%	000571	*ST 大洲	-269.03%
行业平均		57.80%			

附录 Q　2019 年中国上市公司分地区借入资金比率排行榜

中国企业营运资金管理研究中心

股票代码	公司简称	借入资金比率地区前五名	股票代码	公司简称	借入资金比率地区后五名
东部地区					
000820	*ST 节能	261.21%	600647	同达创业	0
600485	*ST 信威	206.78%	300029	天龙光电	0
000927	一汽夏利	162.55%	300104	乐视网	-18.87%
002210	*ST 飞马	113.93%	002711	*ST 欧浦	-135.05%
600306	商业城	107.04%	002604	*ST 龙力	-617.30%
地区平均		37.37%			
中部地区					
300090	盛运环保	107.97%	000548	湖南投资	0
300216	千山药机	92.11%	002903	宇环数控	0
000422	ST 宜化	89.34%	600215	长春经开	0
600086	东方金钰	88.69%	000670	*ST 盈方	0
300268	佳沃股份	88.41%	600701	*ST 工新	-34.74%
地区平均		36.57%			
西部地区					
300362	天翔环境	117.08%	000982	*ST 中绒	0
000803	金宇车城	106.84%	600381	青海春天	0
000911	*ST 南糖	88.36%	600084	*ST 中葡	0
600239	云南城投	86.11%	300116	坚瑞沃能	0
600096	云天化	83.26%	300028	金亚科技	0
地区平均		40.43%			
全国总体					
000820	*ST 节能	261.21%	000655	金岭矿业	0
600485	*ST 信威	206.78%	300104	乐视网	-18.87%
000927	一汽夏利	162.55%	600701	*ST 工新	-34.74%
300362	天翔环境	117.08%	002711	*ST 欧浦	-135.05%
002210	*ST 飞马	113.93%	002604	*ST 龙力	-617.30%
地区平均		21.11%			

附录 R　2019 年中国上市公司分地区资本杠杆排行榜

中国企业营运资金管理研究中心

股票代码	公司简称	资本杠杆 地区前五名	股票代码	公司简称	资本杠杆 地区后五名
东部地区					
002069	獐子岛	14.67%	000820	＊ST 节能	-0.62%
000526	紫光学大	12.50%	600485	＊ST 信威	-0.94%
600319	ST 亚星	9.71%	000927	一汽夏利	-1.60%
600683	京投发展	8.49%	002210	＊ST 飞马	-7.18%
600225	天津松江	8.33%	600306	商业城	-14.20%
地区平均		1.60%			
中部地区					
300216	千山药机	12.68%	000156	华数传媒	1.00%
000422	ST 宜化	9.38%	000622	恒立实业	1.00%
600086	东方金钰	8.84%	600234	＊ST 山水	1.00%
300268	佳沃股份	8.63%	600701	＊ST 工新	0.74%
600726	＊ST 华源	7.77%	300090	盛运环保	-12.55%
地区平均		1.58%			
西部地区					
000911	＊ST 南糖	8.59%	300127	银河磁体	1.00%
600239	云南城投	7.20%	600883	博闻科技	1.00%
600096	云天化	5.97%	000509	华塑控股	1.00%
600265	ST 景谷	4.64%	300362	天翔环境	-5.85%
600691	阳煤化工	4.52%	000803	金宇车城	-14.63%
地区平均		1.68%			
全国总体					
002069	獐子岛	14.67%	300362	天翔环境	-5.85%
300216	千山药机	12.68%	002210	＊ST 飞马	-7.18%
000526	紫光学大	12.50%	300090	盛运环保	-12.55%
600319	ST 亚星	9.71%	600306	商业城	-14.20%
000422	ST 宜化	9.38%	000803	金宇车城	-14.63%
地区平均		1.40%			

附录 S 2019 年中国上市公司分地区短期金融性负债流动比率排行榜

中国企业营运资金管理研究中心

股票代码	公司简称	短期金融性负债流动比率地区前五名	股票代码	公司简称	短期金融性负债流动比率地区后五名
东部地区					
002304	洋河股份	极大	600959	江苏有线	-12.40%
600276	恒瑞医药	极大	002713	东易日盛	-13.72%
601360	三六零	极大	300772	运达股份	-21.89%
300760	迈瑞医疗	极大	002621	美吉姆	-32.31%
603156	养元饮品	极大	600896	览海投资	-72.18%
地区平均		2.01%			
中部地区					
600066	宇通客车	极大	000759	中百集团	-1.95%
601098	中南传媒	极大	000755	山西路桥	-4.42%
000400	许继电气	极大	600247	ST 成城	-5.06%
601801	皖新传媒	极大	600701	*ST 工新	-60.14%
000156	华数传媒	极大	000800	一汽轿车	-501.81%
地区平均		1.66%			
西部地区					
600519	贵州茅台	极大	603101	汇嘉时代	-2.23%
000858	五粮液	极大	300313	天山生物	-2.75%
000538	云南白药	极大	600452	涪陵电力	-3.22%
000568	泸州老窖	极大	000953	*ST 河化	-36.45%
300741	华宝股份	极大	000611	*ST 天首	-147.26%
地区平均		1.91%			
全国总体					
600777	新潮能源	极大	000953	*ST 河化	-36.45%
600007	中国国贸	极大	600701	*ST 工新	-60.14%
603218	日月股份	极大	600896	览海投资	-72.17%
603897	长城科技	极大	000611	*ST 天首	-147.26%
300487	蓝晓科技	极大	000800	一汽轿车	-501.81%
地区平均		1.95%			

附录 T　2019 年中国上市公司分地区短期金融性负债占比排行榜

中国企业营运资金管理研究中心

股票代码	公司简称	短期金融性负债占比地区前五名	股票代码	公司简称	短期金融性负债占比地区后五名
东部地区					
600795	国电电力	128558.78%	600027	华电国际	-1238.90%
600396	*ST 金山	5455.26%	002319	乐通股份	-1420.74%
600802	福建水泥	2940.23%	601018	宁波港	-1575.48%
600759	洲际油气	2803.45%	600008	首创股份	-2602.69%
603260	合盛硅业	2494.53%	600578	京能电力	-54497.01%
地区平均		49.82%			
中部地区					
601011	宝泰隆	2321.25%	000665	湖北广电	-562.46%
600726	*ST 华源	2149.53%	000420	吉林化纤	-1273.01%
000422	ST 宜化	2023.48%	603031	安德利	-1589.11%
000767	漳泽电力	1888.72%	601666	平煤股份	-5663.56%
000966	长源电力	1537.03%	600595	*ST 中孚	-10309.70%
地区平均		60.13%			
西部地区					
600678	四川金顶	3703.15%	600010	包钢股份	-553.45%
601216	君正集团	1641.28%	600989	宝丰能源	-730.33%
601015	陕西黑猫	1619.21%	600887	伊利股份	-925.28%
002910	庄园牧场	1539.71%	002039	黔源电力	-1919.36%
002946	新乳业	1416.07%	601127	小康股份	-2269.68%
地区平均		52.24%			
全国总体					
600795	国电电力	128558.78%	601127	小康股份	-2269.68%
600396	*ST 金山	5455.26%	600008	首创股份	-2602.69%
600678	四川金顶	3703.15%	601666	平煤股份	-5663.56%
600802	福建水泥	2940.23%	600595	*ST 中孚	-10309.70%
600759	洲际油气	2803.45%	600578	京能电力	-54497.01%
地区平均		62.58%			

附录U 国家教学成果奖获奖成果总结报告

科教融合，产学协同，理实一体，构筑财会专业研究生教育特色资源共享平台

为适应经济社会发展对高层次应用型专门人才的要求，教育部发布了《教育部关于做好全日制硕士专业学位研究生培养工作的若干意见》（教研〔2009〕1号），从而拉开了研究生教育结构调整的序幕。在研究生教育结构调整的大背景下，不仅作为新生事物的全日制专业学位研究生的培养需要探索、构建与之相适应的培养体系，而且全日制学术型研究生的培养也需要重新审视其人才培养的目标定位和相对应的培养体系。作为人才培养体系基础支撑的研究生教育资源整合由此成为各培养单位关注的焦点。

该成果以山东省首个会计学博士点、首个会计硕士（MPAcc）授权点——中国海洋大学会计学科为支撑，通过“学术型硕士研究生实践能力的定位与培养模式研究”“全日制会计硕士专业学位（MPAcc）研究生培养模式创新研究”等十几项研究生教育创新计划项目，系统论证了财会专业学术学位和专业学位研究生的能力框架。在此基础上，以中国会计学会与中国海洋大学合作设立的中国企业营运资金管理研究中心为核心，并联合包括该成果主要完成单位在内的40多家协同单位，以协同创新为先导，科教融合，产学协同，将研究生理论创新能力和实践创新能力的培养融为一体，创建了独具特色的“科教融合、产学互动、理实一体的研究生教育资源整合模式”，构筑了内容丰富、开放共享的财会专业研究生教育特色资源体系，实现了“学术高地与权威智库”“科学研究与教学研究”“专业综合改革与科研综合改革”的有机统一，成为协同创新和协同培养的典范。

一、财会专业研究生人才培养改革与资金管理特色教育资源整合的使命

会计行业中长期人才发展规划（2010—2020年）提出，到2020年，高级、中级、初级财会人才比例要达到10∶40∶50，而在2009年，我国高级财会人才的比例却不足1%。这无疑对财会专业研究生等高端人才的创新能力培养提出了很高要求。但从财会专业研究生培养的现实来看，较为普遍地存在以下问题：

（一）理论创新能力与实践创新能力培养的割裂

学术型研究生的培养侧重于实证方法训练，缺乏在实践调查基础上的理论创新能力的培养，理论研究严重滞后于管理实践；专业学位研究生的培养虽注重实践和案例，但缺乏科学的理论支持，导致实践创新能力的不足。

（二）教育资源高度分散，缺乏系统整合，资源共享利用率较低

财会专业人才供给和需求的广泛性决定了其教育资源的高度分散性，与本科层次教育资源整合相比，研究生教育资源整合更为少见。

（三）协同创新与协同培养的多元主体动力不足，可持续性差

协同机制的可持续性是决定协同创新和协同培养成功与否的关键，如何实现参与各方的互利共赢是问题核心。

中国海洋大学是国家“211”“985”和“双一流”重点建设的教育部直属综合性大学，是山东省首个具有会计学专业博士学位授予权和首个具有会计硕士（MPAcc）专业学位授予权的高校。会计学专业是山东省首批普通高等教育品牌专业、国家特色专业和“十二五”强化建设的特色重点学科。以在营运资金管理领域的特色研究优势为依托，中国海洋大学与中国会计学会于 2009 年 8 月合作组建了中国会计学会的首个产学研联盟——中国企业营运资金管理研究中心。研究中心成立伊始，就在国内率先在会计学专业学术型研究生、全日制 MPAcc 专业学位研究生中开设《营运资金管理研究》课程，探索将研究生的资金管理理论创新能力和实践创新能力的培养融为一体。以此为基础，中国企业营运资金管理研究中心主动适应国家重大需求，通过山东省研究生教育创新计划“学术型硕士研究生实践能力的定位与培养模式研究”（2010 年立项）、“全日制会计硕士专业学位（MPAcc）研究生培养模式创新研究”（2011 年立项）等教学改革项目的研究，以理论创新能力和实践创新能力为核心对财会专业研究生能力框架、培养模式综合改革以及与之相适应的财会专业研究生教育特色资源的系统整合进行了深入探索。

二、财会专业研究生教育特色资源系统整合的机制探索

（一）通过组织产学研协同创新和大规模的企业资金管理调查，解决由于资金管理研究与实践严重脱节导致的教育资源陈旧落后问题

通过组织产学研协同创新和持续大规模开展“中国上市公司营运资金管理调查”、持续发布“中国上市公司营运资金管理绩效排行榜”、持续编撰“营运资金管理发展报告系列丛书”、持续开发“中国上市公司营运资金管理数据库、案例库”、持续举办“营运资金管理高峰论坛”等方式，彻底扭转资金管理研究与实践严重脱节的局面。在此基础上，科研反哺教学，将科学研究的前沿理论和管理实践的最新理念、典型案例和先进模式引入课程教学，通过合作开发慕课、教材和教学案例等优质课程建设，强化课程论文、典型案例分析报告等方式，实现教育资源的内容丰富和更新，解决教育资源陈旧、落后问题。

（二）科教融合，以“思想库”“文献库”“数据库”“案例库”建设为核心，强化教育资源的系统整合，解决教育资源高度分散问题和理论创新能力与实践创新能力培养的脱节问题

该成果在系统论证会计学、财务管理专业学术型研究生和会计硕士（MPAcc）专业学位研究生的能力框架并理顺理论创新能力和实践创新能力在两种类型研究生培养中的关系基础上，以资金管理理论创新能力与实践创新能力为核心构筑了与能力要求相适应的“特色课程资源”“特色实践资源”“特色数据资源”“特色案例资源”“特色文献资源”“特色讲座资源”等，为解决财会专业研究生培养理实割裂的问题提供了坚实的资源保障。

（三）产学协同，以面向学术前沿的学术高地和面向重大现实需求的权威智库建设为牵引，以“共研”“共建”“共享”“共赢”的理念，增强协同各方的合作动力和协同的持续性

除中国企业营运资金管理研究中心外，该成果的主要依托机构还有中国海洋大学与中国企业财务管理协会设立的首个产学研联盟（中国混合所有制与资本管理研究院）以及与该成果其他主要完成单位合作组建的中国资金管理智库协同创新中心。产学协同，面向科学前沿合作开展理论课题研究，创新概念体系，总结前沿理念，推动理论发展，协力打造学术高地。在协力构筑权威智库的同时，面向政府、行业、企业重大需求合作开展课题咨询，将创新的理论和评价体系应用于管理实践，为政府、行业、企业提供智力支撑，增强产学各方协同创新和协同培养的动力。此外，该成果还通过持续举办理论界和实务界共同参与的系列论坛活动，举办名家系列专题讲座，构筑协同创新和协同培养的互动平台，增强协同的持续性。

三、创新点

（一）构筑了“科教融合、产学协同、理实一体的研究生教育资源整合”模式

该成果充分发挥协同创新中心的创新引领功能，以资源创新开发驱动资源整合和共享应用。通过持续大规模开展专题调查、持续编撰系列发展报告、研究文丛和集刊、持续合作开发系列数据库、案例库以及持续举办系列高峰论坛等方式，彻底扭转了理论研究与实践严重脱节的局面。在此基础上，实现科教融合，从理论教学内容更新、实践教学体系重构和信息共享与交流平台搭建三个方面对研究生教育资源进行系统整合，构筑了“科教融合、产学协同、理实一体的研究生教育资源整合”模式。

（二）构建了由“特色课程资源”“特色实践资源”和“特色文献资源”“特色数据资源”“特色案例资源”“特色讲座资源”等组成的财会专业研究生教育特色资源共享平台

特色课程资源涵盖“营运资金管理精品课”“营运资金管理慕课”、《营运资金管理》等特色教材；特色实践资源涵盖营运资金管理调查、资金管理咨询诊断与案例研发、系列高峰论坛等；特色文献资源涵盖“营运资金管理发展报告系列丛书”“利益相关者会计与管理文丛”“系列高峰论坛论文集”、《中国会计研究与教育》集刊等；特色数据资源涵盖营运管理数据库、资本效率数据库、财务风险数据库、利益相关者关系数据库等；特色案例资源涵盖营运资金管理案例库及系列教学案例等；特色讲座资源涵盖 100 余场专家讲座、名家讲堂、学术报告等。

（三）创建了“学术高地与权威智库”“科学研究与教学研究”以及“专业综合改革与科研综合改革”有机统一的科教融合机制，强化了协同互动的持续性

该成果以协同创新平台为依托，以面向学术前沿的学术高地和面向重大现实需求的权威智库建设为牵引，构建了“学术高地与权威智库”“科学研究与教学研究”及“专业综合改革与科研综合改革”有机统一的科教融合机制，实现了能力培养和资源共享的统一，使协同的持续性得以根本保障（见图 U－1）。

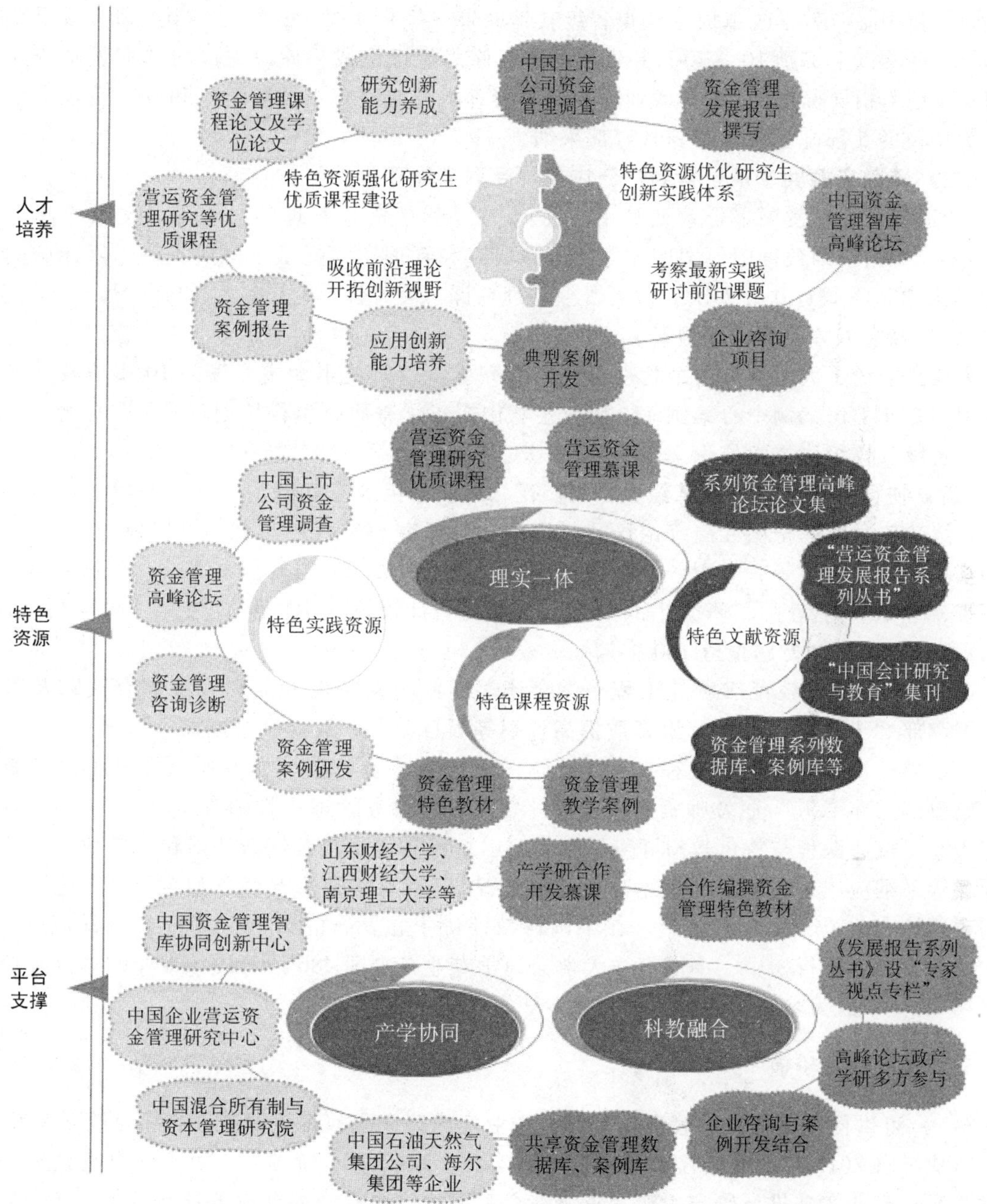

图U-1 科教融合，产学互动，理实一体，构筑财会专业研究生教育特色资源共享平台

四、成果应用及实施效果

（一）中国企业营运资金管理研究中心成为公认的资金管理学术高地和权威智库，并成为科教融合和综合改革的典范

中国企业营运资金管理研究中心2016年入选中国智库索引（CTTI）首批来源智库。在此基础上，中国海洋大学牵头并联合40多家著名高校、学会、企业组建了中国资金管理智

库协同创新中心。教学改革成果获得省级教学成果一等奖4项、二等奖3项。研究成果获得省部级二等奖以上奖励10多项，并入选光明智库思想理论成果库。完成的“职教师资财务管理专业培养指导标准”“中等职业学校财务管理类专业教师指导标准”和以“营运资金管理”为特色的5部配套教材得到教育部采纳。

（二）特色资源共享平台得到广泛应用，受到高度评价

“营运资金管理发展报告系列丛书”被誉为“营运资金管理的思想库、文献库和信息库”。所开发的系列数据库、案例库等为理论研究和管理实践提供了坚实支持，累计访问量17万多人次，下载近9万人次；营运资金管理慕课、公开课，4万多人参与学习。

（三）特色人才培养成效显著

为社会输送了大量具有资金管理特长的研究生。以研究生为主开发的10多项教学案例入选中国专业学位案例中心案例库。研究生获山东省优秀研究生科技创新成果一等奖、二等奖以及省级、校级优秀学位论文等20多人次。

（四）协同创新和综合改革经验得到广泛认可，示范效应突出

连续7年举办的全国性高峰论坛及《中国会计研究与教育》集刊、发展报告系列丛书、系列高峰论坛论文集等，吸引了200多所高校、企业的2000多人参加研讨，刊载了100多所高校、近2000名教师、研究生的成果。《中国会计报》《中国教育报》《财务与会计》《会计之友》等报刊专题报道100多篇。

（五）辐射带动教育部质量工程——会计学专业国家特色专业和专业综合改革及教育部、财政部“十二五”职教师资素质提高计划等项目改革，取得显著成果

该成果还被教育部质量工程——会计学国家特色专业、会计学专业综合改革以及教育部、财政部“十二五”职教师资素质提高计划——“财务管理职教师资本科专业培养标准、培养方案、核心课程与特色教材开发”和多项山东省研究生教育创新计划和本科教学改革重点项目等采纳应用，实现了“学术高地与权威智库”“科学研究与教学研究”“专业综合改革与科研综合改革”的有机统一。在中国科教评价中心发布的2016—2017年、2017—2018年中国大学专业排行榜中，中国海洋大学会计学专业在全国480所开设该专业的本科院校中排名第17位，成为名副其实的国家特色专业。

五、推广应用价值

（一）可供同类高校经济管理类学科、专业实施研究生教育资源整合和综合改革参考

该成果自2013年即开始在协同高校进行实践，取得了丰硕成果，对于同类高校经济管理类学科、专业实施进行研究生教育资源整合和人才培养模式综合改革具有借鉴意义。

（二）可供会计学专业、财务管理专业改革财务管理课程教学时参考

该成果将业务、财务一体化和跨企业边界解决资金管理难题的创新理念和管理模式、权威机构的研究报告以及国内外著名企业的典型案例纳入教学内容并将营运资金管理作为一门独立课程开设的做法，对于强化学生资金管理专业特长的培养具有重要意义，可供其他学校进行课程教学改革时借鉴、参考。

参考文献

奥肯，1999. 平等与效率［M］. 王奔洲，译. 北京：华夏出版社.

葛家澍，占美松，2008. 企业财务报告分析必须着重关注的几个财务信息——流动性、财务适应性、预期现金净流入、盈利能力和市场风险［J］. 会计研究（5）：3－9＋95.

苟文均，袁鹰，漆鑫，2016. 债务杠杆与系统性风险传染机制——基于CCA模型的分析［J］. 金融研究（3）：74－91.

韩忠雪，周婷婷，2011. 产品市场竞争、融资约束与公司现金持有：基于中国制造业上市公司的实证分析［J］. 南开管理评论（4）：149－160.

纪敏，严宝玉，李宏瑾，2017. 杠杆率结构、水平和金融稳定——理论框架和中国实验［J］. 金融研究（2）：11－25.

江伟，李斌，2006. 制度环境、国有产权与银行差别贷款［J］. 金融研究（11）：116－126.

魁奈，1997. 魁奈经济著作选集［M］. 北京：商务印书馆.

李秉成，田笑丰，曹芳，2003. 现金流量表分析指标体系研究［J］. 会计研究（10）：25－29.

李程，刘天生，祝诗梦，中国杠杆率合理波动区间测度［J］. 统计研究（3）：38－51.

李连发，2016. 提高金融服务实体经济效率：基于流动性理论的分析［J］. 郑州大学学报（哲学社会科学版）（4）：39－42＋143.

李青原，陈晓，王永海，2007. 产品市场竞争、资产专用性与资本结构——来自中国制造业上市公司的经验证据［J］. 金融研究（4）：100－113.

李扬，张晓晶，常欣，2015. 中国国家资产负债表2015——杠杆调整与风险管理［J］. 北京：中国社会科学出版社.

李扬，2017. "金融服务实体经济"辨［J］. 经济研究（6）：4－16.

刘海明，曹廷求，2018. 续贷限制对微观企业的经济效应研究［J］. 经济研究（4）：108－121.

刘小玄，周晓艳，2011. 金融资源与实体经济之间配置关系的检验——兼论经济结构失衡的原因［J］. 金融研究（2）：57－70.

陆正飞，杨德明，2011. 商业信用：替代性融资，还是买方市场？［J］. 管理世界（4）：6－14＋45.

陆正飞，祝继高，樊铮，2009. 银根紧缩、信贷歧视与民营上市公司投资者利益损失［J］. 金融研究（8）：124－136.

吕长江，韩慧博，2001. 上市公司资本结构特点的实证分析［J］. 南开管理评论（5）：26－29.

吕长江，赵岩，2004. 上市公司财务状况分类研究［J］. 会计研究（5）：26－29.

马建堂，董小君，时红秀，等，2016. 中国的杠杆率与系统性金融风险防范［J］. 财贸经济（1）：5－21.

马克思，2016. 资本论［M］. 徐靖喻，译. 北京，煤炭工业出版社：335，342-343，345.

牛慕鸿，纪敏，2013. 中国的杠杆率及其风险［J］. 中国金融（14）：55-57.

逄金玉，2012. 金融服务实体经济解析［J］. 管理世界（5）：170-171.

裴伯英，陈共荣，1998. 保持企业短期偿债能力的负债结构模型［J］. 会计研究（5）：3-5.

钱爱民，张淑君，程幸，2008. 基于自由现金流量的财务预警指标体系的构建与检验——来自中国机械制造业A股上市公司的经验数据［J］. 中国软科学（9）：148-155.

饶艳超，胡奕明，2005. 银行信贷中会计信息的使用情况调查与分析［J］. 会计研究（4）：36-41+94-95.

沈红波，华凌昊，郎宁，2019. 地方国有企业的投融资期限错配：成因与治理［J］. 财贸经济（1）：70-82.

斯蒂格利茨，2005. 经济学（上册）［M］. 张帆，黄险峰，译. 北京：中国人民大学出版社.

斯密，1981. 国民财富的性质和原因的研究（上卷）［M］. 郭大力，王亚南，译. 北京：商务印书馆.

石晓军，张顺明，2010. 商业信用、融资约束及效率影响［J］. 经济研究（1）：102-114.

宋文娟，鲍静海，2017. 金融与实体风险测量及联动性分析［J］. 经济问题探索（6）：121-128.

宋晓缤，王竹泉，2019. 短期偿债能力评价方法优化研究［J］. 财务与会计（21）：37-40.

孙建国，2005. 存货资金周转率分析方法剖析［J］. 会计研究（7）：73-75.

孙烨，许艳，2016. 产品市场竞争与融资约束关系研究——基于董事会成员背景特征的中介作用［J］. 产业经济研究（1）：100-110.

孙莹，王竹泉，张先敏，等，2015. 中国上市公司营运资金管理调查：2014［J］. 会计研究（12）：67-73+97.

汤谷良，朱蕾，2002. 自由现金流量与财务运行体系［J］. 会计研究（4）：32-37.

汤莹玮，2018. 信用制度变迁下的票据市场功能演进与中小企业融资模式选择［J］. 金融研究（5）：37-46.

王福胜，宋海旭，2011. 基于财务战略管理思想的企业短期偿债能力评价体系研究［J］. 财经理论与实践（1）：58-64.

王勇，辛凯璇，余瀚，2019. 论交易方式的演进——基于交易费用理论的新框架［J］. 经济学家（4）：49-58.

王苑琢，王竹泉，孙莹，等，2017. 中国上市公司资本效率与财务风险调查，2016［J］. 会计研究（12）：66-72+97.

王苑琢，王竹泉，孙建强，等，2018. 中国上市公司资本效率与财务风险调查：2017［J］. 会计研究（12）：62-69.

王苑琢，宋晓缤，孙莹，等，2019. 中国上市公司资本效率与财务风险调查：2018［J］. 会计研究（11）：56-63.

王贞洁，王竹泉，2018. 我国上市公司杠杆错估及其关联效应——对“去杠杆”政策的思考［J］. 经济管理（4）：20－35.

王志诚，周春生，2006. 金融风险管理研究进展：国际文献综述［J］. 管理世界（4）：158－169.

王竹泉，杜媛，2012. 利益相关者视角的企业形成逻辑与企业边界分析［J］. 中国工业经济（3）：108－120.

王竹泉，段丙蕾，陈冠霖. 基于营业活动重分类的资本错配成因：总体框架与初步检验［J］. 经济研究（工作论文）：WP1333。

王竹泉，段丙蕾，王苑琢，等，2017. 资本错配、资产专用性与公司价值——基于营业活动重新分类的视角［J］. 中国工业经济（3）：120－138.

王竹泉，逄咏梅，孙建强，2007. 国内外营运资金管理研究的回顾与展望［J］. 会计研究（2）：85－90＋92.

王竹泉，王苑琢，梁学玲，2017. 企业资本错配的初步考察：基于营业活动分类的视角［J］. 财务研究（2）：25－32.

王竹泉，刘文静，高芳，2007. 中国上市公司营运资金管理调查：1997—2006［J］. 会计研究（12）：69－75＋97.

王竹泉，刘文静，王兴河，等，2009. 中国上市公司营运资金管理调查：2007—2008［J］. 会计研究（9）：51－57＋96－97.

王竹泉，孙莹，孙建强，等，2016. 营运资金管理发展报告 2016［M］. 北京：中国财政经济出版社.

王竹泉，孙建强，孙莹，等，2011. 营运资金管理发展报告 2011［M］. 北京：中国财政经济出版社.

王竹泉，孙建强，王苑琢，等，2017. 财务风险发展报告 2017［M］. 北京：中国财政经济出版社.

王竹泉，孙莹，孙建强，等，2016. 中国上市公司营运资金管理调查：2015［J］. 会计研究（12）：37－43＋95.

王竹泉，孙莹，孙建强，2012. 营运资金管理发展报告 2012［M］. 北京：中国财政经济出版社.

王竹泉，孙莹，孙建强，2013. 营运资金管理发展报告 2013［M］. 北京：中国财政经济出版社.

王竹泉，孙莹，孙建强，2014. 营运资金管理发展报告 2014［M］. 北京：中国财政经济出版社.

王竹泉，孙莹，孙建强，2015. 营运资金管理发展报告 2015［M］. 北京：中国财政经济出版社.

王竹泉，孙莹，王秀华，等，2011. 中国上市公司营运资金管理调查：2010［J］. 会计研究（12）：52－62＋97.

王竹泉，孙莹，王秀华，等，2012. 中国上市公司营运资金管理调查：2011［J］. 会计研究（12）：26－35＋94.

王竹泉，孙莹，王秀华，等，2013. 中国上市公司营运资金管理调查：2012［J］. 会计研究（12）：53－59＋97.

王竹泉，孙莹，王苑琢，等，2017. 资本效率发展报告 2017 [M]. 北京：中国财政经济出版社.

王竹泉，孙莹，张先敏，等，2014. 中国上市公司营运资金管理调查：2013 [J]. 会计研究（12）：72－78＋96.

王竹泉，谭云霞，宋晓缤，2019. “降杠杆”“稳杠杆”和“加杠杆”的区域定位——传统杠杆率指标修正和基于“双重”杠杆率测度体系确立结构性杠杆率阈值 [J]. 管理世界（12）：86－103.

王竹泉，王苑琢，王舒慧，2019. 中国实体经济资金效率与财务风险真实水平透析——金融服务实体经济效率和水平不高的症结何在？[J]. 管理世界（2）：58－73＋114＋198－199.

王竹泉，2013. 重新认识营业活动和营运资金 [J]. 财务与会计（理财版）（4）：1.

王竹泉，2015. 构建财务报告分析的新框架 [J]. 新理财（1）：51－52.

王竹泉，2016. “十三五”应是资金效率分析创新的5年 [N]. 中国会计报（07－22）.

王竹泉，孙建强，王苑琢，等，2018. 财务风险发展报告 2018 [M]. 北京：中国财政经济出版社.

王竹泉，王苑琢，孙莹，等，2019. 财务风险发展报告 2019 [M]. 北京：中国财政经济出版社.

王竹泉，孙莹，2016. 营运资金管理 [M]. 北京：中国财政经济出版社.

王竹泉，王苑琢，孙莹，等，2018. 资本效率发展报告 2018 [M]. 北京：中国财政经济出版社.

王竹泉，王苑琢，孙莹，等，2019. 资本效率发展报告 2019 [M]. 北京：中国财政经济出版社.

吴世农，黄世忠，1987. 企业破产的分析指标和预测模型 [J]. 中国经济问题（6）：8－15.

徐晓萍，李猛，2009. 商业信用的提供：来自上海市中小企业的证据 [J]. 金融研究（6）：161－174.

阳丹，赫然，2014. 金融危机、产权性质、商业信用配置及经济后果研究 [J]. 宏观经济研究（3）：125－135.

杨淑娥，徐伟刚，2003. 上市公司财务预警模型——Y分数模型的实证研究 [J]. 中国软科学（1）：56－60.

杨雄胜，缪艳娟，刘彩霞，2000. 改进周转率指标的现实思考 [J]. 会计研究（4）：47－51.

杨雄胜，杨臻黛，1998. 企业综合评价指标体系研究 [J]. 财政研究（5）：3－5.

尹律，徐光华，易朝晖，2017. 环境敏感性、产品市场竞争和内部控制缺陷认定标准披露质量 [J]. 会计研究（2）：69－75＋97.

张先治，2001. 构建中国财务分析体系的思考 [J]. 会计研究（6）：33－39.

张亦春，许文彬，2002. 风险与金融风险的经济学再考察 [J]. 金融研究（3）：65－73.

张秀生，盛见，2008. 关于经济效率内涵的分环节探讨 [J]. 生产力研究（3）.

周首华，杨继华，王平，1996. 论财务危机的预警分析——F分数模式 [J]. 会计研究（8）：8－11.

FREEMAN R E，1999. Divergent stakeholder theory [J] Academy of management review（2）：233－236.